國家社科基金重大委托項目“《子海》整理與研究”成果

山東省社科規劃重大委托項目成果

子海精華編

主編 王承略 副主編 聶濟冬

管子補注

[明] 劉 績 補注 姜 濤 點校

鳳凰出版社

圖書在版編目（CIP）數據

管子補注 / (明) 劉績補注 ; 姜濤點校. -- 南京 : 鳳凰出版社, 2016.6（2017.3重印）
（子海精華編 / 王承略主編）
ISBN 978-7-5506-2370-5

Ⅰ. ①管… Ⅱ. ①劉… ②姜… Ⅲ. ①法家②《管子》—注釋 Ⅳ. ①B226.1

中國版本圖書館CIP數據核字(2016)第088118號

書名	管子補注
著者	(明)劉績 補注　姜濤 點校
責任編輯	王清溪
出版發行	鳳凰出版傳媒股份有限公司 鳳凰出版社(原江蘇古籍出版社) 發行部電話025-83223462
出版社地址	南京市中央路165號,郵編:210009
出版社網址	http://www.fhcbs.com
經銷	鳳凰出版傳媒股份有限公司
照排	江蘇鳳凰製版有限公司
印刷	江蘇鳳凰揚州鑫華印刷有限公司 揚州市江陽工業園蜀崗西路9號,郵編:225008
開本	890×1240毫米　1/32
印張	16.125
字數	335千字
版次	2016年6月第1版　2017年3月第2次印刷
標準書號	ISBN 978-7-5506-2370-5
定價	98.00圓

(本書凡印裝錯誤可向承印廠調換,電話:0514-85868858)

國家社科基金重大委托項目“《子海》整理與研究”成果之一

《子海精華編》

執行編纂(按姓氏筆畫排列)：
王　皓　王軍傑　布吉帥　吕倩嵐　李　飛　李　濤
李才朝　李秋丹　宋　凱　宋豔麗　馬常録　高金霞
陳旭寧　陳恒新　孫　娟　許建立　康廷山　葛洪春
蔡　喆　鞏玉婷　劉婷婷
編　　務：張　櫻　鄭珺霞　劉　端　孫紅苑

《子海精華編》出版説明

"子海",即"子書淵海"的簡稱。"《子海》整理與研究"課題係國家社科基金重大委托項目、山東省社科規劃重大委托項目。該課題分《珍本編》、《精華編》、《研究編》、《翻譯編》四個版塊,力圖把子部珍稀文獻、精華文獻進行深層次的整理、研究和譯介,挖掘子部文獻的價值,促進子學研究的發展。

山東大學向來以文史見長。古籍整理與子學研究,是其中的傳統研究方向。"《子海》整理与研究",是在山東大學前輩學者高亨先生積 30 年之力陸續做成的《先秦諸子研究文獻目録》的基础上,由已故著名古籍整理與研究專家董治安先生參與策劃、設計的大型綜合研究課題。課題立項後,得到了中宣部、教育部、財政部、山東省政府和山東大學的大力支持,學界同仁踴躍參與。《精華編》的整理研究團隊近 200 人,來自海内外 48 所高校和研究機構。在組織管理上,《精華編》努力探索傳統文化研究協同創新的新體制、新機制,現已呈現出活力和實效。

華夏文明是由多元文化構築而成的。中國古代子部典籍,以歷代士人個性化作品的形式,系統性地展示了華夏民族的世界觀和方法論,立體性地反映了中華民族對世界文明發展的貢獻。其中,無論是宏篇大論,還是叢殘小語,都激蕩著歷史的聲音,閃爍著智慧的光芒,構成中國古代思想、藝術、科技和生活方式的主體内容。《精華編》通過對子部最优秀的典籍的整理,一方面擷英取粹,爲華夏文明的傳播提供可靠的資源和文本;另一方面以古鑒今,爲當下社會的發展提供智力支持和精神支撑。并希望進而梳理中華傳統文化的多元結構,繼承中華優秀傳統文化的一貫文脈。

根據漢代以後子學發展和子部典籍的實際情況,參照官私目録的分類與著録,《精華編》選取先秦諸子、儒學、兵家、法家、農家、醫家、曆算、術數、藝術、雜家、小説家、譜録、釋道、類書等十四個類目的要籍幾百種,編爲目録,作爲整理的依據,而在成果展現上則不出現具體的類目。爲統一體例,便於工作,《精華編》編有詳細的《整理細則》,并有簡明的《整理要則》,供整理者遵循使用。

《精華編》整理原則是,對每種子書的整理,突出學術性、資料性和創新性,力求吸納已有的整理成果,推出更具參考價值、更方便閱讀的整理文本。所採用的整理方式,大體有三種:一、部頭較大且前人未曾整理者,採用標點、校勘的方式整理;二、前人曾經標點、校勘者,或採用抽换更好或别具學術特色底本的方式整理,或採用集校、集注的方式整理,或採用校箋、疏證的方式整理,或綜合使用以上方式;三、前人已有較好的注本者,則採用集注、彙評、補正等方式整理。

《精華編》採用五次校審、遞進推動的管理程式,即:一、初校全稿。子海編纂中心組織碩、博研究生,修改文稿錯别字,規範異體字,調整格式,發現並標明校點中的不妥之處。二、初審文稿。子海編纂中心的編纂人員根據情況,解決初校時發現的問題,并判斷書稿的整體質量。三、匿名評審。

聘請資深教授通審全稿，全面進行學術把關，消滅硬傷，寫出審稿意見。四、修改文稿。子海編纂中心及時把專家審稿意見反饋给整理者。整理者根據審稿意見修改，做出新文稿。五、終審文稿。待新文稿返回子海編纂中心後，總編纂作最後的學術質量把關。五步程序完成後，將文稿交付出版社。

五次校審的目的是爲了保證學術質量，提高整理水平，減少錯訛硬傷。但校書如塵埃落葉，隨掃隨有，《精華編》雖經多道程序嚴加把關，仍難免有錯，懇請方家不吝指教。子海編纂中心將及時總結經驗，吸取教訓，把工作做得更好，以實現課題設計的初衷。

目　録

整理説明 …… 1

管子傳 …… 1
管子題辭 …… 3
卷之一 …… 4
　牧民第一 …… 4
　　經言一 …… 4
　形勢第二 …… 8
　　經言二 …… 8
　權修第三 …… 13
　　經言三 …… 14
　立政第四 …… 18
　　經言四 …… 19
　乘馬第五 …… 25
　　經言五 …… 25
卷之二 …… 32
　七法第六 …… 32
　　經言六 …… 32
　版法第七 …… 40

經言七 …… 40

卷之三 …… 43

幼官第八 …… 43

經言八 …… 43

幼官圖第九 …… 56

經言九 …… 56

五輔第十 …… 62

外言一 …… 62

卷之四 …… 69

宙合第十一 …… 69

外言二 …… 69

樞言第十二 …… 80

外言三 …… 80

卷之五 …… 87

八觀第十三 …… 87

外言四 …… 87

法禁第十四 …… 93

外言五 …… 93

重令第十五 …… 98

外言六 …… 98

卷之六 …… 103

法法第十六 …… 103

外言七 …… 103

兵法第十七 …… 114

外言八 …… 114

卷之七 …… 120

大匡第十八 …… 120
内言一 …… 120
卷之八 …… 141
中匡第十九 …… 141
内言二 …… 141
小匡第二十 …… 144
内言三 …… 144
王言第二十一 …… 165
内言四 …… 165
卷之九 …… 166
霸形第二十二 …… 166
内言五 …… 166
霸言第二十三 …… 170
内言六 …… 170
問第二十四 …… 179
内言七 …… 179
謀失第二十五 …… 186
内言八 …… 186
卷之十 …… 187
戒第二十六 …… 187
内言九 …… 187
地圖第二十七 …… 196
短語一 …… 196
参患第二十八 …… 197
短語二 …… 197
制分第二十九 …… 200

短語三 …… 200
君臣上第三十 …… 202
短語四 …… 202
卷之十一 …… 214
君臣下第三十一 …… 214
短語五 …… 214
小稱第三十二 …… 226
短語六 …… 226
四稱第三十三 …… 232
短語七 …… 232
正言第三十四 …… 236
短語八 …… 236
卷之十二 …… 237
侈靡第三十五 …… 237
短語九 …… 237
卷之十三 …… 275
心術上第三十六 …… 275
短語十 …… 275
心術下第三十七 …… 282
短語十一 …… 282
白心第三十八 …… 286
短語十二 …… 286
卷之十四 …… 295
水地第三十九 …… 295
短語十三 …… 295
四時第四十 …… 300

短語十四 …… 300
五行第四十一 …… 306
短語十五 …… 306
卷之十五 …… 312
勢第四十二 …… 312
短語十六 …… 312
正第四十三 …… 316
短語十七 …… 316
九變第四十四 …… 317
短語十八 …… 317
任法第四十五 …… 318
區言一 …… 318
明法第四十六 …… 324
區言二 …… 324
正世第四十七 …… 326
區言三 …… 326
治國第四十八 …… 329
區言四 …… 329
卷之十六 …… 332
內業第四十九 …… 332
區言五 …… 332
封禪第五十 …… 340
雜篇一 …… 340
小問第五十一 …… 341
雜篇二 …… 341
卷之十七 …… 350

七臣七主第五十二 …… 350
杂篇三 …… 350
禁藏第五十三 …… 357
雜篇四 …… 357
卷之十八 …… 366
入國第五十四 …… 366
雜篇五 …… 366
九守第五十五 …… 368
雜篇六 …… 368
桓公問第五十六 …… 370
雜篇七 …… 370
度地第五十七 …… 371
雜篇八 …… 371
卷之十九 …… 378
地員第五十八 …… 378
雜篇九 …… 378
弟子職第五十九 …… 387
雜篇十 …… 387
言昭第六十 …… 391
雜篇十一 …… 391
修身第六十一 …… 391
雜篇十二 …… 391
問霸第六十二 …… 391
雜篇十三 …… 391
牧民解第六十三 …… 391
解一 …… 391

卷之二十 …………………………………………………………… 392
形勢解第六十四 ………………………………………………… 392
解二 ………………………………………………………………… 392
卷之二十一 …………………………………………………………… 408
立政九敗解第六十五 …………………………………………… 408
解三 ………………………………………………………………… 408
版法解第六十六 ………………………………………………… 410
解四 ………………………………………………………………… 410
明法解第六十七 ………………………………………………… 416
解五 ………………………………………………………………… 416
匡乘馬第六十八 ………………………………………………… 426
輕重一 ……………………………………………………………… 426
乘馬數第六十九 ………………………………………………… 427
輕重二 ……………………………………………………………… 427
問乘馬第七十 …………………………………………………… 429
輕重三 ……………………………………………………………… 429
卷之二十二 …………………………………………………………… 430
事語第七十一 …………………………………………………… 430
輕重四 ……………………………………………………………… 430
海王第七十二 …………………………………………………… 431
輕重五 ……………………………………………………………… 431
國蓄第七十三 …………………………………………………… 434
輕重第六 …………………………………………………………… 434
山國軌第七十四 ………………………………………………… 440
輕重七 ……………………………………………………………… 440
山權數第七十五 ………………………………………………… 444

輕重八 …… 444
山至數第七十六 …… 448
輕重九 …… 448
卷之二十三 …… 456
地數第七十七 …… 456
輕重十 …… 456
揆度第七十八 …… 459
輕重十一 …… 459
國準第七十九 …… 465
輕重十二 …… 465
輕重甲第八十 …… 466
輕重十三 …… 466
卷之二十四 …… 476
輕重乙第八十一 …… 476
輕重十四 …… 476
輕重丙第八十二 …… 482
輕重十五 …… 482
輕重丁第八十三 …… 483
輕重十六 …… 483
輕重戊第八十四 …… 491
輕重十七 …… 491
輕重己第八十五 …… 496
輕重十八 …… 496
輕重庚第八十六 …… 498

整理説明

《管子》爲我國先秦重要典籍之一，西漢時期劉向校書，定著八十六篇，唐以前亡佚十篇，自唐始有房玄齡爲之作注（一説尹知章）。現存《管子》善本，首推具楊忱序的南宋初年浙江刻本（簡稱宋楊忱本），其次爲明初劉績的《管子補注》。

劉績，字用熙，號蘆泉，江夏人，弘治三年庚戌（1490）進士。歷任吏部員外郎、鎮江知府。李東陽《蘆泉銘》："蘆泉者，武昌劉用熙所居。武昌地瀕大江，江岸多蘆，有泉出其旁。浸灌滋長，叢生而條達，其爲物可愛，其德可取而比也。用熙葺屋而居之，且因以自名。"（《懷麓堂集》卷七十三）劉績"貫穿群籍，凡所撰述，根極理要"，著有《禮記正訓》、《三禮圖》、《六樂圖》、《春秋左傳類解》、《太玄經注》、《淮南子補注》、《管子補注》、《蘆泉集》（《湖廣通志》卷五十七）。

劉績爲《管子補注》作者，確然無誤，唯歷代版刻謬誤相襲，又加之疏於考證，劉氏之時代，歧説紛然。朱東光翻刻其書，郭子章爲之題辭，皆目爲唐人；趙用賢序刊其書，亦以爲唐人；至坊間刻本，更有徑題爲宋人者。日本寬政年間（清嘉慶年間）學者猪飼彦博疑爲明人（《管子補正・題言》），郭沫若則斷其爲遼人（《管子集校・叙録》），至王欣夫始考定其爲明人無疑（《蛾術軒篋存善本書録・甲辰稿》卷三）。

《管子補注》二十四卷，據《中國古籍善本書目》著録，明初刻本有四種，其中三種均藏於國家圖書館，這三種分别是：顧廣圻校臨陸貽典校跋本，陸貽典、黄丕烈校跋本，佚名校、王芑孫與冒廣生跋本。另外一種藏於南京圖書館，即佚名録陸貽典校跋、丁丙跋本。此外未見流傳。與宋楊忱本相比，除形制版式不同之外，其内容的不同，主要有以下幾點：一是劉績補注本反切注音較宋楊忱本少；二是劉績補注本增加了近三十條宋楊忱本所無的注文；三是劉績補注本補充了宋楊忱本脱去的文句；四是劉績補注本糾正了宋楊忱本的訛誤。當然，在補充和糾正宋楊忱本的同時，劉績補注本本身不可避免地産生了一些新的脱誤。

《中都四子集》中所收劉績《管子補注》二十四卷（簡稱朱東光本），爲朱東光等人於萬曆七年（1579）翻刻明初本。明初設中立府，府治在安徽鳳陽，並定爲中都。時朱東光爲分巡淮徐道，張登雲（字攀龍）爲鳳陽知府，以《老子》、《莊子》、《淮南子》、《管子》爲"中都四子"，又稱"中立四子"，因刻《中都四子集》，郭子章奉使鳳陽，爲之題辭，其參補（文中以"補"字標出者）出於張登雲之手。與明初所刻《管子補注》相較，朱東光本用字較規範，校補了大量因形、音相近而産生的訛誤、脱漏。然亦有誤改或沿誤者，以其注釋文字脱漏最著。今人郭麗博士，於朱東光本、明初劉績補注本、宋楊忱本異同，有詳考，可參閲。（《〈管子〉文獻學研究》，中國海洋大學出版社 2007 年版）

此次校勘整理之所以選擇朱東光本爲底本，主要是因爲宋楊忱本已收入國家圖書館《中華再造善本》系列影印出版，明初四種刻本藏於國家圖書館和南京圖書館，未見流傳，而清代至今所見的主要是朱東光本，近代《湖北先正遺書》、《叢書集成續編》所用的，亦是此本。用來校勘的本子，除上面提到的宋楊忱本外，還有明天啓五年朱養和所刻《管子》二十四卷本（簡稱花齋本），文淵閣《四庫全書》所收《管子補注》二十四卷本（簡稱四庫本）。需要説明的是，分段及正文和注釋的斷句、標點，主要以底本及劉績補注爲依據。此外，校勘間有稱引姓氏者，如王念孫、丁士涵、孫星衍、李哲明、尹桐陽、馬非百等諸家校説，均見於郭沫若、聞一多、許維遹等的《管子集校》。唯學識所限，不當之處，祈請方家教正。

姜　濤

2014 年 11 月 8 日

管子傳

漢龍門司馬遷撰

管仲夷吾者，潁上人也。少時常與鮑叔牙游，鮑叔知其賢。管仲貧困，常欺鮑叔，鮑叔終善遇之，不以爲言。已而鮑叔事齊公子小白，管仲事公子糾。及小白立爲桓公，公子糾死，管仲囚焉。鮑叔遂進管仲。管仲既用，任政於齊，齊桓公以霸，九合諸侯，一匡天下，管仲之謀也。

管仲曰："吾始困時，嘗與鮑叔賈，分財利多自與，鮑叔不以我爲貪，知我貧也；吾嘗爲鮑叔謀事而更窮困，鮑叔不以我爲愚，知時有利不利也；吾嘗三仕三見逐於君，鮑叔不以我爲不肖，知我不遭時也；吾嘗三戰三走，鮑叔不以我爲怯，知我有老母也；公子糾敗，召忽死之，吾幽囚受辱，鮑叔不以我爲無恥，知我不羞小節而恥功名不顯於天下也。生我者父母，知我者鮑子也。"

鮑叔既進管仲，以身下之。子孫世禄於齊，有封邑者十餘世，常爲名大夫。天下不多管仲之賢，而多鮑叔能知人也。

管仲既任政相齊，以區區之齊在海濱，通貨積材，富國强兵，與俗同好惡。故其稱曰："倉廪實而知禮節，衣食足而知榮辱，上服度則六親固。""四維不張，國乃滅亡。""下令如流水之源,令順民心。”故論卑而易行。俗之所欲,因而予之;俗之所否,因而去之。

其爲政也,善因禍而爲福,轉敗而爲功,貴輕重,慎權衡。桓公實怒少姬,南襲蔡,管仲因而伐楚,責包茅不入貢於周室。桓公實北征山戎,而管仲因而令燕修召公之政。於柯之會,桓公欲背曹沫之約,管仲因而信之。諸侯由是歸齊。故曰:“知與之爲取,政之寶也。”

管仲富擬於公室,有三歸、反坫,齊人不以爲侈。管仲卒,齊國遵其政,常強於諸侯焉。

管子題辭

郭子章曰：蓋潁上自勝國以前則隸汝寧云，高皇帝起，中都始爲三輔屬地，而管敬叔遂爲中都人也。余讀《弟子紀》，則管子亦能知學者。其言曰："道之在天者，日也；其在人者，心也。"而諄諄處虚守静爲言，其論治切名實，如尺寸尋丈不可差以長短，固非漫無見而嘗之者比。或以其治齊堇以切身，不能及於繼世。蘇氏以不能薦人自代爲其嗛，豈然也？其言曰："萬世之國，必有萬世之寶，必因天地之道。"桓公能終用其言，雖萬世可也。論治之要，在於得人，人君所以取昭名廣譽厚功大業，顯於天下，不忘於後世，非得人者，未之嘗聞。而負兹之時，薦隰朋以代己，數十言，不置。又及於鮑叔牙、賓胥無之四子，其如嘊嘊欲嚙我猳何乎？蘇氏之言，未考竟耳。朱元曦曰："即如論隰朋，'齊國之幣，握路家五十室，其人不知也'。不有疏義，詎能解免。"余曰：唐房氏有注，劉績爲之補，自宋人削去，鮮有刻本。即藏書如楊用脩，以不見房氏注爲恨。余於閩見之，然亦略矣。夫握者何？滿也，幣帛滿於道路而無數也。室者何？妻也。家五十室者何？言妻妾之衆也。然朋之爲人，有所不貪不近，正所謂國有不知政，家有不知事也。而房乃曰："握，持也。或有舉齊國之幣，持與路旁之家五十室，其事大而且易顯。"又豈然哉！既攀龍得刻本於博士王生，而爲參補之。

卷之一

唐　臨菑　房玄齡　注釋
明　蘆泉　劉　績　增注
臨川　朱東光　輯訂
寧陽　張登雲　參補
休寧　吴子玉　翻校

牧民第一國頌　四維　四順　士經　六親　五法

經言一

凡有地牧民者，務在四時，四時所以生成萬物也。守在倉廩。食者，人之天也。國多財則遠者來，地辟舉則民留處。① 舉，盡也。言地盡闢則人留而安居處也。倉廩實則知禮節，衣食足則知榮辱。上服度則六親固，服，行也。上行禮度則六親各得其所，故能感恩而結固也。四維張則君令行。故省刑之要，在禁文巧；文巧者，刑罰所由生。守國之度，在飾四維；順民之經，在明鬼神，祗山川，鬼神山川皆有尊卑之序，故敬明之。敬宗廟，恭祖舊。

① "辟舉"，原本誤倒，據宋楊忱本改正。"民"，原作"可"，據宋楊忱本改。

謂恭承先祖之舊法。不務天時則財不生，不務地利則倉廩不盈。野蕪曠則民乃菅，菅當爲奸。上無量則民乃妄。文巧不禁則民乃淫，不璋兩原則刑乃繁。璋當爲章。章，明也。① 兩原謂妄之原，上無量也；淫之原，不禁文巧也。能明此法者則刑簡。不明鬼神則陋民不悟，不悟鬼神有尊卑之異也。不祇山川則威令不聞，言能登封降禪，祇祀山川，威令遠聞。不敬宗廟則民乃上校，校，效也。君無所尊，人亦效之。不恭祖舊則孝悌不備。四維不張，國乃滅亡。

右國頌　頌，容也。謂陳爲國之形容。

國有四維，一維絶則傾，二維絶則危，三維絶則覆，四維絶則滅。傾可正也，危可安也，覆可起也，滅不可復錯也。何謂四維？一曰禮，二曰義，三曰廉，四曰恥。禮不逾節，義不自進，自進謂不由薦舉也。廉不蔽惡，隱蔽其惡，非貞廉也。恥不從枉。詭隨邪枉，無羞之人。故不逾節則上位安，不自進則民無巧詐，不蔽惡則行自全，不從枉則邪事不生。

右四維　績按：維，網罟之綱，所以張之者，此四者所以立國，故曰維。

政之所興，在順民心；政之所廢，在逆民心。民惡憂勞，我佚樂之；民惡貧賤，我富貴之；民惡危墜，我存安之；民惡滅絶，我生育之。能佚樂之，則民爲之憂勞；君於平康能佚樂人，及其危人必爲之憂勞。下三順皆然。能富貴之，則民爲之貧賤；能存安之，則民爲之危墜；能生育之，則民爲之滅絶。故刑罰不足以畏其意，殺戮不足以服其心。畏意服心在於順其所欲，不在刑罰

① “章”，原脱，據宋楊忱本補。

殺戮。故刑罰繁而意不恐，則令不行矣；殺戮衆而心不服，則上位危矣。故從其四欲，則遠者自親；行其四惡，則近者叛之。故知予之爲取者，政之寶也。謂與之生全，取其死難也。績按："予"謂佚樂、富貴、存安、生育也，"取"謂憂勞、貧賤、危墜、滅絶也。

右四順

錯國於不傾之地，積於不涸之倉，涸，竭也。藏於不竭之府，下令於流水之原，使民於不爭之官，明必死之路，開必得之門，不爲不可成，不求不可得，不處不可久，不行不可復。錯國於不傾之地者，授有德也；積於不涸之倉者，務五穀也；藏於不竭之府者，養桑麻育六畜也；下令於流水之原者，令順民心也；使民於不爭之官者，使各爲其所長也；各長其所長，則順而悦，故不爭也。績按：長，長短之長，謂使之各盡其才能所長，不限量之，則各得所，故不爭。明必死之路者，嚴刑罰也；開必得之門者，信慶賞也；不爲不可成者，量民力也；不求不可得者，不强民以其所惡也；不處不可久者，不偷取一世也；謂所處必可使百代常行。不行不可復者，不欺其民也。復，重也。欺民之事不可重行也。故授有德則國安，務五穀則食足，養桑麻育六畜則民富，令順民心則威令行，使民各爲其所長則用備，嚴刑罰則民遠邪，信慶賞則民輕難，量民力則事無不成，不强民以其所惡則詐僞不生，不偷取一世則民無怨心，不欺其民則下親其上。

右士經　士，事也。經，常也。謂陳事之可以常行者也。

以家爲鄉，鄉不可爲也；言有家之親，斥以爲鄉之疏必生怨，①故

---

① "必"，原作"心"，據宋楊忱本、四庫本改。

不可爲也。下三事同此。以鄉爲國，國不可爲也；以國爲天下，天下不可爲也。以家爲家，一親也。以鄉爲鄉，二親也。以國爲國，三親也。以天下爲天下。四親也。毋曰不同生，遠者不聽；謂家也，言有家之親而謂之曰不與汝同家而生，用此以相疏，遠者必不聽。下同此。毋曰不同鄉，遠者不行；毋曰不同國，遠者不從。如地如天，何私何親？五親也。如月如日，[1]唯君之節。六親也，天地日月取其耀臨，言人君親下當如天地日月之無私也。續按：鄉大於家，言以爲家者爲鄉則鄉必不治，等而上之皆然，故才有大小而治亦隨大小也。故治天下者，不拘於同家、同鄉、同國，而量如天地日月無私，然後能治天下也。

御民之轡，在上之所貴；言人從上之所貴，如馬之從轡。道民之門，在上之所先；上所先行，人必行之，其從之若由門矣。[2] 召民之路，在上之所好惡。故君求之則臣得之，君將求之，臣已先索得之也。[3] 續按：指所貴。君嗜之則臣食之，續按：指所先。君好之則臣服之，君惡之則臣匿之。一法也。續按：指好惡。毋蔽汝惡，毋異汝度，汝，君也。賢者將不汝助。言室滿室，言堂滿堂，是謂聖王。二法也。言堂室事而令滿，取其露見不隱也。續按：室在内堂在外，人君在内言於室，在外言於堂，皆非私曲隱匿，充滿堂室，使人人皆知之，無所蔽異也。城郭溝渠不足以固守，兵甲強力不足以應敵，博地多財不足以有衆。言城郭兵甲博地，不足以固守應敵有衆，其固守應敵有衆，更在有道者也。[4] 唯有道者能備患於未形也，故禍不萌。三法也。天下不患無臣，患無君以使之；天下不患無財，患無人以分之。可以分與財者，賢人也。故知時者可立以爲長，無私者

---

① “如月如日”，原作“如日如月”，據宋楊忱本、花齋本改。
② “之其”，宋楊忱本作“人必”。
③ “已”，原作“也”，據宋楊忱本、四庫本改。
④ “言城”至“者也”共 29 字，原脱，據宋楊忱本、花齋本、四庫本補。

可置以爲政,審於時而察於用而能備官者,可奉以爲君也。四法也。緩者後於事,吝於財者失所親,信小人者失士。五法也。

右六親五法

形勢第二

自天地以及萬物,關諸人事,莫不有形勢焉。夫勢必因形而立,故形端者勢必直,狀危者勢必傾,觸類莫不然,可以一隅而反。績按:此注多非,當依後《形勢解》自明。

經言二

山高而不崩,則祈羊至矣;淵深而不涸,則沈玉極矣。極,至也。山不崩,淵不涸,興雨之祥,故羊玉而祈祭。烹羊以祭,故曰祈羊。補:極,至也。《淮南子》:"非積則禍極。"注極亦解至。又"鳳麟極"。沉玉,如漢武帝沉白馬璧玉祭瓠子河,兩者皆有大德爲民所愛戴之譬。天不變其常,地不易其則,春秋冬夏不更其節,古今一也。今之天地即古之天地,今之四時即古之四時,故曰古今一也。① 蛟龍得水而神可立也,虎豹托幽而威可載也。至德處盛位,天下可平。載,行也。風雨無鄉,而怨怒不及也。鄉,方也。既無方所,故無從而怨怒也。貴有以行令,賤有以忘卑,貴而行令,令乃行;賤而忘卑,卑可移。壽夭貧富,無徒歸也。皆有理在焉。銜命者,君之尊也,受辭者,名之運也。言受君之辭以出命,則名必運。運,行也。績按:受辭謂君出言順理,而民受之無異也。名運謂名聲彰於四方也。上無事而民自試,試,用也。抱蜀不言而廟堂既修。抱,持也。蜀,祠器也。君人者但抱祠器以身率導,雖復靜默不言,廟堂之政既以修

① "今之"至"一也"共 24 字,原脱,據宋楊忱本、花齋本、四庫本補。

理矣。補:“蜀”乃“器”字之誤書耳。抱者,持也。抱蜀,即持器也。所謂祠器者,圭瓚之類,人君所執以臨祭者。無言,“奏假無言”之意,言人君祭於宗廟,惟存誠敬,以執圭瓚,無有言説,則神明自然來格,而廟堂享帝享親之禮已修也。此乃人主垂拱無爲而治之譬。鴻鵠鏘鏘,唯民歌之;感德化也。濟濟多士,殷民化之,紂之失也。戒紂之失,故化文王。飛蓬之問,不在所賓;燕雀之集,道行不顧。蓬飛因風,動摇不定,喻二三之聲問,明主所不賓敬。燕爵翔集,事之常細也,故行道之人忽而不顧,謂小事非大人所宜知。補:問,聲問也。飛蓬之問乃飛揚不根之譽也。明主在所必察,不輕信之以爲賓客而禮之也。犧牷圭璧,不足以享鬼神。鬼神享德,不在圭璧。主功有素,寶幣奚爲?主能立功可謂有素,有素則諸侯不敢犯,寶玉幣帛何所爲乎?羿之道,非射也;造父之術,非馭也;奚仲之巧,非斫削也。羿之射,貴其肆武服戎,不在其落鳥中鵠;造父之馭,貴其軍容致遠,不在轍迹徧天下也;奚仲之巧,貴其大車以載①,不在斫削成光鑑也。績按:三子技名世,②必有所以致之,非在弓矢、操轡、斫削之末。召遠者,使無爲焉;親近者,言無事焉;唯夜行者,獨有之也。遠使無爲,所以優遠方也;親於近者貴於恩厚,不在於虚言。③ 夜行,謂陰行其德,則人不與之爭,故獨有之也。

平原之隰,奚有於高?言平隰之澤,雖有小封,不成於高。喻人有大失,小善不成其美。隰,下澤也。大山之限,奚有於深?限,山曲也。言山既大矣,雖有小限,不成爲深。④ 喻人有高行,雖有小過,非不肖也。訾讆之人,勿與任大。訾,毁賢。讆,譽惡也。如此之人,

---

① “大”,宋楊忱本、花齋本作“九”,四庫本作“大”。
② “世”,原作“臣”,據花齋本、四庫本改。
③ “虚言”,宋楊忱本無此字。
④ “爲”,原作“於”,據宋楊忱本、花齋本、四庫本改。

任之則亂大邦也。譕臣者可與遠舉,[①]言行莫先,謂之譕臣,有大言行者,可與圖國之遠也。績按:"譕"音"無"。顧憂者,可與致道。顧憂,謂忠事勤臣道。有如此者,可致於道者也。績按:"顧憂"謂慮後患也。其計也速,而憂在近者,往而勿召也。小人之計,得之雖速,禍敗尋至,則憂及之。此人親近,推之令去,不須召也。舉長者,可遠見者也,[②]舉用長利,[③]衆皆見之,故曰遠見。績按:舉長,則所見不止一方一時。裁大者,衆之所比也。裁,斷也。能斷大事,衆必比之。美人之懷,定服而勿厭也。欲令人貴美而懷歸者,須安定服行道德,勿有疲厭。必得之事,不足賴也。必諾之言,不足信也。言人於事莫爲疑,[④]動言必得應諾,如此,虚誕者耳不足賴信也。績按:二句釋皆非,觀《解》自明。小謹者不大立,訾食者不肥體。[⑤]言人無弘量[⑥],但有小謹,不能大立也。訾,惡也。[⑦]言惡食之人憂嫌致瘠,故不能肥體。績按:訾,疾移切,嫌食而多惡。有無棄之言者,必参之於天地也。[⑧]言無可棄,動爲法則,若天地之無不容載,故曰参之天地。墜岸三仞,人之所大難也,而猿猱飲焉。故曰伐矜好專,舉事之禍也。猿遇墜岸而能飲,喻智者逢禍而能息也。績按:《解》作"蝯蝚",古字同,喻使人器之不求備也。[⑨]"伐矜好專,舉事之禍"謂自用則小之弊。經文不應有"故曰",此二字疑衍。

不行其野,不違其馬。馬有識道之性,不違馬而自得塗,喻未經

---

① "譕",原作"無",據宋楊忱本改。
② "者",宋楊忱本無此字。
③ "利",宋楊忱本作"和"。
④ "言",原作"一",據宋楊忱本、花齋本、四庫本改。
⑤ "訾",原作"訾",據宋楊忱本、花齋本改。
⑥ "弘",原作"引",據宋楊忱本改。
⑦ "也",原本無,據宋楊忱本補。
⑧ "之",宋楊忱本、花齋本無此字。
⑨ "喻",原作"諭",據四庫本改。

其事，問其所經。績按：喻養民於無事時。能予而無取者，天地之配也。天地施生，不求所報，與而不取，可以配天地也。績按：言以一人養天下，不以天下養一人也。怠倦者不及，倦怠之人，觸塗廢滯，故多不及。無廣者疑神；神者在内，不及者在門；無得以已及不及，①疑神不祐。② 神雖無形，常在於内，故曰在内也；不及外見，故曰在門也。在内者將假，在門者將待。將假，謂神將借己也。待，謂須自厲以待。績按：言人懈惰者，不能及時成事，故曰不及；操要者，忽然成事，故曰疑神。若能審内外，能立操要之神，則懈惰不及者，亦從而能矣。假，至也。曙戒勿怠，後稚逢殃。每曙而戒，所以戒此日之事以待也。③ 曙戒，戒勿爲倦怠也。朝忘其事，夕失其功。邪氣襲内，正色乃衰。君不君，則臣不臣；父不父，則子不子。上失其位，則下逾其節。上下不和，令乃不行。衣冠不整，④則賓者不肅；進退無儀，則政令不行。且懷且威，則君道備矣。莫樂之則莫哀之，常能樂人，及其有難，人必哀之也。莫生之則莫死之。常能生人，及其有危，人必死之。往者不至，來者不極。此往情不至，則彼來意不極也。⑤

道之所言者一也，而用之者異。道之所言，其理本一，⑥但用之不同，其事遂異也。有聞道而好爲家者，一家之人也；雖聞道，但好理家，此但一家之人耳，言無廣遠。有聞道而好爲鄉者，一鄉之人也；有聞道而好爲國者，一國之人也；有聞道而好爲天下者，天下之人也；此亦仁者見之謂之仁，智者見之謂之智也。有聞道

---

① “已及不及”，宋楊忱本作“已不及”。

② “祐”，原作“神”，據宋楊忱本改。

③ “也”，宋楊忱本無此字。

④ “整”，宋楊忱本作“正”。

⑤ “情”，原脱，據花齋本、四庫本補。“彼”，宋楊忱本作“復”。“極”，宋楊忱本作“然”。

⑥ “本一”，宋楊忱本、花齋本作“不二”。

而好定萬物者，天下之配也。此則君子體斯道也。道往者其人莫來，[1]道來者其人莫往。[2] 道之所設，身之化也。道者，均彼我，忘是非，故無來往之體，然道之所設，身必與之化也。績按：道往莫來，道來莫往，謂人從上所好。持滿者與天，安危者與人。失天之度，雖滿必涸；上下不和，雖安必危。能持滿者則與天合，能安危者則與人合。不合於天，雖滿必涸；不合於人，雖安必危。欲王天下而失天之道，天下不可得而王也。得天之道，其事若自然；失天之道，雖立不安。其道既得，莫知其爲之，其功既成；莫知其釋之，[3]藏之無形；天之道也。疑今者察之古，不知來者視之往。萬事之生也，[4]異趣而同歸，古今一也。

生棟覆屋，怨怒不及；弱子下瓦，慈母操棰。言人以生棟造舍，雖至覆屋，但自咎而已，不敢怨及他人。至弱子下瓦，所損不多，慈母便操棰而怒之。喻人主過由己作，雖大而吞聲；過發他人，雖小而振怒也。補：無心之覆，所覆雖大不怨怒，以生棟無心也。有心之下，所下雖小輒操棰。即《莊子》"虚舟"之譬，故下云"天道之極"。"怨怒不及"，不及棟也。注非。天道之極，遠者自親；天道平分，遠近無二，故遠者自親也。人事之起，近親造怨。人事則愛惡相攻，故有近親造怨也。績按：出於理曰天道，出於欲曰人事。萬物之於人也，無私近也，無私遠也。動物則有識而無知，植物則有生而無識，故於人也無私遠近。巧者有餘，而拙者不足。萬物既無私於人，故巧者用之有餘，拙者用之不足。其功順天者，天助之；其功逆天者，天違之。[5] 天之所助，雖小必大；天之所違，雖成必敗。順天者有其功，逆天者

---

① "來"，宋楊忱本、花齋本作"往"。
② "往"，宋楊忱本、花齋本作"來"。
③ "釋"，宋楊忱本作"澤"。
④ "生"，原作"任"，據宋楊忱本、花齋本、四庫本改。
⑤ "違"，宋楊忱本作"圍"。下"違"字同。

懷其凶,不可復振也。

烏鳥之狡,雖善不親;狡謂猜也,言烏鳥之性多猜,初雖相善,後終不親。績按:當依《解》作"烏集之交"。不重之結,雖固必解。道之用也,貴其重也。毋與不可,毋強不能,毋告不知。與不可,強不能,告不知,謂之勞而無功。見與之友,①幾於不親;見,謂不忘而恃之也。與,親與也。見哀之役,幾於不結;役而哀之,雖有惻然,見而不忘,故彼不結也。績按:當依《解》作"見愛之交"。見施之德,幾於不報。雖有恩施之德,然見而不忘,故彼不報也。四方所歸,心行者也。心行能不見,則四方歸之。獨王之國,勞而多禍;獨王,謂無四鄰之援也。績按:當依《解》作"獨任之國"。獨國之君,卑而不威;自媒之女,醜而不信。未之見而親焉,可以往矣;未見而親,親必無終,故可往矣。久而不忘焉,可以來矣。日月不明,天不易也;山高而不見,地不易也。日月無不明,假令不明,是天有雲氣而不易也;山高無不見,假令不見,是地多險阻不平易也。言而不可復者,君不言也;行而不可再者,君不行也。謂臣有忠言,不可復言者,則由君不言故也;臣有善行,不可再行者,則由君不行故也。② 績按:注非,觀《解》自明。凡言而不可復,行而不可再者,有國者之大禁也。

權修第三

權者,所以知輕重也,君人者必知事之輕重,然後國可爲,故須修權。

---

① "友",宋楊忱本、花齋本、四庫本作"交"。
② "故",宋楊忱本無此字。

經言三

萬乘之國，兵不可以無主；無所主則無所統一也。① 土地博大，野不可以無吏；無吏則不厲於墾闢。百姓殷衆，官不可以無長；無長則無所稟命也。② 操民之命，朝不可以無政。

地博而國貧者，野不辟也；民衆而兵弱者，民無取也。兵無主故無所取則。故末産不禁則野不辟，賞罰不信則民無取。野不辟，民無取，外不可以應敵，内不可以固守。故曰：有萬乘之號，而無千乘之用，而求權之無輕，不可得也。國號萬乘，及其兵用，不備於千乘，③如此者，權必自輕也。

地辟而國貧者，舟輿飾，臺榭廣也；賞罰信而兵弱者，輕用衆，使民勞也。舟車飾，④臺榭廣，則賦斂厚矣；輕用衆，使民勞，則民力竭矣。賦斂厚，則下怨上矣；民力竭，則令不行矣。下怨上，令不行，而求敵之勿謀己，不可得也。

欲爲天下者，必重用其國；欲爲其國者，必重用其民；欲爲其民者，必重盡其民力。重爲矜惜之也。無以畜之，則往而不可止也；往謂亡去也。無以牧之，則處而不可使也。人雖留處，無畜牧之道，故不可使也。遠人至而不去，則有以畜之也；民衆而可一，則有以牧之也。見其可也，喜之有徵；徵，驗也。必有恩錫以驗之，⑤見喜無空然矣。⑥ 見其不可也，惡之有刑。賞罰

---

① “無所主則無所統一也”，原脱，據宋楊忱本、花齋本、四庫本補。

② “命”，宋楊忱本、花齋本作“令”。

③ “備”，宋楊忱本、花齋本、四庫本作“滿”。“乘”，宋楊忱本、花齋本無此字。

④ “飾”，宋楊忱本無此字。

⑤ “之”，宋楊忱本、花齋本無此字。

⑥ “喜”，宋楊忱本作“善”。

信於其所見，雖其所不見，其敢爲之乎？所見之處，賞罰既信，則所不見，懼而從教，不敢爲非。見其可也，喜之無徵；見其不可也，惡之無刑。賞罰不信於其所見，而求其所不見之爲之化，不可得也。

厚愛利足以親之，明智禮足以教之。上身服以先之，服，行也。凡所欲教人，在上必身自行之，所以率先於下也。① 審度量以閑之，所以防閑其奸僞也。② 鄉置師以説道之。然後申之以憲令，勸之以慶賞，振之以刑罰。振，整也。③ 故百姓皆説爲善，則暴亂之行無由至矣。

地之生財有時，民之用力有倦，而人君之欲無窮。以有時與有倦養無窮之君，而度量不生於其間，度量不生，則賦役無限也。則上下相疾也。上疾下之不供，下疾上之無窮。是以臣有弑其君④，子有殺其父者矣。故取于民有度，用之有止，國雖小必安；取于民無度，用之不止，國雖大必危。

地之不辟者，非吾地也，民之不牧者，非吾民也。凡牧民者，以其所積者食之，不可不審也。其積多者其食多，其積寡者其食寡，無積者不食。或有積而不食者，則民離上；有積多而食寡者，則民不力；其積寡而食多者，⑤則民多詐；有無積而徒食者，則民偷幸。故離上、不力、多詐、偷幸，舉事不成，應敵不用。故曰察能授官，班禄賜予，使民之機也。

野與市爭民，民務本業，則野與市爭民。家與府爭貨，下務藏

---

① “凡所”至“下也”共 19 字，原脱，據宋楊忱本、花齋本、四庫本補。
② “所以防閑其奸僞也”，原脱，據宋楊忱本、花齋本、四庫本補。
③ “振整也”，原脱，據宋楊忱本、花齋本、四庫本補。
④ “弑”，宋楊忱本、花齋本、四庫本作“殺”。
⑤ “其”，宋楊忱本、花齋本、四庫本作“有”。

積，則家與府爭貨。金與粟爭貴，所實惟穀，故金與粟爭貴。鄉與朝爭治。官各務其職，故鄉與朝爭治。故野不積草，農事先也；府不積貨，藏於民也；市不成肆，家用足也；朝不合衆，鄉分治也。補：所謂制國以二十一鄉、分國以爲五鄉之謂也。故野不積草、府不積貨、市不成肆、朝不合衆，治之至也。

人情不二，故民情可得而御也。審其所好惡，則其長短可知也；觀其交游，則其賢不肖可察也。二者不失，則民能可得而官也。二者，謂好惡、交游也。① 補：二者，賢不肖能察。

地之守在城，城之守在兵，兵之守在人，人之守在粟。故地不辟則城不固，有身不治，奚待於人？待，謂將治之。言身既不能自治，則無以治人也。② 有人不治，奚待於家？有家不治，奚待於鄉？有鄉不治，奚待于國？有國不治，奚待於天下？天下者，國之本也；國者，鄉之本也；鄉者，家之本也；家者，人之本也；人者，身之本也；身者，治之本也。故上不好本事，則末産不禁；末産不禁，民則緩於時事而輕地利。③ 輕地利，而求田野之辟，倉廩之實，不可得也。

商賈在朝，則貨財上流；若桓、靈之賣官也。④ 婦言人事，則賞罰不信；婦者所以職其蠶織，此之不爲，輒言人事，婦人之性險詖，故賞罰不信矣。⑤ 男女無别，則民無廉恥。貨財上流，賞罰不信，民無廉恥，而求百姓之安難，兵士之死節，不可得也。朝廷不肅，貴賤不明，長幼不分，度量不審，衣服無等，上下淩節，而

---

① "二者謂好惡交游也"，原脱，據宋楊忱本、花齋本、四庫本補。

② "待謂"至"人也"共 18 字，原脱，據宋楊忱本、花齋本、四庫本補。

③ "民則"，宋楊忱本、花齋本、四庫本作"則民"。

④ "若桓靈之賣官也"，原脱，據宋楊忱本、花齋本、四庫本補。

⑤ "婦者"至"信矣"共 28 字，原脱，據宋楊忱本、花齋本、四庫本補。"職"，宋楊忱本作"休"。"詖"，宋楊忱本作"訣"。

求百姓之尊主政令，不可得也。上好詐謀間欺，間，隔也。有所隔礙而欺誑也。臣下賦斂競得，[①]使民偷一，[②]偷取一時之快。則百姓疾怨，而求下之親上，不可得也。有地不務本事，本事謂農。君國不能一民，而求宗廟社稷之無危，不可得也。上恃龜筮，好用巫醫，則鬼神驟祟。故功之不立，名之不章，爲之患者三：苟功不立、名不章，必爲三患，謂獨王、貧賤、日不足是也[③]。有獨王者，[④]謂無黨也。有貧賤者，有日不足者。有日不足之費也。

一年之計，莫如樹穀；十年之計，莫如樹木；終身之計，莫如樹人。樹人，謂濟我而立之[⑤]。一樹一穫者，穀也；一樹十穫者，木也；果木過十年，漸就枯悴，故曰十穫也。一樹百穫者，人也。人有百年之壽，雖使無百年，[⑥]子孫亦有嗣之而報德者，故曰百穫也。我苟種之，如神用之，一種百穫，近識者莫能測其由，故曰如神用也。舉事如神，唯王之門。王者貴神道設教也。

凡牧民者，使士無邪行，女無淫事。士無邪行，教也；女無淫事，訓也。教訓成俗，而刑罰省，數也。所角反。[⑦]

凡牧民者，欲民之正也。欲民之正，則微邪不可不禁也。微邪者，大邪之所生也。微邪不禁，而求大邪之無傷國，不可得也[⑧]。凡牧民者，欲民之有禮也。欲民之有禮，則小禮不

---

① “臣下”，原屬上讀，兹改從下讀。
② “一”，宋楊忱本、花齋本作“壹”。下“君國不能壹民”之“一”同。
③ “謂”，宋楊忱本、花齋本作“下”。
④ “王”，原作“主”，據宋楊忱本改。
⑤ “濟我而立之”，宋楊忱本、花齋本作“濟而成立之”。
⑥ “無”，宋楊忱本作“充”。
⑦ “所角反”，原脱，據宋楊忱本、花齋本補。
⑧ “可”，原脱，據宋楊忱本、花齋本、四庫本補。

可不謹也。小禮不謹于國，而求百姓之行大禮，不可得也。凡牧民者，欲民之有義也。欲民之有義，則小義不可不行也。小義不行于國，而求百姓之行大義，不可得也。凡牧民者，欲民之有廉也。欲民之有廉，則小廉不可不修也。小廉不修于國，而求百姓之行大廉，不可得也。凡牧民者，欲民之有恥也。欲民之有恥，則小恥不可不飾也。小恥不飾于國，而求百姓之行大恥，不可得也。凡牧民者，欲民之修小禮、行小義、飾小廉、謹小恥、禁微邪，此厲民之道也。民之修小禮、行小義、飾小廉、謹小恥、禁微邪，治之本也。

凡牧民者，欲民之可御也。欲民之可御，則法不可不審。法者，將立朝廷者也。將立朝廷者，則爵服不可不貴也。爵服加于不義，則民賤其爵服；民賤其爵服，則人主不尊；人主不尊，則令不行矣。法者，將用民力者也。將用民力者，則禄賞不可不重也。禄賞加于無功，則民輕其禄賞；民輕其禄賞，則上無以勸民；上無以勸民，則令不行矣。法者，將用民能者也。將用民能者，則授官不可不審也。授官不審，則民間其治；民間其治，則理不上通；理不上通，則下怨其上；下怨其上，則令不行矣。法者，將用民之死命者也。用民之死命者，則刑罸不可不審也。刑罸不審，則有辟就；有辟就，則殺不辜而赦有罪；殺不辜而赦有罪，則國不免于賊臣矣。故夫爵服賤、禄賞輕、民間其治、賊臣首難，此謂敗國之教也。

立政第四

三本　四固　五事　首憲　首事　省官　服制　九敗　七觀

經言四

國之所以治亂者三，殺戮刑罰不足用也。三謂三本也，謂治亂法各有三也。國之所以安危者四，城郭險阻不足守也。四謂四固。國之所以富貧者五，輕税租、薄賦斂不足恃也。五謂五事。治國有三本，而安國有四固，而富國有五事。五事，五經也。自三本已上總其目。

君之所審者三：一曰德不當其位，二曰功不當其禄，三曰能不當其官。此三本者，治亂之原也。故國有德義未明于朝者，則不可加于尊位；功力未見于國者，則不可授與重禄；臨事不信于民者，則不可使任大官。故德厚而位卑者謂之過，德薄而位尊者謂之失。寧過於君子，而毋失于小人。過于君子，其爲怨淺；失于小人，其爲禍深。是故國有德義未明于朝而處尊位者，則良臣不進；有功力未見于國而有重禄者，則勞臣不勸；有臨事不信于民而任大官者，則材臣不用。三本者審，則下不敢求。三本者不審，則邪臣上通，而便辟制威。如此則明塞于上，而治壅于下，正道捐棄，[1]而邪事日長。三本者審，則便辟無威於于國，道塗無行禽，無禽獸之行。疏遠無蔽獄，孤寡無隱治。故曰：刑省治寡，朝不合衆。

右三本

君之所慎者四：一曰大德不至仁，不可授國柄；[2]德雖大而仁不至，或包藏禍心，[3]故不可授國柄。二曰見賢不能讓，不可與

---

① “捐”，原作“損”，據宋楊忱本改。
② “可”下，宋楊忱本、花齋本、四庫本有“以”字。
③ “包”，宋楊忱本作“苞”。

尊位；三曰罰避親貴，不可使主兵；四曰不好本事，①不務地利，而輕賦斂，不可與都邑。此四務者，安危之本也。故曰：卿相不得衆，國之危也；大臣不和同，國之危也；兵主不足畏，國之危也；民不懷其産，國之危也。故大德至仁，則操國得衆；見賢能讓，則大臣和同；罰不避親貴，則威行於鄰敵；好本事，務地利，重賦斂，則民懷其産。

右四固

君之所務者五：一曰山澤不救于火，草木不殖于成，②國之貧也；二曰溝瀆不遂于隘，障水不安其藏，國之貧也；三曰桑麻不殖于野，五穀不宜其地，國之貧也；四曰六畜不育于家，瓜瓠葷菜百果不備具，國之貧也；五曰工事競于刻鏤，女事繁于文章，國之貧也。故曰：山澤救于火，草木殖成，國之富也；溝瀆遂于隘，障水安其藏，國之富也；桑麻殖于野，五穀宜其地，國之富也；六畜育于家，瓜瓠葷菜百果備具，國之富也；工事無刻鏤，女事無文章，國之富也。

右五事

分國以爲五鄉，鄉爲之師。分鄉以爲五州，州爲之長。分州以爲十里，里爲之尉。分里以爲十游，游爲之宗。十家爲什，五家爲伍，什伍皆有長焉。築障塞匿，匿，隱。一道路，博出入。審閭閈，慎管鍵。管藏于里尉，置閭有司，以時開閉。閭有司觀出入者，以復于里尉。復，白。凡出入不時，衣

---

① "曰"，原作"者"，據宋楊忱本、花齋本、四庫本改。
② "殖于成"，宋楊忱本作"得成"，花齋本、四庫本作"殖成"。

服不中，圈屬羊豕之類也。群徒衆作役也。不順于常者，閭有司見之，復無時。若在長家子弟、臣妾、屬役、賓客，則里尉以譙于游宗，補：譙，責讓也。《史記》"有過失不譙讓"，注云："責讓也。"游宗以譙于什伍，什伍以譙于長家。譙敬而勿復。既譙，能敬而從命，無事可白，則是教令行。① 一再則宥，三則不赦。凡孝悌、忠信、賢良，俊材，若在長家子弟、臣妾、屬役、賓客，則什伍以復于游宗，游宗以復于里尉，里尉以復于州長，州長以計于鄉師，補：計，即考計、上計之計，考課之謂也。鄉師以著于士師。補：著，標著也。使備曹署著其名。凡過黨，其在家屬，及于長家；補：及，坐及也。其在長家，及于什伍之長；其在什伍之長，及于游宗；其在游宗，及于里尉；其在里尉，及于州長；其在州長，及于鄉師；其在鄉師，及于士師。三月一復，六月一計，十二月一著。凡上賢不過等，謂上賢雖才用絶倫，無得過其勞級。② 績按："上"謂尊上進用也。③ 使能不兼官，罰有罪不獨及，④罪必有首從及黨與也。⑤ 賞有功不專與。

孟春之朝，君自聽朝，論爵賞校官，終五日。季冬之夕，君自聽朝，論罰罪刑殺，亦終五日。正月之朔，百吏在朝，君乃出令，布憲于國。補：憲，法也，懸之象魏者。劉向《新序》"書憲書教品"。五鄉之師，五屬大夫，皆受憲于太史。大朝之日，五鄉之師，五屬大夫，皆身習憲于君前。⑥ 太史既布憲，入籍于太

---

① "既譙"至"令行"共 16 字，原脱，據宋楊忱本、花齋本、四庫本補。
② "謂上"至"勞級"共 14 字，原脱，據宋楊忱本、花齋本、四庫本補。
③ "績按上謂尊上進用也"，原脱，據四庫本補。
④ "及賞"原誤倒，據宋楊忱本乙正。
⑤ "罪必有首從及黨與也"，原脱，據宋楊忱本、花齋本、四庫本補。
⑥ "身"，原作"自"，據宋楊忱本、花齋本、四庫本改。

府，入籍者，入取籍于太府也。[①] 績按：入籍，謂入書其憲于太府也。下文云“不合籍”，指此。[②] 憲籍分于君前。績按：“分”謂散憲于五鄉之師也。[③] 五鄉之師出朝，遂于鄉官，致于鄉屬，及于游宗，皆受憲，憲所以察時令，籍所以視功過。[④] 憲既布，乃反致令焉，致令於君。[⑤] 然後敢就舍。憲未布，令未致，不敢就舍。就舍謂之留令，死罪不赦。五屬大夫，皆以行車朝，出朝不敢就舍，遂行。至都之日，五屬之都。遂于廟，致屬吏，皆受憲。憲既布，乃發使者致令，以布憲之日，蚤晏之時。憲既布，使者已發，[⑥]然後敢就舍。憲未布，使者未發，不敢就舍。就舍謂之留令，死罪不赦。[⑦] 憲既布，有不行憲者，謂之不從令，罪死不赦。考憲而有不合于太府之籍者，侈曰專制，[⑧]績按：謂增之。不足曰虧令，績按：謂損之。罪死不赦。首憲既布，歲朝之憲。然後可以布憲。憲謂月朝之憲。

右首憲

凡將舉事，令必先出。曰事將爲，其賞罰之數必先明之。立事者謹守令以行賞罰，計事致令，復賞罰之所加。有不合于令之所謂者，雖有功利，則謂之專制，罪死不赦。首事既布，然後可以舉事。

---

① “入籍”至“府也”共 10 字，原脱，據宋楊忱本、花齋本、四庫本補。
② “績按”至“指此”共 21 字，原脱，據四庫本補。
③ “績按”至“師也”共 12 字，原脱，據四庫本補。
④ “憲所”至“功過”共 12 字，原脱，據宋楊忱本、花齋本、四庫本補。
⑤ “致令於君”，原脱，據宋楊忱本、花齋本、四庫本補。
⑥ “已”，四庫本同，宋楊忱本、花齋本作“以”。
⑦ “死罪”，宋楊忱本、花齋本、四庫本作“罪死”。
⑧ “侈曰”，花齋本、四庫本同，宋楊忱本作“曰侈”。

右首事

修火憲，敬山澤林藪積草，績按："敬"同"儆"，戒也。夫財之所出，以時禁發焉，使民于宫室之用，薪蒸之所積，虞師之事也。決水潦，通溝瀆，修障防，安水藏，使時水雖過度，無害于五穀，歲雖凶旱，有所粉扶門反。① 穫，司空之事也。績按：粉，扶問切，亦穫也。相高下，視肥墝，觀地宜，明詔期，前後農夫，以時均修焉，使五穀桑麻皆安其處，由田之事也。行鄉里，視宫室，觀樹蓺，簡六畜，以時鈞修焉，勸勉百姓，②使力作毋偷，懷樂家室，重去鄉里，鄉師之事也。論百工，審時事，辯功苦，上完利，監一五鄉，③以時鈞修焉，使刻鏤文采毋敢造于鄉，工師之事也。

右省官

度爵而制服，量禄而用財。飲食有量，衣服有制，宫室有度，六畜人徒有數，舟車陳器有禁。修生則有軒冕、服位、穀禄、田宅之分，死則有棺椁、絞衾、壙壟之度。雖有賢身貴體，毋其爵不敢服其服；雖有富家多資，毋其禄不敢用其財。天子服文有章，而夫人不敢以燕以饗廟。將軍績按：此有缺文誤字。大夫以朝，官吏以命，士止于帶緣。散民不敢服雜采，百工商賈不得服長鬈求圓反。④ 貂，績按："鬈"音"權"。《記》

---

① "扶門反"，原脱，據宋楊忱本、花齋本補。
② "勉"，原作"免"，據宋楊忱本、花齋本、四庫本改。
③ "一"，四庫本同，宋楊忱本、花齋本作"壹"。
④ "求圓反"，原脱，據宋楊忱本補。

云"燕則鬈首"。[1] 注:"分髮爲鬌紒。"刑餘戮民不敢服絻,一本作"絲"。不敢畜連乘車。

右服制

寢兵之説勝,則險阻不守;言事者競陳寢兵,其説見用而得勝則武術必偃,雖有險阻不能守矣。[2] 兼愛之説勝,則士卒不戰;兼愛之説勝,則徐偃弱而行仁,宋襄惑而慕古也。全生之説勝,則廉恥不立;全生之説勝,則王孫自奉千金,何侯日食一萬。[3] 私議自貴之説勝,則上令不行;群徒比周之説勝,則賢不肖不分;金玉貨財之説勝,則爵服下流;觀樂玩好之説勝,則奸民在上位;觀樂玩好之説勝,則費仲以奉奇異而居顯位,董賢以柔曼而處朝謁也。請謁任舉之説勝,則繩墨不正;諂諛飾過之説勝,則巧佞者用。

右九敗

期而致,使而往,百姓舍己以上爲心者,教之所期也。始于不足見,終于不可及,[4]一人服之,萬人從之,訓之所期也。謂君將行令,始獨發于心,故不足見,終則功成事遂,故不可及也。未之令而爲,未之使而往,上不加勉,而民自盡竭,俗之所期也。君既盡心于俗,所以能期于此也。好惡形于心,百姓化于下,罰未行而民畏恐,賞未加而民勸勉,誠信之所期也。君之好惡纔形于心,百姓已化于天下。爲而無害,成而不議,得而莫

---

① "首",花齋本同,四庫本作"自"。
② "言事"至"守矣"共 27 字,原脱,據宋楊忱本、花齋本、四庫本補。
③ "日",原作"目",據宋楊忱本改。
④ "可",原作"足",據宋楊忱本、花齋本、四庫本改。

之能爭，天道之所期也。君能奉順天道，所以能期于此。爲之而成，求之而得，上之所欲，小大必舉，事之所期也。令則行，禁則止，憲之所及，俗之所被，被，合也。謂俗與憲合。如百體之從心，政之所期也。

右七觀

乘馬第五 立國　大數　陰陽　爵位　務市事　士農　工商　聖人　失時　地理

經言五

凡立國都，非于太山之下，[①]必于廣川之上。高毋近旱而水用足，下毋近水而溝防省。因天材，就地利，故城郭不必中規矩，道路不必中準繩。

右立國

無爲者帝，爲而無以爲者王，爲而不貴者霸。不自以爲所貴，則君道也，貴而不過度，則臣道也。

右大數

地者政之本也，政從地生。朝者義之理也，義因朝起。[②] 市者貨之準也，市所以準貨之輕重。[③] 黄金者用之量也，諸侯之地千乘之國者器之制也。五者其理可知也，爲之有道。

---

① “太”，花齋本、四庫本同，宋楊忱本作“大”。
② “因”，宋楊忱本作“國”。
③ “之輕重”，原脱，四庫本同，據宋楊忱本、花齋本補。

地者政之本也，是故地可以正政也。地平可以正政。地不平均和調，則政不可正也，不均平和調，則地利或幾於息，故不可正政也。① 政不正，則事不可理也。春秋冬夏，陰陽之推移也；夏秋推陽以生陰，冬春推陰以生陽。時之短長，陰陽之利用也；必長短相摩，然後成陰陽之用也。日夜之易，陰陽之化也。晝熱夜寒，交易其氣，此陰陽之化也。然則陰陽正矣，雖不正，有餘不可損，不足不可益也。假令時有盈縮不正，則百六之運數當然也，雖有堯湯之聖不能免之，故不可損益也。天地，莫之能損益也。② 天地亦準陰陽，不可損益也。然則可以正政者地也，故不可不正也。正地者，其實必正。長亦正，短亦正，小亦正，大亦正，長短小大盡正。正不正則官不理，謂天地之正不正，官不可得理。官不理則事不治，事不治則貨不多。是故何以知貨之多也？曰事治。何以知事之治也？曰貨多。貨多事治，則所求於天下者寡矣。爲之有道。

右陰陽　績按：此釋"地者政之本也"。

朝者義之理也。是故爵位正而民不怨，民不怨則不亂，然後義可理。理不正則不可以治，而不可不理也。故一國之人不可以皆貴，皆貴則事不成而國不利也。皆貴則無爲事者，故事不成也。爲事之不成，國之不利也。使無貴者，則民不能自理也。是故辨於爵列之尊卑，則知先後之序、貴賤之義矣。爲之有道。

右爵位　績按：此釋"朝者義之理也"。

---

① "不可正政"，宋楊忱本、花齋本、四庫本作"不可不正"。

② "損"，原脱，據宋楊忱本、花齋本、四庫本補。

市者貨之準也。是故百貨賤則百利不得,謂不得過常之利也。百利不得則百事治,百事治則百用節矣。是故事者生於慮,謀慮則事生也。成於務,專務則事成也。失於傲。輕傲則失事也。不慮則不生,不務則不成,不傲則不失。故曰:市者可以知治亂,可以知多寡,而不能爲多寡。爲之有道。

右務市事 績按:此釋"市者貨之準也"。

黄金者用之量也。辨於黄金之理則知侈儉,知侈儉則百用節矣。故儉則傷事,侈則傷貨。儉則金賤,金賤則事不成,故傷事。侈則金貴,金貴則貨賤,故傷貨。貨盡而後知不足,是不知量也;事已而後知貨之有餘,是不知節也。不知量,不知節,不可謂之有道。績按:此釋"黄金者用之量也"。

天下乘馬服牛,而任之輕重有制。有一宿之行,①一宿有定準,則百宿可知也。道之遠近有數矣。是知諸侯之地千乘之國者,所以知地之小大也,所以知任之輕重也。重而後損之,是不知任也;輕而後益之,是不知器也。不知任,不知器,不可謂之有道。績按:此釋"諸侯之地千乘之國器之制也"。

地之不可食者,山之無木者,百而當一。涸澤,百而當一。地之無草木者,百而當一。樊棘雜處,民不得入焉,百而當一。藪,鎌纏得入焉,九而當一。績按:鎌,刈割器;纏,捆縛索。蔓山,其木可以爲材,可以爲軸,斤斧得入焉,九而當一。汎山,其木可以爲棺,可以爲車,斤斧得入焉,十而當一。流水,網罟得入焉,五而當一。林,其木可以爲棺,可以爲車,斤斧得入焉,五而當一。澤,網罟得入焉,五而當一。命之曰地

① "一",四庫本同,宋楊忱本、花齋本作"壹"。

均，以實數。績按：此一節言土地，就中論不可食者而除之，紀其可食之實，不可徒論廣狹也。

方六里命之曰暴，五暴命之曰部，五部命之曰聚。聚者有市，無市則民乏。① 五聚命之曰某鄉，四鄉命之曰方，官制也。官成而立邑：五家而伍，十家而連，五連而暴，五暴而長，命之曰某鄉，四鄉命之曰都，邑制也。邑成而制事：四聚爲一離，五離爲一制，五制爲一田，二田爲一夫，二夫爲一家，②事制也。事成而制器：方六里，爲一乘之地也。一乘者，四馬也。一馬，其甲七，其蔽五；蔽所以護車馬。③ 四乘，其甲二十有八，其蔽二十，白徒三十人奉車兩，器制也。績按：此一節言官邑事器之制。

方六里，一乘之地也；方一里，九夫之田也。黄金一鎰，百乘一宿之盡也。無金則用其絹，季絹三十三制當一鎰。三等，其下者曰季。④ 補：季絹，細絹也。暴布，白布也。無絹則用其布，經暴布百兩當一鎰。一鎰之金，食百乘之一宿。則所市之地六步一㪷，一本作一升。命之曰中。有市，無市則民不乏矣。方六里，名之曰社，有邑焉，名之曰央。亦關市之賦，命出關市之賦。黄金百鎰爲一篋，其貨一穀籠爲十篋"籠"音"籠"。⑤ 其商苟在市者三十人，其正月、十二月，黄金一鎰，命之曰正分。春曰書比，立夏曰月程，秋曰大稽，與民數得亡。三歲修封，五歲修界，十歲更制，經正也。績按：此節言既立制而遂定賦

① "乏"，花齋本、四庫本、宋楊忱本作"之"。
② "二"，四庫本同，宋楊忱本、花齋本作"三"。
③ "護"，四庫本同，宋楊忱本、花齋本作"捍"。
④ "三等其下者曰季"，此句注文宋楊忱本、花齋本在"季絹三十三"下。
⑤ "籠音籠"，宋楊忱本無此三字，當爲劉績補注，上脱"績按"二字。

也。十仞見水不大潦，大潦，一本作大續，繼也，預貯水也。五尺見水不大旱。十一仞見水輕征，征税也。十分去二三，謂去十仞之二三。二則去三四，謂去十仞之三。四則去四，謂去十仞之四。五則去半，比之於山。五尺見水，言平地五仞見水，同於山五尺見水。十分去一，四則去三，八尺曰仞，分九仞則屈，每分有二仞二尺，去其三則餘有一丈八尺。三則去二，二則去一，三尺而見水，比之於澤。績按：言地高則難澇，故曰十仞見水不大澇；地低則難旱，故曰五尺見水不大旱。當澇之時，若高亢地十一仞見水，則常征十分中免二三分，十二仞見水則免三四分，十四仞見水則免四分，十五仞見水則免五分，以其極高難灌漑，可以比於山也。當旱之時，若污下地五尺見水，則常征十分免四分，四尺見水則免三分，三尺見水則免二分，二尺見水則免一分，以其極低易灌漑，可以比於澤也。"十分去一"當作"十分去四"，乃字之誤也。

距國門以外，窮四竟之内，丈夫二犁，童五尺一犁，以爲三日之功。正月，令農始作，服于公田農耕。及雪釋，耕始焉，芸卒焉。士，聞見、博學、意察，而不爲君臣者，與功而不與分焉。此人學以爲君之臣也，①然以高尚其事而不爲，若此者，預食農收之功，而不受力作之分也。賈，知賈之貴賤，日至於市，而不爲官賈者，與功而不與分焉。工，治容貌功能，日至於市，而不爲官工者，與功而不與分焉。績按：此言士賈工雖習其業，不在官者，正月亦與耕公田三日，借民力以盡地利也。不可使而爲工，則視貸離之實，②而出夫粟。

是故智者知之，愚者不知，不可以教民；教民必以有智者。巧者能之，拙者不能，不可以教民。教人爲工必以巧者，欲令愚智

① "學"，宋楊忱本作"而"。
② "貸"，原作"貨"，據宋楊忱本改。

之人盡曉知之,[1]然後可以教人也。績按:此言教人當使智愚皆知,[2]巧拙皆能。非一令而民服之也,不可以爲大善;非夫人能之也,不可以爲大功。是故非誠賈不得食于賈,非誠工不得食于工,非誠農不得食于農,非信士不得立于朝。是故官虚而莫敢爲之請,[3]君有珍車珍甲而莫之敢有。君舉事,臣不敢誣其所不能。君知臣,臣亦知君知己也。故臣莫敢不竭力,俱操其誠以來。

道曰:均地分力,使民知時也。民乃知時日之蚤晏,日月之不足,飢寒之至于身也。是故夜寢蚤起,父子兄弟不忘其功,爲而不倦,民不憚勞苦。故不均之爲惡也,地利不可竭,民力不可殫。不告之以時而民不知,不道之以事而民不爲。與之分貨,則民知得正矣;審其分,則民盡力矣。是故不使而父子兄弟不忘其功。

右士農工商 績按:此篇言均地、立制、定賦之法,率民盡地力,終之以人君出令之事,末又言均地分力,使民知時,爲下三節之綱,謂之士農工商,不知何説也。

聖人之所以爲聖人者,善分民也。善令人知分,故名爲聖人。聖人不能分民,則猶百姓也,於己不足,安得名聖?不能令人知分,則己尚不足,何名爲聖人。是故有事則用,用,謂人也。無事則歸之於民,謂令人退歸而居也。唯聖人爲善托業於民。謂托人以成功業也。民之生也,辟則愚,縱其淫辟則昏愚也。閉則類。類,善也。閉其淫辟則自善。上爲一,下爲二。下之效上必倍之也。

---

① "人",原作"仁",據花齋本、四庫本改。
② "智",原作"知",據四庫本改。
③ "莫",花齋本、四庫本同,宋楊忱本作"其"。

右聖人　績按：此釋上“分力”，非言聖人也。

時之處事精矣，不可藏而舍也。時至則爲之，不可藏而舍息也。故曰：今日不爲，明日亡貨，言不爲則失時。① 昔之日已往而不來矣。言日既往不還來也。

右失時　績按：此釋上“使民知時”。

上地方八十里，萬室之國一，千室之都四。中地方百里，萬室之國一，千室之都四。下地方百二十里，萬室之國一，千室之都四。以上地方八十里與下地方百二十里，通於中地方百里。

右地里　績按：此釋上“均地”。

① “失”，原作“之”，據宋楊忱本改。

卷之二

七法第六 謂則象法化決　塞心術計數　四傷　百匿　爲兵之數　選陣①

經言六

言是而不能立，言非而不能廢，謂之是，不能立其人而用之；謂之非，不能廢其人而退之。有功而不能賞，有罪而不能誅，若是而能治民者，未之有也。是必立，非必廢，有功必賞，有罪必誅，若是安治矣，未也。能此四者，可以安治矣，而猶未者，則以未具下事故。是何也？曰形勢器械未具，猶之不治也。形勢器械具，四者備，治矣。四者備，謂立是、廢非、賞功、誅罪。不能治其民，而能強其兵者，未之有也。能治民然後能強兵。能治其民矣，而不明于爲兵之數，猶之不可。雖能治民，而欲強兵，必明於爲兵之數然後可。不能強其兵，而能必勝敵國者，未之有也。能強其兵，而不明于勝敵國之理，猶之不勝也。雖能強兵，其欲勝敵國，必須明審其理，理之不明，猶是不勝也。兵不必勝敵國，而能正天下者，未之有

---

① "謂則"至"選陣"共 21 字，原脱，花齋本、四庫本脱"四傷百匿爲兵之數選陣"10 字，據宋楊忱本補。

也。兵必勝敵國矣，而不明正天下之分，猶之不可。故曰：治民有器，爲兵有數，勝敵國有理，正天下有分。器數理分，即下之七法也。

則、象、法、化、決塞、心術、計數，此七法之目也。根天地之氣，寒暑之和，水土之性，人民鳥獸草木之生，物雖不甚多，皆均有焉，而未嘗變也，謂之則。根，本也。① 生萬物者，天地之元氣也。義也、名也、時也、似也、類也、比也、狀也，謂之象。義者，所以合宜也。② 名者，所以命事也。時者，名有所當也。似、類、比、狀，謂立法者必有所仿效，不徒然也。尺寸也、繩墨也、規矩也、衡石也、斗斛也、角量也，謂之法。角亦器量之名。凡此十二事，皆立政者所以爲法也。漸也、順也、靡也、久也、服也、習也，謂之化。漸，謂革物當以漸也。順也、靡也，謂物順教而風靡也。久也、服也、習也，謂人服習教命之久。予奪也、險易也、利害也、難易也、開閉也、殺生也，謂之決塞。凡此十二事，皆爲政者所以決斷而窒塞也。實也、誠也、厚也、施也、度也、恕也，謂之心術。凡此六者，皆自心術生也。剛柔也、輕重也、大小也、實虛也、遠近也、多少也，謂之計數。凡此十二事，必計之以知其數也。不明於則而欲出號令，明則然後可以出號令。猶立朝夕於運均之上，擔竿而欲定其末。③ 均，陶者之輪也。立朝夕所以正東西也，④今均既運，則東西不可準也。擔，舉也。夫欲定末者必先靜其本，今既舉竿之本，其末不定也。補：運，轉也，即鈞。鈞，輪也。古人稱天爲洪鈞者，蓋言大是一大車鈞也。"立朝夕於轉輪之上"者，即朝夕立於轉輪之上，無時而得安靜也。

---

① "本"，四庫本同，宋楊忱本、花齋本作"元"。
② "宜"，原脱，據宋楊忱本、花齋本、四庫本補。
③ "擔"，宋楊忱本作"檐"。
④ "立朝夕所以正東西"，原作"定朝夕所以定東西"，據宋楊忱本、花齋本、四庫本改。

此古人倒用句法之妙處。擔，立也，佇也。定，栖止也。言欲栖于立竿之末必危而不安也。不明於象，而欲論材審用，猶絶長以爲短，續短以爲長。鶴脛非所斷，鳧脛非所續也。不明於法，而欲治民一衆，猶左書而右息之。息，止也。左手爲書，右手從而止之，則無時成書矣。補：人右手能書，而左手不能書也，今反用左手書，而右手息而不動，倒行逆施之譬。不明於化，而欲變俗易教，猶朝揉輪而夕欲成車。[①] 不明於決塞，而欲敺衆移民，[②]猶使水逆流。不明於心術，而欲行令於人，猶倍招而必拘之。物有倍叛，而招之者，必有以慰之，[③]令其感服，今反拘留之，則彼逾叛矣。補：招，所以羈鹿豕之足者。倍，猶棄也。言棄舍其招，而欲徒鹿豕，必不能也。不明於計數，而欲舉大事，猶無舟楫而欲經於水險也。故曰：錯儀畫制，不知則不可；論材審用，[④]不知象不可；和民一衆，不知法不可；變俗易教，不知化不可；敺衆移民，不知決塞不可；布令必行，不知心術不可；舉事必成，不知計數不可。

右七法

百匿傷上威，百，百官也。言百官皆匿情爲私，則上威傷。奸吏傷官法，奸民傷俗教，賊盜傷國衆。盜賊之人，常欲損敗於物也。[⑤]威傷則重在下，君威傷，則臣反得尊重。法傷則貨上流，教傷則從令者不輯，衆傷則百姓不安其居。重在下則令不行，貨上流則官徒毁，官者既不以德進，但以貨成，故官徒毁。徒，事也。從令者不輯則百事無功，百姓不安其居則輕民處而重民散。輕民，謂爲盜

---

① “成”，宋楊忱本、花齋本、四庫本作“乘”。
② “敺”，宋楊忱本同，花齋本、四庫本作“毆”。
③ “慰”下，宋楊忱本、花齋本有“悦”字。
④ “材”，原作“財”，據宋楊忱本、四庫本改。
⑤ “敗”，原作“教”，據宋楊忱本、花齋本、四庫本改。

者用盜致富，故處；重民，謂務農者爲盜破産，故散。輕民處重民散，則地不辟，地不辟則六畜不育，六畜不育則國貧而用不足，國貧而用不足則兵弱而士不厲，兵弱而士不厲厲，奮也。則戰不勝而守不固，戰不勝而守不固則國不安矣。故曰：常令不審則百匿勝，官爵不審則奸吏勝，符籍不審則奸民勝，刑法不審則盜賊勝。國之四經敗，補：四經，謂上常令、官爵、符籍、刑法四者。人君泄見危。謂常令、官爵、符籍、刑法，四者爲政之經，四者既敗，則是君泄其事，君泄其事，則其位危矣。① 人君泄，則言實之士不進；言實之士不進，則國之情僞不竭于上。下皆隱實言虚，則是國情不竭於上。②

世主所貴者寶也，③所親者戚也，所愛者民也，所重者爵禄也。亡君則不然，致所貴非寶也，補：致，至也。又委致之致。致所親非戚也，致所愛非民也，致所重非爵禄也。故不爲重寶虧其命，故曰令貴於寶。重寶而全命，則當棄，是令貴於寶。④不爲愛親危其社稷，故曰社稷戚於親。社稷者，身之存亡，故棄親而存社稷。⑤ 不爲愛人枉其法，故曰法愛於人。法者，崇替所由，故棄所愛而存其法。⑥ 不爲重禄爵分其威，故曰威重於爵禄。威者，人君所以服海内，必不得已，寧散爵禄，不可分威也。⑦ 不通此四者，則反於無有。不達於四者，用非其國，故曰反於無有。⑧ 故曰治

---

① "謂常"至"危矣"共 34 字，原脱，據宋楊忱本、花齋本、四庫本補。
② "下皆"至"於上"共 14 字，原脱，據宋楊忱本、花齋本、四庫本補。
③ "寶"，宋楊忱本、花齋本、四庫本作"實"。
④ "重寶"至"於寶"共 13 字，原脱，據宋楊忱本、花齋本、四庫本補。
⑤ "社稷"至"社稷"共 14 字，原脱，據宋楊忱本、花齋本、四庫本補。
⑥ "法者"至"其法"共 14 字，原脱，據宋楊忱本、花齋本、四庫本補。
⑦ "威者"至"威也"共 22 字，原脱，據宋楊忱本、花齋本、四庫本補。
⑧ "不達"至"無有"共 15 字，原脱，據宋楊忱本、花齋本、四庫本補。

人如治水潦，治水潦者，必峻其堤防也。① 養人如養六畜，養六畜者，必致其閑皂，堅其羈絆。② 用人如用草木。用草木者，時入山林，輪轅不失其宜，樵蘇各得其所。③ 居身論道行理，則群臣服教，百吏嚴斷，莫敢開私焉。君之於民，其猶居身，治之、養之、用之，三者各得其宜，論道而行理，則無私不服也。④ 論功計勞，未嘗失法律也。便辟、左右、大族、尊貴、大臣，不得增其功焉，疏遠、卑賤、隱不知之人，不忘其勞。故有罪者不怨上，罪得其人，故不怨。⑤ 愛賞者無貪心，賞不逾等，故息其貪也。則列陳之士，皆輕其死而安難，以要上事，賞罰不濫，則立功要功之士知其不誣，故競而爲之。本兵之極也。爲兵之本，其極要者，在於明賞罰也。

右四傷⑥

爲兵之數，存乎聚財，而財無敵，存謂專立意存之，君無財，士不來，故存意於聚財，則彼國之財不能敵也。存乎論工，而工無敵，工者所以造軍之器用者也。⑦ 存乎制器，而器無敵，器謂兵器。存乎選士，而士無敵，存乎政教，而政教無敵，政教，軍中號令。存乎服習，而服習無敵，服，便也。謂便習武藝。存乎遍知天下而遍知天下無敵，遍知天下，謂遍知其地形險易、主將工拙、士卒勇怯。⑧ 存乎明於機數，而明於機數無敵，機者發内而動外，爲近而成遠，

---

① "治水"至"防也"共10字，原脱，據宋楊忱本、花齋本、四庫本補。

② "養六"至"羈絆"共13字，原脱，據宋楊忱本、花齋本、四庫本補。

③ "用草"至"其所"共20字，原脱，據宋楊忱本、花齋本、四庫本補。

④ "君之"至"服也"共31字，原脱，據宋楊忱本、花齋本、四庫本補。"各得其宜"，宋楊忱本作"各各得宜"。

⑤ "罪得其人故不怨"，原脱，據宋楊忱本、花齋本、四庫本補。

⑥ "右四傷"，宋楊忱本作"右百匿"，花齋本、四庫本作"右四傷百匿"。

⑦ "所以"、"者"，原脱，據宋楊忱本、花齋本、四庫本補。

⑧ "工拙士卒勇怯"，原脱，據宋楊忱本、花齋本、四庫本補。

不疾而速，不行而至，見其爲之，不知其所以爲，有數存焉於其間，故曰機數也。故兵未出境而無敵者八。是以欲正天下，財不盖天下，不能正天下；財謂貨，①財不能盖天下，則無以正天下也。財盖天下，而工不盖天下，不能正天下；工盖天下，而器不盖天下，不能正天下；財雖盖天下，而工與器不能盖，則無以正天下，餘皆放此。器盖天下，而士不盖天下，不能正天下；士盖天下，而教不盖天下，不能正天下；教盖天下，而習不盖天下，不能正天下；習盖天下，而不遍知天下，不能正天下；遍知天下，而不明於機數，不能正天下。故明於機數者，用兵之勢也，大者時也，小者計也。王者征伐，能立大功者，在於合天時也；至小者捷勝，亦在人計謀也。

王道非廢也，②而天下莫敢窺者，王者之正也。大寶之位，神器也，古今所共傳，非有暫廢而天下莫敢窺窬者，以王者當樂推之運，應天人之正也。衡庫者，天子之禮也。衡者所以平輕重，庫者所以藏寶物，不令外知者也。言王者用心常當準平天下，既知輕重，審用於心，無令長耳目者所得，此則天子之禮然也。

是故器成卒選，則士知勝矣。選謂簡其精練。遍知天下，審御機數，則獨行而無敵矣。所愛之國而獨利之，所惡之國而獨害之，則令行禁止，是以聖主貴之。③貴謂貴兵。勝一而服百，則天下畏之矣；立少而觀多，則天下懷之矣；立少，謂興亡國雖少，天下共觀之，故曰觀多。桓公救邢遷衛用此術也。或曰"觀"當爲"勸"。罰有罪、賞有功，則天下從之矣。故聚天下之精財，論百工之鋭器，春秋角試以練，精鋭爲右。右，上也。成器不課不用，不試

① "謂"，原脱，四庫本同，據宋楊忱本、花齋本補。
② "也"，原脱，據宋楊忱本補。
③ "主"，四庫本同，宋楊忱本、花齋本作"王"。

不藏。兵器雖成，未經課試，則不用不藏。收天下之豪傑，有天下之駿雄。故舉之如飛鳥，動之如雷電，發之如風雨，莫當其前，莫害其後，獨出獨入，莫敢禁圉。成功立事，必順於禮義，故不禮不勝天下，不義不勝人。故賢知之君，必立於勝地，故正天下而莫之敢御也。

右爲兵之數

若夫曲制時舉，不失天時，制雖委曲，順天而舉，不失天時也。毋壙地利，其數多少，其要必出於計數。壙，空也。天之所覆空地，謂山河陂澤，所以營作而興利者也，①必計數其多少之要，②然後度材而用之。故凡攻伐之爲道也，計必先定於内，然後兵出乎境。計未定於内，而兵出乎境，是則戰之自勝，攻之自毀也。自勝謂自勝於己，其敗可知也。是故張軍而不能戰，圍邑而不能攻，得地而不能實，三者見一焉，則可破毀也。故不明于敵人之正，③不能加也；不明敵政，未可加兵。④ 不明于敵人之情，不可約也；不明敵情，未可約士約誓也。不明于敵人之將，不先軍也；不明于敵人之士，不先陳也。是故以衆擊寡，以治擊亂，以富擊貧，以能擊不能，以教卒練士擊敺衆白徒，白徒謂不練之卒，無武藝。故千戰千勝，⑤百戰百勝。

故事無備，兵無主，則不蚤知；既無備無主，故敵來攻，不能先知

---

① "營"，原作"瞢"，據宋楊忱本、花齋本、四庫本改。

② "少"，花齋本、四庫本同，宋楊忱本作"步"。

③ "正"，宋楊忱本、花齋本、四庫本作"政"。

④ "不明敵政未可加兵"，四庫本同，宋楊忱本、花齋本作"不明敵故未可加兵"。

⑤ "千戰千勝"，宋楊忱本、花齋本、四庫本作"十戰十勝"。

之。野不辟，地無吏，則無蓄積；①官無常，下怨上，則器械不功；②功謂堅利。朝無政，則賞罰不明；賞罰不明，則民幸生。僥倖以偷生也。故蚤知敵人如獨行，蚤知敵人，則有以備之，敵人望風自退，故曰獨行也。有蓄積則久而不匱，器械功則伐而不費，賞罰明則人不幸，人不幸則勇士勸之。故兵也者，審於地圖，謀十官地圖，謂敵國險易之形。軍之部置，十官必伍，什則有長，故曰十官，又須謀得其人也。日量蓄積，齊勇士，遍知天下，審御機數，兵主之事也。

故有風雨之行，故能不遠道里矣。行疾如風雨，故不以道里爲遠。有飛鳥之舉，故能不險山河矣。輕捷如飛鳥，故不以山河爲險。有雷電之戰，故能獨行而無敵矣。雷電，天之威怒，故莫敢爲戰。③ 有水旱之功，故能攻國救邑。謂其功可以爲彼水旱。有金城之守，故能定宗廟、育男女矣。有一體之治，故能出號令、明憲法矣。④ 謂上下同心，其猶一體。⑤ 風雨之行者，速也。飛鳥之舉者，輕也。雷電之戰者，士不齊也。懼雷電之威，故彼士不齊。水旱之功者，野不收、耕不穫也。能令彼有水旱，故不得使收穫也。金城之守者，用貨財，設耳目也。貨財所以養敢死之士，耳目所以聽鄰國之動靜，令必知之。一體之治者，去奇説，禁雕俗也。奇説謂譎詐之言，⑥雕俗謂浮僞之俗。不遠道里，故能威絶域之民。不險山河，故能服恃固之國。獨行無敵，故令行而禁止。故攻國救邑，不恃權與之國，故所指必聽。雖有權與之國，不

---

① "蓄"，原作"畜"，據宋楊忱本改。
② "則"，四庫本同，宋楊忱本、花齋本作"而"。
③ "戰"，四庫本同，宋楊忱本、花齋本作"敵"。
④ "法"，原脱，據宋楊忱本、花齋本、四庫本補。
⑤ "心其猶一體"，原脱，據宋楊忱本、花齋本、四庫本補。
⑥ "詐"，四庫本同，宋楊忱本、花齋本作"誑"。

顧而恃之。權與，謂權爲親與也。定宗廟，育男女，天下莫之能傷，然後可以有國。制儀法，出號令，莫不嚮應，然後可以治民一衆矣。

右選陳

版法第七

選擇政要，載之於版，以爲常法。績按：此注多非，當依後《版法解》自明。

經言七

凡將立事，立經國之事。正彼天植，謂順天道以種植，必令得其正。① 風雨無違，君道不虧，則風雨無違也。遠近高下，各得其嗣。高下，猶多少也。謂君之賦税，因其遠近之别，以多少之差，輕重合宜，故可嗣之以常行。嗣，續也。三經既飾，②君乃有國。三經謂上天植、風雨、高下也。是三者既以飾整，故君可以有國也。績按：謂天也，風也，雨也。

喜無以賞，怒無以殺。喜以賞，怒以殺，怨乃起，令乃廢。驟令而不行，③民心乃外。有外叛之心也。外之有徒，禍乃始牙。徒謂黨與也。外叛者有黨與，禍由是生，故曰始牙。衆之所忿，置不能圖。衆忿難犯，故必置之，誰能圖之。績按：當依《解》作"寡不能圖"。

舉所美必觀其所終，凡人之情，靡不有初，鮮克有終，故須觀之。廢所惡必計其所窮。蜂蠆有毒，故必計其所窮，知困獸猶鬥，其所終

---

① "其"，原作"上"，據宋楊忱本、花齋本、四庫本改。
② "飾"，宋楊忱本、花齋本、四庫本作"飭"。
③ "而"，四庫本同，宋楊忱本、花齋本無此字。

將何爲也。慶勉敦敬以顯之,人有敦敬則慶勉以顯之也。富禄有功以勸之,人之有功則富貴以勸之。① 爵貴有名以休之。賢者有名則爵貴以休之。兼愛無遺,是謂君心。② 必先順教,萬民鄉風。上之敦敬有功名之士,必爵禄順而與之,所以教之急也,如此則民向化而從化。③ 旦暮利之,衆乃勝任。有功名之士既旦暮得利,衆自厲而勝任。取人以己,成事以質。將欲取人,必先審己才略能用彼否。"質"謂準的,將欲成事,必先立其準的,事不違質,然後爲善。

審用財,慎施報,察稱量。故用財不可以嗇,用力不可以苦。用財嗇則費,嗇怯用財不以賞賜,④則立功之士懈怠,敵人來侵,其費更多。⑤ 嗇,怯。用力苦則勞。民不足,令乃辱。民不足,則令不行,故辱也。民苦殃,令不行。施報不得,禍乃始昌。禍昌不寤,⑥民乃自圖。謀爲叛己。

正法直度,罪殺不赦。去正直之法度,⑦罪殺有過,終不免赦。殺僇必信,民畏而懼。武威既明,令不再行。頓卒怠倦以辱之,頓卒猶困苦,其有怠倦不勤,則困苦以辱之。⑧ 罰罪宥過以懲之,殺僇犯禁以振之。植固不動,倚邪乃恐。言執法者必當深植而固守,則不可動移,若乃頓倚而邪,則法亂而身危,故可恐也。績按:倚,《解》作"奇邪",謂偏邪不正之人也。"恐"謂恐懼,遷善不敢爲惡也。⑨ 倚革

---

① "人之"至"勸之"共10字,原脱,據宋楊忱本、花齋本、四庫本補。

② "是謂君心",花齋本、四庫本同,宋楊忱本作"謂君"。

③ "向化",宋楊忱本、花齋本、四庫本作"向風"。

④ "怯",宋楊忱本、花齋本、四庫本作"於"。"賜",原作"陽",據宋楊忱本、花齋本、四庫本改。

⑤ "更",原作"專",據宋楊忱本、花齋本、四庫本改。

⑥ "禍昌",原作"而",據宋楊忱本、花齋本、四庫本改。

⑦ "去",宋楊忱本、花齋本、四庫本作"夫"。

⑧ "之",宋楊忱本、花齋本、四庫本無此字。

⑨ "遷",花齋本同,四庫本作"迁"。"惡",原作"恐",據花齋本、四庫本改。

邪化，令往民移。既能正倚化邪，歸於正直，如此化出，令纔往則民移。

法天合德，天之資始，無有私德。[①] 象地無親，地之資生，無所私親。[②] 參於日月，日月無私耀也。伍於四時。[③] 賞以春夏，刑以秋冬。悦在愛施，有將悦於下，在施無令之有。[④] 績按：當作"悦衆在愛施"，《解》作"説在愛施"，脱一"衆"字，注以"有"字屬上句，非。蓋言能廢私然後有衆也。衆在廢私，將欲齊衆，在於廢私。召遠在修近，修道則遠者至。[⑤] 閉禍在除怨，除怨則禍端塞。修長在乎任賢，任賢則國祚長。安高在乎同利。與下同利則高位安。

---

① "私"，原作"移"，據宋楊忱本、花齋本、四庫本改。
② "私"，原作"施"，據宋楊忱本改。
③ "伍"，四庫本同，宋楊忱本、花齋本作"佐"。
④ "在施無令之有"，宋楊忱本、花齋本、四庫本作"在於施無令有"。
⑤ "道"，宋楊忱本、花齋本、四庫本作"近"。

卷之三

幼官第八幼，始也。陳從始輔官齊政之法。

經言八

若因夜虚守静，人物人物則皇。言欲候氣聽聲，以知吉凶，必因夜虚之時，守其安静，以聽候人物，此時人物則皇暇，故吉凶之驗不妄。補：此二句有誤書，有衍文。當依後東方副圖作“處虚守静，人物則皇”。“夜”字與“處”相似而誤書。《淮南子》有“夜行”，高誘注：“夜行諭陰行也，陰行神化故能有天下”，則“夜”字爲是。二“人物”字則衍文也。物，事也。皇，大也。言人君能處虚守静，則發之人事者盛大也。五和時節，土生數五，土氣和，則君順時節而布政。君服黄色，味甘味，聽宫聲，此土王之時，故服黄、味甘、聽宫也，然土雖均王四季，而正位在六月也。績按：别本注：用土之物也。治和氣，土主和，故治和氣。用五數，績按：諸本脱此一句，非。飲於黄后之井，中央井也。以裸獸之火爨，裸獸謂淺毛之獸，虎豹之屬。藏温濡，[①]“藏”謂苞之在心，君之所藏者，温和濡緩，所以助土氣。績按：“濡”，古“軟”字也。[②] 行毆養，謂禽獸之屬能爲苗害者，時毆逐之，所以養嘉穀也。績按：“行”對藏而言，謂行之於身也，下放

① “濡”，花齋本、四庫本同，宋楊忱本作“儒”。下注文中“濡”同。
② “濡古軟字也”，四庫本作“濡字古軟字也”。

此。坦氣修通。坦,平也。平土政,則其氣修通。凡物開靜,形生理。常至命,凡土王之時,①所生之物,但開通安靜,則其形自生,既循理之常,則無殘盡於所賦之命也。績按:當"理"字爲句。尊賢授德則帝。帝者之民,②其實師也,故尊賢授德則可爲帝也。身仁行義,服忠用信則王。服,行。審謀章禮,選士利械則霸。章,明。定生處死,謹賢修伍則衆。生者安定之,死者處置之,歛葬其柩。信賞審罰,爵材禄能則強。有材者爵之,有能者禄之。計凡付終,務本飭末則富。凡,謂都數也。付終,謂財,日月既終,付之後人。明法審數,立常備能則治。常,謂五常也。備能,謂才能之士備有之。同異分官則安。同異之職,分官而治。通之以道,畜之以惠,親之以仁,養之以義,報之以德,結之以信,接之以禮,和之以樂,期之以事,攻之以官。攻,治。績按:當依後作"考之以言"。③ 發之以力,威之以誠。一舉而上下得終,謂初會諸侯,上下得終其禮。自此至九舉,説九合諸侯之所致。再舉而民無不從,三舉而地辟散成,成,謂諸侯自盟要,不事於齊,至三會,則諸侯散其成而朝齊。四舉而農佚粟十,四會之後,徭役減省,故農人佚樂而粟得十全。五舉而務輕金九,五會之後,兵戰既息,事務轉輕,而金得九分一以供官也。④ 六舉而絜知事變,絜,圍度也。胡結反。⑤ 七舉而外内爲用,外謂諸侯。八舉而勝行威立,九舉而帝事成形。九會之後,威行海内,雖居侯伯,帝王之事,既以成形。

九本搏大,⑥人主之守也。自九本以下,管氏但舉其目,或有

---

① "王",花齋本、四庫本同,宋楊忱本作"正"。
② "民",宋楊忱本、花齋本、四庫本作"臣"。
③ "考",四庫本同,花齋本作"攻"。
④ "分",花齋本、四庫本同,宋楊忱本作"全"。
⑤ "胡結反",原本及花齋本、四庫本脱,據宋楊忱本補。
⑥ "搏",原作"摶",據宋楊忱本、四庫本改。下注文中"搏"同。

數在於他篇，但此書多從散逸，無得而知。然九本所以搏擊強大，故人主守之。八分有職，卿相之守也。十官飾勝備威，將軍之守也。六紀審密，賢人之守也。五紀不解，庶人之守也。動而無不從，靜而無不同。強動弱必從，強靜弱必同。治亂之本三，卑尊之交四，富貧之終五，盛衰之紀六，安危之機七，強弱之應八，存亡之數九。練之以散群傰署，傰，猶曹也。凡上之諸數既已精練，然後散之於衆，使傰曹署著其名以司之。績按："傰"音"朋"。凡數財署。數，謂國用之數，使財者署。殺僇以聚財，或因亡國，或因滅家，莫不籍没其財，故曰殺僇以聚財也。[①] 勸勉以遷衆，勸勉貧弱之民。[②] 使二分具本。使上之傰署、財署分知其事，各具其名籍之本，則財署知聚財，傰署知遷衆。[③] 發善必審於密，善之發，在慎於隱密之時。[④] 報威必明於中。[⑤] 發善謂行賞，執威謂行刑。[⑥]

此居圖方中此立時之政。管氏别五其圖，謂之方圖，而土位居中。[⑦] 補：圖，明堂圖也。居圖方中，即《月令》"中央土天子居大廟大室"也，大廟大室，乃明堂之中，居于東方方外，即明堂之青陽左个右个之説也。餘仿此。

---

① "或因"至"財也"共22字，原作"或因亡國致聚其財"，據宋楊忱本、花齋本、四庫本補。

② "遷"，宋楊忱本同，花齋本、四庫本作"選"。"勸勉貧弱之民"，宋楊忱本、花齋本、四庫本無此句。

③ "使上"至"遷衆"共29字，原作"二分者國穀三分上歲之二分在下下歲之二分在上本農務也使二分在下以備農務"，據宋楊忱本、花齋本、四庫本改。

④ "善之"至"之時"共10字，宋楊忱本、花齋本、四庫本無此句。

⑤ "報"，宋楊忱本、花齋本、四庫本作"執"。

⑥ "發善"至"行刑"共10字，原作"報威行威也必適於中"，據宋楊忱本、花齋本、四庫本改。

⑦ "此立"至"居中"共20字，原脱，據宋楊忱本、花齋本、四庫本補。

春行冬政，肅，陰氣肅殺。① 行秋政，雷，陰陽之氣擊搏。② 行夏政，閹。陽氣獨盛。③ 十二，地氣發，戒春事。春時地氣動。④ 十二，小卯，出耕。補：《幼官圖》乃當時因時立政之法也，與吕不韋《月令》相似，其中言服色、食味、聽聲、用數皆與《月令》吻合。但十二小卯、十二小郢諸説不知何謂，疑是節氣名目，如穀雨、驚蟄之類者。十二，天氣下，賜與。十二，義氣至，修門閭。十二，清明，發禁。十二，始卯，⑤合男女。十二，中卯，十二，下卯，三卯同事。謂三卯所用事同。他皆仿此。⑥ 八舉時節，木，成數八，木氣舉，君則順時節而布政。⑦ 君服青色，味酸味，此木王之時，故服青、味酸也。⑧ 聽角聲，角，東方之聲，屬木。⑨ 績按：别本注用木之物也。⑩ 治燥氣，⑪燥氣，火氣，木生火。⑫ 用八數，八爲木之成數也。⑬ 飲於青后之井，青帝東方井也。⑭ 以羽獸之火爨。羽獸，謂獸毛之似羽者。⑮藏

---

① "陰氣肅殺"，宋楊忱本、花齋本、四庫本作"肅寒也冬氣乘之故也"。

② "陰陽之擊搏"，宋楊忱本、花齋本、四庫本作"春陽秋陰陰乘陽故雷"。

③ "陽氣獨盛"，宋楊忱本、花齋本、四庫本作"春既陽夏又陽陽氣猥併故掩閉也"。

④ "春時地氣動"，宋楊忱本、花齋本、四庫本作"自此已下陰陽之數日辰之名于時國異政家殊俗此但齊獨行不及天下且經秦焚書或爲煨燼無得而詳焉闕之以待能者"。

⑤ "卯"，花齋本、四庫本同，宋楊忱本作"毋"。

⑥ "謂三"至"仿此"共 11 字，原脱，據宋楊忱本、花齋本、四庫本補。

⑦ "而"，四庫本作"以"，宋楊忱本、花齋本無此字。

⑧ "此木"至"酸也"共 11 字，宋楊忱本、花齋本、四庫本在"聽角聲"下。"酸也"，宋楊忱本作"酸聽自"二字，花齋本、四庫本作"酸聽角"。

⑨ "角東方之聲屬木"，宋楊忱本、花齋本、四庫本無此句。

⑩ "績按"至"物也"共 10 字，原脱，據四庫本補。

⑪ "燥"，花齋本、四庫本作"燥"，宋楊忱本作"燥"。下注文"燥"同。

⑫ "氣火氣木生火"，宋楊忱本、花齋本、四庫本作"春多風而旱故治燥氣"。

⑬ "爲"，宋楊忱本、花齋本、四庫本作"亦"。

⑭ "青帝東方井也"，宋楊忱本、花齋本作"東方井"，四庫本作"東方井也"。

⑮ "羽獸謂獸毛之似羽者"，四庫本作"羽獸南方朱雀也用南方之火故曰羽獸之火"。

不忍，不忍之心，爲仁君藏苞仁心，所以助東方木氣。① 行敺養，坦氣修通，凡物開靜，形生理。合内空周外，春主仁，故所藏者不忍之理，合聚於内，出空於外。② 強國爲圈，弱國爲屬。強國所以禁禦弱國，弱國圈然也。③ 動而無不從，靜而無不同。強動弱必從，強靜弱必同。④ 舉發以禮，時禮必得。強國舉發，必當以禮，時也禮也，必得其宜。⑤ 和好不基，貴賤無司，事變日至。鄰國和好不基，貴賤之位無司存，如此，則事變日至，無寧居。基，漸。

此居於圖東方方外

夏行春政，風，春，箕宿，多風也。行冬政，落，寒氣肅殺，故凋落也。重則雨雹，其災重則雨雹，水寒所致。行秋政，水。秋，畢宿，多霖雨。十二，小郢，至德。十二，絶氣下，下爵賞。十二，中郢，賜與。十二，中絶，收聚。十二，大暑至，盡善。十二，中暑，十二，小暑，⑥終，三暑同事。七舉時節，火，成數七，火氣舉，君則順時節而布政。君服赤色，味苦味，此火王之時，故服赤、味苦也。績按：别本注：用火之物也。聽羽聲，羽，北方聲也。火王之時，不聽徵而聽羽者，所以抑盛陽也。⑦ 治陽氣，績按：諸本無此句，非。用七數，七亦火之成數。飲於赤后之井，南方井也。以毛獸之火爨。毛獸，西方白虎，用西方之火，故曰毛獸之火。藏薄純，盛陽之性，失在奢縱，故所藏者省。薄純，素也。行篤厚，陽性寬和，故行篤厚。

---

① “不忍”至“木氣”共 18 字，宋楊忱本、花齋本、四庫本無此句。
② “春主”至“於外”共 19 字，原脱，據宋楊忱本、花齋本、四庫本補。
③ “強國”至“然也”共 13 字，原脱，據宋楊忱本、花齋本、四庫本補。
④ “強動”至“必同”共 10 字，原脱，據宋楊忱本、花齋本、四庫本補。
⑤ “強國”至“其宜”共 16 字，原脱，據宋楊忱本、花齋本、四庫本補。
⑥ “小”，花齋本、四庫本同，宋楊忱本作“大”。
⑦ “也”，四庫本同，宋楊忱本、花齋本無此字。

坦氣修通，凡物開靜，形生理。物理既生，①自然修理而長育也。

定府官，明名分，而審責於群臣有司，則下不乘上，賤不乘貴。法立數得，而無比周之民，則上尊而下卑，遠近不乖。

此居於圖南方方外

秋行夏政，葉，盛陽氣乘之，故卉木生葉。行春政，華，少陽氣乘之，故卉木更生華。行冬政，耗。盛陰肅殺，故虚耗也。十二，期風至，戒秋事。十二，小卯，薄百爵。十二，白露下，收聚。十二，復理，賜與。十二，始節，賦事。十二，始卯，合男女。十二，中卯，十二，下卯，三卯同事。② 九和時節，金，成數九，金氣和，君則順時節而布政。君服白色，味辛味，聽商聲，此金王之時，故服白，味辛，聽商。績按：別本注：用金之物也。治濕氣，秋多霖雨水，故治濕。用九數，九亦金之成數。飲于白后之井，西方井也。③ 以介蟲之火爨。介蟲，北方玄武也，用北方之火，故曰介蟲之火。藏恭敬，金性廉潔，故所藏者恭敬也。行摶鋭，④兑金性勁鋭，時方肅殺，故曰以勁鋭摶擊，所以順殺氣也。坦氣修通，凡物開靜，形生理。間男女之畜，男女之畜，有内外之異，故須間之也。修鄉閭之什伍。⑤ 殺氣方至，可以出師征伐，⑥故修什伍。量委積之多寡，定府官之計數。養老弱而勿通，老少異粮，故其養勿通。信利周而無私。申布秋利，既令周遍，⑦無得有私。績按："周"當依後

① "物理"，四庫本同，宋楊忱本、花齋本作"物形"。
② "三"，原作"二"，據宋楊忱本改。
③ "也"，四庫本同，宋楊忱本、花齋本無此字。
④ "摶"，原作"搏"，據宋楊忱本、四庫本改。下注文中"摶"字同。
⑤ "之"，原脱，據宋楊忱本補。
⑥ "師"，原脱，據宋楊忱本、花齋本、四庫本補。
⑦ "申"，原作"曰"，據宋楊忱本、花齋本、四庫本改。

作“害”。

此居於圖西方方外

冬行秋政，霧，秋氣多陰霧。[①] 行夏政，雷，盛陽乘盛陰，故雷也。行春政，烝泄，少陽乘陰，故烝泄也。十二，始寒，盡刑。十二，小榆，賜予。十二，中寒，收聚。十二，中榆，大收。十二，寒，至靜。十二，大寒，之陰，十二，大寒，終，三寒同事。六行時節，水，成數六，水氣行，君則順時節而布政。君服黑色，味鹹味，此水王之時，故服黑，味鹹。績按：别本注：用水之物也。聽徵聲，[②]不聽羽而聽徵者，亦所以抑盛陰也。[③] 治陰氣，[④]不治則盛陰太過，太過則治陰氣也。[⑤] 用六數，六亦水之成數。飲于黑后之井，北方井也。以鱗獸之火爨。鱗獸，東方青龍也，用東方之火，故曰鱗獸之火。藏慈厚，君人者，好生惡殺，[⑥]故於刑殺之時藏於慈厚，[⑦]所以示其不忍也。行薄純，冬物朴素，故行省薄純儉。坦氣修通，凡物開靜，形生理。器成於僇，冬行刑之時，故成僇器也。教行於鈔。鈔，末也。冬爲四時之末，歲之將終也。動靜不記，行止無量。記靜動，則行止可量。[⑧] 戒審四時以别息，息，生也。四時生物，各有不同，故須别之。異出入以兩易，出入既易，又並令無差，[⑨]故曰兩易也。明養生以解固，固謂護吝也，生既須養，則物不可吝，故曰解固。審取與以

---

① “氣”，四庫本同，宋楊忱本、花齋本無此字。
② “聽徵聲”，原脱，據宋楊忱本、花齋本、四庫本補。
③ “不聽”至“陰也”共 14 字，原脱，據宋楊忱本、花齋本、四庫本補。
④ “治陰氣”，原脱，據宋楊忱本、花齋本、四庫本補。
⑤ “不治”至“氣也”共 14 字，原脱，據宋楊忱本、花齋本、四庫本補。
⑥ “君”，原作“召”，宋楊忱本作“若”，據花齋本、四庫本改。
⑦ “刑”，原脱，據宋楊忱本、花齋本、四庫本補。
⑧ “静動”，四庫本同，宋楊忱本、花齋本作“動静”。
⑨ “易”，宋楊忱本、花齋本、四庫本作“異”。

總之。又恐所養過時，故審取與之多少，以總統之。一會諸侯，令曰：非玄帝之命，毋有一日之師役。玄帝，北方之帝。齊桓初會，命諸侯不使非時出師，故令曰：若非玄帝有命之時，毋得有一日之師役。一日尚不可，況多乎。再會諸侯，令曰：養孤老，食常疾，收孤寡。三會諸侯，令曰：田租百取五，百分取五分。市賦百取二，關賦百取一，毋乏耕織之器。四會諸侯，令曰：修道路，偕度量，一稱數，偕，同也。稱，斤兩也。數，多少也。① 藪澤以時禁發之。② 草木零落，然後入山林；獺祭魚，然後修澤梁也。③ 五會諸侯，令曰：修春秋冬夏之常祭、食，常所祭，常所食，各有時物也。天壤山川之故祀，必以時。六會諸侯，令曰：以爾壤生物共玄官，玄官，主禮天之官也。④ 請四輔，四輔即三公四輔也，⑤所以助行祭禮。⑥ 將以禮上帝。七會諸侯，令曰：官處四體而無禮者，流之焉莠命。官處，謂處官也。處官位而四體無禮者，謂之莠命而流放焉。莠命者，謂穢亂教命，若莠之穢苗也。八會諸侯，令曰：立四義而毋議者，尚之于玄官，聽於三公。四義者，謂無障谷、無貯粟、無易樹子、無以妾爲妻。諸侯能順命而無異議者，則尚之于天子玄官，聽三公之錫命。尚，上也。九會諸侯，令曰：以爾封内之財物，國之所有爲幣。爲幣禮。九會，大命焉出，常至。謂上九會既出大令，故天下諸侯常至，非此之外，則朝聘之數遠近各有差也。⑦ 績按：謂大命諸侯，

---

① “偕同”至“少也”共 11 字，原脱，據宋楊忱本、花齋本、四庫本補。
② “藪澤以時禁發之”，原脱，據宋楊忱本、花齋本、四庫本補。
③ “草木”至“梁也”共 18 字，原在“一稱數”下，據宋楊忱本、花齋本、四庫本改。
④ “主”，原作“生”，據宋楊忱本、花齋本、四庫本改。
⑤ “即”，原作“卿”，四庫本同，據宋楊忱本、花齋本改。
⑥ “助行祭禮”，宋楊忱本、花齋本、四庫本作“助祭行禮”。
⑦ “此”，原作“比”，據宋楊忱本、花齋本、四庫本改。

出常來朝會之命，即下文是也。千里之外，二千里之内，諸侯三年而朝，習命。因朝而習教命。二年，三卿使四輔。諸侯三卿，使天子四輔，以受節制也。一年正月朔日，令大夫來修，受命三公。習所受命於三公。二千里之外，三千里之内，諸侯五年而會至，習命。因會而至，以習命也。三年，名卿請事。二年，大夫通吉凶。十年，①重嫡入，正禮義。重適，謂承重也。②適，諸侯之世子也。五年，大夫請受變。謂所變更之教令也。③三千里之外，諸侯世一至。道路既遠，改世一至。④置大夫以爲廷安，其遠國大夫，則爲置廷館，每來，於此以安之也。入共受命焉。入共國所有，⑤因以受命。

此居於圖北方方外

必得文威武，官習勝善勝敵者，必得文德之威，武藝之官，與之練習士卒，則可以勝之。之務。⑥時因，勝之時，是也。務時因修，⑦不逆於理，可以得勝也。終；無方，勝之從始至終，計出無方者勝。幾；行義，勝之庶幾行義者可以勝。理；名實，勝之。整埋名實，不謬妄，⑧可以得勝。急；時分，勝之敗敵所得之物，應受分者，急分與之，可以得勝。事；察伐，勝之伐功行賞之事，必察有功，不令無功者妄受，可以得勝。行；備具，勝之行師用兵必備其攻戰之具，可以得勝。原；無象，勝之

① "十年"，下《幼官圖》作"七年"。
② "謂"，原作"諸"，據宋楊忱本、花齋本、四庫本改。
③ "謂"，四庫本同，宋楊忱本、花齋本作"請"。
④ "改"，宋楊忱本、花齋本、四庫本作"故"。
⑤ "共"，宋楊忱本、四庫本同，花齋本作"其"。
⑥ "之"，原脱，宋楊忱本同，據花齋本、四庫本補。
⑦ "時"，四庫本同，宋楊忱本、花齋本作"是"。
⑧ "謬"，原作"繆"，據宋楊忱本改。

奇計若神，無象可原者，勝。本。定獨威，勝；用師之本，定能獨威者，勝。定計財，勝；計謀財用，先審定者，勝。定聞知，勝；聞知敵謀，能審定者，勝。定選士，勝；精選士卒，能審定者，勝。定制禄，勝；制禄亦與有功，能審定者，勝也。定方用，勝；異方所用，各有不同，能審定者，勝也。定綸理，勝；經綸之理，能審定者，勝也。定死生，勝；定成敗，勝；定依奇，勝；所依奇策，能審定者，勝。定實虛，勝；定盛衰，勝。舉機誠要，則敵不量，發舉兵機，誠得其要，則敵不能量也。用利至誠，則敵不校，用兵便利，又能至誠，則敵不敢校也。明名章實，則士死節，明忠義之名，章功勞之實，士則死節，不求苟生。奇舉發不意，則士歡用，奇謀之舉，發彼不意，則士樂爲用。交物因方，則器械備，[1]交質之物，因方所有，[2]則器械備具也。因能利備，則求必得，因彼所能所利而以備之，則所求必得。執務明本，則士不偷，執所營之務，明所爲之本，則士不苟且。備具無常，無方應也。其所備具無有常者，所以應敵無方。

聽于鈔，故能聞未極；鈔，深遠也。所聽在於深遠，故能聞於極理。視於新，故能見未形；未形者，新事將起，所視者在新，故見未形也。思於浚，故能知未始；未始者，事之深浚者，所思在深，故知未始。發於驚，故能至無量；發舉可驚，故敵不能量。動於昌，故能得其寶；舉動昌盛，故敵懼而輸寶也。立於謀，故能實不可故也。其所建立皆用深謀，故常堅實不復衰故。績按：别本注：立謀能有實效，不使衰故也。器成教守，則不遠道里；器用完成，教令堅守，故欲往則至，不憚道里之遠也。號審教施，則不險山河；號令審悉，教命施行，則赴湯火而不顧，豈險難於山河也。博一純固，則獨行而無敵；

① “器械”，花齋本、四庫本同，宋楊忱本作“械器”。

② “所”，四庫本同，宋楊忱本、花齋本作“之”。

德博而一,行純而固,則仰我如時雨,歡我如椒蘭,誰能敵之? 慎號審章,則其攻不待慎號令、審旗章,則攻者爭先登,豈顧後而相待乎? 權與。明必勝,則慈者勇;權謀明略,必能勝敵,則慈仁者猶致勇奮,況惡少哉? 器無方,則愚者智;器用無方,應卒必備,則愚者習而成智,況不愚乎! 攻不守,則拙者巧。我攻既妙,彼不能守,則拙者習而成巧,況不拙乎! 數也。

動慎十號,兵既數動,必慎十號九章等,①此有數,②在他篇。明審九章,飾習十器,善習五官,謹修三官。必設常主,計必先定。軍之主將,既必有常,軍之計謀,亦須先定。求天下之精材,精材,可以爲軍之器用者。論百工之鋭器,器成,角試否臧。收天下之豪傑,有天下之稱材,稱材,謂材稱其所用也。説行若風雨,發如雷電。

此居於圖方中　此中圖之副也。

旗物尚青,木用事,故尚青。補:天子之旌旗、羽蓋、儀仗諸物也。兵尚矛,象春物之芒鋭。刑則交寒害鈇。③ 其行州戮,則於初旦夜盡之交,其時尚寒,主春,人不得已而行刑,故離害而鈇禁。④ 鈇或爲鈹。續按:“鈇”,鉗械人足也,恐當作“轄鈇”。器成不守,器用既成,則敵不能圍守也。經不知,經,法也。用兵之法,敵不能知也。教習不著,我之教習,敵不能著,⑤著猶明著。發不意。其所舉發,出敵不意。經不知,故莫之能圉;發不意,故莫之能應。莫之能應,故全勝

---

① “十”,花齋本、四庫本同,宋楊忱本作“一”。
② “此有數”,花齋本、四庫本同,宋楊忱本“數”上有“因其”二字。
③ “鈇”,宋楊忱本、花齋本、四庫本作“鈇”。下同。
④ “離害而鈇禁”,花齋本、四庫本同,宋楊忱本作“難言而欽敬”。
⑤ “著”,原脱,據宋楊忱本、花齋本、四庫本補。

而無害；莫之能圉，故必勝而無敵。四機不明，不過九日，而游兵驚軍；四機即上不守、不知、不著、不意也。障塞不審，不過八日，而外賊得間；障塞者，所以防守要路也。由守不慎，不過七日，而内有讒謀；由守，所由而防守者。詭禁不修，不過六日，而竊盜者起；詭禁，①所以禁詭常也。死亡不食，不過四日，而軍財在敵。死亡者不享食，鬼神必怨怒，故軍財在敵。

此居於圖東方方外　此東圖之副也。

旗物尚赤，火用事，故尚赤。兵尚戟，象夏物之森聳。刑則燒交疆郊。其用刑，則於疆郊焚燒而交也。必明其一，一謂號令不二。必明其將，必明其政，必明其士。四者備，則以治擊亂，以成擊敗。數戰則士疲，數勝則君驕。驕君使疲民，則國危。至善不戰，用兵至善者，②其唯不戰乎。其次一之。其次善者，雖戰而號令一。③　績按："一之"，解見《兵法》，此注非。大勝者積衆，④積衆然後可以大勝。勝而無非義者焉，⑤可以爲大勝。所以勝皆大義，故成大勝也。大勝無不勝也。

此居於圖南方方外　此南圖之副也。

旗物尚白，金用事，故尚白。兵尚劍，象金性之利也。刑則紹昧斷絶。⑥　其用刑，則繼晝之昧斷絶而戮之也。始乎無端，卒乎無窮。始乎無端，道也；卒乎無窮，德也。道不可量，德不可數。

---

①"禁"，原作"業"，據宋楊忱本、花齋本、四庫本改。
②"至"，宋楊忱本作"之"。
③"而"，原作"萬"，據宋楊忱本、花齋本、四庫本改。
④"積衆"，按下《幼官圖》，當屬下讀。
⑤"而"，四庫本同，宋楊忱本、花齋本無此字。
⑥"紹"，花齋本、四庫本同，宋楊忱本作"詔"。

不可量，則衆強不能圖，不可數，則爲詐不敢鄉。績按："鄉"、"嚮"同。兩者備施，兩者，謂道德也。動静有功。畜之以道，養之以德。畜之以道，則民和，養之以德，則民合。和合故能習，①習故能偕，偕，謂同爲其事。績按：《兵法》作"和合故能諧，②諧故能輯。諧輯以悉，莫之能傷"。則"習"乃"輯"聲之誤，後放此。偕習以悉，悉，盡也。莫之能傷也。③

此居於圖西方方外　此西圖之副也。

旗物尚黑，水用事，故尚黑。兵尚脅盾，象時物之閉，盾或署之於脅，故曰脅盾。刑則游仰灌流。其用刑，則游縱之所，使仰藥死，既而乃投之於灌流。④察數而知治，審器而識勝，明謀而適勝，通德而天下定。定宗廟，育男女，宗廟存，則男女育矣。官四分，則可以立威行德，制法儀，出號令。擇才授官，四面分設。至善之爲兵也，非地是求也，罰人是君也。至善之兵，不求其地，所以君可罰人，若桀紂之人，比屋可誅也。立義而加之以勝，至威而實之以德，守之而後修勝，心焚海内。既獲敵人之國，順民守之，⑤然後修其法制，如此，則強勝之心可以焚灼於海内。民之所利立之，所害除之，則民人從。立利除害，則民從也。立爲六千里之侯，則大人從。既九會之後，天子加命，立爲侯伯，而各三千里，⑥四方相距六千里。大人謂天子、三公、四輔也。使國君得其

① "和合"，花齋本、四庫本同，宋楊忱本無此二字。

② "和合故能諧"，原作"和何合故能"，花齋本作"和和合故能"，據四庫本改。

③ "之"，花齋本、四庫本同，宋楊忱本無此字。

④ "既而"，宋楊忱本、花齋本、四庫本作"而既"。

⑤ "民"，宋楊忱本、花齋本、四庫本作"而"。

⑥ "而"，宋楊忱本、花齋本、四庫本作"面"。

治，則人君從會。國君，謂天下同盟諸侯。請命於天地，知氣和，則生物從。謂郊祀天地神祇，使之合德，則四氣和可知，故生物從之。計緩急之事，則危危而無難。緩急之事皆已計定，則二者之危無所難，緩急之事皆有可危之理，故曰危危。績按：别本注：緩急之事，已有定計，雖危其可危，終無所難也。① 明於器械之利，則涉難而不變。察於先後之理，則兵出而不困。通於出入之度，則深入而不危。審於動静之務，則功得而無害也。著於取與之分，則得地而不執。謂不吝執。慎於號令之官，則舉事而有功。

此居於圖北方方外　此北圖之副也。

幼官圖第九

西方本圖　西方副圖　南方本圖　中方本圖　北方本圖　南方副圖　中方副圖　北方副圖　東方本圖　東方副圖②

經言九

秋行夏政，葉，行春政，華，行冬政，耗。十二，期風至，戒秋事。十二，小卯，薄百爵。十二，白露下，收聚。十二，復理，賜予。十二，始前節，第賦事。績按：前作"十二始節賦事"，無前、第二字。十二，始卯，合男女。十二，中卯，十二，下卯，三卯同事。九和時節，君服白色，味辛味，聽商聲，治濕氣，用九數，飲于白后之井，以介蟲之火爨。藏恭敬，行摶鋭，坦氣修

① "績按"至"難也"共23字，四庫本無此句，花齋本"别本注"作"别本説"。

② "東"，宋楊忱本作"中"。花齋本、四庫本排列順序爲"中方本圖中方副圖東方本圖東方副圖南方本圖南方副圖西方本圖西方副圖北方本圖北方副圖"。

通，凡物開静，形生理。間男女之畜，修鄉里之什伍。量委積之多寡，定府官之計數。養老弱而勿通，信利害而無私。此居於圖西方方外

右西方本圖

旗物尚白，兵尚劍，刑則紹昧斷絶。始乎無端，卒乎無窮。始乎無端，道也；卒乎無窮，德也。道不可量，德不可數。不可量，則衆強不能圖；不可數，則爲詐不敢鄉。兩者備施，動静有功。畜之以道，養之以德。畜之以道，則民和，養之以德，則民合。和合故能習，習故能偕，偕習以悉，莫之能傷也。此居於圖西方方外

右西方副圖

夏行春政，風，行冬政，落，重則雨雹，行秋政，水。十二，小郢，至德。十二，絶氣下，下爵賞。十二，中郢，賜與。十二，中絶，收聚。十二，大暑至，盡善。十二，中暑，十二，①小暑，終，三暑同事。七舉時節，君服赤色，味苦味，聽羽聲，治陽氣，用七數，飲於赤后之井，以毛獸之火爨。藏薄純，行篤厚，坦氣修通，凡物開静，形生理。定府官，明名分，而審責於群臣有司，②則下不乘上，賤不乘貴。法立數得，而無比周之民，則上尊而下卑，遠近不乖。此居於圖南方方外

右南方本圖

---

① “二”，原作“三”，據宋楊忱本、花齋本、四庫本改。

② “責”，原作“貴”，據宋楊忱本、花齋本、四庫本改。

若因處虛守靜，人物則皇。績按：前作"若因夜虛守靜，人物人物則皇"。五和時節，君服黄色，①味甘味，聽宫聲，治和氣，用五數，飲於黄后之井，以裸獸之火爨。藏温濡，行敺養，坦氣修通，凡物開靜，形生理。常至命，尊賢授德則帝，身仁行義，服忠用信則王。審謀章禮，選士利械則霸。定生處死，謹賢修伍則衆。信賞審罰，爵材禄能則強。計凡付終，務本飭末則富。明法審數，立常備能則治。同異分官則安。通之以道，畜之以惠，親之以仁，養之以義，報之以德，結之以信，接之以禮，和之以樂，期之以事，考之以言，②發之以力，威之以誠。一舉而上下得終，再舉而民無不從，三舉而地辟散成，四舉而農佚粟十，五舉而務輕金九，六舉而絜知事變，七舉而内外爲用，八舉而勝行威立，九舉而帝事成形。

九本搏大，人主之守也。八分有職，卿相之守也。十官飾勝備威，將軍之守也。六紀審密，賢人之守也。五紀不解，庶人之守也。動而無不從，靜而無不同。績按：此二句舊缺。治亂之本三，卑尊之交四，富貧之終五，盛衰之紀六，安危之機七，強弱之應八，存亡之數九。練之以散群傰署，凡數財署。殺僇以聚財，勸勉以遷衆，使二分具本。發善必審於密，執威必明於中。此居圖方中

右中方本圖

冬行秋政，霧，行夏政，雷，行春政，烝泄。十二，始寒，盡刑。十二，小榆，賜予。十二，中寒，收聚。十二，中榆，大收。

---

① "黄"，原作"皇"，據宋楊忱本、花齋本、四庫本改。
② "考"，四庫本同，宋楊忱本、花齋本作"攻"。

十二，寒，至静。十二，大寒，之陰，十二，大寒，終，三寒同事。六行時節，君服黑色，味鹹味，聽徵聲，治陰氣，用六數，飲于黑后之井，以鱗獸之火爨。藏慈厚，行薄純，坦氣修通，凡物開静，形生理。器成於僇，教行於鈔。動静不記，行止無量。戒審四時以別息，異出入以兩易，明養生以解固，審取與以總之。一會諸侯，令曰：非玄帝之命，毋有一日之師役。再會諸侯，令曰：養孤老，食常疾，收孤寡。三會諸侯，令曰：田租百取五，市賦百取二，關賦百取一，毋乏耕織之器。四會諸侯，令曰：修道路，偕度量，一稱數，毋征，藪澤以時禁發之。五會諸侯，令曰：修春秋冬夏之常祭、食，天壤山川之故祀，必以時。六會諸侯，令曰：以爾壤生物共玄官，請四輔，將以禮上帝。① 七會請侯，令曰：官處四體而無禮者，流之焉莠命。八會諸侯，令曰：立四義而無議者，尚之于玄官，聽於三公。九會諸侯，令曰：以爾封内之財物，國之所有爲幣。九會，大令焉出，常至。千里之外，二千里之内，諸侯三年而朝，習命。二年，三卿使四輔。一年正月朔日，令大夫來修，受命三公。二千里之外，三千里之内，諸侯五年而會至，習命。三年，名卿請事。二年，大夫通吉凶。七年，②重適入，正禮義。五年，大夫請受變。③ 三千里之外，諸侯世一至，置大夫以爲廷安，入共受命焉。此居於圖北方方外

右北方本圖

旗物尚赤，兵尚戟，刑則燒交疆郊。必明其一，必明其

---

① “禮”，四庫本同，宋楊忱本、花齋本作“祀”。
② “七年”，上《幼官》作“十年”。
③ “受”，四庫本同，宋楊忱本、花齋本無此字。

將，必明其政，必明其士。四者備，則以治擊亂，以成擊敗。數戰則士疲，數勝則君驕。驕君使疲民，則國危。① 至善不戰，其次一之。大勝者，積衆勝而無非義者焉，可以爲大勝。大勝無不勝也。此居於圖南方方外

右南方副圖

必得文威武，官習勝之務。時因，勝之終；無方，勝之幾；行義，勝之理；名實，勝之急；時分，勝之事；察伐，勝之行；備具，勝之原；無象，勝之本。定獨威，勝；定計財，勝；定聞知，②勝；定選士，勝；定制禄，勝；定方用，勝；定綸理，勝；定死生，勝；定成敗，勝；定依奇，勝；定虚實，③勝；定盛衰，勝。舉機誠要，則敵不量，用利至誠，則敵不校，明名章實，則士死節，奇舉發不意，則士歡用，交物因方，則械器備，因能利備，則求必得，執務明本，則士不偷，備具無常，無方應也。④

聽于鈔，故能聞無極；視於新，故能見未形；思於浚，故能知未始；發於驚，故能至無量；動於昌，故能得其寳；立於謀，故能實不可故也。器成教守，則不遠道里；號審教施，則不險山河；博一純固，則獨行而無敵；慎號審章，則其攻不待權與；明必勝，則慈者勇；器無方，則愚者智；攻不守，則拙者巧。數也。

動，慎十號，明審九章，飾習十器，善習五官，謹修三官。必設常主，計必先定。求天下之精材，論百工之鋭器，器成，

① “國危”，四庫本同，宋楊忱本、花齋本作“危國”。
② “聞知”，四庫本同，宋楊忱本、花齋本作“知聞”。
③ “虚實”，四庫本同，宋楊忱本、花齋本作“實虚”。
④ “具”，原作“其”，據宋楊忱本、花齋本、四庫本改。

角試否臧。收天下之豪傑,有天下之稱材,説行若風雨,發如雷電。此居於圖方中

右中方副圖

旗物尚黑,兵尚脅盾,刑則游仰灌流。察數而知治,審器而識勝,明謀而適勝,通德而天下定。定宗廟,育男女,官四分,則可以立威行德,制法儀,出號令。至善之爲兵也,非地是求也,罰人是君也。立義而加之以勝,至威而實之以德,守之而後修勝,心焚海内。民之所利立之,所害除之,則民人從。立爲六千里之侯,則大人從。使國君得其治,則人君從會。請命於天地,知氣和,則生物從。計緩急之事,則危危而無難。明於器械之利,則涉難而不變。察於先後之理,則兵出而不困。通於出入之度,則深入而不危。審於動静之務,則功得而無害也。著於取與之分,則得地而不執。慎於號令之官,則舉事而有功。此居於圖北方方外

右北方副圖

春行冬政,肅,行秋政,雷,行夏政,則闍。十二,地氣發,戒春事。十二,小卯,出耕。十二,天氣下,賜與。十二,義氣至,修門閭。十二,清明,發禁。十二,始卯,合男女。十二,中卯,十二,下卯,三卯同事。八舉時節,君服青色,味酸味,聽角聲,治燥氣,用八數,飲於青后之井,以羽獸之火爨。藏不忍,行敺養,坦氣修通,凡物開静,形生理。合内空周外,強國爲圈,弱國爲屬。動而無不從,静而無不同。舉發以禮,時禮必得。和好不基,貴賤無司,事變日至。此居於圖東方方外

右東方本圖

旗物尚青，兵尚矛，刑則交寒害釱。① 器成不守，經不知，教習不著，發不意。經不知，故莫之能圉；發不意，故莫之能應。莫之能應，故全勝而無害；莫之能圉，故必勝而無敵。四機不明，不過九日，而游兵驚軍；障塞不審，不過八日，而外賊得間；由守不慎，不過七日，而內有讒謀；詭禁不修，不過六日，而竊盜者起；死亡不食，不過四日，而軍財在敵。此居於圖東方方外

右東方副圖

五輔第十 謂六興、七體、八經、五務、三度，此五者可以輔弼國政也。②

外言一

古之聖王，所以取明名廣譽，厚功大業，顯於天下，不忘於後世，非得人者，未之嘗聞。不得於人，而能使名譽顯當時，功業流後世者，則未嘗聞。③ 暴王之所以失國家，危社稷，覆宗廟，滅於天下，非失人者，未之嘗聞。不失於人，而能使失國覆宗者，亦未嘗聞。④ 今有土之君，皆處欲安，動欲威，戰欲勝，守欲固，大者欲王天下，小者欲霸諸侯，言諸侯欲大利則王天下，欲小利則霸諸侯也。⑤ 而不務得人，是以小者兵挫而地削，大者身死而國

---

① “寒”，原作“塞”，據宋楊忱本、花齋本、四庫本改。
② “謂六”至“政也”共 21 字，原脱，據宋楊忱本、花齋本、四庫本補。
③ “不得”至“嘗聞”共 22 字，原脱，據宋楊忱本、花齋本、四庫本補。
④ “不失”至“嘗聞”共 16 字，原脱，據宋楊忱本、花齋本、四庫本補。
⑤ “言諸”至“侯也”共 18 字，原脱，據宋楊忱本、花齋本、四庫本補。

亡。言不得人，[①]必致禍，小則地削，大則國亡。故曰：人不可不務也，當務得之於人。此天下之極也。

曰：然則得人之道，莫如利之，利之之道，莫如教之以政。故善爲政者，田疇墾而國邑實，朝廷閒而官府治，公法行而私曲止，倉廩實而囹圄空，賢人進而奸民退。其君子上中正而下諂諛，其士民貴武勇而賤得利，賤苟得之利也。其庶人好耕農而惡飲食，惡費用之飲食。於是財用足，好耕農，故財用足。而飲食薪菜饒。省費用，則薪菜饒。績按：惡飲食，故飲食薪菜饒。是故上必寬裕而有解舍，解，放也。舍，免也。績按："舍"同"釋"。下必聽從而不疾怨。上下和同而有禮義，故處安而動威，戰勝而守固，是以一戰而正諸侯。不能爲政者，田疇荒而國邑虚，朝廷凶小人競進，故凶。[②] 而官府亂，小人用，故法亂。[③] 公法廢而私曲行，倉廩虚而囹圄實，賢人退而奸民進。其君子上諂諛而下中正，其士民貴得利而賤武勇，其庶人好飲食而惡耕農，於是財用匱，而飲食菜薪乏。[④] 上彌殘苟居上位者小人，故殘賊苟且也。績按：當作"殘苛"，乃字之誤也。而無解舍，下愈覆鶩而不聽從。覆，察也。鶩，疑也。上既殘苟而不舍，[⑤]故下伺察而懷疑。鶩，敕吏反。[⑥] 上下交引而不和同，上引下以供御，下引上以恩覆，二俱不得，故不和同也。故處不安而動不威，戰不勝而守不固。是以小者兵挫而地削，大者身死而國亡。故以此觀之，則政不可不慎也。

---

① "言不得人"，宋楊忱本、花齋本、四庫本作"既不務得人故"。
② "進"，花齋本、四庫本同，宋楊忱本作"逸"。
③ "故法亂"，宋楊忱本作"法故亂"。
④ "飲食菜薪"，四庫本同，宋楊忱本、花齋本作"食飲薪菜"。
⑤ "殘"，宋楊忱本作"賊"。
⑥ "鶩敕吏反"，原脱，四庫本同，據宋楊忱本、花齋本補。

德有六興，義有七體，禮有八經，法有五務，權有三度。

所謂六興者何？① 曰：②辟田疇，利壇宅，壇，堂基。修樹蓺，勸士民，勉稼穡，修牆屋，此謂厚其生。上六者，可以厚養其生也。發伏利，利人之事，積久隱伏者，發而用之。輸墆積，墆，貯積也。修道途，便關市，謂所置關市，皆令要便也。慎將宿，將送貨財，必慎止宿。此謂輸之以財。上五者，皆生財之術，故曰輸財，所以納財於民。導水潦，利陂溝，決潘渚，潘，溢也。渚潘溢者，③疏決之令通。"潘"音"翻"。④ 績按：《列子》：水溢洄曰潘。潰泥滯，泥塗爲滯者，亦潰決之令通也。通鬱閉，鬱閉，亦謂決潰有遏塞者。⑤ 慎津梁，此謂遺之以利。上之六者所以遺利於民。薄征斂，輕征賦，弛刑罰，⑥赦罪戾，宥小過，此謂寬其政。上之五者，所以寬裕其政。養長老，慈幼孤，恤鰥寡，問疾病，弔禍喪，此謂匡其急。上之五者，所以救民之急。衣凍寒，食飢渴，匡貧窶，賑罷露，疾憊裸露者，有以振救之。資乏絶，此謂賑其窮。上之五者，所以振民之窮乏。凡此六者，德之興也。六者既布，則民之所欲，無不得矣。夫民必得其所欲，然後聽上，聽上，然後政可善爲也。故曰：德不可不興也。

曰：民知德矣，而未知義，然後明行以導之義。行即七義。義有七體，七體者何？曰：孝悌慈惠，以養親戚；恭敬忠信，以事君上；中正比宜，以行禮節；比，合也。行既中正而又合宜也。⑦整齊撙詘，以辟刑僇；撙，節也。言自節而卑屈也。纖嗇省用，以備

---

① "謂"，原作"以"，據宋楊忱本、花齋本、四庫本改。
② "曰"，原脱，據宋楊忱本、花齋本、四庫本補。
③ "渚"，花齋本、四庫本同，宋楊忱本作"決"。
④ "潘音翻"，原脱，據四庫本改。
⑤ "決潰"，宋楊忱本、四庫本作"川潰"，花齋本作"川瀆"。
⑥ "弛"，原作"施"，據宋楊忱本、花齋本、四庫本改。
⑦ "行"，原脱，據宋楊忱本、花齋本、四庫本補。

饑饉；纖，細也；嗇，吝也。既細又吝，故財用省也。敦懞純固，以備禍亂；[①]懞，厚也。音莫江反。[②] 和協輯睦，以備寇戎。[③] 凡此七者，義之體也。夫民必知義，然後中正，中正，然後和調，和調，乃能處安，處安，然後動威，動威，乃可以戰勝而守固。故曰：義不可不行也。

曰：民知義矣，而未知禮，然後飾八經以導之禮。所謂八經者何？曰：上下有義，貴賤有分，長幼有等，貧富有度。凡此八者，禮之經也。故上下無義則亂，貴賤無分則爭，長幼無等則倍，倍，乖戾也。貧富無度則失。失其節制。上下亂，貴賤爭，長幼倍，貧富失，而國不亂者，未之嘗聞也。是故聖王飾此八禮以導其民。八者各得其義，則爲人君者，中正而無私；爲人臣者，忠信而不黨；爲人父者，慈惠以教；爲人子者，孝悌以肅；爲人兄者，寬裕以誨；爲人弟者，比順以敬；比，和。爲人夫者，敦懞以固；爲人妻者，勸勉以貞。夫然，則下不倍上，臣不弑君，[④]賤不逾貴，少不陵長，遠不間親，新不間舊，小不加大，淫不破義。凡此八者，禮之經也。大人必知禮，然後恭敬，恭敬，然後尊讓，尊讓，然後少長貴賤不相逾越，少長貴賤而不相逾越，[⑤]故亂不生而患不作。故曰：禮不可不謹也。

曰：民知禮矣，而未知務，[⑥]然後布法以任力。任力有五務，五務者何？曰：君擇臣而任官，大夫任官辯事，辯，明也。能

---

① "以"，原作"而"，據宋楊忱本、花齋本、四庫本補。
② "音莫江反"，原脱，四庫本同，據宋楊忱本、花齋本補。
③ "寇"，花齋本、四庫本同，宋楊忱本作"冦"。
④ "弑"，四庫本同，宋楊忱本、花齋本作"殺"。
⑤ "而"，宋楊忱本、花齋本、四庫本無此字。
⑥ "未"，原作"不"，據宋楊忱本改。

明所任之事也。[①] 官長任事守職，士修身功材，材，謂藝能。士既修身，必於藝能有功也。[②] 庶人耕農樹蓺。君擇臣而任官，則事不煩亂，大夫任官辯事，則舉措時；官長任事守職，則動作和；士修身功材，則賢良發；庶人耕農樹蓺，則財用足。故曰：凡此五者，力之務也。夫民必知務，然後心一，心一，然後意專，心一而意專，然後功足觀也。故曰：力不可不務也。

曰：民知務矣，而未知權，然后考三度以動之。所謂三度者何？曰：上度之天祥，下度之地宜，中度之人順，此所謂三度。故曰：天時不祥，則有水旱；地道不宜，則有饑饉；人道不順，則有禍亂。此三者之來也，政召之。曰：審時以舉事，時則天祥地宜人順之時也，得其時則事可成。[③] 以事動民，事成則民可動。[④] 以民動國，民昌則國可動。以國動天下。國強則天下可動也。天下動，然來功名可成也。故民必知權，然來舉錯得，權謂能知三度。[⑤] 舉錯得，則民和輯，民和輯，則功名立矣。故曰：權不可不度也。

故曰：五經既布，然后逐奸民，詰詐僞，屏讒慝，而毋聽淫辭，毋作淫巧。若民有淫行邪性，樹爲淫辭，作爲淫巧，以上謟君上，而下惑百姓，移國動衆，以害民務者，其刑死流。大罪死，小罪流。故曰：凡人君之所以内失百姓，外失諸侯，兵挫而地削，名卑而國虧，社稷滅覆，身體危殆，非生於淫謟

---

① "辯明"至"事也"共 10 字，原脱，據宋楊忱本、花齋本、四庫本補。

② "材謂"至"功也"共 15 字，原脱，據宋楊忱本、花齋本、四庫本補。

③ "時則"至"可成"共 18 字，原作"時合則事可舉"，據宋楊忱本、花齋本、四庫本補。

④ "成"，原作"宜"，據宋楊忱本、花齋本、四庫本改。

⑤ "權謂能"，原作"權然後"，據宋楊忱本、花齋本、四庫本改。

者,[①]未之嘗聞也。何以知其然也?曰:淫聲諂耳,淫觀諂目。耳目之所好諂心,心之所好傷民。民傷而身不危者,未之嘗聞也。

曰:實壙虚,墾田疇,修牆屋,則國家富;節飲食,撙衣服,則財用足;舉賢良,務功勞,布德惠,則賢人進;逐奸人,詰詐僞,去讒慝,則奸人止;修饑饉,救災害,賑罷露,則國家定。

明王之務,在於強本事,去無用,然後民可使富;本事謂農工也,[②]無用謂末作也。論賢人,用有能,而民可使治;薄税斂,毋苟於民,謂無苟取於民。待以忠愛,而民可使親。三者,霸王之事也。事有本,而仁義其要也。今工以巧矣,而民不足於備用者,其悦在玩好;君悦玩好,則民務末作,故備用不足。農以勞矣,而天下飢者,其悦在珍怪,方丈陳於前;方丈陳前,則役用廣,故農勞而不免飢。[③] 女以巧矣,而天下寒者,其悦在文綉。君悦文綉,則女工傷而天下寒。[④] 是故博帶梨,梨,割也。梨博帶以就狹也。大袂列,列大袂以從小。文綉染,染文綉爲純色。刻鏤削,削刻鏤爲純素。雕琢采。采雕琢爲純漫。[⑤] 補:梨,刊也,謂刊落。列、裂同,決之也。刻鏤,刻去其鏤飾之器也。削雕,削毁其雕巧之具也。琢采,琢磨也,采色之物,則磨而滅之也。數者皆去奢就儉之事也。注刻鏤讀句,非。關幾而不征,幾,察也。但使察非常,而不征賦也。[⑥] 市廛

---

① “淫諂”,四庫本同,宋楊忱本、花齋本作“諂淫”。
② “工”,四庫本同,宋楊忱本、花齋本作“桑”。
③ “免”下,宋楊忱本、花齋本有“於”字。
④ “而”,宋楊忱本、花齋本作“成”,四庫本作“故”。
⑤ “漫”,四庫本同,宋楊忱本作“慢”,花齋本作“縵”。
⑥ “幾察”至“賦也”共13字,原作“幾察也與譏同”,據宋楊忱本、花齋本、四庫本删補。

而不稅。廛，市中置物處，但藉知其數，不稅斂。① 古之良工，不勞其知巧以爲玩好。是故無用之物，守法者不失。或爲無用物，守法者必得而誅之，不使漏失也。②

---

① “廛市”至“稅斂”共 14 字，原脱，據宋楊忱本、花齋本、四庫本補。
② “不使”，花齋本、四庫本同，宋楊忱本作“無所”。

卷之四

宙合第十一古往今來曰宙也，所陳之道，既通往古，又合來今，無不包羅也。①

外言二

左操五音，右執五味。第一舉目。懷繩與準鉤，多備規軸，減溜大成，是唯時德之節。第二舉目。春采生，秋采蓏，夏處陰，冬處陽，大賢之德長。第三舉目。明乃哲，哲乃明，奮乃苓，明哲乃大行。第四舉目。毒而無怒，怨而無言，欲而無謀。第五舉目。大揆度儀，若覺卧，若晦明，若敖之在堯也。第六舉目。毋訪于佞，毋蓄于諂；毋育于凶，毋監於讒，不正廣其荒。第七舉目。不用其區區，鳥飛準繩。第八舉目。讂充末衡，易政利民。第九舉日。績按：讂，火縣反。毋犯其凶，毋邇其求，而遠其憂。高爲其居，危顛莫之救。第十舉目。可淺可深，可浮可沉，可曲可直，可言可默。第十一舉目。天不一時，地不一利，人不一事。績按：第十一舉目當在此。可正而視，定而履，深而迹。第十

① “包”，宋楊忱本作“苞”。

二舉目。夫天地一險一易，若鼓之有椁，擿擋則擊。別本注：①椁，年耕反。擿，丁歷反。擋，丁用反。② 績按：第十二舉目當在此。天地萬物之橐，宙合有橐天地。第十三舉目。

左操五音，右執五味，此言君臣之分也。左陽君道，右陰臣道，故曰君臣之分也。君出令佚，故立于左；君但出令，故曰佚。凡右爲用事，故左佚而右勞。臣任力勞，故立于右。臣則任力，故曰勞。③ 夫五音不同聲而能調，此言君之所出令無妄也，五音雖有不同，樂師則能調之，④喻百度雖各有別，君則盡能裁之，故所出無妄。而無所不順，順而令行政成。君出令，皆順奉之，則政成。⑤ 五味不同物而能和，此言臣之所任力無妄也，五味，宰夫能和之，百職，臣守任之而無妄也。而無所不得，得而力務財多。臣能任職，得宜務而財必多也。故君出令，正其國而無齊其欲，民欲既異，常隨其欲而教之也。一其愛而無獨與是。王臣其愛宜一，⑥率土周之，無所獨與，則是愛能一，⑦毋獨與是也。王施而無私，則海内來賓矣。臣任力，同其忠而無爭其利，不失其事而無有其名。分敬而無妒，則夫婦和勉矣。君失音，則風律必流，流謂蕩散。流則亂敗。臣離味，則百姓不養，臣離味，百職曠，故百姓不養也。百姓不養，則衆散亡。君臣各能其分，則國寧矣，故名之曰不德。

---

① “别本注”，宋楊忱本無此字。“年耕反”，四庫本作“牢耕反”。

② 三組反切，宋楊忱本分系於正文各字之下，且“年耕反”作“宅耕反”。“丁歷反擋”，原脱，據宋楊忱本、四庫本補。

③ “臣則任力故曰勞”，原脱，據宋楊忱本、花齋本、四庫本補。

④ “則”，宋楊忱本、四庫本作“盡”。

⑤ “君出”至“政成”共 10 字，原脱，據宋楊忱本、花齋本、四庫本補。

⑥ “王”，宋場忱本作“正”。

⑦ “能”，四庫本同，宋楊忱本、花齋本作“不”。

懷繩與準鉤，多備規軸，減溜大成，是唯時德之節。夫繩，扶撥以爲正，[①]準壞險以爲平，準必壞舊高峻而後以爲平也。[②]鉤入枉而出直。[③]工人用鉤則就枉取直也。此言聖君賢相之制舉也，[④]言制以舉賢之法用鉤也。博而不失，因以備能而無遺。所舉既博，則枉直咸盡，故無所失，雖雞鳴狗盜，無所不取，皆有所長，各備其能也。[⑤]國猶是國也，民猶是民也，桀紂以亂亡，湯武以治昌。湯之國人亦桀之國人，武之國人亦紂之國人。桀紂以之亡，亂之故也；湯武以之昌，治之故也。[⑥]章道以教，明法以期，民之興善也如此，[⑦]湯武之功是也。湯武之昌，教化明也；人之興善，亦章明也。多備規軸者，成軸也。規者，正圓器。軸者，轉規。大小悉須備，故多備。方主嚴剛，圓主柔和，今用規者，欲施恩引物也。夫成軸之多也，其處大也不究，其入小也不塞，究，窮也。大軸用大處，小用小故，因物施宜，故有大小也。續按：別本注：成軸既多，因物施宜，隨大小而用之也。[⑧]猶迹求履之憲也，迹者，履之所出。善者，恩之所生。憲，法也。擬迹而求履法，履法可得，施恩而求善心，善心可生也。夫焉有不適？善以恩驅善，故無不適也。適，善備也，仙也，是以無乏，仙，輕順貌。既皆適善能備，以恩爲善輕順人君，善既備順，何所乏哉？則求者無不善也。故諭教者取辟焉。辟，法也。取爲規矩也。天淯陽，無計量；地化生，無法崖。淯，古育字。大以陽氣育生萬

---

① "扶撥"，原作"扶掇"，據宋楊忱本、四庫本改。
② "高峻"，原作"商峻"，據宋楊忱本、四庫本改。
③ "鉤"，原作"鈎"，據宋楊忱本、四庫本改。下注文"鉤"字同。
④ "相"，四庫本同，宋楊忱本、花齋本作"佐"。
⑤ "各備其能也"，四庫本同，宋楊忱本、花齋本作"故能備之"。
⑥ "湯之"至"故也"共 36 字，原脱，據宋楊忱本、花齋本、四庫本補。
⑦ "此"，花齋本、四庫本同，宋楊忱本作"化"。
⑧ "之"下，四庫本有"者"字。

物，物生不可計量；地以陰氣化萬物，物之生化無有崖畔。① 君之恩，法天地之厚廣也。所謂是而無非，非而無是，亦既行恩，又須順物，當順而是之，不得有非，當順而非之，不得有是也。是非有，必交來，苟信是，以有不可，先規之，是非既有，必使二者俱來，得以驗之。是既信之有矣，非則不可掩，故先以恩意令息改也。② 必有不可識，慮之，然將卒而不戒。不可識，謂其非謀隱伏，意在不測，或包藏禍心，故必有以防慮之，如其事將終，必當陰備待之，③不可戒告之彼也。④ 故聖人博聞多見，畜道以待物，以道待物，物無不容也。物至而對形，曲均存矣。對，配也。物至矣，以多少之恩，配大小之形，如此，則均平皆在於恩中無遺失也。⑤ 減，盡也；溜，發也。言遍環畢，莫不備得，故曰減溜大成。減溜，盡發。君既均施以恩，故物盡發於善，亦既盡善，君教不偏減，順圜圓之周，無不備得也。成功之術，必有巨獲，巨，大也。功大成大獲。必周於德，審於時。時德之遇，事之會也，若合符然。故曰：是唯時德之節。德既周，時又審，二者遇會，若合符契，則何功而不成也。

春采生，秋采蓏，夏處陰，冬處陽，此言聖人之動靜、開闔、詘信、浧弋逞反。⑥ 績按：浧，弋井切。儒、⑦取與之必因於時也。時則動，不時則靜。是以古之士有意而未可陽也，故愁其治言，含愁而藏之也。有意濟世，時亂方殷，未可明論，⑧故曰理

---

① “地以陰氣化萬物物之生化無有”，宋楊忱本作“地以陰化無物不化故乃法以制”。

② “息”，宋楊忱本、花齋本同，四庫本作“悉”。

③ “必”上，宋楊忱本、花齋本有“即”字。

④ “之”，宋楊忱本、花齋本、四庫本作“於”。

⑤ “中”，四庫本同，宋楊忱本、花齋本作“而”。

⑥ “弋逞反”，原脱，四庫本同，據宋楊忱本、花齋本補。

⑦ “儒”，花齋本、四庫本作“濡”。

⑧ “論”，原作“倫”，據宋楊忱本、花齋本、四庫本改。

代之言，陰愁而藏之。賢人之處亂世也，知道之不可行，則沈抑以辟罰，靜默以侔免。侔，取也。辟之也，猶夏之就凊，七性反。① 冬之就温焉，可以無反於寒暑之災矣。夏不就凊，冬不就温，更以寒暑致災，終無益助。② 喻賢者不避亂世，更招刑譴，何榮之可得哉。非爲畏死而不忠也，賢人之避亂世，豈畏死而不忠哉，但以無益而徒死也。夫強言以爲僇，而功澤不加，時非所言，必致刑僇，既刑僇矣，何功澤之加哉。進傷爲人君嚴之義，臣進而遇傷，人君因此益加其嚴酷也。退害爲人臣者之生，退而不遇害，而人臣因此轉更偷生也。其爲不利彌甚。不避亂世而遇害，則君益其嚴酷，臣益偷生，不利彌甚也。故退身不舍端，修業不息版，版，牘也。以待清明。③ 賢者雖復退身，終不舍其端操，不息修業，亦不息其版籍，所以俟亂世清明，俟風雲以舉翼也。④ 故微子不與於紂之難，而封于宋，以爲殷主，先祖不滅，後世不絶。故曰：大賢之德長。可久可大，⑤則賢人之德業。

明乃哲，哲乃明，奮乃苓，明哲乃大行。此言擅美主盛自奮也，以琅湯“琅”音浪，“湯”音場。⑥ 淩轢人，績按：“湯”一本作“璘”。人之敗也常自此。是故聖人著之簡策，傳以告後進曰：奮盛苓落也。盛而不落者，未之有也。故有道者，不平其稱，不滿其量，不依其樂，不致其度。有道者則湯武也。所以不平稱、

---

① “凊”，原作“清”，“七性反”，原脱，四庫本同，據宋楊忱本、花齋本改補。下文注中“凊”字同。

② “助”，宋楊忱本、花齋本、四庫本作“也”。

③ “待”，原作“侍”，據宋楊忱本、四庫本改。

④ “俟”，四庫本同，宋楊忱本、花齋本作“候”。

⑤ “可久可大”，原作“可大可以”，據宋楊忱本、花齋本、四庫本改。

⑥ “琅音浪湯音瑒”，原脱，四庫本同，據宋楊忱本、花齋本補。

滿量、依樂、致度者，所以晦其明。爵尊即肅士，[①]禄豐則務施，功大而不伐，業明而不矜。夫名實之相怨久矣，[②]是故絶而無交。有名有實，必爲人怨，其來久，所以絶四鄰之好，杜賓客之交，惡其名實之聞也。惠者知其不可兩守，乃取一焉，[③]故安而無憂。名實不可兩守，故但存其一，怨從此而息，所以安安而無憂也。[④]

毒而無怒，此言止忿速濟没法也。毒者，陰爲賊害，從而怒之，彼知其所以行毒，怨恨續赴，其行毒之法，没而不用。今不爲怒者，所以止此忿速濟斷没法也。[⑤] 怨而無言，言不可不慎也。言不周密，反傷其身。凡怨怒，但可藏之在心，[⑥]不言之口，以泄其恨，陰懷他計，反被傷身也。故曰：欲而無謀，言謀不可以泄，謀泄災極。既欲其事，方始圖之，無使謀泄。泄謀，災必至，故曰災極至。夫行忿速遂，没法賊發，言輕謀泄，災必及於身。故曰：毒而無怒，怨而無言，欲而無謀。

大揆度儀，若覺卧，若晦明，言人君財質雖不慧，[⑦]但大揆度儀法，有疑則問之賢，若覺而卧悟，[⑧]若從晦而視明，可以成大也。言淵色以自詰也，靜默以審慮，依賢可用也。君有所未晤，當淵寂其色以自窮詰，靜默其神以審思慮，有所不晤，依賢以問之，故其爲可用也。仁良既明，通於可不利害之理，循發蒙也。問於仁良，其事既明，見利害之理則通晤，循而用之，其蒙自發明也。故曰若覺卧，若晦明，

---

① “即”，宋楊忱本同，花齋本、四庫本作“則”。
② “名”，原作“古”，據宋楊忱本、花齋本、四庫本改。
③ “乃”，原脱，據宋楊忱本、四庫本補。
④ “安安”，宋楊忱本同，花齋本、四庫本作“安然”。
⑤ “没”，原作“設”，據上下文及宋楊忱本改。
⑥ “凡”，四庫本同，宋楊忱本、花齋本作“言”。
⑦ “材”，原作“財”，四庫本同，據宋楊忱本、花齋本改。
⑧ “若”，宋楊忱本作‘者’。“悟”，花齋本、四庫本無此字，宋楊忱本作“聽”。

若敖之在堯也。敖，堯子丹朱。慢而不恭，故曰敖。敖在堯時，雖凡下材，但以聖人在上，賢人在下位，動而履規矩，常自禮法，竟以改邪爲明，故賓虞朝，讓德群后。《書》曰："無若丹朱敖"。

毋訪于佞，言毋用佞人也，用佞人則私多行。毋蓄于諂，言毋聽諂，聽諂則欺上。毋育于凶，言毋使暴，使暴則傷民。毋監于讒，言毋聽讒，聽讒則失士。夫行私、欺上、傷民、失士，此四者用，所以害君義失正也。夫爲君上者，既失其義正，而倚以爲名譽，爲臣者不忠而邪，以趨爵禄，亂俗敗世，①以偷安懷樂，雖廣其威，可損也。② 故曰：不正，廣其荒。是以古之人阻其路，塞其遂，守而物修。故著之簡策，傳以告後世人曰：其爲怨也深，是以威盡焉。

不用其區區者，虛也。人而無良焉，故曰虛也。凡堅解而不動，堵堤而不行，其於時必失，失則廢而不濟。失植之正而不謬，不可賢也；植而無能，不可善也。所賢美於聖人者，以其與變隨化也。淵泉而不盡，微約而流施，是以德之流潤澤均加于萬物。故曰聖人參於天地。

鳥飛準繩。此言大人之義也。鳥飛準繩，曲以爲直，大人之義，權而合道。夫鳥之飛也，必還山集谷。不還山則困，不集谷則死。山與谷之處也，不必正直。而還山集谷，曲則曲矣，而名繩焉。以爲鳥起於北，意南而至于南，起於南，意北而至于北。苟大意得，不以小缺爲傷。鳥意將集南北，亦隨山谷而曲飛，苟遂南北之大意，不以曲飛小缺爲傷。聖人行權，亦猶是也，苟得合義之大致，不以反經小過而爲傷也。故聖人美而著之，美鳥飛之事，著之

① "敗"，花齋本、四庫本同，宋楊忱本作"數"。
② "損"，花齋本、四庫本同，宋楊忱本作"須"。

簡策也。曰：千里之路，不可扶以繩，繩直千里，路必窮也。萬家之都，不可平以準。平準萬家，居必塞也。言大人之行，不必以先帝常義立之謂賢。守常違變，道必躓也。① 故爲上者之論其下也，議欲理也。不可以失此術也。此術，權也。②

譿火縣反，遠也。③ 充，言心也，心欲忠。績按：别本注：譿，遠也。末衡，言耳目也，耳目欲端。中正者，治之本也。耳司聽，聽必順聞，聞審謂之聰。耳之所聞既順且審，故謂之聰。目司視，視必順見，見察謂之明。目之順視曰明。心司慮，慮必順言，言得謂之知。心之所慮，既順且得，故謂之智。聰明以知則博，博而不惛，所以易政也。聽也、④明也、智也，三者既博，故事無過舉，乃得中，可制禮作樂，易先古政。績按："易政"，所謂平易近民也。政易民利，利乃勸，勸則告。民既勸勉，故可以禮樂告之。績按："告"當作"吉"，對下"凶"字。聽不審不聰，⑤不審不聰則繆。視不察不明，不察不明則過。慮不得不知，不得不知則惛。繆過與惛則憂，⑥憂則所以伎苛，績按：伎，梁紀切。伎苛所以險政。政險民害，害乃怨，怨則凶。故曰：譿充末衡，言易政利民也。

毋犯其凶，言中正以蓄慎也。毋邇其求，言上之敗，常貪於金玉馬女，而吝愛於粟米貨財也。厚藉斂于百姓，則萬民懟怨。遠其憂，言上之亡其國也，常邇其樂，立優美，而外淫

① "違"，四庫本作"爲"。

② "也"，宋楊忱本、花齋本、四庫本作"道"。

③ "火縣反遠也"，原脱，四庫本同，據宋楊忱本補，花齋本作"遠也"。

④ "聽"，宋楊忱本、花齋本、四庫本作"聰"。

⑤ "聽"下，宋楊忱本、四庫本有"不慎"二字，花齋本作"不順"。四庫本"聽不慎"下有"績按衍此'不慎'二字"注文。

⑥ "與"，宋楊忱本、花齋本、四庫本作"以"。

于馳騁田獵，内縱於美好音聲，①下乃解怠惰失，百吏皆失其端，則煩亂以亡其國家矣。高爲其居，危顛莫之救。此言尊高滿大，而好矜人以麗，主盛處賢而自予雄也，言君王豪盛，處己以賢，自許以爲英雄。予，許也。② 故盛必失而雄必敗。夫上既主盛處賢，以操士民，國家煩亂，萬民心怨，此其必亡也。猶自萬仞之山，播而入深淵，其死而不振也必矣。③ 故曰：毋邇其求，而遠其憂。高爲其居，危顛莫之救也。

可淺可深，可沉可浮，可曲可直，可言可默。此言指意，要功之謂也。凡此淺深曲直諸事，皆可詳之，言之指意，要必得此，然可以成功。天不一時，春夏秋冬，各有其時。地不一利，五土十地，各有其利。人不一事。士農工商，各有其事。是以著業不得不多，人之名位不得不殊天時地利，猶有不一，況於人之著事業及其名位，豈得不多而殊乎。④ 方。明者察于事，故不官官，主也。⑤ 于物而旁通於道。方謂法術，言法術通明之士察於天地，知不可專一，故云不生一物，⑥功用無方，旁通於道也。道也者，通乎無上，詳乎無窮，運乎諸生。諸物由道而生。是故辯于一言，察于一治，攻丁一事者，⑦可以曲説，而不可以廣舉。言寡能之人，但辯一言，察一理，攻一事，如此者，唯可以示一曲之説，未足以廣包也。聖人由此知言之不可兼也，故博爲之治而計其意；知一言不可兼群言，

---

① “好音”，宋楊忱本、花齋本、四庫本作“色淫”。

② “許”，花齋本、四庫本同，宋楊忱本作“計”。

③ “矣”，宋楊忱本、花齋本無此字。

④ “之”下，宋楊忱本、花齋本有“所”字。

⑤ “官主也”，原混在下句注文“知不可專一”句下，四庫本同，據宋楊忱本、花齋本補正。

⑥ “生”，宋楊忱本、花齋本、四庫本作“主”。

⑦ “攻”，原作“政”，據宋楊忱本、花齋本、四庫本改。下注文“攻一事”之“攻”同。

故博爲理衆言，而復計度所言之意，以告諭之也。[①] 知事之不可兼也，故名爲之説而況其功。又知一事不足以兼衆事，故每事皆立名而爲此説，[②]又恐未明其功，故比況而曉告之。歲有春秋冬夏，月有上下中旬，日有朝暮，夜有昏晨，半星星半隱半見也。辰序，各有其司。故曰：天不一時。[③] 此以上各舉天時不一。[④] 半星辰序，言其星辰晝隱夜出，常見半，至於次序，有司以爲法也。[⑤] 山陵岑巖，淵泉閎流，泉逾瀷瀷，湊漏之流也。[⑥] 績按：瀷，余力、昌力二切。而不盡，薄承瀷而不滿，泉逾而前，瀷隨而後，欲其流不盡至溪谷，小既停薄，隨至而泄，雖承瀷而常不滿之流也。高下肥墝，物有所宜，故曰：地不一利。此以上略言地利不一也。鄉有俗，國有法，食飲不同味，衣服異采，世用器械，規矩繩準，稱量數度，品有所成，故曰：人不一事。此以上舉人之事不一也。此各事之儀，其詳不可盡也。此天地人三者之儀，但略舉之，故其詳不盡也。

可正而視，言察美惡，審别良善，[⑦]不可以不審。操分不雜，故政治不悔。定而履，言處其位，行其路，爲其事，則民守其職而不亂，故葆統而好終。深而迹，言明墨章書，道德有常，則後世人人修理而不迷，故名聲不息。

夫天地一險一易，若鼓之有楟，楟當爲響。擿擋則擊。險易猶否泰也，[⑧]夫天地否泰，應德而至，猶鼓之含響，應擊而鳴者也。補：

① “諭”，四庫本同，宋楊忱本、花齋本作“喻”。
② “此”，宋楊忱本同，花齋本、四庫本作“之”。
③ “天”下，原衍“多”字，據宋楊忱本、花齋本、四庫本删。
④ “各”，原作“名”，四庫本作“畧”，據宋楊忱本、花齋本改。
⑤ “司”，原作“何”，據宋楊忱本、花齋本、四庫本改。
⑥ “湊”，宋楊忱本作“奏”。
⑦ “善”，四庫本同，宋楊忱本、花齋本作“苦”。
⑧ “也”，四庫本同，宋楊忱本、花齋本無此字。

桴，鼓枹也。擿擋，鼓聲也，猶鏜鞳也。言鼓之有擿擋之聲，由枹有以擊之也。言苟有唱之，①必有和之，和之不差，因以盡天地之道。唱則擊也，小則小和，大則大和，故曰和擊而不差，②應擊爲響，象天地應德爲否泰也。③ 景不爲曲物直，響不爲惡聲美，物曲則影曲，聲惡則響惡，亦以天道福善禍淫隨事而至也。④ 是以聖人明乎物之性者，必以其類來也，惡聲往則惡響來，猶積善餘慶，積惡餘殃。故君子繩繩乎慎其所先。

天地萬物之橐也，君子知善惡必報，繩繩戒順，⑤先天地以類善，天地萬物從而應之，則善在先，應在後，如橐之盛物也。⑥ 故曰天地萬物之橐。宙合有橐天地，宙合之道，教以先天地行善，故橐天地也。績按：有，又也。天地苴子餘反。⑦ 萬物，故曰萬物之橐。苴裹萬物，在天地之中，故爲橐也。宙合之意，上通於天之上，下泉於地之下，外出於四海之外，合絡天地，以爲一裹。宙合，廣積善以通天上，入地下，包絡天地爲一裹也。散之至于無間，不可名而山。宙合之裹，故散其終，上能無偷觀，猶不可得其名，若山然也。績按："山"乃"止"字誤。是大之無外，小之無内，故曰：有橐天地。其義不傳，苟非其人，道不虚行，故其不可名，則義不可妄傳也。⑧ 一典品之，不極一薄，然而典品無治也。典，常也。宙合之道，專一而能常行，則不有窮，若乃輕薄，不能崇重，則此道或幾乎息矣。常品之人，不能

① "唱"，原作"昌"，據宋楊忱本、四庫本改。
② "擊"，花齋本、四庫本同，宋楊忱本作"象"。
③ "地"，原作"也"，據宋楊忱本、四庫本改。
④ "以"，四庫本同，宋楊忱本、花齋本作"況"。
⑤ "順"，宋楊忱本、花齋本、四庫本作"慎"。
⑥ "盛"，四庫本同，宋楊忱本、花齋本作"成"。
⑦ "子餘反"，原脱，四庫本同，據宋楊忱本、花齋本補。
⑧ "不可名則"，四庫本同，宋楊忱本、花齋本脱。

重理也。多内則富，時出則當。而聖人之道，貴富以當。[①] 奚謂當？本乎無妄之治，運乎無方之事，應變不失之謂當。變無不至，無有應當，本錯不敢忿，當，謂行賞以當功，當功所以錯而不用者，則以變不至也。故雖不用物，不敢忿怒也。故言而名之曰宙合。尋古遺言之立名，名曰宙合也。

樞言第十二

樞者，居中以運外，動而不窮者也。言則慮心而發口，變而無主者也，其用若樞，故曰樞言。

外言三

管子曰：道之在天者日也，日者，萬物由之以照，[②]萬象由之以顯，功莫大焉，故謂之道也。其在人者心也。心者，萬物由之以慮，萬理由之以斷，云爲莫大焉，故謂之道。故曰有氣則生，無氣則死，生者以其氣；日與心以成生爲功，[③]而生成以氣爲主。[④] 此言氣者道之用，[⑤]尤宜重也。績按：諸本無"生者以其氣"五字，非。有名則治，無名則亂，治者以其名。物既生成，須立法以治之，在於名實相副，故實稱其名則治，名重其實則亂。

樞言曰：愛之，利之，益之，安之，四者道之出。[⑥] 四者從道而生，故曰道之出也。帝王者用之，而天下治矣。帝王者，審所

---

① "貴富"，原作"富貴"，據宋楊忱本改。
② "照"，宋楊忱本作"煦"。
③ "成生"，四庫本同，宋楊忱本、花齋本作"生成"。
④ "主"，花齋本同，宋楊忱本作"言"，四庫本作"生"。
⑤ "用"下，宋楊忱本、花齋本有"也"字。
⑥ "四者道之出"，原脱，四庫本同，據宋楊忱本、花齋本補。

先所後：先民與地，則得矣，民者君之本，[①]地者民之天，[②]先此二者，則無所不得矣。[③] 先貴與驕，則失矣，貴而不已則驕，驕而不已則亡，先此二者，則無所不失矣。是故先王慎貴，在所先所後。人主不可以不慎貴，不可以不慎民，不可以不慎富。慎貴在舉賢，慎民在置官，慎富在務地。故人主之卑尊輕重，在此三者，不可不慎。慎三，則尊以重；忽三，則卑以輕。

國有寶，有器，有用。城郭、險阻、蓄藏，寶也；城郭完，險阻修，則寇盜息，蓄藏積，民無飢，故爲寶也。聖智，器也；聖無不通，智無遺策，二者可操以成事，故曰器。珠玉，末用也。珠玉者飢不可食，寒不可衣，費多而益少，故爲末用也。先王重其寶器，而輕其末用，[④]故能爲天下。

生而不死者二，謂寶與器。立而不立者四：人君雖欲自立而重珠玉，則不令得立者四，謂喜怒惡欲。喜也者，怒也者，惡也者，欲也者，天下之敗也，而賢者寶之。

爲善者，非善也。非善此珠玉也。故善無以爲也，故先王貴善。貴善，蓄藏。

王主積于民，無不足。績按：言廣人民也。霸主積于將士，[⑤]卒勇奮。[⑥] 衰主積于貴人，益其驕。績按：多貴寵。亡主積于婦女珠玉，速其亡也。故先王慎其所積。

疾之，疾之，萬物之師也。爲之，爲之，萬物之時也。強

---

① “本”，宋楊忱本、花齋本無此字。

② “地者民之天”，宋楊忱本、花齋本作“地君者民之天”，四庫本作“地者民之本”。

③ “矣”，四庫本同，宋楊忱本、花齋本作“也”。

④ “末”，花齋本、四庫本同，宋楊忱本無此字。

⑤ “將”下，宋楊忱本、花齋本有“戰”字。

⑥ “勇奮”，花齋本作“奮勇”。

之，強之，萬物之指也。[1]

凡國有三制：有制人者，有爲人之所制者，有不能制人、人亦不能制者。何以知其然？德盛義尊而不好加名於人，加名於人者，人亦加之也。人衆兵強而不以其國造難生患，患難於人者，人亦患難之。天下有大事而好以其國後。謙受益也。如此者，制人者也。下人者，在人上。德不盛義不尊而好加名于人，人不衆兵不強而好以其國造難生患，恃與國，幸名利。言恃黨與之國，又不爲推讓，每輒幸其名利也。如此者，人之所制也。陵人者，人反陵之，息侯伐鄭之比。人進亦進，人退亦退；人勞亦勞，人佚亦佚，進退勞佚，與人相胥。胥，視也。常視人，與之俱進退勞佚也。如此者，不能制人，人亦不能制也。

愛人甚而不能利也，愛甚不利，生其怨心。憎人甚而不能害也。憎甚不害，生其賊心。故先王貴當，愛必利，憎必害。貴周。深密不測，則周也。周者，不出於口，不見於色，一龍一蛇，一則爲龍，一則爲蛇，喻人行藏。一日五化之謂周。行藏五變，故曰五化。故先王不以一過二。以少逾多，衆所驚也。先王不獨舉，不擅功。獨舉、擅功，人之所疾。先王不約束，不結紐。約束則解，有束，故可得而解。結紐則絶，有紐，故可得而絶。故親不在約束、結紐。相親，從心生也。先王不貨交，貨交，則人心有親疏。不列地，列地，則人心有向背。以爲天下。天下不可改也，[2]親疏向背，是其改也，改謂分别。而可以鞭棰使也。若乃不改，而以鞭棰威之，則無思不服。

時也，利也，出爲之也。先王有所出爲，必上得天時，下盡地

---

① “指”，宋楊忱本作“脂”。

② “天下”，原脱，四庫本同，據宋楊忱本、花齋本補。

利。餘目不明，餘耳不聰，苟非時利，雖目視有餘，不用其明，耳聽有餘，不用其聰也。是以能繼天子之容，天子之容，時利而已。官職亦然。亦時利也。時者得天，義者得人。義即利也。既時且義，故能得天與人。

先王不以勇猛爲邊境，則邊境安。邊境安，則鄰國親。鄰國親，則舉當矣。

人故相憎也，人之心悍，故爲之法。法出于禮，禮出于治。治、禮，道也，萬物待治、禮而後定。

凡萬物，陰陽兩生而參視。先王因其參而慎所入所出。以卑爲卑，卑不可得；以尊爲尊，尊不可得。桀、舜是也。先王之所以最重也。

得之必生，失之必死者，何也？唯無。得之，堯舜禹湯文武孝己，斯待以成。天下必待以生，故先王重之。一日不食，比歲歉；三日不食，比歲饑；五日不食，比歲荒；七日不食，無國土；十日不食，無疇類，盡死矣。

先工貴誠信。誠信者，天下之結也。信誠者，所以結固天下之心也。賢大夫不恃宗，至士不恃外權。① 坦坦之利不以功，坦坦之備不爲用。坦坦謂平平，非有超而異者，故不能立功而成用也。故存國家，定社稷，在卒謀之間耳。

聖人用其心，沌沌乎博而圜，豚豚乎莫得其門，一本作"沌沌乎博圜，②豚豚乎莫得而聞也"。紛紛乎若亂絲，遺遺乎若有所從治。③ 故曰，欲知者知之，欲利者利之，欲勇者勇之，欲貴

---

① "至"，宋楊忱本作"室"。

② "沌沌乎博圜"，宋楊忱本作"沌乎博而圜"，花齋本脱此句注。

③ "所"，四庫本同，宋楊忱本、花齋本無此字。

者貴之。彼欲貴，我貴之，人謂我有禮；彼欲勇，我勇之，人謂我恭；彼欲利，我利之，[1]人謂我仁；彼欲知，我知之，人謂我愍。

戒之，戒之，微而異之，人心不同，其猶面焉，令既順，欲穫，失時無所收。動作必思之，無令人識之，卒來者必備之。

信之者，仁也。不可欺者，智也。既智且仁，是謂成人。

賤固事貴，不肖固事賢。貴之所以能成其貴者，以其貴而事賤也；賢之所以能成其賢者，以其賢而事不肖也。惡者，美之充也。卑者，尊之充也。賤者，貴之充也。故先王貴之。

天以時使，地以材使，人以德使，鬼神以祥使，禽獸以力使。所謂德者，先之之謂也。故德莫如先，應適莫如後。

先王用一陰二陽者霸，盡以陽者王；以一陽而二陰者削，[2]盡以陰者亡。

量之不以少多，稱之不以輕重，度之不以短長。不審此三者，不可舉大事。

能戒乎？能敕乎？能隱而伏乎？能而稷乎？能而麥乎？春不生而夏無得乎？

衆人之用其心也，愛者憎之始也，德者怨之本也，唯賢者不然。

先王事以合交，德以合人。二者不合，則無成矣，無親矣。

凡國之亡也，以其長者也；人之自失也，以其所長者也。故善游者死于梁池，善射者死于中野。

---

① “利”，宋楊忱本作“和”。
② “而”，四庫本同，宋楊忱本、花齋本無此字。

命屬于食，治屬于事。無善事而有善治者，自古及今，未嘗之有也。

衆勝寡，疾勝徐，勇勝怯，智勝愚，善勝惡，有義勝無義，有天道勝無天道。凡此七勝者貴衆，用之終身者衆矣。

人主好佚欲，亡其身失其國者，殆；其德不足以懷其民者，殆；明其刑而賤其士者，殆；諸侯假之威久而不知極已者，殆；身彌老不知敬其適子者，殆；蓄藏積，陳朽腐，不以與人者，殆。

凡人之名三：有治也者，有恥也者，有事也者。事之名二：正之，察之。五者而天下治矣。名正則治，名倚則亂，無名則死。故先王貴名。

先王取天下，遠者以禮，近者以體。體、禮者，所以取天下；遠、近者，所以殊天下之際。

日益之而患少者惟忠，日損之而患多者惟欲。多忠少欲，智也，爲人臣者之廣道也。爲人臣者，非有功勞于國也，家富而國貧，爲人臣者之大罪也；爲人臣者，非有功勞于國也，爵尊而主卑，爲人臣者之大罪也。無功勞于國而貴富者，其唯尚賢乎？

衆人之用其心也，愛者憎之始也，愛盡而憎至。德者怨之本也。德竭而怨生。其事親也，妻子具，則孝衰矣；其事君也，有好業，家室富足，則行衰矣；爵禄滿，則忠衰矣。唯賢者不然，賢者有始有卒。故先王不滿也。人主操逆，人臣操順。

先王重榮辱，榮辱在爲。天下無私愛也，無私憎也。爲善者有福，爲不善者有禍，禍福在爲。故先王重爲。

明賞不費，明刑不暴。賞罰明，則德之至者也，故先王貴明。

天道大，而帝王者用愛惡。愛惡，天下可秘。愛惡重，閉必固。

釜鼓滿則人概之，人滿則天概之，故先王不滿也。

先王之書，心之敬執也，而衆人不知也。故有事，事也，毋事，亦事也。吾畏事，不欲爲事；吾畏言，不欲爲言。故行年六十而老吃也。

卷之五

八觀第十三

外言四

大城不可以不完，郭周不可以外通，里域不可以横通，横通，謂從旁而通也。閭閈不可以毋闔，闔，扇也。① 宫垣關閉不可以不修。故大城不完，則亂賊之人謀；郭周外通，則奸遁逾越者作；里域横通，則攘奪竊盜者不止；閭閈無闔，外内交通，則男女無别；宫垣不備，關閉不固，雖有良貨，不能守也。故形勢不得爲非，則奸邪之人愨愿。禁禦周固，形勢不得爲非，則奸邪之人無從生心而變爲愨愿。禁罰威嚴，則簡慢之人整齊；憲令著明，則蠻夷之人不敢犯；賞慶信必，則有功者勸；教訓習俗者衆，則君民化變而不自知也。習俗而善，不知善之爲善，猶入芝蘭之室，不知芳之爲芳也。是故明君在上位，刑省罰寡，非可刑而不刑，非可罪而不罪也。明君者，閉其門，塞其塗，弇其迹，使民無由接於淫非之地。既閉出非之門，又塞生過之塗，成罪之迹，莫不掩匿，如此，則自然端直，欲接淫非之地，其路無由也。是以民之道

① "扇"，四庫本同，宋楊忱本、花齋本作"扉"。

正行善也，若性然，故罪罰寡，而民以治矣。

行其田野，視其耕芸，計其農事，而饑飽之國可以知也。其耕之不深，芸之不謹，地宜不任，草田多穢，耕者不必肥，荒者不必墝，以人猥計其野，猥，衆也。以人衆之多少計其野之廣狹也。草田多而辟田少者，雖不水旱，饑國之野也。若是而民寡，則不足以守其地；若是而民衆，則國貧民饑；以此遇水旱，則衆散而不收。彼民不足以守者，其城不固；民饑者，不可以使戰；衆散而不收，則國爲丘墟。故曰：有地君國而不務耕芸，寄生之君也。故曰：行其田野，視其耕芸，計其農事，而饑飽之國可知也。

行其山澤，觀其桑麻，計其六畜之産，而貧富之國可知也。夫山澤廣大，則草木易多也，壤地肥饒，則桑麻易殖也，薦子見反。[①] 草多衍，則六畜易繁也。薦，茂草也。莊周曰：麋鹿食薦。山澤雖廣，草木毋禁，壤地雖肥，桑麻毋數，薦草雖多，六畜有征，征，賦。閉貨之門也。無貨可出，若閉門然。故曰：時貨不遂，金玉雖多，時貨，謂穀帛畜産也。謂之貧國也。故曰：行其山澤，觀其桑麻，計其六畜之産，而貧富之國可知也。

入國邑，視宫室，觀車馬衣服，而侈儉之國可知也。夫國城大而田野淺狹者，其野不足以養其民；[②]城域大而人民寡者，其民不足以守其城；宫營大而室屋寡者，其室不足以實其宫；室屋衆而人徒寡者，其人不足以處其室；囷倉寡而臺榭繁者，其藏不足以共其費。[③] 囷倉所藏，不足以供臺榭之費。故曰：主上無積而宫室美，氓家無積而衣服修，氓家謂民家也。乘車

---

① “子見反”，原脱，四庫本同，據宋楊忱本、花齋本補。
② “其野”，原脱，四庫本同，據宋楊忱本、花齋本補。
③ “費”，原作“事”，據宋楊忱本、花齋本、四庫本改。

者飾觀望，步行者雜文采，本資少而末用多者，本資，謂穀帛。侈國之俗也。國侈則用費，用費則民貧，民貧則奸智生，奸智生則邪巧作。故奸邪之所生，生於匱不足；匱不足之所生，生於侈；侈之所以生，①生於無度。故曰：審度量，節衣服，儉財用，禁侈泰，爲國之急也。不通於若計者，若計謂審度量以下。不可使用國。故曰：入國邑，視宫室，觀車馬衣服，而侈儉之國可知也。

課凶饑，計師役，觀臺榭，量國費，而實虚之國可知也。凡田野萬家之衆，可食之地方五十里，績按："方"一本作"百"。可以爲足矣。萬家以下，則就山澤可矣，萬家以下，其人少，可以就山澤，逐便利。萬家以上，則去山澤可矣。萬家以上，其人多，則去山澤就原陸，而山澤有禁也。彼野悉辟，而民無積者，國地小而食地淺也；田半墾，而民有餘食而粟米多者，國地大而食地博也；國地大而野不辟者，君好貨而臣好利者也；君臣好貨利，則妨農功，故其野不辟。辟地廣而民不足者，上賦重，流其藏者也。上賦重，則人藏流散也。故曰：粟行於三百里，賦重則粟賤，故人遠行而糶之，②或遠人來糴也。則國毋一年之積；粟行於四百里，則國毋二年之積；粟行於五百里，則衆有飢色。其稼亡三之一者，命曰小凶。三分常稼而亡其一，時有凶災故也，故謂小凶也。小凶三年而大凶，比三年不孰，③故曰大凶也。大凶則衆有大遺苞矣。時既大凶，無復蓄積，雖相振濟，但苞裹升斗以相遺也。什一之師，什三毋事，則稼亡三之一。師，法也。十一而税，周禮之通法。今乃十三而税，無事於舊，稼亡三之一也。績按：前作"計師役"，則此

① "以"，四庫本同，宋楊忱本、花齋本無此字。
② "糶"，原作"糴"，據花齋本、四庫本改。
③ "孰"，四庫本同，宋楊忱本、花齋本作"熟"。

"師"乃"師役"也,謂興師役一分則相逮者衆而爲三分,①是十分中有三分無事農之人,而亡税三之一矣。② 稼亡三之一,而非有故蓋積也,③則道有損瘠矣。既已亡三之一,又無故積,則道行之人,有毁損羸瘠者也。什一之師,④三年不解,非有餘食也,則民有鬻子矣。既師十一,三年而不解,此當有餘食而不餘,則以遇歲凶故也,所以人有鬻子者。績按:别本注:什三之税,三年不解弛,若非蓄積有餘,又遇歲凶,則民必鬻子矣。故曰:山林雖近,草木雖美,宫室必有度,禁發必有時。是何也?曰:大木不可獨伐也,大木不可獨舉也,大木不可獨運也,大木不可加之薄牆之上。凡此必資衆力,則妨農事,故宫室須有度,禁發須有時也。故曰:山林雖廣,草木雖美,禁發必有時;國雖充盈,金玉雖多,宫室必有度;江海雖廣,池澤雖博,魚鼈雖多,罔罟必有正。多少小大之正。船網不可一財而成也,必多財,然後成。⑤ 非私草木愛魚鼈也,惡廢民於生穀也。故曰:先王之禁山澤之作者,博民於生穀也。彼民非穀不食,穀非地不生,地非民不動,動謂發生穀物。民非作力毋以致財。天下績按:當作"夫財",乃字之誤也。之所生,生於用力,天下所以有其生,⑥各由用力也。用力之所生,生於勞身。是故主上用財毋已,是民用力毋休也。財從力生,故用財不已,則用力不休也。故曰:臺榭相望者,其上下相怨也。上怨下不供,下怨上多税。民毋餘積者,其禁不必止;民饑貧,則爲盜賊,故禁不

① "逮",四庫本同,花齋本作"違"。
② "税",花齋本同,四庫本作"稼"。
③ "蓋",疑衍。
④ "一",原作"三",據宋楊忱本、花齋本、四庫本改。
⑤ "財",原作"時",據宋楊忱本、花齋本、四庫本改。
⑥ "天下所以有其生",花齋本作"六下所以存其生"。"有",宋楊忱本、四庫本作"存"。

止也。衆有遺苞者，其戰不必勝；戰士饑，則力屈，故戰不勝。道有損瘠者，其守不必固。損瘠，則死期將至，故守不固也。故令不必行，禁不必止，戰不必勝，守不必固，則危亡隨其後矣。故曰：課凶饑，計師役，觀臺榭，量國費，而實虚之國可知也。①

入州里，觀習俗，聽民之所以化其上，君斯作矣，人胥效矣，故人莫不化上。而治亂之國可知也。州里不鬲，無隄鬲也。② 閭閈不設，出入毋時，早晏不禁，則攘奪、竊盜、攻擊、殘賊之民毋自勝矣。自，從也。既不設備，③則盜賊無從而勝。食谷水，巷鑿井，谷水巷井，則出汲者生其婬放。場圃接，鄰家子女易得交通。樹木茂，婬非者易爲。宫牆毀壞，門户不閉，外内交通，則男女之别毋自正矣。鄉毋長游，什長游宗也。里毋士舍，士謂里尉，每里當置舍，使尉居焉。時毋會同，④鄉里每時當有會同，所以結恩好也。喪蒸不聚，蒸，冬祭名。禁罰不嚴，則齒長輯睦毋自生矣。鄉里長弟當以齒也。故昏禮不謹，則民不修廉；論賢不鄉舉，則士不及行；貨財行於國，則法令毀於官；請謁得於上，則黨與成於下；鄉官毋法制，百姓群徒不從。此亡國弑君之所自生也。故曰：入州里，觀習俗，聽民之所以化其上者，而治亂之國可知也。

入朝廷，觀左右，本求朝之臣，謂原本尋求朝之得失。論上下之所貴賤者，而彊弱之國可知也。功多爲上，禄賞爲下，則積勞之臣不務盡力，戰功日多，謂積勞之臣，論其功多，則居於衆上，及行禄賞，翻在衆下，故不務盡力也。治行爲上，爵列爲下，則豪傑

① "而"，四庫本同，宋楊忱本、花齋本無此字。
② "隄"，宋楊忱本、花齋本作"限"，四庫本作"阻"。
③ "既"，原作"便"，據宋楊忱本、花齋本、四庫本改。
④ "毋"，宋楊忱本作"無"。

材臣不務竭能。便辟左右，不論功能，而有爵禄，則百姓疾怨非上，賤爵輕禄；左右不論能而有爵禄，則百姓非但疾怨又非上，輕賤爵禄也。金玉貨財商賈之人，不論志行，而有爵禄，①不論志行，能使在爵禄之位也。② 則上令輕，法制毁；權重之人，不論才能，而在尊位，③則民倍本行而求外勢。彼積勞之人不務盡力，則兵士不戰矣；豪傑材臣不務竭能，④則内治不别矣；百姓疾怨非上，賤爵輕禄，則上毋以勸衆矣；上令輕，法制毁，則君毋以使臣，臣毋以事君矣；民倍本行而求外勢，則國之情僞竭於敵國矣。⑤ 人既倍本求外，則國之情僞盡在於敵矣。竭，盡也。故曰：入朝廷，觀左右，本求朝之臣，論上下之所貴賤者，而强弱之國可知也。

置法出令，臨衆用民，計其威嚴寬惠行於其民與不行於其民，可知也。⑥ 法虚立而害疏遠，謂其立法但能害疏遠而不行親近，故曰虚立也。令一布而不聽者存，不聽者存，是令不行。⑦ 賤爵禄而毋功者富，無功者富，則有功者貧也。然則衆必輕令而上位危。輕令則有無君之心，⑧故上位危。故曰：良田不在戰士，三年而兵弱；良田所以賞戰士，不賞則士無戰志，故兵弱也。賞罰不信，五年而破；上賣官爵，十年而亡；倍人倫而禽獸行，十年而滅。戰不勝，弱也；地四削，入諸侯，破也；離本國，徙都邑，亡也；

---

① "不論志行而有爵禄"，花齋本、四庫本同，宋楊忱本作"不論而在爵禄"。

② "能使在爵禄之位"，四庫本同，宋楊忱本、花齋本作"使之在爵禄之位"。

③ "在"，四庫本同，宋楊忱本、花齋本作"得"。

④ "臣"，四庫本同，宋楊忱本、花齋本作"人"。

⑤ "於"，四庫本同，宋楊忱本、花齋本作"在"。

⑥ 張佩綸以爲"可知也"上當脱"而興滅之國"五字，郭沫若以爲當作"而興廢之國"。下句同。

⑦ "行"，原作"令"，據宋楊忱本、花齋本、四庫本改。

⑧ "令"，原作"行"，據宋楊忱本、花齋本、四庫本改。

有者異姓，滅也。有其國者異姓之人，①則宗廟滅也，若齊之陳氏是也。② 故曰：置法出令，臨衆用民，計威嚴寬惠而行於其民不行於其民，可知也。

計敵與，量上意，察國本，觀民産之所有餘不足，而存亡之國可知也。敵國強而與國弱，諫臣死而諛臣尊，私情行而公法毁，績按：一本作"公道"。然則與國不恃其親，謂黨與之國不恃已以爲親也。而敵國不畏其強，寇敵之國不畏已以爲強也。豪傑不安其位，而積勞之人不懷其禄。悦商販而不務本貨，則民偷處而不事積聚。豪傑不安其位，則良臣出，積勞之人不懷其禄，則兵士不用，民偷處而不事積聚，則囷倉空虚。如是，而君不爲變，不改常而更化。然則攘奪、竊盜、殘賊、進取之人起矣。内者廷無良臣，豪傑不安其位。兵士不用，積勞之人不懷其禄故也。囷倉空虚，民偷處而不事積聚故也。而外有強敵之憂，則國居而自毁矣。居然自致滅毁。故曰：計敵與，量上意，察國本，觀民産之所有餘不足，而存亡之國可知也。

故以此八者觀人主之國，而人主毋所匿其情矣。

法禁第十四

外言五

法制不議，則民不相私；君出法制，下不敢議，則人奉公，而不

---

① "其"，原作"異"，據宋楊忱本、花齋本、四庫本改。"之"，宋楊忱本無此字。

② "若齊之陳氏是也"，四庫本同，宋楊忱本、花齋本無此句。

相與爲私。① 刑殺毋赦，則民不偷於爲善；有過必誅，則善惡明，故不爲苟且之善。② 爵禄毋假，則下不亂其上。爵必有德，禄必有功，不妄假人，則人知君我者必賢德，故不亂於上。三者藏於官則爲法，施於國則成俗，其餘不强而治矣。三者即法、③刑、爵也。藏於官，謂下不得擅其用，如此，則法施俗成。自斯之外，雖不勉强，莫不從理矣。績按：藏於官，謂收於君府也。君一置其儀，則百官守其法；上明陳其制，則下皆會其度矣。君之置其儀也不一，則下之倍法而立私理者必多矣。是以人用其私，廢上之制，而道其所聞。既廢上之制，故競道其所聞，以遂其私欲。④ 故下與官列法，而上與君分威，國家之危，必自此始矣。下，謂庶人，上，謂權臣，列亦分也。績按：言此用私之人自立一法，是下與守法官並陳法，上與制法君並操權而分其半矣。

昔者聖王之治其民也不然，廢上之法制者，必負以恥，負猶被也，廢法制者，必被之以恥辱也。財厚博惠以私親於民者，正經而自正矣。臣厚財而作福，則正禮經以示之，其人自正矣。亂國之道，易國之常，賜賞恣於己者，聖王之禁也。賜賞者，人君所獨用也，臣爲君事，故須禁之也。聖王既没，⑤受之者衰。嗣君不振。⑥ 君人而不能知立君之道以爲國本，則大臣之贅下而射人心者必多矣。越職行恩曰贅。⑦ 福下者，君之事也，今臣爲之，故曰贅。臣之作福，所邀射人心，必使歸己也。績按：别本注：君既失德，則大

---

①“而”，宋楊忱本無此字。
②“且”，宋楊忱本作“見”。
③“即”，宋楊忱本作“謂”。
④“以”，宋楊忱本作“以”。
⑤“没”，宋楊忱本作“殁”。
⑥“振”，宋楊忱本、花齋本、四庫本作“德”。
⑦“恩”，原作“思”，據宋楊忱本改。

臣必作福作威以射人心，使之歸己也。君不能審立其法以爲下制，則百姓之立私理而徑於利者必衆矣。徑，謂邪行以趣疾也。

昔者聖王之治人也，不貴其人博學也，欲其人之和同以聽令也。博學而不聽令，奸人之雄也。《泰誓》曰，紂有臣億萬人，亦有億萬之心，武王有臣三千而一心。故紂以億萬之心亡，武王以一心存。故有國之君，苟不能同人心，①一國威，齊士義，通上之治以爲下法，則雖有廣地衆民，猶不能以爲安也。

君失其道，則大臣比權重，與權重者相比。以相舉於國，小臣必循利以相就也。故舉國之士以爲亡黨，爲叛亡之黨也。行公道以爲私惠，費公以樹私也。進則相推於君，退則相譽於民，②各便其身而忘社稷，以廣其居，容受博也。聚徒威群，蓄黨以威衆。上以蔽君，下以索民，求人附己。此皆弱君亂國之道也。故國之危也。

擅國權以深索於民者，聖王之禁也。其身毋任於上者，聖王之禁也。進則受禄於君，退則藏禄於室，毋事治職，但力事屬，私其所勉力事務者，但屬意於私。土官，私君事，去王之官私事則營之，君事則去之也。績按：别本注：王官既私，君事去矣。非其人而人私行者，聖王之禁也。用既非其人，③故其人但爲私行，所以禁之也。修行則不以親爲本，簡孝敬也。治事則不以官爲主，邀虚譽也。舉毋能、進毋功者，聖王之禁也。交人則以爲己賜，臣或下交於人，恃之以爲己之恩賜。舉人則以爲己勞，爲國舉賢，恃之以爲己之功勞。④ 仕人則與分其禄者，薦人令仕，得禄與共

---

① "同"，原脱，四庫本同，據宋楊忱本、花齋本補。
② "譽"，原作"舉"，據宋楊忱本、花齋本、四庫本改。
③ "用"，宋楊忱本、花齋本、四庫本作"臣"。
④ "國舉"，原誤倒，據宋楊忱本、花齋本、四庫本乙正。

分也。聖王之禁也。交於利通而獲於貧窮，臣所與交通者，皆貨利末業，則農桑廢，故獲於貧窮。① 輕取於其民，而重致於其君，下取於人，輕然不難，上致於君，僞飾成重。削上以附下，枉法以求於民者，削上威用，附下成恩，枉君公法，求人私悦也。聖王之禁也。用不稱其人，家富於其列，其禄甚寡，而資財甚多者，列，業也。臣有用少而家業富，禄寡而資財多，則以枉法取於人故也。聖王之禁也。拂世以爲行，非上以爲名，常反上之法制，以成群於國者，拂世非上，反違法制，以結連朋黨，亦所謂奸人之雄也。聖王之禁也。飾於貧窮，而發於勤勞，權於貧賤，内富而外飾於貧窮，内逸而外發於勤勞，可以致勢而權於貧窮也。② 身無職事，家無常姓，列上下之間，議言爲民者，聖王之禁也。姓，生也。身既無職事，家又無常生，自列於上下之間，其有言議，每輒爲人，以求名譽，非純粹之道，故聖王禁之也。壺士以爲亡資，修田以爲亡本，每以壺飱濟士，以爲亡去之資，若趙盂之爲，又修營田業，以爲亡去之本也。則生之養私不死，既有所備預，則私養其生，雖亡而不死也。然後失矯以深，與上爲市者，自恃其備，然後君失必矯，其有不從，則示之以去就之形而要之，故曰與之爲市。③ 聖王之禁也。審飾小節以示民，釣虚譽也。時言大事以動上，示君以不測也。遠交以逾群，假爵以臨朝者，遠交四鄰，以越群黨，虚假高節，④威臨本朝也。聖王之禁也。卑身雜處，不簡儔類。隱行辟倚，倚，依也。自隱其行，以避所依也。績按："隱"，索隱行怪之隱。辟倚，皆邪不正也。側入迎遠，側身而入

① "故"，原作"政"，四庫本同，據宋楊忱本、花齋本改。
② "致"，原作"助"，據宋楊忱本、花齋本、四庫本改。
③ "之"，宋楊忱本作"上"。
④ "節"，四庫本同，宋楊忱本、花齋本作"爵"。

國，挺出而迎遠。遁上而遁民者，[①]卑身雜處，所以遁上；隱行辟倚，所以遁民。聖王之禁也。詭俗異禮，大言法行，大爲言譽以爲法，使人遵行也。難其所爲而高自錯者，錯，置也。聖王之禁也。守委閒居，博分以致衆，守其委積以閒居，博分其財以致衆。勤身遂行，説人以貨財，勤勞其身，以遂其行，施其貨財，以悦於人。濟人以買譽，濟施人貨財，所以買其聲譽。其身甚靜，而使人求者，靜而多財，故人求之。聖王之禁也。行辟而堅，言詭而辯，術非而博，順惡而澤者，所順習者惡事，善潤飾之，令有光澤。聖王之禁也。以朋黨爲友，以蔽惡爲仁，朋黨有惡，相爲隱蔽，用此爲仁。以數變爲智，以重斂爲忠，以遂忿爲勇者，聖王之禁也。固國之本，其身務往於上，深附於諸侯者，每國自有其本，臣無境外之交，今雖身務歸於上，而心有異，托外深附於諸侯。聖王之禁也。

聖王之身，治世之時，德行必有所是，道義必有所明，故士莫敢詭俗異禮，以自見於國，莫敢布惠緩行，修上下之交，以和親於民，從容養民，謂之緩行。故莫敢超等逾官，漁利蘇功，以取順其君。飾詐以釣君利，謂之漁利。因少擇多，謂之蘇功。蘇，生息也。聖王之治民也，進則使無由得其所利，退則使無由避其所害，必使反乎安其位，樂其群，務其職，榮其名，[②]而後止矣。能如上事，則止而循常也。故逾其官而離其群者，必使有害，不能其事而失其職者，必使有耻。是故聖王之教民也，以仁錯之，以耻使之，修其能，致其所，成而止。故曰：絶而定，絶邪僻之事也。[③]　靜而治，安而尊，舉錯而不變者，聖王之道也。

---

① "遁"，原作"道"，據宋楊忱本、花齋本、四庫本改。
② "榮"，原作"誉"，四庫本同，據宋楊忱本、花齋本改。
③ "之事也"，四庫本同，宋楊忱本、花齋本脱。

重令第十五

外言六

凡君國之重器，①莫重於令。令重則君尊，君尊則國安；令輕則君卑，君卑則國危。故安國在乎尊君，尊君在乎行令，行令在乎嚴罰。罰嚴令行，則百吏皆恐；罰不嚴，令不行，則百吏皆喜。故明君察於治民之本，本莫要於令。故曰：虧令者死，益令者死，增益令者，殺無赦。不行令者死，留令者死，令當行，而故留之。不從令者死。五者死而無赦，惟令是視。設令者，必不赦此五死也。故曰：令重而下恐。爲上者不明，令出雖自上，而論可與不可者在下。不明之君，雖日出令，至於可否，必與下論而後定。如此者，臣反制君，何令之爲？夫倍上令以爲威，則行恣於己以爲私，百吏奚不喜之有？倍公則得成私，虧令而喜，不亦宜乎！且夫令出雖自上，而論可與不可者在下，是威下繫於民也。可否定於下，則是威下繫也。威下繫於民，而求上之毋危，不可得也。下強則上危也。令出而留者無罪，則是教民不敬也。王言如絲，其出如綸，所謂敬也，留者不誅，是教不敬。令出而不行者毋罪，行之者有罪，是皆教民不聽也。不行無罪，行之反誅，人之不聽，上教之然也。令出而論可與不可者在官，是威下分也。官謂百官，可否定於百官，則是威下分也。益損者毋罪，則是教民邪途也。益謂增令者，損謂虧令者，二者不罪，人爲邪途，上教之然也。如此，則巧佞之人，將以此成私爲交；比周之人，將以此阿黨取與；貪利之人，將以此收貨聚財；懦弱之人，將以

---

① "君"，原作"布"，四庫本同，據宋楊忱本、花齋本改。

此阿貴事富；便辟伐矜之人，將以此買譽成名。凡此，皆上開其隙，則下得緣隙而成奸也。故令一出，示民邪途五衢，五衢，謂上之五死也，死之則五衢塞，生之則五衢開。而求上之毋危，下之毋亂，不可得也。五衢開故也。

菽粟不足，末生不禁，民必有饑餓之色，末生，謂以末業爲生者也。而工以雕文刻鏤相稚也，謂之逆。稚，驕也。人有饑色，不息末以殺之，反以雕文相驕，故謂之逆。布帛不足，衣服毋度，民必有凍寒之傷，而女以美衣錦綉綦組相稚也，謂之逆。萬乘藏兵之國，卒不能野戰應敵，社稷必有危亡之患，而士以毋分役相稚也，謂之逆。社稷有危，人人皆當效死，今反以無分役相驕，故謂之逆。爵人不論能，禄人不論功，則士無爲行制死節，爵不論能，故不爲行制，禄不論功，故不爲死節也。而群臣必通外請謁，取權道，行事便辟，以貴富諂事便辟，以得貴富。爲榮華以相稚也，謂之逆。不義富貴，志士所恥，①反以爲榮華而相驕，故以爲逆。

朝有經臣，國有經俗，民有經産。經，常也。何謂朝之經臣？察身能而受官，不誣於上，無能受官，謂之誣上。謹於法令以治，不阿黨，撓法從私，謂之阿黨。竭能盡力，而不尚得，不貴苟得。犯難離患，而不辭死，致身受命。受禄不過其功，不以少求多也。服位不侈其能，不以小居大也。不以毋實虚受者，有功勞而後受禄。朝之經臣也。何謂國之經俗？所好惡不違於上，從君欲也。② 所貴賤不逆於令，遵法制也。毋上拂之事，拂，違也。毋下比之説，毋侈泰之養，節而適也。毋逾等之服，禮而度也。謹於鄉里之行，信而悌也。而不逆於本朝之事者，行君令也。國

---

① "所下"，花齋本、四庫本有"以"字。
② "欲"，原作"發"，據花齋本、四庫本改。

之經俗也。何謂民之經産？畜長樹蓺，畜長，謂畜産也。務時殖穀，力農墾草，禁止末事者，民之經産也。故曰：朝不貴經臣，則便辟得進，毋功虚取，①奸邪得行，毋能上通。賤經臣，則邪臣進。國不服經俗，則臣下不順，而上令難行。俗無常故也。民不務經産，則倉廩空虚，財用不足。輕本務故也。便辟得進，毋功虚取，奸邪得行，毋能上通，則大臣不和。小人好事。臣下不順，上令難行，則應難不捷。人心不一。倉廩空虚，財用不足，則國毋以固守。人饑則逃散也。三者見一焉，則敵國制之矣。見一尚制，況兼有乎？

故國不虚重，兵不虚勝，民不虚用，令不虚行。凡國之重也，必待兵之勝也，而國乃重。凡兵之勝也，必待民之用也，而兵乃勝。凡民之用也，必待令之行也，而民乃用。凡令之行也，必待近者之勝也，而令乃行。先勝服近習，令乃得行。故禁不勝於親貴，罰不行於便辟，法禁不誅於嚴重，而害於疏遠，慶賞不施於卑賤，三二而求令之必行，②不可得也。能不通於官，受禄賞不當於功，號令逆於民心，動静詭於時變，有功不必賞，有罪不必誅，令焉不必行，禁焉不必止，在上位無以使下，而求民之必用，不可得也。將帥不嚴威，民心不專一，陣士不死制，③卒士不輕敵，而求兵之必勝，不可得也。内守不能完，外攻不能服，野戰不能制敵，侵伐不能威四鄰，而求國之重，不可得也。德不加於弱小，威不信於強大，征伐不能服於天下，而求伯於諸侯，④不可得也。威有與兩立，下

① “益謂”至“毋功”共 707 字，宋楊忱本脱。
② “三二”，四庫本同，花齋本作“二三”，宋楊忱本脱。
③ “陣”，原作“諫”，據宋楊忱本、花齋本、四庫本改。
④ “伯於”，宋楊忱本、花齋本作“霸”，四庫本作“霸於”。

亦有立威者。兵有與分爭，征伐有自諸侯出。德不能懷遠國，令不能一諸侯，而求王天下，不可得也。

地大國富，人衆兵強，此伯王之本也，①然而與危亡爲鄰矣。天道之數，人心之變。所以與危亡爲鄰，則以天道數終，人心變易故也。天道之數，至則反。終於下者，則反於上。盛則衰。日中則昃，月盈則蝕。人心之變，有餘則驕，不足者必謙。驕則緩怠。夫驕者，驕諸侯；驕諸侯者，諸侯失於外；天子驕，則諸侯叛。緩怠者，民亂於内。緩怠，必輕於始，故民亂。諸侯失於外，民亂於内，天道也。驕怠者，必失外亂内，此天之道也。此危亡之時也。若夫地雖大，而不並兼，不攘奪；人雖衆，不緩怠，不傲下；國雖富，不侈泰，不縱欲；兵雖強，不輕侮諸侯，動衆用兵，必爲天下政理，此正天下之本，而伯王之主也。②

凡先王治國之器三，攻而毀之者六。明王能勝其攻，故不益於三者，而自有國，正天下。明王雖勝攻，於三器亦不加益，即勝能自有其國，兼正天下。績按：此言自諸侯而爲天子。亂王不能勝其攻，故亦不損於三者，而自有天下而亡。亂王既不能勝攻，三器自毁，更不滅此三者，③縱有天下之大而遂滅亡也。績按：此言自天子而取滅亡。④　三器者何也？曰：號令也，斧鉞也，禄賞也。六攻者何也？曰：親也，貴也，貨也，色也，巧佞也，玩好也。三器之用何也？曰：非號令毋以使下，非斧鉞毋以威衆，非禄賞毋以勸民。六攻之敗何也？言六攻能敗三器者謂何也。曰：雖不聽而可以得存者，謂親貴也。雖犯禁而可以得免者，謂貨色也。雖

---

① “伯”，宋楊忱本、花齋本、四庫本作“霸”。

② “伯”，宋楊忱本、花齋本、四庫本作“霸”。

③ “滅”，宋楊忱本作“減”。

④ “言自”，原作“自有”，據四庫本改。

毋功而可以得富者。謂巧佞玩好也。凡國有不聽而可以得存者，則號令不足以使下；有犯禁而可以得免者，則斧鉞不足以威衆；有毋功而可以得富者，則禄賞不足以勸民。號令不足以使下，斧鉞不足以威衆，禄賞不足以勸民，若此則民毋爲自用。既有罪不誅，有功不賞，故人不自用其力也。民毋爲自用則戰不勝，戰不勝則守不固，①守不固則敵國制之矣。然則先王將若之何？曰：不爲六者變更於號令，不爲六者疑錯於斧鉞，不爲六者損益於禄賞。② 若此，則遠近一心；遠近一心，則衆寡同力；衆寡同力，則戰可以必勝，而守可以必固。非以並兼攘奪也，以爲天下政治也，此正天下之道也。

---

① “戰不勝則守不”6字原并列如注文。“則”，宋楊忱本作“而”。四庫本脱“戰不勝”三字。

② “損益”，四庫本同，宋楊忱本、花齋本作“益損”。

卷之六

法法第十六

外言七

不法法，則事毋常，不設法以法下，故事無常。法不法，則令不行。雖復設法，不得法之宜，故令不行。令而不行，則令不法也。法而不行，則修令者不審也。法既得宜，而猶不行，則以修令者未審之故也。審而不行，則賞罰輕也。修令者既審，而猶不行，則以上輕於賞罰也。重而不行，則賞罰不信也。賞罰既重，而猶不行，則以雖賞罰而不信也。[①] 信而不行，則不以身先之也。賞罰既信，而猶不行，則以身不先自行其法也。故曰：禁勝於身，身從禁也。則令行於民矣。

聞賢而不舉，殆；聞賢不舉，不若不聞，所以有殆。聞善而不索，殆；見能而不使，殆；親人而不固，殆；同謀而離，殆；危人而不能，殆；危人不能，不若不危。廢人而復起，殆；既廢更起，或發其宿嫌。可而不爲，殆；可爲而不爲，多生後悔。足而不施，殆；足而不施，怨疾必生。幾而不密，殆。幾事不密，則害成。人主不周

---

① "則以"，原脱，據宋楊忱本、花齋本、四庫本補。

密，則正言直行之士危；所謂君不密則失臣。正言直行之士危，則人主孤而毋内；策謀毋自入也。人主孤而毋内，則人臣黨而成群。君子道消，則小人道長也。使人主孤而毋内，人臣黨而成群者，此非人臣之罪也，人主之過也。君不密之過。

民毋重罪，過不大也，有大過，然後有重罪。民毋大過，上毋赦也。不赦則懼而修德，不敢爲非。[①] 上赦小過，則民多重罪，積之所生也。所謂積小而成大。[②] 故曰：赦出則民不敬，有罪不誅，則安用敬。惠行則過日益。恃恩不恭，[③]非過而何。惠赦加於民，而囹圄雖實，殺戮雖繁，奸不勝矣。造奸以待赦也。故曰：邪莫如蚤禁之。毋使滋蔓，[④]蔓難圖也。赦過遺善，則民不勵。善即惠也。有過不赦，有善不遺，勵民之道，於此乎用之矣。故曰：明君者，事斷者也。

君有三欲於民，三欲不節，則上位危。三欲者何也？一曰求，二曰禁，三曰令。求必欲得，禁必欲止，令必欲行。求多者其得寡，無厭則難供，故其得寡。禁多者其止寡，法令滋章，盗賊多有。令多者其行寡。再三則瀆，故其行寡。求而不得則威日損，獨唱莫和，非損而何。禁而不止則刑罰侮，愈禁愈犯，非侮而何。令而不行則下淩上。不禀其命，非淩而何。故未有能多求而多得者也，未有能多禁而多止者也，未有能多令而多行者也。故曰：上苛則下不聽，下不聽而強以刑罰，則爲人上者衆謀矣。爲人上而衆謀之，雖欲毋危，不可得也。

號令已出又易之，禮義已行又止之，度量已制又遷之，刑

---

① “不敢爲非”，四庫本同，宋楊忱本、花齋本脱。
② “積小而成大”，四庫本同，宋楊忱本、花齋本作“積小以成高大”。
③ “恃”，宋楊忱本作“特”。
④ “毋”，宋楊忱本作“無”。

法已錯又移之。如是，則慶賞雖重，民不勸也；殺戮雖繁，民不畏也。故曰：上無固植，植，志。下有疑心，國無常經，民力必竭，數也。數，理也。國無常經，人力必竭，而曰不竭者，此非理之言也。

明君在上位，民無敢立私議自貴者。立私議者，必自恃爲貴也。國毋怪，嚴毋雜，俗毋異禮，士毋私議。國不作奇怪則嚴肅而無雜，俗有常禮，士皆公議。倨傲易令，錯儀畫制，議者盡誅。①易令謂變令，錯儀謂别制儀，②畫制謂更畫制，凡此，盡以法誅之。故彊者折，鋭者挫，堅者破。引之以繩墨，繩之以誅僇，故萬民之心皆服而從上。推之而往，引之而來。彼下有立其私議自貴，分爭而退者，則令自此不行矣。立議分爭，退而不誅，從此之後，令不復行。故曰：私議立則主道卑矣。況主倨傲易令，錯儀畫制，變易風俗，詭服殊説猶立。立私説尚能卑主，況其倨傲易風俗而猶有立者乎？上不行君令，下不合於鄉里，變更自爲，易國之成俗者，命之曰不牧之民。於上不行君令，於下不合鄉里，但率意自爲，易國之成俗，故曰不牧之民，言其不可養也。不牧之民，繩之外也，繩之外誅。使賢者食於能，鬥士食於功。賢者食於能，則上尊而民從；鬥士食於功，則卒輕患而傲敵。上尊而民從，卒輕患而傲敵，二者設於國，則天下治而主安矣。

凡赦者，小利而大害者也，苟悦衆心，故曰小利，人則習而易犯法，故曰大害也。故久而不勝其禍，犯法漸廣，轉欲危君，故曰不勝其禍。毋赦者，小害而大利者也，人初不悦，故曰小害，創而修德，故曰大利也。故久而不勝其福。家正而天下定，則太平可致，故曰不勝

---

① “議”上，宋楊忱本、花齋本有“作”字。
② “制”，宋揚忱本作“置”。

其福也。故赦者，奔馬之委轡；必致覆佚也。① 毋赦者，痤徂禾切，癰也。② 雎之礦石也。疾可瘳也。績按："雎"恐"疽"或"癰"字。

爵不尊，禄不重者，不與圖難犯危，以其道爲未可以求之也。以其道未可求，故不與尊爵重禄，既與之尊爵重禄，則可與之圖難犯危也。是故先王制軒冕，足以著貴賤，不求其美；設爵禄，所以守其服，不求其觀也。使君子食於道，小人食於力。君子食於道，則上尊而民順；小人食於力，則財厚而養足。上尊而民順，財厚而養足，四者備體，則胥足上尊，時而王不難矣。胥，相也。

文有三侑，侑，寬也。武毋一赦。惠者，多赦者也，先易而後難，久而不勝其禍；法者，先難而後易，久而不勝其福。故惠者，民之仇讎也；惠者，召其禍，③故爲仇讎也。法者，民之父母也。法者，生其福，故爲父母也。太上以制制度，其次失而能追之，能追悔也。雖有過，亦不甚矣。

明君制宗廟，足以設賓祀，不求其美；爲宫室臺榭，足以避燥濕寒暑，不求其大；爲雕文刻鏤，足以辯貴賤，不求其觀。故農夫不失其時，百工不失其功，商無廢利，民無游日，無游閒之日。④ 財無砥墆。墆，久積也。故曰：儉其道乎！令未布而民或爲之，而賞從之，則是上妄予也。未布而爲，所謂先時者也，當刑而賞，故曰妄與也。上妄予下，⑤則功臣怨；功臣怨，而愚民操事於妄作；愚民操事於妄作，則大亂之本也。令未布而罰及

---

① "致"，宋楊忱本作"也"。
② "徂禾切"，原脱，四庫本同，據宋楊忱本、花齋本補。
③ "召"，四庫本同，宋楊忱本、花齋本作"生"。
④ "游閒"，四庫本同，花齋本作"閒游"，宋楊忱本作"闕閂"。
⑤ "下"，四庫本同，宋楊忱本、花齋本無此字。

之,所謂不令而罰。則是上妄誅也。上妄誅,則民輕生;民輕生,則暴人興、輕生故爲暴亂。曹黨起而亂賊作矣。令已布而賞不從,則是使民不勸勉,不行制,不死節。民不勸勉,不行制,不死節,則戰不勝而守不固;戰不勝而守不固,則國不安矣。令已布而罰不及,則是教民不聽。民不聽,則強者立;強者立,則主位危矣。故曰:憲律制度必法道,號令必著明,賞罰必信密,此正民之經也。

凡大國之君尊,小國之君卑。大國之君所以尊者何也?曰:爲之用者衆也。小國之君所以卑者何也?曰:爲之用者寡也。然則爲之用者衆則尊,爲之用者寡則卑,則人主安能不欲民之衆爲己用也?使民衆爲己用奈何?曰:法立令行,則民之用者衆矣;法不立,令不行,則民之用者寡矣。故法之所立,令之所行者多,而所廢者寡,則民不誹謗,績按:當依下作"議"。民不誹謗則聽從矣。法之所立,令之所行,與其所廢者鈞,則國無常經;國無常經,則民妄行矣。法之所立,令之所行者寡,而所廢者多,則民不聽;民不聽,則暴人起而奸邪作矣。計上之所以愛民者,爲用之愛之也。爲愛民之故,不難毁法虧令,則是失所謂愛民矣。夫以愛民用民,則民之不用明矣。夫用人者,當以法令以愛人,①廢法而用之,則人不可用也。夫至用民者,殺之,危之,勞之,苦之,飢之,渴之。用民者,將致之此極也,而民毋可與慮害己者。至,善也。夫善用人者,必以法,其不從法,甚者危殺之,其次勞苦飢渴之。將欲用之,必至此極,則奸者不敢爲非,善者悦而從命,欲求可與謀害己者,其可得哉。明王在上,道法行於國,民皆舍所好而行所惡。所好者,私欲也,所惡

① "用",原作"好",據宋楊忱本、花齋本、四庫本改。

者，公義也。績按：言愛人不足用民，及至能用民者，反殺危勞苦飢渴之，以至此極，民遂爲之用，而無謀害上者。蓋以法素行，民皆舍好之私，而行此惡之公也。故善用民者，軒冕不下擬，而斧鉞不上因。不以下有私寵，妄以軒冕有所許擬，①不因上有私憾，妄以斧鉞有所誅戮也。如是，則賢者勸而暴人止。賢者勸而暴人止，則功名立其後矣。蹈白刃，受矢石，入水火，以聽上令，上令盡行，禁盡止。引而使之，民不敢轉其力，轉猶避也。績按：轉，猶展轉推避也。推而戰之，民不敢愛其死。不敢轉其力然后有功，不敢愛其死然後無敵。進無敵，退有功，是以三軍之衆皆得保其首領，父母妻子完安於内。故民未嘗可與慮始，而可與樂成功。是故仁者、知者、有道者，不與大慮始。大猶衆也。②

國無以小與不幸而削亡者，必主與大臣之德行失於身也，官職、法制、政教失於國也，諸侯之謀慮失於外也，故地削而國危矣。言國無以小與不幸而削亡者，其削亡也，則以臣主有失故也。國無以大與幸而有功名者，必主與大臣之德行得於身也，官職、法制、政教得於國也，諸侯之謀慮得於外也，然後功立而名成。言國無以大與幸而有功名者，其有功名也，則以臣主有得故也。③ 然則國何可無道？人何可無求？得道而道之，得賢而使之，將有所大期於興利除害。期於興利除害莫急於身，而君獨甚。傷也，必先令之失。先身無害而有利，然後可以及物，今君獨立無與，則是有害，故甚可傷。所以然者，則由先令之失也。人主失令而蔽，失令，則爲下所蔽塞也。已蔽而劫，已劫而弑。

---

① "不以下有私寵妄以"，花齋本、四庫本同，宋楊忱本作"不以私寵下妄以"，非。

② "猶"，原作"有"，據宋楊忱本、花齋本、四庫本改。

③ "得"下，宋楊忱本有"名"字。

凡人君之所以爲君者，勢也。故人君失勢，則臣制之矣。勢在下，則君制於臣矣；勢在上，則臣制於君矣。故君臣之易位，勢在下也。在臣期年，臣雖不忠，君不能奪也；言臣若得勢期年，①君雖知其不忠而不能奪，無如之何也。在子期年，子雖不孝，父不能服也。亦無如之何。故春秋之記，春秋即周公之凡例，而諸侯之國史也。臣有弑其君、子有弑其父者矣。故曰：堂上遠於百里，堂下遠於千里，門廷遠於萬里。今步者一日，百里之情通矣，堂上有事，十日而君不聞，其事適在堂上耳，而君遂十日不聞。此所謂遠於百里也。步者十日，千里之情通矣，堂下有事，一月而君不聞，此所謂遠於千里也。步者百日，萬里之情通矣，門廷有事，期年而君不聞，此所謂遠於萬里也。故請入而不出謂之滅，臣有請告，②既入而不出，此則左右不爲通於下，其事遂消滅也。出而不入謂之絶，其事既出而不入，此則左右不爲通於上，其事遂斷絶也。入而不至謂之侵，其事既入，不得至於君，此則左右侵君事故也。出而道止謂之壅。其事既出，中道而止，此則左右壅君事故也。滅絶侵壅之君者，非杜其門而守其户也，爲政之有所不行也。政之不行，自致侵壅，非由杜門守户也。故曰：令重於寶，社稷先於親戚，法重於民，威權貴於爵禄。故不爲重寶輕號令，不爲親戚後社稷，不爲愛民枉法律，不爲爵禄分威權。故曰：勢，非所以予人也。凡此上事，其勢不當與人，故君專之。

政者，正也。正也者，所以正定萬物之命也。萬物之命，由正而定。是故聖人精德立中以生正，德精而不過，其正自生也。

---

① “言臣若得勢”，宋楊忱本、花齋本、四庫本作“臣得勢”。

② “請”，宋楊忱本作“情”。

明正以治國。故正者,所以止過而逮不及也。正者中立,[1]故過者令止之,不及者令逮之。過與不及也,皆非正也;正在於中立。非正,則傷國一也。過與不及,[2]傷國一也。[3] 故勇而不義傷兵,[4]不及於勇,故傷兵也。仁而不法傷正。不及於仁,故傷正。故軍之敗也,生於不義;不義則失宜,故軍敗。法之侵也,生於不正。不正則入邪,故法侵也。故言有辯而非務者,言辯而浮誕,則非要務也。行有難而非善者。行難而詭怪,故非正善也。故言必中務,不苟爲辯;行必思善,不苟爲難。規矩者,方圓之正也。雖有巧目利手,不如拙規矩之正方圓也。故巧者能生規矩,不能廢規矩而正方圓。雖聖人能生法,不能廢法而治國。故雖有明智高行,倍法而治,績按:"倍",古"背"字同,餘放此。是廢規矩而正方圓也。

一曰:管氏稱古言,故云一曰。[5] 績按:此乃集書者再述異聞。凡人君之德行威嚴,非獨能盡賢於人也;人君之德行雖當威嚴,既不能事事盡賢,亦須納賢者自輔,[6]故曰:能自得師者王。曰人君也,故從而貴之,不敢論其德行之高卑人曰此人君也,謂其道備德成,不察其是非,即從而貴之,豈敢更論其高卑乎?有故。爲其殺生,急於司命也;乘人君之勢,怒則伏尸流血,喜則軒冕塞路,故急於司命也。富人貧人,使人相畜也;人君富人亦可,貧人亦可,使人以富畜貧亦可。[7] 貴人賤人,使人相臣也。貴人亦可,賤人亦可,使人以貴臣賤

---

① "正",原作"二",四庫本同,據宋楊忱本、花齋本改。
② "與",四庫本同,宋楊忱本、花齋本作"猶"。
③ "傷"上,宋楊忱本有"故"字。
④ "故",四庫本同,宋楊忱本、花齋本無此字。
⑤ "云",宋楊忱本作"曰"。
⑥ "納賢者自輔",宋楊忱本、四庫本作"納賢而自輔",花齋本作"納言而自輔"。
⑦ "人",宋楊忱本無此字。

亦可。人主操此六者，以畜其臣，六者謂生、殺、富、貴、貧、賤。人臣亦望此六者，以事其君。人臣事君，亦望操此六者以御下。[①] 君臣之會，六者謂之謀。君臣所以相合，皆欲謀操六者。六者在臣期年，臣不忠，君不能奪；在子期年，子不孝，父不能奪。故春秋之記，臣有弑君，[②]子有弑其父者。得此六者，而君父不智也。令臣子得此六者，是君父之不智也。六者在臣，則主蔽矣。主蔽者，失其令也。故曰：令入而不出謂之蔽，令出而不入謂之壅，令出而不行謂之牽，牽於左右。令入而不至謂之瑕。君臣相間，故曰瑕。牽瑕蔽壅之事君者，非敢杜其門而守其户也，爲令之有所不行也。此其所以然者，由賢人不至，而忠臣不用也。故人主不可以不慎其令。令者，人主之大寶也。

一曰：賢人不臣謂之蔽，[③]忠臣不用謂之塞，令而不行謂之障，禁而不止謂之逆。蔽塞障逆之君者，不敢杜其門而守其户也，爲賢者之不至，令之不行也。

凡民從上也，不從口之所言，從情之所好者也。上好勇則民輕死，上好仁則民輕財。故上之所好，民必甚焉。是故明君知民之必以上爲心也，故置法以自治，立儀以自止也。故上不行則民不從，彼民不服法死制，則國必亂矣。是以有道之君，行法修制，先民服也。服，行也。先自行法以率人。[④]

凡論人有要：論人才行，各有綱要。[⑤] 矜物之人，[⑥]無大士

---

① “御”，四庫本同，宋楊忱本、花齋本作“臨”。

② “君”上，宋楊忱本、花齋本有“其”字。

③ “臣”，四庫本同，宋楊忱本、花齋本作“至”。

④ “服行”至“率人”共10字，原脱，據宋楊忱本、花齋本、四庫本補。

⑤ “論人才行各有綱要”，原脱，據宋楊忱本、花齋本、四庫本補。

⑥ “矜”，原作“務”，花齋本、四庫本同，據宋楊忱本改。

焉。大士不矜，謙以接物。① 彼矜者，滿也；滿者，虛也。所謂滿招損者也。② 滿虛在物，在物爲制也。既滿而虛，則制之在物。③ 矜者，細之屬也。自矜者，小人之類。④ 凡論人而遠古者，無高士焉。高士必順考古道也。⑤ 既不知古而易其功者，無智士焉。智士必知古而謹功也。⑥ 德行成於身而遠古，卑人也。事無資，遇時而簡其業者，愚士也。德行雖曰成而乃遠古卑人，則是事無資稟，若遇有道之時，其業必見簡棄，如此者，可謂愚士。⑦ 釣名之人，無賢士焉。賢士必修實而成名。⑧ 釣利之君，無王主焉。王主必度義而取利。⑨ 賢人之行其身也，忘其有名也；王主之行其道也，忘其成功也。賢人之行，王主之道，其所不能已也。不能已而後動。⑩ 明君公國，一民以聽於世，賢明之君，必公誠於國，以一其民人之心。⑪ 忠臣直進，以論其能。忠臣必直道而求進。明君不以禄爵私所愛，唯賢是與。⑫ 忠臣不誣能以干爵禄。量能而受禄也。⑬ 君不私國，臣不誣能，行此道者，雖未大治，正民之經也。治雖未大，足成正民之經。今以誣能之臣事私國之君，而能

---

① “大士不矜謙以接物”，原脱，據宋楊忱本、花齋本、四庫本補。“以”，花齋本、四庫本作“而”。
② “所謂滿招損者也”，原脱，據宋楊忱本、花齋本、四庫本補。
③ “既滿而虛則制之在物”，原脱，據宋楊忱本、花齋本、四庫本補。
④ “自矜者小人之類”，原脱，據宋楊忱本、花齋本、四庫本補。
⑤ “高士必順考古道也”，原脱，據宋楊忱本、花齋本、四庫本補。
⑥ “智士必知古而謹功也”，原脱，據宋楊忱本、花齋本、四庫本補。
⑦ “德行”至“愚士”共 36 字，原脱，據宋楊忱本、花齋本、四庫本補。
⑧ “賢士必修實而成名”，原脱，據宋楊忱本、花齋本、四庫本補。
⑨ “王主必度義而取利”，原脱，據宋楊忱本、花齋本、四庫本補。
⑩ “不能已而後動”，原脱，據宋楊忱本、花齋本、四庫本補。
⑪ “賢明”至“之心”共 16 字，原脱，據宋楊忱本、花齋本、四庫本補。
⑫ “唯賢是與”，原脱，據宋楊忱本、花齋本、四庫本補。
⑬ “受”，宋楊忱本作“必”。

濟功名者,古今無之。誣能之人易知也。誣能之人,功名所以不濟,易可知,起下文也。臣度之先王者,臣,管氏自稱也。舜之有天下也,禹爲司空,契爲司徒,皋陶爲李,古治獄之官作此李官。績按:"李"同"理"。后稷爲田。此四士者,天下之賢人也,猶尚精一德,謂各精一事也。以事其君。今誣能之人,服事任官,皆兼四賢之能。① 自此觀之,功名之不立,亦易知也。結上文也。故列尊祿重,無以不受也;德不足以與其位也。勢利官大,無以不從也。直以勢利官大,故每舉必從之。以此事君,此所謂誣能篡利之臣者也。世無公國之君,則無直進之士;無論能之主,則無成功之臣。昔者三代之相授也,安得二天下而殺之?三代無能授於有能,桀紂失之,湯武得之,今之天下,即古之天下,豈有二天下而行其刑殺哉。貧民傷財,莫大於兵;危國憂主,莫速於兵。此四患者明矣,古今莫之能廢也。兵當廢而不廢,則古今惑也。兵有四患,則當廢也,五材並用,則不當廢。廢興之理難明,故惑也。此二者不廢而欲廢之,則亦惑也。二者謂廢與不廢,既不廢矣,又欲廢之,則亦惑也。此二者,傷國一也。廢之,則寇來無以禦,因傷國;②不廢,則費財憂主,亦傷國也,故曰一也。黄帝唐虞,帝之隆也,資有天下,制在一人。資,用也。率土之濱,莫非王臣,故曰制在一人。當此之時也,兵不廢。今德不及三帝,天下不順,三帝之時,天下皆服,不須用兵。③ 而求廢兵,不亦難乎?故明君知所擅,知所患。國治而民務積,此所謂擅也。擅,專也。君之所專爲,在於國家治,民務積聚也。④ 動與静,此所患也。動静失宜,則

---

① "兼",原作"廉",據宋楊忱本改。
② "因傷國",四庫本作"固傷國",宋楊忱本作"則傷國也"。
③ "三帝"至"用兵"共12字,原脱,據宋楊忱本、花齋本、四庫本補。
④ "在於國家",四庫本同,宋楊忱本作"在於國而"。

患生也。是故明君審其所擅，以備其所患也。

猛毅之君，不免於外難；懦弱之君，不免於内亂。猛毅之君者輕誅，輕誅之流，道正者不安。輕誅則乖正，故道正之士不安。道正者不安，則材能之臣去亡矣。彼智者知吾情僞，爲敵謀我，則外難自是至矣。智者即道正之士，從此亡之敵國，既知我情，必爲敵謀我，所以外難至也。故曰：猛毅之君，不免於外難。懦弱之君者重誅，難爲誅罰。重誅之過，行邪者不革。行邪者久而不革，則群臣比周。群臣比周，則蔽美揚惡。蔽君美，揚君惡。蔽美揚惡，則内亂自是起矣。故曰：懦弱之君，不免於内亂。

明君不爲親戚危其社稷，社稷戚於親；不爲君欲變其令，令尊於君；不爲重寶分其威，威貴於寶；不爲愛民虧其法，法愛於民。

兵法第十七

外言八

明一者皇，察道者帝，通德者王，一者，氣質未分，至一者也；道者，物由以生者也；①德者，道由以成者也。② 夫皇帝王道，隨世立名者也，其實則一也。謀得兵勝者霸。所謀必得，用兵必勝，故霸。故夫兵，雖非備道至德也，然而所以輔王成霸。兵者，不祥之器，不得已而用之，故於道則未備，於德則未至，然用之，上可以輔王，下可以成

① “道者物由以生者也”，原脱，花齋本、四庫本同，據宋楊忱本補。
② “道”，花齋本、四庫本同，宋楊忱本作“物”。

伯。[①] 今代之用兵者不然，不知兵權者也。權者，所以知輕重，既不知兵權，則失輕重之節。故舉兵之日，而境内貧，行師十萬，日費千金。戰不必勝，勝則多死，雖令得勝，死者已多。得地而國敗。雖復得地，既貧且死，所以國敗。此四者，用兵之禍者也。四者謂内貧、不勝、多死、國敗也。四禍其國，而無不危矣。一舉兵而國四禍，則何爲而不危矣。大度之書曰：謂大陳法度之書。舉兵之日，而境内不貧，戰而必勝，勝而不死，得地而國不敗。爲此四者若何？四者謂不貧、得勝、不死、不敗也。[②] 舉兵之日，而境内不貧者，計數得也。戰而必勝者，法度審也。勝而不死者，教器備利，而敵不敢校也。得地而國不敗者，因其民也。因其民則號制有發也。號令制度，因彼而發。教器備利則有制也。有制，則能備利。法度審則有守也。有所守，則法度審也。計數得則有明也。有明，則計數得。治衆有數，自治其軍，有數存焉。勝敵有理。勝於敵國，有理存焉。察數而知理，審器而識勝，器備利，則敵可勝也。明理而勝敵。勝敵者，在於明理也。定宗廟，寇寧，則宗廟定。遂男女，人安，則男女遂。官四分，既定日寧，[③]則四分官以守之。則可以定威德。制法儀，出號令，然後可以一衆治民。

兵無主，則不蚤知敵。兵無主，[④]則人懷苟且，故不能知敵。野無吏，則無蓄積。野無田吏，則人惰本業，故無蓄積。官無常，則下怨上。官無常，則征賦不節，故下怨上。器械不巧，則朝無定。器械不巧，則寇敵見淩，故朝無定。賞罰不明，則民輕其産。賞罰不明，則人無聊生，故輕其産。故曰：早知敵則獨行，有蓄積則久而

① “伯”，宋楊忱本、花齋本、四庫本作“霸”。
② “四者”至“敗也”共12字，原脱，據宋楊忱本、花齋本、四庫本補。
③ “寧”，原作“能”，據宋楊忱本、花齋本、四庫本改。
④ “兵”，原作“一”，據宋楊忱本、花齋本、四庫本改。

不匱，器械巧則伐而不費，賞罰明則勇士勸也。

三官不繆，五教不亂，九章著明，則危危而無害，窮窮而無難。危危，窮窮，皆重有其事。故能致遠以數，縱強以制。有數則遠可致，有制則強可縱。三官：一曰鼓，鼓所以任也，任猶載也，謂今之俶裝也。所以起也，所以進也；二曰金，金所以坐也，所以退也，所以免也；三曰旗，旗所以立兵也，所以利兵也，所以偃兵也。此之謂三官。有三令，而兵法治也。五教：一曰教其目以形色之旗，五色之旗，各有所當，若春尚青，夏尚赤之類。二曰教其身以號令之數，謂坐起之數。三曰教其足以進退之度，四曰教其手以長短之利，長兵短兵，各有所利，遠用長，近用短也。五曰教其心以賞罰之誠。貪賞畏罰，士乃自厲。五教各習，而士負以勇矣。負，恃也。恃其便習而勇也。九章：一曰舉日章則晝行，二曰舉月章則夜行，三曰舉龍章則行水，四曰舉虎章則行林，五曰舉鳥章則行陂，六曰舉蛇章則行澤，七曰舉鵲章則行陸，八曰舉狼章則行山，九曰舉韟章則載食而駕。韟，韜也。謂韜其章而舉之，則載其所食而駕行矣。九章既定，而動靜不過。三官、五教、九章，始乎無端，卒乎無窮。無端無窮，皆出敵不意，①彼不能測知也。始乎無端者，道也；卒乎無窮者，德也。道不可量，德不可數也。故不可量，則衆強不能圖，不可數，則僞詐不敢嚮。兩者備施，則動靜有功。徑乎不知，徑謂卒然直指，故敵不知。發乎不意。徑乎不知，故莫之能禦也；發乎不意，故莫之能應也。故全勝而無害。

因便而教，準利而行。教無常，教既因便，故無常也。行無

---

①“皆”，宋楊忱本作“者”。

常，行既準利，故亦無常也。兩者備施，[1]動乃有功。兩者謂教與行。器成教施，追亡逐遁若飄風，擊刺若雷電。絕地不守，謂孤絕之地，無險固可恃，故不守。恃固不拔。拔恃固之守，必多費而無功也。中處而無敵，令行而不留。用兵之道，常能處可否之中，則彼遠避而不能敵，有令必行而不留也。績按：中處無敵，謂身居中，四方皆避之，[2]不敢與敵。令行不留，謂法行，彼四方皆遵之，不敢留難。器成教施，散之無方，聚之不可計。教器備利，進退若雷電，而無所疑匱。匱，竭也。一氣專定，則傍通而不疑；精一其氣，專而且定，故不疑。厲士利械，則涉難而不匱。士既厲械之利，故不匱。[3] 進無所疑，退無所匱，敵乃爲用。既無疑匱，敵乃服從，而爲己用。淩山阬不待鈎梯，習山故也。歷水谷不須舟檝。泅水故也，[4]歷，謂遠歷而渡。[5] 徑於絕地，攻於恃固，獨出獨入，而莫之能止。見其隙故。寶不獨入，故莫之能止；俘厥寶玉，必選精勇與俱，故曰不獨入也。績按："寶"疑"實"字誤，謂雖曰獨入，實與衆俱入，非獨也，故不能止。下放此。寶不獨見，與精勇俱見之。故莫之能斂。寶王所以禮神，使無水旱之災，故取之不嫌也。補：寶，猶保也。言保守不敢輕獨入，然後乃能獨入破敵，而敵人不能止也。惟保重其謀見，與衆共謀之，而不主一見，然後能出乎險，而不爲敵人所收斂也。無名之至盡，其取寶玉也，潛伏不名，至能盡獲而不匱也。盡而不意，故不能疑神。既盡寶玉，皆非彼所意，故不能疑度，謂之爲神。畜之以道則民和，養之以德則民合。和合故能諧，諧故能輯。諧輯以悉，

---

① "者"，宋楊忱本作"乃"。
② "中"，原脱，花齋本同，據宋楊忱本、四庫本補。
③ "之"，花齋本同，宋楊忱本作"又"，四庫本作"既"。
④ "泅"，宋楊忱本、花齋本、四庫本作"習"。
⑤ "遠"，花齋本、四庫本同，宋楊忱本作"淩"。

莫之能傷。我之軍士悉以諧輯,故敵不能傷也。

定一至,行二要,縱三權,施四教,發五機,設六行,論七數,守八應,審九器,章十號。自一至已下,管氏不言其數,無得而知也。故能全勝大勝。全勝謂全我而勝彼,大勝謂遍服諸國。無守也,故能守勝。無守謂不守一數,故能常守其勝也。① 數戰則士罷,數勝則君驕,夫以驕君使罷民,則國安得無危?故至善不戰,服之以德。其次一之。雖勝不勝。② 破大勝強,一之至也。不以勝爲勝,故能破大勝強也。亂之不以變,亂敵不設計變也。③ 乘之不以詭,乘敵不以詭計。④ 勝之不以詐,勝敵不以詐謀。一之實也。凡此皆至一之實也。近則用實,遠則施號,謂十號。力不可量,強不可度,氣不可極,德不可測,一之原也。原,本也。凡此皆我守其一,彼不能知。衆若時雨,寡若飄風,一之終也。用衆貴詳審,故若時雨之漸,用寡貴機速,故若飄風之卒至,皆以一爲本,⑤故能終致此道。

利適,器之至也;兵刃利而適者,其器得宜之至。績按:致,工致也。⑥ 用敵,⑦教之盡也。士卒用命而敵服,⑧則教練之盡。不能致器者,不能利適;不能盡教者,不能用敵。器既不利,教又不盡,敵則不服,豈能用之哉。不能用敵者窮,既不能用敵,敵則反侵,故窮也。不能致器者困。不能致器,⑨則無以應敵,故困也。遠用

---

① “常”,原作“當”,據宋楊忱本、花齋本、四庫本改。
② “不勝”,花齋本、四庫本同,宋楊忱本作“不驕”。
③ “計變”,宋楊忱本作“變計”。
④ “計”,宋楊忱本作“故”。
⑤ “皆”,花齋本、四庫本同,宋楊忱本作“此亦”。
⑥ “工”,原作“中”,花齋本同,據四庫本改。
⑦ “敵”,花齋本、四庫本同,宋楊忱本作“適”。
⑧ “敵服”,原作“敵者”,據四庫本改。
⑨ “不”上,宋楊忱本、花齋本有“既”字。

兵,則可以必勝。[①] 兵遠用,所以絶其反顧之心,[②]故必勝。出入異塗,則傷其敵。出入異塗,或有所傷也,有迷而失道,故爲敵所傷也。深入危之,則士自修;深入敵國,其處又危,所謂置之死地,故士自修以求生也。士自修,則同心同力。善者之爲兵也,使敵若據虚,居常畏懼。若搏景。擊無所獲。無設無形焉,無不可以成也;[③]無策可以設,無形可以尋,所向皆無,故不可以成功也。[④] 無形無爲焉,[⑤]無不可以化也,無形可以睹,無計可以爲,所在皆無,故不可以變化也。此之謂道矣。無形迹可尋詰者,道之謂。若亡而存,若後而先,威不足以命之。善用兵者,體道以爲變化者也,故若亡者而乃存,若後者而乃先,今以威武命之,去之遠矣。

---

① "則",宋楊忱本作"而"。
② "絶",花齋本、四庫本同,宋楊忱本作"紀"。
③ "無設"至"成也"共 11 字,原脱,據宋楊忱本、花齋本、四庫本補。
④ "無策"至"功也"共 21 字,原脱,據宋楊忱本、花齋本、四庫本補。
⑤ "形",原作"設",據宋楊忱本、花齋本、四庫本改。

卷之七

大匡第十八謂以大事匡君

内言一

齊僖公生公子諸兒、公子糾、公子小白。使鮑叔傅小白，鮑叔辭，稱疾不出。管仲與召忽往見之，曰："何故不出？①"鮑叔曰："先人有言曰：'知子莫若父，知臣莫若君。'今君知臣之不肖也，是以使賤臣傅小白也，鮑叔以小白年幼，又不肖而賤，故難爲之傅也。賤臣知棄矣。"績按：言君知己不肖，使傅小白，于次小白不得立，是君有意棄我，故我不出。召忽曰："子固辭，無出，吾權任子以死亡，必免子。"任，保也。君若有疑，我當保子以疾困，至于死亡，此可以免子之身。績按：言子固辭傅，稱疾不出，君不信，我權保子以死亡，則君不疑，必免子之傅矣。鮑叔曰："子如是，何不免之有乎？"言必免也。管仲曰："不可。以召忽言非。持社稷宗廟者，不讓事，不廣閒。社稷宗廟至重，故不可讓難事，而廣求閒安。將有國者，未可知也，于三公子，未可的知其人。子其出乎。"召

① "故"，原作"哉"，據宋楊忱本、花齋本、四庫本改。

忽曰："不可。[①] 吾三人者之於齊國也，譬之猶鼎之有足也，去一焉，則必不立矣。言三人不可異其出處。吾觀小白，必不爲後矣。"績按：此言三人于齊猶鼎足，俱事一公子，則所事者能立，若去一人，則必不立，今已既事糾，故知小白必不能立爲後。管仲曰："不然也。夫國人憎惡糾之母，以及糾之身，而憐小白之無母也。諸兒長而賤，事未可知也。夫所以定齊國者，非此二公子者，將無已也。二公子謂諸兒、子糾。言二子既不能定齊國，而又不立小白，即是將更無所用，謂小白必得立矣。績按：二公子指糾、小白也。已、以同。言定齊必此二人也。小白之爲人，無小智，惕而有大慮，言雖無小智，能惕懼而有大慮。非夷吾莫容小白。小白既無小智，必乖逆於俗人，[②]故非夷吾莫能容。天不幸降禍加殃于齊，糾雖得立，事將不濟，非子定社稷，其將誰也？"糾既不濟，次在小白，輔小白而定社稷者，[③]非子而誰？子爲召忽。[④] 召忽曰："百歲之後，吾君卜也，[⑤]犯吾君命，而廢吾所立，奪吾糾也，雖得天下，吾不生也。吾君卜世，謂僖公之子小白等也。君命，謂僖公之命使立子糾，今而奪焉，我當致死。兄與我齊國之政也，受君令而不改，奉所立而不濟，是吾義也。"召忽稱管仲爲兄，與我齊國之政，謂使知政也。今受君令而立子糾，不改其所奉，更有所立，不濟而死，是爲臣之義也。別本注：雖許我齊國之政，然受君令而立子糾，若不濟，以死繼之，是爲臣之義。績按："兄"，故"況"字，言犯命廢糾，雖得天下尚不生，況定齊社稷

---

① "不"，宋楊忱本無此字。

② "逆"，宋楊忱本作"迕"。

③ "輔小白"，原作"朝小帝"，"者"，原脱，據宋楊忱本、花齋本、四庫本改、補。

④ "爲"，宋楊忱本作"謂"。

⑤ "卜也"，宋楊忱本、花齋本、四庫本作"卜世"。當爲"下世"之誤。下注文"卜世"同。

一國之政乎。管仲曰："夷吾之爲君臣也，言己立君臣之義與召忽異。① 將承君命，奉社稷，以持宗廟，豈死一糾哉？言當爲宗廟社稷致死，不死於一糾。夷吾之所死者，社稷破，宗廟滅，祭祀絶，則夷吾死之；非此三者，則夷吾生。夷吾生，則齊國利；夷吾死，則齊國不利。"鮑叔曰："然則奈何？"管子曰："子出奉令則可。"子出奉令，则小白有所依，故曰可。鮑叔許諾，乃出奉令，遂傅小白。鮑叔謂管仲曰："何行？"問其事君當何所行。管仲曰；"爲人臣者，不盡力於君，則不親信，不爲君親信。不親信，則言不聽，言不聽，則社稷不定。夫事君者，無二心。"此事君之所行。鮑叔許諾。

僖公之母弟夷仲年生公孫無知，有寵於僖公，衣服禮秩如適。言無知之寵，與適子同。僖公卒，以諸兒長，得爲君，是爲襄公。襄公立后，絀無知，無知怒。公令連稱、管至父戍葵丘，曰："瓜時而往，及瓜時而來。"期戍，公問不至，請代，不許，故二人因公孫無知以作亂。魯桓公夫人文姜，齊女也。公將如齊，與夫人偕行。公謂桓公。申俞諫曰："不可，申俞，魯大夫也。女有家，男有室，女有夫之家，男有妻之室。無相瀆也，謂之有禮。"公不聽，遂以文姜會齊侯於濼。文姜通於齊侯，②桓公聞，責文姜。文姜告齊侯，齊侯怒，饗公，③使公子彭生乘魯侯脅之，乘謂扶公升車，④拉其脅而殺之。公薨於車。豎曼曰：豎曼，齊大夫也。"賢者死忠以振疑，百姓寓焉；振，救也。賢者死於忠義，以救當時之疑，故百姓有所托焉。寓，寄托也。智者究

① "召"，原作"君"，據宋楊忱本、花齋本、四庫本改。
② "侯"，原脱，據宋楊忱本、花齋本、四庫本補。
③ "公"，原脱，據宋楊忱本、花齋本、四庫本補。
④ "公"，宋楊忱本作"力"。

理而長慮，身得免焉。智者既盡禮，①而謀慮又長，故免於危亡。今彭生二於君，不以正道傅君，②而從君於昏，③故曰二。無盡言而諛行，以戲我君。使我君失親戚之禮命，無盡言，謂不忠諫。襄公通其妹，故曰失親戚之禮命。又力成吾君之禍，④以構二國之怨，⑤恃其多力拉殺魯君，故曰力成吾君之禍。彭生其得免乎？禍理屬焉。⑥ 禍敗之理，屬於彭生。夫君以怒遂禍，君怒魯桓，彭生則遂成其禍。不畏惡親，聞容昏生，無醜也。君而通妹是謂惡親，不畏此事遠聞而忍容之，⑦然此昏愚之生於不識其類，故曰昏生無醜。醜，⑧類也。豈及彭生而能止之哉？及，如也。禍由彭生，則彭生力能之，⑨今而成禍，故當誅之。魯若有誅，必以彭生爲説。”二月，魯人告曰：⑩“寡君畏君之威，不敢寧居，來修舊好。禮成而不反，無所歸死，請以彭生除之。”⑪齊人爲殺彭生，以謝于魯。五月，襄公田于貝丘，見豕彘。從者曰：“公子彭生也。”公怒曰：“公子彭生安敢見！”射之，豕人立而啼。公懼，墜於車下，傷足亡屨。反，誅屨於徒人費，⑫不得也，誅，責。鞭之見血。費走而出，遇賊於門，脅而束之。費袒而示之背，賊信之，使費先入，伏公而出，鬬死于門中。石之紛如死于階下，

---

① “禮”，四庫本同，宋楊忱本、花齋本作“理”。
② “傅”，四庫本同，宋楊忱本作“輔”。
③ “君”，四庫本同，宋楊忱本、花齋本作“之”。
④ “成”，原作“威”，據宋楊忱本、花齋本、四庫本改。
⑤ “二”，原作“一”，據宋楊忱本、花齋本、四庫本改。
⑥ “焉”，原作“然”，四庫本同，據宋楊忱本改。
⑦ “忍容”，四庫本同，宋楊忱本、花齋本作“容忍”。
⑧ “醜”，原脱，據宋楊忱本、花齋本、四庫本補。
⑨ “能”下，花齋本有“止”字。
⑩ “告”下，宋楊忱本、花齋本有“齊”字。
⑪ “生”，原脱，據四庫本補。
⑫ “反誅屨”，原脱，據宋楊忱本、花齋本、四庫本補。

孟陽代君寢于牀，賊殺之，曰："非君也，不類。"見公之足於户下，遂殺公，而立公孫無知也。鮑叔牙奉公子小白奔莒，管夷吾、召忽奉公子糾奔魯。

九年，公孫無知虐於雍廩，雍廩殺無知也。桓公自莒先入，魯人伐齊，納公子糾，戰於乾時。① 管仲射桓公，中鈎，魯師敗績，桓公踐位。於是劫魯，使魯人殺公子糾。② 劫謂興兵脅之。桓公問於鮑叔曰："將何以定社稷？"鮑叔曰："得管仲與召忽，③則社稷定矣。"公曰："夷吾與召忽，吾賊也。"鮑叔乃告公其故圖。故圖，謂管仲始謀，令鮑叔傅小白，④將立之故。⑤ 公曰："然則可得乎？"鮑叔曰："若亟召則可得也，不亟不可得也。夫魯施伯知夷吾爲人之有慧也，其謀必將令魯致政於夷吾。夷吾受之，則彼知能弱齊矣；夷吾不受，彼知其將反於齊也，必將殺之。"既不受魯政而反於齊，恐其將爲魯害，故殺之。公曰："然則夷吾將受魯之政乎？其否乎？⑥"鮑叔對曰："不受。夫夷吾之不死糾也，爲欲定齊國之社稷也。今受魯之政，是弱齊也。夷吾之事君，無二心也，雖知死，必不受也。"君謂桓公。公曰："其於我也，曾若是乎？"曾，則也。則能無二心如是乎。鮑叔對曰："非爲君也，爲先君也。其於君不如親糾也，言管仲親糾多於小白也。糾之不死，而況君乎？親尚不死，疏則可知。君

① "時"，原脱，據宋楊忱本、花齋本、四庫本補。
② "人"，四庫本同，宋楊忱本、花齋本無此字。
③ "得"，原脱，據宋楊忱本、花齋本、四庫本補。
④ "始謀令"，四庫本同，宋楊忱本、花齋本作"本使"。
⑤ "故"，宋楊忱本無此字。
⑥ "乎"，四庫本同，宋楊忱本、花齋本作"也"。

若欲定齊之社稷，則亟迎之。”管仲既志在定齊社稷，故須急迎之。[①] 公曰：“恐不及，奈何？”鮑叔曰：“夫施伯之爲人也，敏而多畏。多畏則念慮深。公若先及，[②]恐注怨焉，必不殺也。”若先及管仲，而施伯殺之，齊必注怨，故不敢。公曰：“諾。”從鮑叔之言也。施伯進對魯君曰：“管仲有急，其事不濟，今在魯，君其致魯之政焉。有急難之事，與小白爭國，其事既不濟，故來在魯，可因此事而致政。若受之，則齊可弱也；若不受，則殺之。殺之以說于齊也，與同怒，尚賢於已。”施伯恐管仲及齊爲害，[③]欲殺之，托言以説于齊，[④]若與齊同怒，如此猶賢於不殺也。君曰：“諾。”魯未及致政，而齊之使至，曰：“夷吾與召忽也，寡人之賊也，今在魯，寡人願生得之。[⑤] 若不得也，是君與寡人賊比也。”魯君問施伯，施伯曰：“君與之。臣聞齊君惕而亟驕，雖得賢，庸必能用之乎？[⑥] 庸，猶何也。及齊君之能用之也，管子之事濟也。及，猶就也。就令能用之，[⑦]管子之事必濟也。夫管仲，天下之大聖也，今彼反齊，[⑧]天下皆鄉之，豈獨魯乎！今若殺之，[⑨]此鮑叔之友也，鮑叔因此以作難，君必不能待也，齊國強，鮑叔賢，故不能待。待，猶擬。不如與之。”魯君乃遂束縛管仲與召忽。管仲謂召

---

① “管仲”至“迎之”共 14 字，原脱，據宋楊忱本、花齋本、四庫本補。“齊”，花齋本作“今”。

② “若”，原作“曰”，據四庫本改。“及”，宋楊忱本、花齋本、四庫本作“反”。注文“先及管仲”之“及”同。

③ “及”，宋楊忱本、花齋本、四庫本作“反”。

④ “托言以説于齊”，四庫本同，宋楊忱本、花齋本作“有”。

⑤ “之”，原脱，據宋楊忱本、花齋本、四庫本補。

⑥ “用之”，原作“之用”，據宋楊忱本改。

⑦ “令”，原作“而”，據宋楊忱本、花齋本、四庫本改。

⑧ “反齊”，原脱，據宋楊忱本、花齋本、四庫本補。

⑨ “之”，原脱，據宋楊忱本、花齋本、四庫本補。

忽曰："子懼乎？"召忽曰："何懼乎？吾不蚤死，將胥有所定也；胥，待也。今既定矣，謂小白已定齊。令子相齊之左，必令忽相齊之右。① 雖然，殺君而用吾身，是再辱我也。君爲子糾。② 子爲生臣，忽爲死臣。生則定社稷，死則顯忠義。忽也知得萬乘之政而死，公子糾可謂有死臣矣。③ 子生而霸諸侯，公子糾可謂有生臣矣。死者成行，死者忠義之行。④ 生者成名。生定社稷之名。名不兩立，既成生名，不可又成死名。行不虚至。必致身受命，乃謂之行也。子其勉之，死生有分矣。"乃行，入齊境，自刎而死。管仲遂入。君子聞之曰："召忽之死也，賢其生也；召忽之生，不能霸諸侯。管仲之生也，賢其死也。"管仲之死，不成九合之功。

或曰：明年，集書者更聞異説，故言或曰。明年，襄公立之明年也。襄公逐小白，小白走莒。三年，襄公薨，公子糾踐位。國人召小白。鮑叔曰："胡不行矣？"小白曰："不可。夫管仲智，召忽強武，雖國人召我，我猶不得入也。"鮑叔曰："管仲得行其智於國，國可謂亂乎？管仲得行其知於國，國則不亂，今亂，是不得行其智。召忽強武，豈能獨圖我哉？"國人既召小白，則召忽不能獨圖我。⑤ 小白曰："夫雖不得行其知，豈且不有焉乎？直是智不行，不得言無智。補：雖不得行，而仲之智自在也，豈不有乎？且，猶自也，有，猶在也。召忽雖不得衆，其及豈不足以圖我哉？⑥"召忽雖

---

① "齊"，原脱，據宋楊忱本、花齋本、四庫本補。
② "糾"，花齋本、四庫本同，宋楊忱本作"也"。
③ "死臣"，原誤倒，據宋楊忱本、花齋本、四庫本乙正。
④ "者"，四庫本同，宋楊忱本、花齋本作"成"。
⑤ "則召忽不能獨圖我"，宋楊忱本、花齋本、四庫本作"則不與召忽圖我"。
⑥ "及"，四庫本同，宋楊忱本、花齋本作"反"。下注文"及"同。

不得衆,若及猶能圖我。[①] 績按:及,謂所從黨與也。鮑叔對曰:“夫國之亂也,[②]智人不得作内事,智人作内事,則其國理。績按:指管仲。朋友不能相合摎,而國乃可圖也。”摎,交入也。朋友不能相交合,則黨與弱,故乃可圖。績按:指召忽。[③] 乃命車駕,鮑叔御小白,乘而出于莒。小白曰:“夫二人者,奉君令,吾不可以試也。”二人謂管仲、召忽,[④]奉君令則致死拒我,故不可試也。乃將下,鮑叔履其足曰:“事之濟也,在此時;事若不濟,老臣死之,公子猶之免也。”鮑叔言事若不濟則己致死,公子猶可得免脱。乃行。至於邑郊,鮑叔令車二十乘先,十乘後。二十乘先,鮑叔欲與之入國,十乘後,令衛公子。鮑叔乃告小白曰:“夫國之疑,二三子莫忍老臣。二三子,謂從小白者,不忍違老臣,[⑤]故相從,中心實疑。事之未濟也,老臣是以塞道。”以事未濟,故以二十乘先行塞道。績按:鮑叔言齊國人疑,立君未定,必不忍殺己,若事不濟,己尚足以塞道而先小白也。鮑叔乃誓曰:“事之濟也,聽我令;事之不濟也,免公子者爲上,[⑥]死者爲下,吾以五乘之實距路。”鮑叔於前二十乘,更將五乘先行距路,不令子糾之黨得及小白。[⑦] 鮑叔乃爲前驅,遂入國,逐公子糾。管仲射小白,中鉤。管仲與公子糾、召忽遂走魯。桓公踐位,魯伐齊,納公子糾而不能。

桓公二年,踐位,入國二年,方得踐位。召管仲。管仲至,公問曰:“社稷可定乎?”管仲對曰:“君霸王,社稷定;君不霸王,

---

① “猶”,四庫本同,宋楊忱本、花齋本作“獨”。
② “亂”,原作“糾”,據四庫本改。
③ “忽”,原脱,據四庫本補。
④ “謂”,原作“於”,四庫本作“指”,據宋楊忱本、花齋本改。
⑤ “違”,原作“遺”,據宋楊忱本、花齋本、四庫本改。
⑥ “免公”下,原衍“其從於鮑叔而言”,據宋楊忱本、花齋本、四庫本删。
⑦ “黨”,原作“當”,據宋楊忱本、花齋本、四庫本改。

社稷不定。”公曰：“吾不敢至於此其大也，定社稷而已。”管仲又請，君曰：“不能。”管仲辭於君曰：“君免臣於死，臣之幸也。然臣之不死糾也，爲欲定社稷也。社稷不定，臣禄齊國之政，而不死糾也，①臣不敢。”既不死亂，②空食齊政之禄，③而不定社稷，臣則不敢，言將致死。乃走出，至門，公召管仲。管仲反，公汗出，曰：“勿已，其勉霸乎。”必欲令霸王而不已，我將勉力而求霸也。管仲再拜稽首而起，曰：“今日君成霸，臣貪承命。”趨立於相位，君既許霸，臣貪於承命，故趨立相位。乃令五官行事。異日，公告管仲曰：“欲以諸侯之間無事也，小修兵革。”管仲曰：“不可。百姓病，公先與百姓，而藏其兵。百姓困病，當先賦與之，而兵事且可藏。④與其厚於兵，不如厚於人。人厚兵自強。齊國之社稷未定，公未始於人，而始於兵，外不親於諸侯，而内不親於民。⑤”公曰：“諾。”政未能有行也。别本注：言未盡行也。

二年，桓公彌亂。不盡行夷吾之言，故彌亂。又告管仲曰：“欲繕兵。”管仲又曰：“不可。”公不聽，果爲兵。桓公與宋夫人飲船中，⑥夫人蕩公而懼公，⑦公怒，出之，宋受而嫁之蔡侯。績按：《左傳》作蔡姬蕩舟，事亦不同。明年，公怒告管仲，欲伐宋。⑧管仲曰：“不可。臣聞内政不修，外舉事，不濟。”公不

① “爲欲”至“糾也”共21字，原脱，四庫本同，據宋楊忱本、花齋本補。
② “亂”，宋楊忱本、花齋本、四庫本作“糾”。
③ “空”，宋楊忱本作“室。”
④ “而”，原作“圖”，據宋楊忱本、花齋本、四庫本改。
⑤ “而”，四庫本同，宋楊忱本、花齋本無。
⑥ “船”，花齋本同，宋楊忱本作“舡”，四庫本作“舩”。
⑦ “蕩公”之“公”，宋楊忱本作“舡”，花齋本作“船”，四庫本作“舩”。
⑧ “欲”上，宋楊忱本、花齋本有“曰”字。

聽，果伐宋。諸侯興兵而救宋，大敗齊師。① 公怒，歸告管仲曰："請修兵革。吾士不練，吾兵不實，諸侯故敢救吾讎，内修兵革！②"管仲曰："不可，齊國危矣。内奪民用，士勸於勇，外亂之本也。修兵則用廢，故曰奪人用。士所勸者唯勇則輕敵，故爲外亂之本也。外犯諸侯，民多怨也。外犯必多殘害，故爲人所怨。爲義之士，不入齊國，君爲不義，故義士不歸也。安得無危？"鮑叔曰："公必用夷吾之言。"公不聽，乃令四封之内修兵。關市之征侈之，侈，謂過常也，謂重其税賦。公乃遂用以勇授禄。士勇則與之禄。③ 鮑叔謂管仲曰："異日者，公許子霸，今國彌亂，子將何如？"管仲曰："吾君惕，其智多誨，智多則可試誨之也。姑少胥，其自及也。"胥，待也。待其自能及道。鮑叔曰：④"比其自及也，國無闕亡乎？"管仲曰：⑤"未也。國中之政，夷吾尚微爲，焉亂乎？尚可以待。國政微爲，則未至亂，可待君自及也。外諸侯之佐，既無有吾二人者，未有敢犯我者。"諸侯之佐，既無有如我二人，故不敢犯我。明年，朝之爭禄相刺，裚子計。⑥ 領而刎頸者不絶。裚謂掣斷之也。⑦ 鮑叔謂管仲口：⑧"國死者衆矣，毋乃害乎？"管仲曰："安得已然，此皆其貪民也。貪人爲禄自殘，⑨亦未能自爲害也。夷吾之所患者，諸侯之爲義者莫肯入齊，齊之

---

① "興兵而救宋大敗齊師"，原作"興兵而宋不敗齊師"，據宋楊忱本、花齋本、四庫本改。

② "革"，花齋本、四庫本同，宋楊忱本無此字。

③ "士勇則與之禄"，原作"士勇之禄"，四庫本同，據宋楊忱本、花齋本補。

④ "吾君"至"叔曰"共 34 字，原脱，據宋楊忱本、花齋本、四庫本補。

⑤ "管仲"，原作"鮑叔"，據宋楊忱本、花齋本、四庫本改。

⑥ "子計"，原脱，花齋本、四庫本同，據宋楊忱本補。

⑦ "謂"，原作"爲"，據宋楊忱本改。

⑧ "曰"，原脱，據宋楊忱本補。

⑨ "爲"，四庫本同，宋楊忱本、花齋本作"爭"。

爲義者莫肯仕，此夷吾之所患也。有義之士，内外不歸，亂亡立至，故可患也。若夫死者，吾安用而愛之？”貪人自相殺傷，吾何能惜之？

公又内修兵。三年，桓公將伐魯，曰：“魯與寡人近，謂國相近鄰。① 於是其救宋也疾，疾謂先諸侯至。寡人且誅焉。”管仲曰：“不可。臣聞有土之君，不勤於兵，不忌於辱，不輔其過，則社稷安。勤於兵，忌於辱，輔其過，則社稷危。”公不聽。興師伐魯，造於長勺。魯莊公興師逆之，大敗之。桓公曰：“吾兵猶尚少，吾參圍之，安能圉我？”吾以三倍之兵圍之，則何能圉我。

四年，修兵，同甲十萬，同甲，謂完堅齊等。車五千乘。謂管仲曰：“吾士既練，吾兵既多，寡人欲服魯。”管仲喟然嘆曰：“齊國危矣。君不競於德，而競於兵。人君當以德義服遠，不當競於兵也。天下之國，帶甲十萬者不鮮矣。吾欲發小兵以服大兵，欲以齊國服諸侯而致霸王，故曰以小兵而服大兵也。内失吾衆。謂數摇動之，②則衆疲而散。諸侯設備，數見侵伐，故設備。吾人設詐，力不足，則詐以繼之。國欲無危，得已乎？”績按：言天下兵多，齊發小兵以服之，内外俱失，而國危矣。詐，一本作“詐”。公不聽，果伐魯。魯不敢戰，去國五十里而爲之關。更立國界，而爲之關。魯請比於關内，以從於齊，齊亦無復侵魯。③ 謂魯請從服于齊④，供其徵求，比於齊之關内。桓公許諾。魯人請盟，曰：“魯，小國也，固不帶劍，今而帶劍，是交兵聞於諸侯，君不如已，若以交兵聞

① “近”，四庫本同，宋楊忱本、花齋本無此字。
② “之”，原作“人”，據宋楊忱本、花齋本、四庫本改。
③ “無”，四庫本同，宋楊忱本、花齋本作“毋”。
④ “謂”，宋楊忱本無此字。

於諸侯,不如止而不盟也。請去兵。”桓公曰:“諾。”乃令從者毋以兵。管仲曰:“不可。諸侯加忌於君,君如是以退,可。忌,怨也。諸侯欲以結盟致怨於君,今請不盟,從此即退可也。君果弱魯君,①諸侯又加貪於君。若果弱魯君又以貪名加之君。② 後有事,小國彌堅,大國設備,既有貪忌之名,故皆設備。非齊國之利也。”桓公不聽。③ 管仲又諫曰:“君必不去,魯胡不用兵?④ 曹劌之爲人也,續按:“劌”一作“沫”,下同。堅強以忌,不可以約取也。”不可以盟取信也。桓公不聽,果與之遇。莊公自懷劍,曹劌亦懷劍。踐壇,莊公抽劍其懷曰:“魯之境去國五十里,亦無不死而已。”左椹桓公,右自承曰:“均之死也,戮死於君前。”左手舉劍,將椹桓公,且以右手自承,而言曰:齊之迫魯境亦死,⑤ 今殺君亦死,同是死也。將殺君,次自殺。故曰均之死也,不若戮死於君前。⑥ 管仲走君,曹劌抽劍,當兩階之間,曰:“二君將改圖,無有進者!”拔劍當階,所以拒管仲,言魯齊二君欲改先者之所圖,⑦今不當有進也。⑧ 管仲曰:“君與地,以汶爲境。”桓公許諾,以汶爲境而歸。桓公歸而修於政,不修於兵革,自圉辟人,以過彌師。既不修其兵革,故出入自圉,辟其人也。以先者之過,故彌息其師也。

五年,宋伐杞。桓公謂管仲與鮑叔曰:“夫宋,寡人固欲

---

① “君果弱魯君”,原作“若魯弱於君”,據宋楊忱本、花齋本、四庫本改。

② “若果”至“之君”共 12 字,宋楊忱本作“若果弱魯諸侯又以貪名加君”,花齋本同,四庫本作“若果弱魯君人以貪名加之君”。

③ “聽”下,原衍“果與之遇莊公自懷劍”,據宋楊忱本、花齋本、四庫本删。

④ “胡不用兵”,原作“何用不兵”,四庫本同,據宋楊忱本、花齋本改。

⑤ “之”,四庫本同,宋楊忱本、花齋本無此字。

⑥ “不若”,宋楊忱本、花齋本、四庫本無此二字。

⑦ “君”下,宋楊忱本、花齋本有“將”字。

⑧ “進”下,宋楊忱本、花齋本有“者”字。

伐之,無若諸侯何。無若諸侯救宋何。夫杞,明王之後也。杞,夏之後。今宋伐之,予欲救之,其可乎?”管仲對曰:“不可。臣聞内政之不修,外舉義不信。君將外舉義,以行先之,以内行先之。則諸侯可令附。”桓公曰:“於此不救,後無以伐宋。”今不救杞,後無辭以伐宋。管仲曰:“諸侯之君,不貪於土。貪於土必勤於兵,勤於兵必病於民,民病則多詐。夫詐密而後動者勝,密,静。詐則不信於民。夫不信於民則亂,内動則危於身。是以古之人聞先王之道者,不競於兵。”兵者凶器,競之則危。桓公曰:“然則奚若?”管仲對曰:“以臣則不然,①以臣之意,則不與君同。若令人以重幣使之。② 以重幣使宋,令罷杞兵。使之而不可,謂宋不從令也。君受而封之。”受杞告命,而建封之。桓公問鮑叔曰:“奚若?”鮑叔曰:“公行夷吾之言。”公乃命曹孫叔使於宋。③ 宋不聽,果伐杞。宋果伐杞。桓公築緣陵以封之,④緣陵,杞城。予車百乘,甲一千。謂與杞也。明年,狄人伐邢,邢君出致於齊,致命於齊以告急。桓公築夷儀以封之,夷儀,邢城。予車百乘,卒千人。明年,狄人伐衛,衛君出致於虚,虚,地名。《詩》所謂“升彼虚矣,以望楚矣”。桓公且封之。隰朋、賓胥無諫曰:“不可。三國所以亡者,絶以小。小國之亡,理則然矣,⑤不當封也。今君近封亡國,⑥國盡若何?”國之車盡於封亡國,其若之

---

① “然”,四庫本同,宋楊忱本、花齋本無此字。
② “若”,宋楊忱本、花齋本、四庫本作“而”。
③ “叔”,四庫本同,宋楊忱本、花齋本作“宿”。
④ “築”,原脱,四庫本作“城”,據宋楊忱本、花齋本補。“陵”,原作“令”,據宋楊忱本改。下注文“陵”同。
⑤ “然”,原作“亡”,據宋楊忱本、花齋本、四庫本改。
⑥ “近”,四庫本同,宋楊忱本、花齋本作“蘄”。

何。桓公問管仲曰："奚若?"管仲曰："君有行之實，安得有其名，[①]既有行封之名，則當虚國而爲之，安得有其富實乎。君其行也。"公又問鮑叔，鮑叔曰："君行夷吾之言。"桓公築楚丘以封之，與車三百乘，甲五千。既以封衛，明年，桓公問管仲："將何行?"更問以所行之政也。管仲對曰："公内修政而勸民，可以信於諸侯矣。"君許諾。乃輕税，弛關市之征，[②]爲賦禄之制。既已，謂已行上事。管仲又請曰："問病臣，臣有病者，君當慰問之。願賞而無罰，五年諸侯可令傅。[③]"行此五年，可令諸侯親附。公曰，"諾。"既行之，管仲又請曰："請諸侯之禮，[④]請諸侯交聘之禮。[⑤] 令齊以豹皮往，小侯以鹿皮報；齊以馬往，小侯以犬報。"往重報輕，所以大國善下小國，[⑥]則取小國。桓公許諾，行之。管仲又請賞於國以及諸侯。君曰："諾。"行之。管仲賞於國中，君賞於諸侯。諸侯之君有行事善者，以重幣賀之；從列士以下有善者，[⑦]衣裳賀之；列士，謂齊之列士，管仲以衣裳賀之。[⑧]凡諸侯之臣有諫於君而善者，[⑨]以璽問之，以信其言。謂桓公以璽問之，以信驗其所諫之言爲善。公既行之，又問管仲曰："何行?"管仲曰："隰朋聰明捷給，可令爲東國。東國，謂自齊東之

① 宋楊忱本、花齋本"名"、"實"互易。
② "關"，原脱，四庫本同，據宋楊忱本、花齋本補。
③ "傅"，原作"傳"，據宋楊忱本改。
④ "請"，四庫本同，宋楊忱本、花齋本無。
⑤ "請"，四庫本同，宋楊忱本、花齋本無。四庫本脱"侯"字。
⑥ "以"，宋楊忱本、花齋本、四庫本作"謂"。
⑦ 宋楊忱本、花齋本"善"下有"者"字。
⑧ 宋楊忱本、花齋本"以"上有"自"字。
⑨ "於"，四庫本同，宋楊忱本、花齋本作"其"。

國，令隰朋理之。賓胥無堅強以良，可令爲西土。① 西土謂齊東之土，②令胥無理之，③國與土交互言也。④ 衛國之教，危傅以利。謂其教既高危且相傅以利，謂以利成俗。公子開方之爲人也，慧以給，不能久而樂始，可游於衛。其人性輕率不能持久，所謂"靡不有初，鮮克有終"，故曰樂始。使此人游於衛，誘動之，令歸於齊也。績按：《小匡》作"公子開方爲人巧轉而兑利"，則不能久而樂始，謂退速進鋭也。魯邑之教，好邇而訓於禮。既訓學於禮，禮者所以飾貌，故曰好邇。邇，近也。季友之爲人也，恭以精，博於糧，多小信，可游於魯。博於糧，謂多委積。⑤ 績按：《小匡》作"公子舉博聞而知禮，⑥好學而辭遜，請使游於魯"。疑即一人。"粮"乃"禮"字誤也。楚國之教，巧文以利，不好立大義，而好立小信。蒙孫《小匡》作"曹孫宿"⑦。博於教，而又巧於辭，⑧不好立大義，而好結小信，可游於楚。小侯既服，大侯既附，厚往輕報，所以服小侯，游三人於三國，所以服大侯。⑨ 夫如是，則始可以施政矣。"君曰："諾。"乃游公子開方於衛，⑩游季友於魯，游蒙孫於楚。

五年，諸侯附。狄人伐，謂入伐齊。桓公告諸侯曰："請救伐。"諸侯許諾。"大侯車二百乘，卒二千人；小侯車百乘，卒

① "令"，四庫本同，宋楊忱本、花齋本作"以"。

② "謂"，四庫本同，宋楊忱本、花齋本無。"東"，宋楊忱本、花齋本、四庫本作"西"。

③ "理"，四庫本同，宋楊忱本、花齋本無。

④ "土"，四庫本同，宋楊忱本、花齋本作"士"。"互言也"，四庫本同，宋楊忱本、花齋本作"兵"。

⑤ "多委"，原作"委多"，四庫本同，據花齋本乙正。

⑥ "公子舉博聞而知禮"，原脱"子"，"聞"作"間"，據花齋本、四庫本補改。

⑦ "小匡作曹孫宿"，四庫本同，宋楊忱本、花齋本脱。

⑧ "又"，四庫本同，宋楊忱本、花齋本作"文"。

⑨ "服"，花齋本同，宋楊忱本、四庫本作"附"。

⑩ "開"，原脱，據宋楊忱本、花齋本、四庫本補。

千人。”諸侯皆許諾。齊車千乘，卒先致緣陵，①先者使卒戍緣陵，今有狄難，故致之。戰於後故，敗狄。後故，地名。其甲與貨，②小侯受之，謂敗狄所得車甲及貨，盡與小侯。大侯近者，以其縣分之，不踐其國。近齊之大侯，則以齊縣分之，終不踐其國以侵之。北州侯莫來，謂不來救齊。北州謂北之州，即幽州、營州等。桓公遇南州侯於召陵，謂伐楚，盟於召陵也。曰："狄爲無道，犯天子令，以伐小國。小國，齊自謂。以天子之故，敬天之命，令以救伐。言諸侯以敬順天命，救齊伐狄。北州侯莫至，上不聽天子令，下無禮諸侯，寡人請誅於北州之侯。"諸侯許諾。桓公乃北伐令支，令支，國名。下鳧之山，斬孤竹，孤竹，國名，斬其君。過山戎。③ 顧問管仲曰："將何行？"管仲對曰："君教諸侯爲民聚食，諸侯之兵不足者，君助之發，④如此，則始可以加政矣。"既使諸侯足食足兵，然後可以加之政也。桓公乃告諸侯，必足三年之食安，有三年食，然後可安。⑤ 以其餘修兵革。兵革不足以引其事，告齊，齊助之發。⑥ 諸侯兵之不足，當引其事之闕者以告齊，齊當發卒以助之也。⑦ 既行之，公又問管仲曰："何行？"管仲對曰："君會其君臣父子，會謂考合其君臣父子之宜。則可以加政矣。"公曰："會之道奈何？"曰："諸侯無專立妾以爲妻，毋專殺大臣，無國勞毋專予祿；於國無勞者，不得專於祿。⑧ 士庶人毋專棄

① "先"，花齋本、四庫本同，宋楊忱本作"可"，誤。
② 宋楊忱本、花齋本"甲"上有"車"字。
③ "過"，四庫本同，宋楊忱本、花齋本作"遇"。
④ 原衍"諸侯之兵不足者君助之發"11字，據宋楊忱本、花齋本、四庫本删。
⑤ 原注文唯存"有三年食"，而又誤連"齊助之發"下之注文，今據宋楊忱本、花齋本、四庫本補正。
⑥ "以其"至"之發"，共20字原脱，據宋楊忱本、花齋本、四庫本補。
⑦ "發"，原脱，據宋楊忱本、花齋本、四庫本補。
⑧ "於"，宋楊忱本作"予"。

妻，毋曲妻，①所謂毋障谷也。② 補：曲之爲言偏也、小也、側也，曲妻即側室。言士庶人不得有之也。毋貯粟，毋禁材。山澤之材當與人共之也。行此卒歲，則始可以罰矣。”行之終歲而有不從者，③可以加刑罰。君乃布之於諸侯，諸侯許諾，受而行之。卒歲，吴人伐穀，穀，齊之下都，後以封管仲。桓公告諸侯未徧，諸侯之師竭至，以待桓公。竭至，言其盡來。桓公以車千乘會諸侯於竟，都師未至，吴人逃。齊都之師尚未至，而吴人逃也。諸侯皆罷。桓公歸，問管仲曰："將何行？"管仲曰："可以加政矣。"諸侯服從如此，故可以加之政。曰："從今以往二年，適子不聞孝，不聞愛其弟，不聞敬老國良，其老者，國之賢良也。三者無一焉，可誅也。無一尚可誅，況無三乎。諸侯之臣及國事，三年不聞善，可罰也。及國事，預知國政。三年不聞善，則不賢也，故可罰。君有過，大夫不諫，士庶人有善，而大夫不進，可罰也。士庶人聞之吏賢孝悌，可賞也。"士庶人有賢孝悌聞之於吏，則可賞也。桓公受而行之，近侯莫不請事，近齊之諸侯，皆請齊征賦之事。兵車之會六，兵車之會，謂興兵有所征伐。④ 乘車之會三，乘車之會，謂繼好息民之會也。⑤ 饗國四十有二年。

桓公踐位十九年，弛關市之征，征，賦也。五十而取一。取其貨賄五十之一。賦禄以粟，案田而税。按知其壤埆而税也。⑥ 二歲而税一，率二歲而一税之。上年什取三，中年什取二，下年什取一。歲饑不税，歲饑，謂時歲總饑，故不税。歲饑弛而税。此歲

① "妻"，宋楊忱本、花齋本、四庫本作"隄"。
② "毋"，宋楊忱本作"無"。
③ "終"，原作"於"，四庫本作"卒"，據宋楊忱本、花齋本改。
④ "征"，四庫本同，宋楊忱本、花齋本無。
⑤ "繼"、"民"，四庫本同，宋楊忱本、花齋本分别作"結"、"人"。
⑥ "按"、"也"，宋楊忱本、花齋本、四庫本分别作"案"、"之"。

饑，謂有饑者，有不饑者，故弛饑而税不饑。

桓公使鮑叔識音志。[1] 君臣之有善者，晏子識不仕與耕者之有善者，不仕，謂餘子未仕者。高子識工價之有善者。[2] 國子爲李，李，獄官也。績按：李、理同。隰朋爲東國，賓胥無爲西土，弗鄭爲宅。爲宅，掌修除宫室。凡仕者近宫，[3]仕者有公事職務，故近宫。不仕與耕者近門，不仕與耕者當出入田野，故近於外門。工賈近市。三十里置遽，委焉，有司職之。遽，今之郵驛也。委謂當有儲積以供過者，[4]立官以主之。從諸侯欲通，謂從諸侯欲通於齊。吏從行者，令一人爲負以車；其吏從行而來者，遽之有司，當令一人以車爲負載其行裝。若宿者，令人養其馬，食其委。其客若宿，即以所委食之。績按：一作"食其委"。客與有司别契，别契，謂分别其契，以知真僞也。至國八契，自郊至國八契，則二百里之郊，[5]地相距爲五百里，此周之大國也。費義數而不當，有罪。義謂供客之禮，徒費義數，而於事不當者，罪之。凡庶人欲通，鄉吏不通，七日，囚。庶人有所陳訴通於君，鄉吏抑而不通，事經七日者，則囚其吏，鞫劾其所以也。出欲通，吏不通，五日，囚。出謂欲適他國。績按："出"疑"士"字誤。[6] 貴人子欲通，吏不通，三日，囚。凡縣吏進諸侯士而有善，觀其能之大小，以爲之賞，有過無罪。賞雖過能，亦不罪也。績按，縣吏進諸侯士，有善則與其賞，有過則不與其罰，蓋以他國，故不連及也。[7] 令鮑叔進大夫，勸國家，外進大夫，令之勉管國

---

① "音志"，原脱，四庫本同，據宋楊忱本、花齋本補。

② "價"，宋楊忱本、花齋本、四庫本作"賈"。

③ "宫"，花齋本、四庫本同，宋楊忱本作"公"，下注文"宫"字同此。

④ "積"，四庫本作"時"，宋楊忱本、花齋本作"擬"。

⑤ 宋楊忱本、花齋本"二百"下有"五十"二字。

⑥ "績按出疑士字誤"，花齋本、四庫本脱。

⑦ "績按"至"及也"共30字注文，四庫本脱。

家之事。[①] 得之成而不悔，爲上舉。得此大夫故有成功，終然允當，無有可悔，如此者，舉善之上。從政治爲次，所進大夫，從政而能理者，次上成功也。野爲原，又多不發，起訟不驕，次之。所進大夫，有能勸勉農人開闢荒野皆爲原田，又教之和通，不相告發，雖有起而訟者，莫不恭恪，不爲驕傲，此又其次也。勸國家，得之成而悔，從政雖治而不能，野原又多發，[②]起訟驕，行此三者爲下。[③] 令晏子進貴人之子，晏子，平仲之先。出不仕，不仕，則樂道深。處不華，不華，則無過失。而友有少長，友有少長，則遵禮經。爲上舉，全此三者，故爲上。得二爲次，得上三之二也。[④] 得一爲下。士處靖，靖，卑敬貌。敬老與貴，敬老近於親，敬貴近於君。交不失禮，行此三者，爲上舉；得二爲次，得一爲下。耕者農，農用力，勤而不惰。應於父兄，孝且義。事賢多，擇善而從，故能多。行此三者，爲上舉，得二爲次，得一爲下。令高子進工賈，應於父兄，事長養老，承事敬，承奉君敬而從之也。行此三者，爲上舉，得二者爲次，得一者爲下。令國子以情斷獄。定罪罰者，貴得其情。三大夫既已選得，[⑤]使縣行之。三大夫謂鮑叔、晏子、高子。管仲進而舉言，上而見於君，[⑥]見三大夫所選舉者。此言選舉者，國子主斷獄，故不在三大夫之數。以卒年君舉。卒年，謂終年。如此，管仲所進者，君舉用之也。管仲告鮑叔曰："勸國家，不得成而悔，從

---

① "外"，花齋本同，宋楊忱本、四庫本作"升"。"管"，宋楊忱本、花齋本、四庫本作"營"。

② "又"，原作"及"，據宋楊忱本、花齋本、四庫本改。

③ "三"，原作"二人"，據宋楊忱本、花齋本、四庫本改。

④ "上"，宋楊忱本、花齋本、四庫本作"二"。

⑤ "得"，宋楊忱本、花齋本、四庫本作"舉"。

⑥ 宋楊忱本、花齋本、四庫本"於"字上有"之"字。

政不治不能，野原又多而發，言相告發。訟驕，既訟而驕。凡三者，有罪無赦。”告晏子曰：“貴人子處華，下處華屋之下，則淫泆。交，好飲食，重交好則挾朋黨，嗜飲食則道情薄。績按：“處華”句照上處不華。下交，謂以貴淩人，使友居下也，照友有少長。好飲食，照出不仕。行此三者，有罪無赦。士出入無常，不敬老而營富，行此三者，有罪無赦。耕者出入不應於父兄，用力不農，不事賢，行此三者，有罪無赦。”告國子曰：“工賈出入不應於父兄，①承事不敬，而違老治危，危，傾險也。行此三者，有罪無赦。凡於父兄無過，州里稱之，吏進之，君用之，無過於父兄，見稱於州里，更進此人，②君必用之。有善無賞，有過無罰，吏不進廉意。有善不能賞，過不能罰，③吏則苟免而已，故不進廉意也。於父兄無過，於州里莫稱，吏進之，君用之。善爲上賞，不善吏有罰。”雖無過於父兄而州不稱，④吏進此人，君承用之，其人善則吏受上賞，不善則吏當罰。績按：當人皆稱其賢，而吏舉善者而舉，⑤不賞罰，以其出於衆人同然也。若吏以賞罰無與己而不舉，則廉察其意而罪之，至於人不稱其賢而吏舉者，後有善過，賞罰其舉者，以其出於一人獨見也。君謂國子：“凡貴賤之義，入與父俱，父貴而子賤也。出與師俱，師貴而資賤也。上與君俱。君貴而臣賤。凡三者，遇賊不死，不知賊，則無赦。言人於此三者所在當致死，所謂在三如一。今賊將害此三者，遇之而不能死者，有賊而又不知，則不臣不子也，故無赦也。斷

---

① “於”，四庫本同，宋楊忱本、花齋本無。

② “更”，四庫本同，宋楊忱本、花齋本作“吏”。

③ 宋楊忱本、花齋本“過”上有“有”字。

④ 宋楊忱本、花齋本、四庫本“州”下有“里”字。

⑤ “善者”下原有“後有善者”4 字，涉下文衍，四庫本作“後有善過”，據花齋本删。

獄，情與義易，義與祿易，凡斷獄者，所以止罪邪，止罪邪，所以興禮義。今犯罪者，非以乖僻易義，則以奸僞易祿也。易祿可無斂，有可無赦。"奸僞易祿者，既已罰其罪，[①]可無斂其祿，然今所有罪，必無赦之也。

---

① "已"，宋楊忱本、花齋本、四庫本作"當"。

卷之八

中匡第十九

内言二

管仲會國用，三分二在賓客，二以供賓客。其一在國。管仲懼而復之。復，白也。以賓客之費太半，欲白之。① 公曰："吾子猶如是乎？以吾子爲賢，當以供賓之義爲急務，尚懼而白之乎。四鄰賓客，入者説，出者譽，入見禮而悦者，出必爲延譽也。光名滿天下；入者不説，出者不譽，污名滿天下。壤可以爲粟，播壤則生粟。木可以爲貨，破木成器則貨。粟盡則有生，貨散則有聚。君人者，名之爲貴，財安可有？"吝財則失名，②故不可有。管仲曰："此君之明也。"公曰："民辦軍事矣，則可乎？"對曰："不可，甲兵未足也。請薄刑罰以厚甲兵。"於是死罪不殺，刑罪不罰，使以甲兵贖。有罪，使出甲兵以贖之也。死罪以犀甲一戟，刑罰以脅盾一戟。脅，盾也。既出盾，又令出一戟也。過罰以金，過誤致罰，出金以贖之。軍無所計而訟者，成以束矢。不計於軍

---

① "欲"，四庫本同，宋楊忱本、花齋本作"故"。

② "吝"，四庫本同，宋楊忱本、花齋本作"有"。

事,而以私訟者,[1]令出束矢,以平其罪。成,平也。公曰:"甲兵既足矣,吾欲誅大國之不道者,可乎?"對曰:"愛四封之内,而後可以惡竟外之不善者;先施愛於四封之内,則士致死,故可以惡竟外之不善。[2] 安卿大夫之家,[3]而後可以危救敵之國;卿大夫家安,得大臣盡力,[4]故以危救敵之國。賜小國地,而後可以誅大國之不道者;舉賢良,而後可以廢慢法鄙賤之民。是故先王必有置也,而後必有廢也;[5]必有利也,而後必有害也。"桓公曰:"昔三王者,既弑其君,[6]今言仁義,則必以三王爲法度,不識其故何也?"對曰:"昔者禹平治天下,及桀而亂之,湯放桀,以定禹功也。湯平治天下,及紂而亂之,武王伐紂,以定湯功也。且善之伐不善也,自古至今,未有改之。君何疑焉?"公又問曰:"古之亡國其何失?"對曰:"計得地與寶而不計失諸侯,計得財委而不計失百姓,計見親而不計見棄。[7] 三者之屬一,足以削,遍而有者,亡矣。古之隳國家,隕社稷者,非故且爲之也,必少有樂焉,不知其陷於惡也。"

桓公謂管仲曰:"請致仲父。"仲父者,尊老有德之稱,桓公欲尊事管仲,[8]故以仲父之號致之。公與管仲父而將飲之,[9]行飲酒禮以尊顯之。掘新井而柴焉。新井而又柴蓋之,欲以潔清示敬之。十

---

① "訟",原作"説",據宋楊忱本、花齋本、四庫本改。
② "竟",原脱,據宋楊忱本補。
③ 原"安"上有"則"字,據宋楊忱本、花齋本、四庫本删。
④ "得",四庫本同,宋楊忱本、花齋本作"則"。
⑤ "廢",原作"發",據宋楊忱本、花齋本、四庫本改。
⑥ "弑",原作"試",據宋楊忱本、花齋本、四庫本改。
⑦ "親"上"見"字原脱,據宋楊忱本、花齋本、四庫本補。
⑧ "仲",原脱,據宋楊忱本、花齋本、四庫本補。
⑨ 原"公"上有"其桓"二字,據宋楊忱本、花齋本、四庫本删。"與",原脱,據宋楊忱本補。

日齋戒,召管仲。管仲至,公執爵,夫人執尊,觴三行,管仲趨出。公怒曰:“寡人齋戒十日而飲仲父,寡人自以爲修矣,仲父不告寡人而出,其故何也?”謂不辭而出,所以怒。鮑叔、隰朋趨而出,及管仲於途,曰:“公怒。”管仲反,入,倍屏而立,公不與言。少進中庭,公不與言。少進中堂,[①]公曰:“寡人齋戒十日而飲仲父,自以爲脱於罪矣。仲父不告寡人而出,未知其故也。”對曰:“臣聞之,[②]沉於樂者洽於憂,樂過則憂博。厚於味者溥於行,慢於朝者緩於政,害於國家者危於社稷,臣是以敢出也。”公遽下堂曰:“寡人非敢自爲修也,仲父年長,雖寡人亦衰矣,吾願一朝安仲父也。[③]”言俱至於衰老,故欲一朝樂飲而爲安。對曰:“臣聞壯者無怠,老者無偷,順天之道,必以善終者也。三王失之,非一朝之萃,三代之季亂亡者,非一朝之故,其所由來者漸矣。萃,聚也。[④] 君奈何其偷乎?”管仲走出,君以賓客之禮再拜送之。明日,管仲朝,公曰:“寡人願聞國君之信。”對曰:“民愛之,鄰國親之,天下信之,此國君之信。”公曰:“善。請問信安始而可?”對曰:“始於爲身,中於爲國,成於爲天下。”公曰:“請問爲身。”對曰:“道血氣以求長年、長心、長德,長心,謂謀慮遠也;長德,謂恩施廣也。此爲身也。”公曰:“請問爲國。”對曰:“遠舉賢人,慈愛百姓,外存亡國,繼絶世,起諸孤,孤,謂死王事者子孫。薄税斂,輕刑罰,此爲國之大禮也。法行而不苛,刑廉而不赦,有司寬而不淩,不虐惸獨。鬱

① “中”,四庫本同,宋楊忱本、花齋本作“傅”。
② “臣”,原脱,四庫本同,據宋楊忱本、花齋本補。
③ “願”,原作“須”,據宋楊忱本、花齋本、四庫本改。
④ 此注四庫本同,僅“聚”作“集”,宋楊忱本、花齋本作“其所由來者漸矣非一朝萃集也”。

濁困滯，皆法度不亡，鬱濁，謂穢塞不潔清者也；困滯，謂瘐羸微隱者也。有如此者，皆以法度加之，不令有所失亡也。往行不來，而民游世矣，其行法度者，但往行而進，不却來而退，而人以此自得行於世也。此爲天下也。"

小匡第二十

内言三

桓公自莒反於齊，使鮑叔牙爲宰。鮑叔辭曰："臣，君之庸臣也，君有加惠於其臣，使臣不凍飢，則是君之賜也。若必治國家，則非臣之所能也，其唯管夷吾乎！臣之所不如管夷吾者五：寬惠愛民，臣不如也；治國不失秉，臣不如也；秉，柄也。柄操所以作事。① 國柄者，所以賞罰之紀要也。② 忠信可結於諸侯，臣不如也；績按：《齊語》"諸侯"作"百姓"。制禮義可法於四方，臣不如也；介胄執枹，立於軍門，使百姓皆加勇，臣不如也。枹，擊鼓槌。夫管仲，民之父母也，將欲治其子，不可棄其父母。"公曰："管夷吾親射寡人，中鉤，殆於死，今乃用之，可乎？"鮑叔曰："彼爲其君動也，君若宥而反之，其爲君亦猶是也。"公曰："然則爲之奈何？"鮑叔曰："君使人請之魯。"公曰："施伯，績按：一本有"夫"字。③ 魯之謀臣也。彼知吾將用之，必不吾予也。"鮑叔曰："君詔使者曰：'寡君有不令之臣在君之

---

① "操所"，四庫本同，宋楊忱本、花齋本作"所操"。

② "所以賞罰之紀要也"，宋楊忱本、花齋本脱"所以"。"要"，原作"律"，據宋楊忱本、花齋本、四庫本改。

③ "字"，原作"子"，據四庫本改。

國，願請之以戮於群臣。①'戮以徇群臣也。魯君必諾。且施伯之知夷吾之才，必將致魯之政。既知其才，②故授以國政。夷吾受之，則魯能弱齊矣。夷吾不受，彼知其將反於齊，必殺之。”公曰：“然則夷吾受乎？”鮑叔曰：“不受也，夷吾事君無二心。”公曰：“其於寡人猶如是乎？”對曰：“非爲君也，爲先君與社稷之故。君若欲定宗廟，則亟請之，不然，無及也。”公乃使鮑叔行成。成，平也，與魯平。曰：“公子糾，親也，請君討之。”魯人爲殺公子糾。又曰：“管仲，讎也，請受而甘心焉。”魯君許諾。施伯謂魯侯曰：“勿予，非戮之也，將用其政也。用之使知政也。管仲者，天下之賢人也，大器也。在楚則楚得意於天下，在晉則晉得意於天下，在狄則狄得意於天下。今齊求而得之，則必長爲國憂，君何不殺而授之其政。③”績按：一作“殺之而授其屍”。魯君曰：“諾。”將殺管仲。鮑叔進曰：“殺之齊，是戮齊也；言戮以徇齊也。殺之魯，是戮魯也。以誡群臣。④弊邑寡君之賊得之，⑤以徇於國，爲群臣僇；⑥戮之以誡群臣。若不生得，是君與寡君之賊比也。⑦言親吾賊。非弊邑之君所謂也，績按：一作“非敝邑之所請也”。使臣不能受命。”“能”一作“敢”。⑧於是乎魯君乃不殺，⑨遂生束縛而柙以予齊。柙，檻。鮑叔受而哭

---

① “於”，四庫本同，宋楊忱本、花齋本本無。

② “才”，宋楊忱本作“材”。

③ “政”，宋楊忱本、花齋本、四庫本作“屍”。“授”，宋楊忱本作“受”。

④ “以誡群臣”，原脱，花齋本、四庫本同，據宋楊忱本補。

⑤ “之賊”，四庫本同，宋楊忱本、花齋本作“願生”。

⑥ “僇”下原有“魯也”二字，衍，據宋楊忱本、花齋本、四庫本删。

⑦ “之”，四庫本同，宋楊忱本、花齋本無。

⑧ “能一作敢”，四庫本同，宋楊忱本、花齋本無，疑爲劉績注，脱去“績按”二字。

⑨ “乎”，宋楊忱本、花齋本無。

之，三舉。三舉其聲，僞哀其將死也。施伯從而笑之，笑僞哭也。[①] 謂大夫曰："管仲必不死。夫鮑叔之忍，不僇賢人，言多所容忍，必不僇賢人。其智稱賢以自成也。稱，舉也。鮑叔相公子小白先入得國，[②]得國人心。管仲、召忽奉公子糾後入，與魯以戰，能使魯敗，與魯師與齊戰，能使魯敗而齊克也。功足以得天與失天，其人事一也。管仲本圖將立小白，今能敗魯而勝齊，是其功也，故於齊爲得天，於魯爲失天，至於能成人事則一。今魯懼，殺公子糾、召忽，囚管仲以予齊，鮑叔知無後事，既得管仲，則知後無禍難之事也。必將勤管仲以勞其君，必探管仲本敗魯勝齊之意，以成其功勤而慰其君也。[③] 願以顯其功。[④] 衆必予之願君試用管仲，[⑤]以顯其定齊之功，如此，衆必與之。與，許也。[⑥] 績按：言鮑叔知齊無他釁爲後患，恐其君驕，故勤管仲，使君戒省不佚，且以顯仲之功，則國衆必歸之。勤，孜孜也。有德。[⑦] 力死之功猶尚可加也，顯生之功將何如？是假令管仲力死成功，但一時之事耳，猶尚可加，況不恥垢辱，忍而生全，齊將得之而霸，以顯其本謀之功，何善如之乎？[⑧] 言不可加也，績按：言常人有爲君得曾力死爲國者，功猶可貴，今鮑叔爲桓得仲生者，則功無以加矣。昭德以貳君也，言昭管仲之德，以爲君之副貳。績按：貳君即前勞君，謂使桓公思前，唯不一於安之矣。鮑叔之知，不是失也。"以鮑叔之智能及此圖，必不失也。

至於堂阜之上，堂阜，地名。鮑叔祓而浴之三。祓，謂除其

---

① "笑僞哭"，當從宋楊忱本、花齋本、四庫本作"笑其僞"。
② 原"相"上有"曰"字，據宋楊忱本、花齋本、四庫本删。
③ 宋楊忱本、花齋本"其"上有"勞"字。
④ "願"，原作"顧"，據宋楊忱本改。下注文中"願"字同。
⑤ "試"，原作"施"，據宋楊忱本改。
⑥ "與許"，原誤倒，據宋楊忱本、花齋本、四庫本乙正。
⑦ "德"，宋楊忱本、花齋本、四庫本作"得"。
⑧ "乎"，原作"何"，據宋楊忱本改。

凶邪之氣。[①] 桓公親迎之郊。管仲詘纓插衽，[②]示將就戮。績按："插"一本作"攝"，《弟子職》所謂"攝衽盥漱"。使人操斧而立其後。操斧者，將受斧鉞之誅也。公辭斧三，然後退之。[③] 退操斧者。公曰："垂纓下衽，寡人將見。"管仲再拜稽首曰：[④]"應公之賜，[⑤]殺之黄泉，死且不朽。"言君賜之死，尚感恩不朽，況生之乎？公遂與歸，禮之於廟，三酌而問爲政焉。曰："昔先君襄公，高臺廣池，湛樂飲酒，田獵畢弋，不聽國政。卑聖侮士，唯女是崇，九妃六嬪，九妃，謂諸侯所娶九女。天子九嬪，諸侯六也。陳妾數千。食必粱肉，[⑥]衣必文綉，而戎士凍飢。戎馬待游車之弊，游車弊，然後以爲戎車。戎士待陳妾之餘。陳妾食餘，然後以食戎士。[⑦] 倡優侏儒在前，而賢士大夫在後。[⑧] 是以國家不日益，不月長。吾恐宗廟之不掃除，社稷之不血食，敢問爲之奈何？"管子對曰："昔吾先王周昭王、穆王，世法文武之遠迹，以成其名。績按："迹"《齊語》作"績"。合群國，績按：《齊語》作"爹"。比校民之有道者，設象以爲民紀。校試其人有道者，[⑨]與之設法象而爲人紀。式美以相應，比綴以書，原本窮末。其所用美事，必令始終相應，然後次比緝綴，書之簡策，故能原其本，窮其末，無不錯綜也。勸之以慶賞，糾之以刑罰，糞除其顛旄，顛謂高之頂，人或不犂鬭，[⑩]旄者

---

① "謂"，原脱，據宋楊忱本、花齋本、四庫本補。
② "插"，宋楊忱本作"捷"。
③ "後"，原脱，據宋楊忱本、花齋本、四庫本補。
④ "首"，原無，據宋楊忱本補。
⑤ "賜"，原作"死"，據宋楊忱本、花齋本、四庫本改。
⑥ "粱"，原作"梁"，據宋楊忱本改。
⑦ 原"以"字上衍"可"字，據宋楊忱本、花齋本、四庫本删。
⑧ "士"，四庫本同，宋楊忱本、花齋本無。
⑨ "校"，原作"較"，據宋楊忱本、花齋本、四庫本改。
⑩ "顛謂高之頂人"，原作"顛者高頂之人"，據宋楊忱本、花齋本、四庫本改。

所以誓勒兵士，①言能務農息兵，故糞其顛而除其旄也。賜予以鎮撫之，以爲民終始。”績按：“設象”即《周禮》所謂“縣治象之法于象魏，使萬民觀治象”是也。本，謂上之所設；末，謂下之所行。糞，分也。《孟子》“百畝之糞”，《王制》作“分”，是也。旄，老人也，《國語》作“班序”也。言合群叟，比校民之有道者，必先設象刑以爲民法，其從而相應者，比合綴連於書，推象刑之意，②而究其是非，合則勸以慶賞，違則糾以刑罰，於中又分異其老而賜予，以鎮撫之，猶勞之來之之意也。③終始，猶言常行也。公曰：“爲之奈何？”管子對曰：“昔者聖王之治其民也，參其國而伍其鄙。定民之居，成民之事，以爲民紀。謹用其六秉，如是而民情可得，而百姓可御矣。④”桓公曰：“六秉者何也？”管子曰：“殺、生、貴、賤、貧、富，此六秉也。”桓公曰：“參國奈何？”管子對曰：“制國以爲二十一鄉：⑤商工之鄉六，⑥士農之鄉十五。公帥十一鄉，高子帥五鄉，國子帥五鄉。參國故爲三軍。公立三官之臣：謂三軍之官也。績按：官，官府也。此言士之鄉。市立三鄉，績按：此言商之鄉。工立三族，績按：此言工之鄉。澤立三虞，山立三衡。自三鄉以下，每皆置其官。績按：此二句言農之鄉也。制五家爲軌，軌有長；十軌爲里，里有司；四里爲連，連有長；十連爲鄉，鄉有良人；五鄉一帥。⑦”桓公曰：“五鄙奈何？”管子對曰：“制五家爲軌，軌有長；六軌爲邑，邑有司；十邑爲率，率有長；十率爲鄉，鄉有良人；三鄉爲屬，屬

---

① “勒”，原作“勤”，據宋楊忱本、四庫本改。
② “象刑”，原作“刑象”，據四庫本、花齋本乙正。
③ “來之之意”，原脱一“之”字，據花齋本、四庫本補。
④ “矣”，四庫本同，宋楊忱本、花齋本無。
⑤ “爲”，原作“國”，據宋楊忱本、花齋本、四庫本改。
⑥ “六”，原脱，據宋楊忱本、花齋本、四庫本補。
⑦ “五”，四庫本同，宋楊忱本、花齋本作“三”。

有帥。五屬一大夫。武政聽屬，以武爲政者，聽於屬。① 文政聽鄉，績按：《齊語》作“制鄙，三十家爲邑，邑有司；十邑爲卒，卒有卒帥；十卒爲鄉，鄉有鄉帥；三鄉爲縣，縣有縣帥；十縣爲屬，屬有大夫；五屬，故立五大夫，各使治一屬焉，立五政，使各聽一屬焉，是故正之政聽屬，牧之政聽縣，②下政聽鄉”。按後“屬退而修連，連退而修鄉，鄉退而修卒，③卒退而修邑”，則“三鄉”下缺“爲連，連有帥，十連”七字，但《國語》以連爲縣耳，後云“立五鄉以崇化，逮五属以属武”，則《國語》正政、④牧政、下政皆誤之也。各保而聽，鄉屬之聽，各自保之。毋有淫泆者。”

桓公曰：“定民之居，成民之事，奈何？”管子對曰：“士農工商四民者，國之石民也，四者國之本，猶柱之石也，故曰石。不可使雜處。雜處則其言哤，其事亂。哤，亂也。是故聖王之處士必于閒燕，處士閒燕則謀議審。處農必就田野，處工必就官府，⑤處商必就市井。立市必四方，⑥若造井之制，故曰市井。今夫士群萃而州處，閒燕每州之士群萃共處，閒燕謂學校之處。則父與父言義，子與子言孝，其事君者言敬，長者言愛，幼者言弟。旦暮從事於此，⑦旦暮，猶朝夕也。以教其子弟，少而習焉，其心安焉，不見異物而遷焉。異物，⑧異事。非其所當習者。是故其父兄之教不肅而成，其子弟之學不勞而能。夫是故士之子常爲士。令夫農群萃而州處，⑨審其四時，權節於四時中，又權量其節

---

① “武”，原作“戒”，據宋楊忱本、花齋本、四庫本改。
② “之”字原脱，據四庫本補。
③ “卒”，原作“率”，據四庫本改。下“卒”字同。
④ 原衍一“政”字，據花齋本、四庫本删。
⑤ “工”，原作“士”，據宋楊忱本改。
⑥ “立市”，原作“市井”，據宋楊忱本、花齋本、四庫本改。
⑦ “暮”，四庫本同，宋楊忱本、花齋本作“昔”。注文“暮”字同此。
⑧ 宋楊忱本、花齋本“物”下有“謂”。
⑨ “令”，宋楊忱本作“今”。

之早晚。具備其械器用，械器皆謂田器。績按：當作“權節其用，備其械器，”乃字誤亂，①注皆非，《齊語》作“權節其用”是也。比耒耜穀芨。比偶其耒耜及穀芨。穀芨小於耜耒，②一人執之，以隨耒耜之後，重治其闕遺。芨，音稏。③ 及寒，擊藁除田，以待時乃耕。冬寒之月，即擊去其草之藁者，修除其田，以待春之耕也。深耕、均種、疾耰，耰謂覆種，既已均種，當疾耰之。④ 先雨芸耨，以待時雨。時雨既至，挾其槍刈耨鎛，在掖曰挾。槍，椿也。刈，鐮也。耨，鎡基也。⑤ 鎛，鉏也。以旦暮從事于田野，稅衣就功，脱其常服，以就功役，⑥便事而省費。⑦ 别苗莠，列疏遬。遬，密也。謂苗之疏密皆當均列之。⑧ 首戴苧蒲，苧，蔣也。編苧與蒲以爲笠。身服襏襫，襏襫，謂粗堅之衣，可以任苦著者也。績按：音“鉢釋”。沾體塗足，暴其髮膚，盡其四肢之力，以疾從事於田野。少而習焉，其心安焉，不見異物而遷焉。是故其父兄之教不肅而成，其子弟之學不勞而能。是故農之子常爲農，樸野而不慝，農人之子，朴質而野，不爲奸慝。其秀材之能爲士者，則足賴也。農人之子，有秀異之材可爲士者，即所謂生而知之，不習而成者也，故其賢足可賴也。故以耕則多粟，以仕則多賢，是以聖王敬畏戚農。有司見之，而不以告，其罪五，⑨有司已於事而竣。⑩ 以農民能致粟，又秀材生焉，故聖王敬畏

① “字”，原作“自”，據四庫本改。
② “耜耒”，宋楊忱本作“耒耜”。
③ “芨音稏”，原脱，四庫本同，據宋楊忱本、花齋本補。
④ “已”，原作“足”，據宋楊忱本、花齋本、四庫本改。
⑤ “鎡基”，宋楊忱本、花齋本作“鎡錤”，四庫本作“鎡基”。
⑥ “常”，原作“裳”，“功”，原作“其”，據宋楊忱本、花齋本、四庫本改。
⑦ 原“便”上衍“而”字，據宋楊忱本、花齋本、四庫本删。
⑧ “疏密皆”，花齋本作“疏密”，宋楊忱本作“疏者”，四庫本作“疏密者”。
⑨ “告其罪”，原作“罪其告”，據宋楊忱本改。
⑩ “有司見之”至“而竣”共 18 字，四庫本、花齋本無。

農而戚近之。今夫工群萃而州處,相良材,審其四時,辨其功苦,功謂堅美,苦謂濫惡。權節其用,論比計制績按:《齊語》作"論比協材"。斷器,尚完利。裁斷爲器,貴於完利。相語以事,①相示以巧,相陳以功,②相高以知事。以能知器用之事相高尚。③ 旦暮從事於此,④以教其子弟。少而習焉,其心安焉,不見異物而遷焉。是故其父兄之教不肅而成,其子弟之學不勞而能。夫是故工之子常爲工。今夫商群萃而州處,觀凶饑,審國變,⑤察其四時而監其鄉之貨,監,視也。以知其市之賈。負任擔荷,服牛輅馬,績按:"輅"一作"軺"。以周四方。料多少,計貴賤,以其所有,易其所無,買賤鬻貴。是以羽旄不求而至,竹箭有餘於國,奇怪時來,珍異物聚。旦暮從事於此,⑥以教其子弟。相語以利,相示以時,績按:"時"《齊語》作"賴"。相陳以知賈。賈知物價,相與陳説。少而習焉,其心安焉,不見異物而遷焉。是故其父兄之教不肅而成,其子弟之學不勞而能。夫是故商之子常爲商。相地而衰其政,則民不移矣。相地沃瘠,以差其政,則人安其沃瘠而不移。衰,差也,音楚危反。⑦ 績按:"政"《齊語》作"征"。正旅舊,則民不惰。國之軍旅,正之以從舊貫,則稟令而不惰。績按:《齊語》當作"政不旅舊,則民不偷"。⑧ 旅舊,棄故舊不用如旅也。或疑乃"施"字誤,所謂故舊不遺,則民不偷。山澤各以其時至,則民

---

① "語",原作"與",據宋楊忱本、花齋本、四庫本改。
② "相示以巧相陳以功",四庫本同,宋楊忱本、花齋本"巧"、"功"互易。
③ "尚",四庫本同,宋楊忱本、花齋本無。宋楊忱本"能"上有"其"字。
④ "暮",四庫本同,宋楊忱本、花齋本作"昔"。
⑤ "審",原作"塞"。據宋楊忱本、花齋本、四庫本改。
⑥ "暮",四庫本同,宋楊忱本、花齋本作"昔"。
⑦ "衰差也音楚危反",原作"其衰也",據宋楊忱本改補。
⑧ "齊語當作",花齋本同,四庫本作"當依齊語作"。

不苟。苟謂非時入山澤也。陵陸、丘井、田疇均,則民不惑,績按:"惑"《齊語》作"憾"。無奪農時,①則百姓富,犧牲不勞,則牛馬育。"過用謂之勞。績按:"勞"《齊語》作"略"。

桓公又問曰:"寡人欲修政以干時於天下,其可乎?"干,求也。時,時見曰會。欲求天下諸侯修時見之會。② 管子對曰:"可。"公曰:"安始而可?"管子對曰:"始於愛民。"公曰:"愛民之道奈何?"管子對曰:"公修公族,家修家族,③使相連以事,相及以禄,則民相親矣。相連以事,則人慣狎,相及以禄,則恩情生,故有親也。放舊罪,修舊宗,立無後,則民殖矣。放舊罪,則全人命,修舊宗,則收散親,立無後,則繼絶世,故人殖。殖,生也。省刑罰,薄税斂,④則民富矣。鄉建賢士,使教於國,⑤則民有禮矣。出令不改,則民正矣。此愛民之道也。"公曰:"民富而以親,則使之而可乎?⑥"管子對曰:"舉財長工,以止民用,工能積財,舉而長之,民則慕而不費用矣。陳力尚賢,以勸民知,賢能陳力而崇上之,民則勸而學智矣。⑦ 加刑無苛,以濟百姓。行之無私,則足以容衆矣;出言必信,則令不窮矣。此使民之道也。"

桓公曰:"民居定矣,事已成矣,吾欲從事於天下諸侯,其可乎?"欲從會事。管子對曰:"未可。民心未安。⑧"公曰:"安之奈何?"管子對曰:"修舊法,擇其善者舉而嚴用之;績按:

---

① "農",宋楊忱本作"民"。

② "諸侯",原脱,四庫本同,據宋楊忱本、花齋本補。

③ "修",原作"齊",據宋楊忱本、花齋本、四庫本改。

④ "税",四庫本同,宋楊忱本、花齋本作"賦"。

⑤ "使教於國",原作"於使教國",據宋楊忱本、花齋本、四庫本乙正。

⑥ "則使之而可乎",原作"則使而可之乎",宋楊忱本、花齋本作"則可以使之乎",此據四庫本乙正。

⑦ "智",原作"知之",據宋楊忱本、四庫本改。

⑧ 宋楊忱本、花齋本"安"上有"吾"字。

"嚴"《齊語》作"業",皆敬也。慈於民,予無財,貧無財者,當施與之。寬政役,敬百姓,則國富而民安矣。"公曰:"民安矣,其可乎?"管仲對曰:"未可。君若欲正卒伍,修甲兵,則大國亦將正卒伍,修甲兵。君有征戰之事,①則小國諸侯之臣有守圉之備矣。然則難以速得意於天下。公欲速得意於天下諸侯,則事有所隱,而政有所寓。"不顯習其兵事,故曰事有所隱。軍政寓之田獵,故曰政有所寓。公曰,"爲之奈何?②"管子對曰:"作内政而寓軍令焉。爲高子之里,爲國子之里,爲公里,三分齊國,以爲三軍。擇其賢民,使爲里君,每里皆使賢者爲君。鄉有行伍、卒長,則其制令。且以田獵,因以賞罰,因田獵之功道行賞罰。③則百姓通於軍事矣。"桓公曰:"善。"於是乎管子乃制五家以爲軌,軌爲之長;十軌爲里,里有司;四里爲連,連爲之長;十連爲鄉,鄉有良人,以爲軍令。是故五家爲軌,五人爲伍,軌長率之。十軌爲里,④故五十人爲小戎,里有司率之。四里爲連,故二百人爲卒,連長率之。十連爲鄉,故二千人爲旅,鄉良人率之。⑤五鄉一師,故萬人一軍,五鄉之師率之。三軍,故有中軍之鼓,中軍鼓,則公之里卒知所之也。⑥有高子之鼓,有國子之鼓。春以田曰蒐,振旅;因寓軍政,而且正旅。秋以田曰狝,治兵。順殺氣,因治兵。是故卒伍政定於里,軍旅政定於郊。績按:《齊語》"政"作"正"字。内教既成,令不得遷徙。故卒伍之人,人與人相保,家與家相愛,少相居,長相游,祭祀相

---

① "戰",原脱,據宋楊忱本、花齋本補,四庫本作"伐"。
② "之",原脱,據宋楊忱本、花齋本、四庫本補。
③ "道",四庫本同,宋楊忱本、花齋本作"過"。
④ "十軌",原作"五鄉",據宋楊忱本、花齋本、四庫本改。
⑤ "良",原脱,據宋楊忱本補。
⑥ "鼓","知所之",宋楊忱本、花齋本脱。

福,死喪相恤,禍相憂,[①]居處相樂,行作相和,哭泣相哀。是故夜戰,其聲相聞,足以無亂。晝戰,其目相見,足以相識。[②]歡欣足以相死,是故以守則固,以戰則勝。君有此教士三萬人,以横行於天下,教士,謂先教習之士。誅無道,以定周室,天下大國之君,莫之能圉也。

正月之朝,鄉長復事,復,白也。績按:此即参國五鄉一帥,[③]每歲報政於君。[④] 公親問焉,曰:"於子之鄉,有居處爲義好學、聰明質仁、慈孝於父母、長弟聞於鄉里者,有則以告。有而不以告,[⑤]謂之蔽賢,其罪五。"謂其罪當入於五刑,而定其罰。有司已於事而竣。既畢於上事而竣退。公又問焉,曰:"於子之鄉,有拳勇於股肱之力、[⑥]筋骨秀出於衆者,有則以告。有而不以告,謂之蔽才,其罪五。"有司已於事而竣。[⑦] 公又問焉,曰:"於子之鄉,有不慈孝於父母,不長弟於鄉里,驕躁淫暴,不用上令者,[⑧]有則以告。有而不以告,謂之下比,下與有罪者,比而掩蓋之。其罪五。"有司已於事而竣。於是乎鄉長退而修德進賢。桓公親見之,[⑨]遂使役之官。謂受之官而役之,[⑩]所以歷試其材能。公令官長,期而書伐以告,伐,功也。且令選官之賢者而

① 宋楊忱本、花齋本"相"上有"福"字。

② "晝戰其目相見足以相識",原作"晝戰足以相識目以相見",據宋楊忱本、花齋本、四庫本改正。

③ "帥",原作"師",花齋本同,據四庫本改。

④ "政",原脱,花齋本同,據四庫本補。

⑤ "以",原脱,據宋楊忱本補。

⑥ "於",宋楊忱本、花齋本、四庫本無。

⑦ "而",原脱,據宋楊忱本、花齋本、四庫本補。

⑧ 原"令"下有"於鄉"二字,平列如注文,據宋楊忱本、花齋本、四庫本删。

⑨ "桓",宋楊忱本作"明"。

⑩ "受",宋楊忱本、花齋本、四庫本作"授"。

復之。曰："有人居我官有功，休德維順，績按：一作"慎"。端慤以待時使。以慤善待時，待可用之時而使之也。使民恭敬以勸，其稱秉言，則足以補官之不善政。"謂此人所稱柄之言，可以補不善之政。公宣問其鄉里，[1]而有考驗。宣，遍也。遍問其鄉里之人，以考其行，[2]皆有事驗。乃召而與之坐，省相其質，以參其成功成事。既有考驗，召而與坐，更省視其質體，以參驗其所成功之事也。可立而時，設問國家之患而不肉。其人既可，將立之，又時設問國家之患，以知其智謀之深淺，[3]不直相其骨肉而已。[4] 肉者，所謂皮相也。績按：《齊語》作"可立而授之，設之以國家之患而不疚"，[5]則肉乃疚之誤。退而察問其鄉里，以觀其所能，而無大過，登以爲上卿之佐。爲卿大夫之佐。名之曰三選。名此人曰三大夫所選。高子、國子退而修鄉，朝事既畢，[6]二大夫又如前退修於鄉。[7] 鮑叔在朝，故不言。[8]鄉退而修連，績按：即前十連爲鄉。[9] 連退而修里，績按：即前四里爲連。里退而修軌，績按：即前十里爲軌。軌退而修家。績按：即前五家爲軌。是故匹夫有善，故可得而舉也；匹夫有不善，故可得而誅也。政既成，鄉不越長，朝不越爵。罷士無伍，罷謂乏於德義者，《周禮》所謂"罷人"，不義之衆，恥以爲伍也。罷女無家。罷女猶罷士，衆恥娶之，故無家。士三出妻，逐於境外。三出妻，所謂"士也罔極，二三其德"，爲政者之所忌，故逐於境外也。女出三嫁，入

① "問"，原脱，據宋楊忱本、花齋本、四庫本補。
② 宋楊忱本"行"上有"所"字。
③ "其"，宋楊忱本無。
④ "不"，原作"又"，據宋楊忱本、花齋本、四庫本改。
⑤ "疚"，原作"疾"，據花齋本、四庫本改。
⑥ "事"，原作"士"，四庫本同，據宋楊忱本、花齋本改。
⑦ 原"二"下有"選"字，"前"上脱"又如"二字，據宋楊忱本、花齋本改、補。
⑧ "叔"，原脱，四庫本同，據宋楊忱本、花齋本補。
⑨ "十"，原作"一"，據花齋本、四庫本改。

於春穀。三見出而嫁，是不貞順者也，故入於春穀。是故民皆勉爲善。士與其爲善於鄉，不如爲善於里；與其爲善於里，不如爲善於家。家善則鄉善矣，所謂居家治理可移於官。[1] 是故士莫敢言一朝之便，皆有終歲之計；莫敢以終歲爲議，皆有終身之功。修政則人無苟且。

正月之朝，五屬大夫復事於公，績按：此即前五鄙五屬大夫，每歲報政於君。擇其寡功者而譙之曰："列地分民者若一，何故獨寡功？何以不及人？教訓不善，政事其不治。一再則宥，三則不赦。"公又問焉，曰："於子之屬，有居處爲義好學、聰明質仁、[2]慈孝於父母、長弟聞於鄉里者，有則以告。有而不以告，謂之蔽賢，其罪五。"有司已事而竣。公又問焉，曰："於子之屬，有拳勇於股肱之力，[3]秀出於衆者，績按："秀"上前有"筋骨"二字。有則以告。有而不以告，謂之蔽才，其罪五。"有司已事而竣。公又問焉，曰："於子之屬，有不孝於父母，[4]不長弟於鄉里，驕躁淫暴，不用上令者，有則以告。有而不以告者，謂之下比，其罪五。"有司已事而竣。於是乎五屬大夫退而修屬，屬退而修連，績按：《齊語》作"縣"，下同。連退而修鄉，鄉退而修卒，績按：前作"率"，下同。卒退而修邑，邑退而修家。是故匹夫有善，可得而舉；匹夫有不善，可得而誅。政成國安，以守則固，以戰則強。封内治，百姓親，可以出征四方，立一霸王矣。可謂一霸王之功也。

---

① "理"，原作"里"，據宋楊忱本、花齋本、四庫本改。
② "質"，宋楊忱本作"賢"。
③ "於"，宋楊忱本無。
④ 宋楊忱本"孝"上有"慈"字。

桓公曰:“卒伍定矣,事已定矣,①吾欲從事於諸侯,其可乎?”管子對曰:“未可。若軍令,②則吾既寄諸内政矣。夫齊國,寡甲兵,吾欲輕罪而移之於甲兵。③”公曰:“爲之奈何?”管子對曰:“制重罪入以兵甲、犀脅、二戟,輕罪入蘭、盾、鞈革、二戟。蘭,即所謂蘭錡,兵架也。鞈革,重革,當心著之,所以禦矢。績按:《齊語》作“制重罪贖以犀甲一戟,輕罪贖以鞼盾一戟也”。小罪入以金鈞,三十斤曰鈞。分宥薄罪入以半鈞,分宥謂從坐者,分其首從而寬宥之。④ 無坐抑而訟獄者,正三禁之而不直,則入一束矢以罰之。謂其人自無所坐而被抑屈爲訟者,正當禁之三日,得其不直者,則令入束矢也。績按:“正”如《春秋傳》“正直爲正”之“正”。言罪於刑本無所坐,⑤屈抑訟獄者,君爲之正,⑥先已三禁之,不從,成獄不直,則入束矢以罰其誣。《齊語》作“索訟者三禁而不可,上下坐成以束矢”。美金以鑄戈、劍、矛、戟,試諸狗馬;惡金以鑄斤、斧、鉏、夷、鋸、欘,試諸木土。”夷,鋤類也。鋸、欘,钁類也。

桓公曰,“甲兵大足矣,吾欲從事於諸侯,可乎?”管子對曰:⑦“未可。治内者未具也,爲外者未備也。”故使鮑叔牙爲大諫,所以諫正君。王子城父爲將,弦子其爲理,⑧理,獄官也。寧戚爲田,教以農事。自此已上理内,已下理外。隰朋爲行。行謂行人也,所以通使諸侯。曹孫宿處楚,商容處宋,季勞處魯,績按:前作季友。徐開封處衛,匽尚處燕,審友處晉。令此諸賢各處諸

---

① “定”,四庫本同,宋楊忱本、花齋本作“成”。
② “軍”,原作“君”,據宋楊忱本改。
③ 宋楊忱本、花齋本、四庫本“輕”下有“重”字。
④ “從”,宋楊忱本、花齋本、四庫本作“犯”。
⑤ “於”,原作“五”,四庫本同,據《管子集校》改。
⑥ “君爲之正”,原作“若爲之正”,據郭沫若説改。
⑦ “子”,宋楊忱本、花齋本作“仲”。
⑧ “其”,四庫本同,宋楊忱本、花齋本作“旗”。

侯之國者,所以諷動之,令歸齊也。又游士八千人,奉之以車馬衣裘,多其資糧,財幣足之,使出周游於四方,以號召收求天下之賢士。飾玩好,使出周游於四方,鬻之諸侯,以觀其上下之所貴好,擇其沈亂者而先政之。以政正也。績按:《齊語》作"擇其淫亂者而先征之"。則"政"乃"攻"字之訛。①

公曰:"外内定矣,可乎?"管子對曰:"未可。鄰國未吾親也。"公曰:"親之奈何?"管子對曰:"審吾疆場,反其侵地,正其封界,毋受其貨財,而美爲皮幣,以極聘覜於諸侯,覜,視也。② 以安四鄰,則鄰國親我矣。"

桓公曰:"甲兵大足矣,吾欲南伐,何主?"謂以何國爲征伐之主也。管子對曰:"以魯爲主。反其侵地常、潛,常、潛,地名。績按:《語》作"堂"。使海於有弊,或遇水災,教令泄於海,使有弊盡也。渠彌於有堵,復教之穿渠彌亘於河堵。綱山於有牢。"教之立國,城必依山以爲綱紀而有牢固。補:《國語》注頗明。渠彌裨海之名,言齊有高山大海,軍士可依之爲險阻也。桓公曰:"吾欲西伐,何主?"管子對曰:"以衛爲主。反其侵地臺、原、姑與柒里,③皆地名。績按:"柒",《齊語》作"漆"。使海於有弊,渠彌於有堵,綱山於有牢。"桓公曰:"吾欲北伐,何主?"管子對曰:"以燕爲主,反其侵地柴夫、吠狗,亦地名也。使海於有弊,渠彌於有堵,綱山於有牢。"四鄰大親。

既反其侵地,正其封疆,地南至于岱陰,謂岱山之北。西至於濟,北至於海,東至於紀隨,紀隨,地名。績按:《齊語》作"酅"。地方三百六十里。三歲治定,四歲教成,五歲兵出。有教士

① "之訛",原作"訛注",據四庫本改。
② "視",宋楊忱本、花齋本、四庫本作"見"。
③ 原"地"下有"吉"字,據《國語·齊語》删。

三萬人，革車八百乘。諸侯多沈績按：同“淫”。亂，不服於天子。於是乎桓公東救徐州，分吴半，分吴地之半。存魯蔡陵，蔡陵，地名。割越地，南據宋、鄭，既割越地，又據宋、鄭之國，以爲親援也。征伐楚，濟汝水，伐楚時，渡汝水。逾方地，謂方城之地。績按：“地”乃“城”字誤，後亦作“方城”。望汶山，①楚山也。使貢絲於周室。②使貢絲，③即所謂檿絲者也，堪爲琴瑟弦也。④成周反胙於隆岳，周室有事，歸胙於齊。齊，太岳之後，故言隆岳。荆州諸侯，莫不來服。中救晉公，禽狄王，敗胡貉，破屠何，屠何，東胡之先也。而騎寇始服。北狄以騎爲寇。北伐山戎，制泠支，斬孤竹，而九夷始聽。海濱諸侯，莫不來服。⑤西征攘白狄之地，遂至於西河。謂龍門之西河。方舟設附，⑥績按：一作“投附”。⑦乘桴濟河，⑧至於石沈。石沈，地名。績按：《齊語》作“石枕”。縣車束馬，逾大行與卑耳之貉、拘秦夏，與卑耳之貉共拘秦夏之不服者。績按：拘之秦夏乃地名，《齊語》作“拘夏”。西服流沙、西虞，西虞，國名。而秦戎始從。故兵一出而大功十二。自救徐州已下有十二也。故東夷、西戎、南蠻、北狄、中國諸侯，莫不賓服。與諸侯飾牲爲載書，書，謂要盟之辭，載之於策。以誓要於上下薦神。謂以上下之神祇爲民誓，⑨又以其牲薦之於神。績按：“薦”當依《齊語》作

---

① “汶”，宋楊忱本作“文”。
② “周”，原脱，據宋楊忱本、花齋本、四庫本補。
③ 宋楊忱本、花齋本“貢”下有“楚”字。
④ “弦”，宋楊忱本作“絃”。
⑤ “中救”至“來服”共 54 字，及其間兩條注文，原脱，據宋楊忱本、花齋本、四庫本補。
⑥ “附”，宋楊忱本、花齋本、四庫本作“柎”。
⑦ “附”，四庫本亦作“柎”。
⑧ “桴”，宋楊忱本作“浮”。
⑨ “民”，四庫本同，宋楊忱本、花齋本作“盟”。

“庶”。然後率天下定周室，大朝諸侯於陽穀。故兵車之會六，乘車之會三，九合諸侯，一匡天下。甲不解壘，兵不解翳，翳所以蔽兵，謂脅盾之屬。不解甲於壘，不解兵於翳，言不用也。弢無弓，服無矢，弢，弓衣也。無弓無矢，亦言不用也。寢武事，行文道，以朝天子。績按：《齊語》作“帥諸侯而朝天子”。

葵丘之會，天子使大夫宰孔致胙於桓公，曰：“余一人之命，有事於文武，有祭事於文王武王之廟也。使宰孔致胙。”且有後命曰：“以爾自卑勞，以爾自卑而勞弊。實謂爾伯舅毋下拜。”桓公召管仲而謀，管仲對曰：“爲君不君，君命臣無下拜，是不君也。爲臣不臣，臣承命而不讓，是不臣也。亂之本也。”桓公曰：“余乘車之會三，兵車之會六，九合諸侯，一匡天下。北至於孤竹、山戎、穢貉，拘秦夏，西至流沙、西虞，南至吴、越、巴、[1]牂柯、𦙶、不庾、雕題、黑齒，皆南夷之國號也。荆夷之國，莫違寡人之命，而中國卑我。中國之人不尊崇樂推，使居臣位，是卑我也。昔三代之受命者，其異於此乎？”管仲對曰[2]：“夫鳳凰鸞鳥不降，而鷹隼鴟梟豐；庶神不格，庶神不至，則未歆其祭享。守龜不兆，守龜，國之守龜。不兆，謂不以誠信告之。握粟而筮者屢中；長者不告而短者告，是德之不至。《傳》曰：“龜長筮短。”《詩》曰：“握粟出卜。”補：人君德之不修，故諸祥瑞不至，鬼神不享，守龜不兆，不告之以吉凶，反不如民間握粟以買卜筮，尚多靈驗也。時雨甘露不降，飄風暴雨數臻。五穀不蕃，六畜不育，而蓬蒿藜藋徒弔反。[3] 并興。夫鳳皇之文，前德義，後日昌。前抱德義，後有日昌，[4]明先德

① “巴”，原作“邑”，據宋楊忱本、花齋本、四庫本改。
② “仲”，宋楊忱本作“子”。
③ “徒弔反”，原脱，四庫本同，據宋楊忱本、花齋本改。
④ “昌”，原脱，據宋楊忱本、花齋本、四庫本補。

義,乃可以日昌。昔人之受命者,龍龜假,假,至也。河出圖,雒出書,地出乘黄。乘黄,神馬也。《山海經》載云,坤利牝馬之貞,故從地出,若漢之渥洼神馬之比。① 今三祥未見有者,三祥,謂龜龍、圖書、乘黄也。雖曰受命,無乃失諸乎?"桓公懼,②出見客曰:③"天威不違顔咫尺,小白承天子之命而毋下拜,恐顛蹶於下,以爲天子羞。"遂下拜,登受賞服、大路、龍旗九游、渠門赤旗。渠門,旗名。天子致胙于桓公而不受,天下諸侯稱順焉。

桓公憂天下諸侯。魯有夫人、慶父之亂,而二君弑死,慶父通莊公夫人姜氏,弑子般,又弑閔公。國絶無後。桓公聞之,使高子存之。男女不淫,淫,亂雜也。馬牛選具,選擇其善者以成具,凡欲以貢齊也。執玉以見,請爲關内之侯,請爲齊關内之侯。而桓公不使也。狄人攻邢,桓公築夷儀以封之,男女不淫,馬牛選具,執玉以見,請爲關内之侯,而桓公不使也。狄人攻衛,衛人出旅於曹,旅,客也。客居曹也。桓公城楚丘以封之。其畜以散亡,故桓公與之繫馬三百匹,④謂在官厩繫養之,⑤言其良也。天下諸侯稱仁焉。於是天下之諸侯知桓公之爲己勤也,是以諸侯之歸之也,譬若市人。桓公知諸侯之歸己也,故使輕其幣而重其禮。故使天下諸侯以疲馬犬羊爲幣,疲謂瘦也。齊以良馬報。諸侯以縷帛布鹿皮四分以爲幣,謂四分其鹿皮。績按:《霸形》作"縵帛鹿皮報",則"縷"乃"縵"字誤。《齊語》作"縷纂以爲奉,鹿皮四個"。注謂:奉,籍,所以籍玉之藻也。縷纂,以縷織纂,不

---

① "注",原作"涯",據宋楊忱本、花齋本、四庫本改。
② "懼",原脱,據宋楊忱本、花齋本、四庫本補。
③ "曰"字原誤在上句"桓公"下,據宋楊忱本、花齋本、四庫本改正。
④ "與",宋楊忱本作"予"。
⑤ "官",宋楊忱本、花齋本、四庫本作"閑"。宋楊忱本、花齋本"謂"下有"馬"字。

用絲，取易供也。纂，織文也。個，枚也。亦不甚通。齊以文錦虎豹皮報。諸侯之使，垂橐而入，攟丘粉反。① 載而歸。垂橐，言其空也。攟，收拾也。故鈞之以愛，②致之以利，結之以信，示之以武。是故天下小國諸侯既服桓公，莫之敢倍而歸之。喜其愛而貪其利，信其仁而畏其武。桓公知天下小國諸侯之多與己也，於是又大施惠焉。③ 可爲憂者爲之憂，可爲謀者與之謀，④可爲動者爲之動。伐譚、萊而不有也，續按：《齊語》作"軍譚，遂而不有也"。諸侯稱仁焉。通齊國之魚鹽于東萊，⑤自東萊通魚鹽於諸侯。使關市幾而不征，廛而不税，幾，察也，察其奸非，而不征税。⑥ 以爲諸侯之利，諸侯稱寬焉。築蔡、鄢陵、培夏、靈父丘，皆邑名。續按：《齊語》作"築葵、兹晏、負夏、領釜丘"。⑦ 以衛戎狄之地，所以禁暴於諸侯也。⑧ 築五鹿、中牟、鄴、蓋與牡丘，⑨以衛諸夏之地，所以示勸於中國也。續按："勸"《齊語》作"權"。教之大成。⑩ 是故天下之於桓公，遠國之民望如父母，⑪近國之民從如流水。故行地兹遠，得人彌衆。是何也？懷其文而畏其武。故殺無道，定周室，天下莫之能圉，武事立也。定三革，車、馬、人皆有革甲，曰三革。偃五兵，朝服以濟河，

---

① "丘粉反"，原脱，四庫本同，據宋楊忱本、花齋本補。
② "鈞"，四庫本同，宋楊忱本作"鈞"。
③ "惠"，宋楊忱本、花齋本、四庫本作"忠"。
④ "與"，四庫本同，宋楊忱本、花齋本作"爲"。
⑤ "于"，四庫本同，宋楊忱本、花齋本無。
⑥ "察其奸非而不征税"，原作"譏同"，宋楊忱本"征"作"王"，據花齋本、四庫本補、改。
⑦ "釜"，原作"鹽"，據四庫本改。
⑧ "禁"，原作"楚"，據宋楊忱本、花齋本、四庫本改。
⑨ "牡"，四庫本同，宋楊忱本、花齋本作"社"。
⑩ "之"，四庫本同，宋楊忱本、花齋本無。
⑪ "如"，原脱，據宋楊忱本、花齋本、四庫本補。

而無怵惕焉，謂乘車之會，朝服濟河，以與西諸侯盟也。文事勝也。是故大國之君慚愧，小國諸侯附比。是故大國之君事如臣僕，小國諸侯歡如父母。夫然，故大國之君不尊，不以國大加其尊禮。小國諸侯不卑。不以國小而卑其敬。是故大國之君不驕，小國諸侯不懾。於是列廣地以益狹地，損有財以與無財。周其君子，不失成功；周給君子，得其力用，故不失成功也。周其小人，不失成命。周給小人，懷德而歸，故不失成命也。夫如是，居處則順，出則有成功。不稱動甲兵之事，以遂文武之迹於天下。[①] 既以朝服濟河，故不稱甲兵，文德成也；大國畏威，事如臣僕，武功立也。[②]

桓公能假其群臣之謀以益其智也。其相曰夷吾，大夫曰寧戚、隰朋、賓胥無、鮑叔牙。用此五子者何功，言何功而不成。度義光德，繼法紹於天下，以遺後嗣。貽孝昭穆，大霸天下，名聲廣裕，不可掩也。則唯有明君在上，察相在下也。[③]

初，桓公郊迎管子而問焉。管仲辭讓，[④]然後對以參國伍鄙，立五鄉以崇化，建五屬以厲武，寄兵於政，因罰，備器械，加兵無道諸侯，以事周室。桓公大説，於是齋戒十日，將相管仲。管仲曰："斧鉞之人也，幸以獲生，以屬其腰領，屬，綴連也。臣之禄也。若知國政，非臣之任也。"公曰：[⑤]"子大夫受政，寡人勝任；言子受政而輔我，我則勝君之任也。子大夫不受政，[⑥]寡人恐崩。"管仲許諾，再拜而受相。三日，公曰："寡人

① "迹"，花齋本、四庫本同，宋楊忱本作"近"。
② "武功立"，原脱，四庫本同，據宋楊忱本、花齋本補。
③ "在"，原脱，據宋楊忱本、四庫本補。
④ "讓"，原脱，據宋楊忱本、四庫本補。
⑤ 原"公"下衍"子"字，據宋楊忱本、四庫本删。
⑥ "受"，原脱，據宋楊忱本、花齋本補。

有大邪三，其猶尚可以爲國乎？”對曰：“臣未得聞。”公曰：“寡人不幸而好田，晦夜而至禽側，言夙興晦夜之時，已至禽之側畔也。田莫不見禽而後反。其田，必見禽多，獲而後反。諸侯使者無所致，[1]百官有司無所復。”既專於田，故使者不得致命，有司不得白事。對曰：“惡則惡矣，然非其急者也。”公曰：“寡人不幸而好酒，日夜相繼，諸侯使者無所致，百官有司無所復。”對曰：“惡則惡矣，然非其急者也。”公曰：“寡人有污行，不幸而好色，而姑姊有不嫁者。”對曰：“惡則惡矣，然非其急者也。”公作色曰：“此三者且可，則惡有不可者矣？”此三者尚以爲可，豈更有不可於此者。[2] 對曰：“人君唯優與不敏爲不可，[3]優謂委隨不斷。優則亡衆，不敏不及事。”公曰：“善。吾子就舍，異日請與吾子圖之。”對曰：“時可，將與夷吾，何待異日乎？”可言之時，正與夷吾，不可待他日。[4] 公曰：“奈何？”對曰：“公子舉爲人博聞而知禮，好學而辭遜，請使游於魯，以結交焉。公子開方爲人巧轉而兑利，請使游于衛，以結交焉。曹孫宿其爲人也小廉而苛忕，苛忕，密習也，言多所慣習也。忕，逝也。[5] 足恭而辭結，其辭能與人定交結。績按：《大匡》作“博於教而又巧於辭，不好立大義，而好結小信”。則“辭結”當作“辭給”。苛，微細也。正荊之則也，言此人立行，正與荊俗同，使之游荊，必得其歡心，上二人亦然。請使往游，以結交焉。”遂立行三使者而後退。使三使行出，然後退。[6]

相三月，請論百官。公曰：“諾。”管仲曰：“升降揖讓，進

---

① “所”，四庫本同，宋楊忱本無。
② 此注原脱，據宋楊忱本、花齋本、四庫本補。
③ “優”，宋楊忱本作“優”。
④ 此注原脱，據宋楊忱本、花齋本、四庫本補。
⑤ 此注宋楊忱本作“音逝荷密忲習也言多所慣習也”。
⑥ 此注原脱，據宋楊忱本、花齋本補，四庫本“行”作“將”。

退習閒，[1]辨辭之剛柔，臣不如隰朋，請立爲大行。大行，大使之官。墾草入邑，辟土聚粟多衆，盡地之利，臣不如寧戚，請立爲大司田。平原廣牧，廣遠可牧之地。車不結轍，士不旋踵，鼓之而三軍之士視死如歸，臣不如王子城父，請立爲大司馬。決獄折中，不殺不辜，不誣無罪，臣不如賓胥無，請立爲大司理。犯君顔色，進諫必忠，不辟死亡，不撓富貴，臣不如東郭牙，請立以爲大諫之官。此五子者，夷吾一不如，於五子各不如其一。然而以易夷吾，夷吾不爲也。以五子之能易夷吾之德，則夷吾所不能。[2] 君若欲治國強兵，則五子者存矣；若欲霸王，夷吾在此。"桓公曰："善。"

王言第二十一亡

内言四

① "習閒"，四庫本同，宋楊忱本、花齋本作"閑閒"。

② 此注原脱，據宋楊忱本、花齋本補。四庫本脱"五子之能"之"之"，"所不能"之"能"作"爲"。

卷之九

霸形第二十二陳霸言之形容。

内言五

桓公在位，管仲、隰朋見。立有間，有二鴻飛而過之。桓公嘆曰："仲父，今彼鴻鵠有時而南，有時而北，有時而往，有時而來，四方無遠，①所欲至而至焉。非唯有羽翼之故，是以能通其意於天下乎？"管仲、隰朋不對。桓公曰："二子何故不對？"管子對曰："君有霸王之心，而夷吾非霸王之臣也，是以不敢對。"桓公曰："仲父胡爲然？盍不當言，寡人其有鄉乎？何不陳當言，令寡人有所歸鄉。② 寡人之有仲父也，猶飛鴻之有羽翼也，若濟大水有舟楫也。仲父不一言教寡人，寡人之有耳，將安聞道而得度哉？"言何以自度得至於霸王哉。管子對曰："君若將欲霸王舉大事乎？則必從其本事矣。③"桓公變躬遷席，拱手而問曰："敢問何謂其本？"管子對曰："齊國百姓，公之本也。人甚憂饑而稅斂重，人甚懼死而刑政險，人甚傷勞而上

---

① "無"，原作"而"，據宋楊忱本、花齋本、四庫本改。
② "鄉"，宋楊忱本、花齋本作"向"。
③ "本"，原脱，據宋楊忱本、花齋本、四庫本補。

舉事不時。公輕其税斂則人不憂饑，緩其刑政則人不懼死，舉事以時則人不傷勞。”桓公曰：“寡人聞仲父之言此三者，聞命矣，不敢擅也，將薦之先君。”不敢擅專自發此命，①將進之宗廟，告先君而後行，所謂以神道設教者也。於是令百官有司，削方墨筆。方謂版牘也，凡此，欲書其所定令也。② 明日，皆朝於太廟之門朝，定令於百吏。因朝廟而定百吏之令也。使税者百一鍾，下令百石而取一鍾。③ 孤幼不刑，澤梁時縱，放人入，不設禁。④ 關譏而不征，市書而不賦。書謂録其名籍。績按："書"乃"廛"字誤。近者示之以忠信，遠者示之以禮義。行此數年，而民歸之如流水。

此其後，宋伐杞，狄伐邢、衛。桓公不救，裸體紉胸稱疾。紉，猶摩也。自摩其胸，若有所痛患也。召管仲曰：“寡人有千歲之食，而無百歲之壽，今有疾病，姑樂乎！”管子曰：⑤“諾。”於是令之縣鍾磬之榬，于元反。⑥ 榬，所以嚴飾之。⑦ 陳歌舞竽瑟之樂，日殺數十牛者數旬。群臣進諫曰：“宋伐杞，狄伐邢、衛，君不可不救。”桓公曰：“寡人有千歲之食，而無百歲之壽，今又疾病，姑樂乎！且彼非伐寡人之國也，伐鄰國也，子無事焉。”宋已取杞，狄已拔邢、⑧衛矣。桓公起，行筍簴之間，管子從。至大鍾之西，桓公南面而立，管仲北鄉對之。大鍾鳴，

---

① "擅專"，宋楊忱本、花齋本、四庫本作"專擅"。
② "定令"，原作"令定"，據宋楊忱本、花齋本、四庫本乙正。
③ "下"，四庫本同，宋楊忱本、花齋本作"假"。
④ "放人入不設禁"，原作"放人設故不禁"，據宋楊忱本、花齋本、四庫本改。
⑤ "曰"，原脱，據宋楊忱本補。
⑥ "于元反"，原脱，四庫本同，據宋楊忱本、花齋本補。
⑦ "之"，原作"文"，據宋楊忱本、花齋本、四庫本改。
⑧ "已"，原作"夷"，據宋楊忱本、花齋本、四庫本改。

桓公視管仲曰:[1]"樂夫,仲父?"管子對曰:"此臣之所謂哀,非樂也。臣聞之,古者之言樂於鍾磬之間者不如此。言脱於口,而令行乎天下;脱,出也。游鍾磬之間,而無四面兵革之憂。今君之事,言出於口,[2]令不得行於天下,在鍾磬之間,而有四面兵革之憂。此臣之所謂哀,非樂也。"桓公曰:"善。"於是伐鍾磬之縣,伐,謂斫斷也。併歌舞之樂,併,除也。宫中虚無人。不令人掌守之。桓公曰:"寡人已伐鍾磬之縣,[3]併歌舞之樂矣,請問所始於國,將爲何行?"管子對曰:"宋伐杞,狄伐邢、衛,而君之不救也,臣請以慶。以不救爲是,故慶之。臣聞之,諸侯爭于疆者,勿與分於強。若救三國,是分於強。今君何不定三君之處哉?"三君既失國,當定其居處也。於是桓公曰:"諾。"因命以車百乘、卒千人,以緣陵封杞,[4]車百乘、卒千人,以夷儀封邢,車五百乘、卒五千人,以楚丘封衛。

桓公曰:"寡人已定三君之居處矣,[5]今又將何行?"管子對曰:"臣聞諸侯貪於利,勿與分於利。君何不發虎豹之皮、文錦以使諸侯,令諸侯以縵帛、鹿皮報?"桓公曰:"諾。"於是以虎豹皮、文錦使諸侯,諸侯以縵帛、鹿皮報。則令固始行於天下矣。

此其後,楚人攻宋、鄭,燒焫熯焚鄭地,使城壞者不得復築也,屋之燒者不得復葺也,令其人有喪雌雄,失男女之偶。居室如鳥鼠處穴。要宋田,夾塞兩川,使水不得東流,楚人又遮

---

① "視",宋楊忱本作"親",誤。
② "出",宋楊忱本作"脱"。
③ "已",宋楊忱本作"以"。
④ "陵",原作"令",據宋楊忱本改。
⑤ "已",宋楊忱本作"以"。

取宋田,夾兩川築堤而壅塞之,故水不得東流。兩川盖睢、汴水也。東山之西,[①]水深滅垝,垝,敗牆也。[②] 四百里而後可田也。楚欲吞宋、鄭而畏齊,日思人衆兵強能害己者,必齊也。於是乎楚王號令於國中曰:"寡人之所明於人君者,莫如桓公,所賢於人臣者,莫如管仲。明其君而賢其臣,寡人願事之。[③] 既以其君臣爲明賢,故願事之。誰能爲我交齊者,寡人不愛封侯之君焉。"於是楚國之賢士皆抱其重寶幣帛以事齊。桓公之左右,無不受重寶幣帛者。於是桓公召管仲曰:"寡人聞之,善人者人亦善之。今楚王之善寡人一甚矣,寡人不善,將拂於道。拂,違也。若不報善之,是違於道也。仲父何不遂交楚哉?"管子對曰:"不可。楚人攻宋、鄭,燒焫熯焚鄭地。使城壞者不得復築也,屋之燒者不得復葺也。令人有喪雌雄,居室如鳥鼠處穴。[④] 要宋田,夾塞兩川,使水不得東流,東山之西,水深滅垝,四百里而後可田也。楚欲吞宋、鄭,思人衆兵強而能害己者,必齊也。是欲以文克齊,以寶幣賂齊,而齊自服,故曰以文克齊。而以武取宋、鄭也。楚取宋、鄭而不止禁,是失宋、鄭也;禁之,則是又不信於楚也。知失於内,兵困於外,非善舉也。"桓公曰:"善。然則若何?"管子對曰:"請興兵而南存宋、鄭,而令曰:'無攻楚,言與楚王遇。[⑤]'冬會曰遇。[⑥] 至於遇上,而以鄭城與宋水爲請。楚若許,則是我以文令也;楚若不許,則遂以武令焉。"桓公曰:"善。"於是遂興兵而南存宋、鄭,與楚

① 原此句下有"水不得東流",涉上文而衍,據宋楊忱本、花齋本、四庫本删。
② "牆",原脱,據花齋本、四庫本補,宋楊忱本作"嗇"。
③ "之",原脱,據宋楊忱本、花齋本、四庫本補。
④ "處",原脱,據宋楊忱本、花齋本、四庫本補。
⑤ "楚",原脱,據宋楊忱本、花齋本、四庫本補。
⑥ "曰",原則"田",據宋楊忱本改。

王遇於召陵之上。而令於遇上曰:“毋貯粟,毋曲堤,無擅廢適子,無置妾以爲妻。”置之爲言立也。① 因以鄭城與宋水爲請於楚,②楚人不許,遂退七十里而舍。使軍人城鄭南之地,③立百代城焉。取其雖百代而無敢毁者也。曰:自此而北至於河者,鄭自城之,而楚不敢隳也。東發宋田,夾兩川,使水復東流,而楚不敢塞也。遂南伐,及逾方城,濟於汝水,望汶山,“汶”音“岷”。岷山,江水所從出。④ 南致楚越之君,而西伐秦,北伐狄,東存晉公於南,自伐秦,而遂存晉於晉之南,故曰東存。北伐孤竹,還存燕公。兵車之會六,乘車之會三,九合諸侯,反位。已霸,修鍾磬而復樂。管子曰:“此臣之所謂樂也。”

霸言第二十三謂此言足以成霸道。

内言六

霸王之形,象天則地,謂象天明,則地義。化人易代,謂美教化,移風俗。創制天下,與之更始。等列諸侯,列爵惟五,各得其宜。賓屬四海,賓禮四夷,以恩属之。時匡天下。時一會而正之。大國小之,曲國正之,強國弱之,輕國重之,⑤亂國並之。並亂,所以總其威權。暴王殘之,僇其罪,卑其列,維其民,然後王之。其王之凶暴者則殘滅之,⑥於國則戮其首罪,卑其爵列,維持其人衆。夫

① 宋楊忱本、花齋本、四庫本無此注。
② “楚”,原作“水”,據宋楊忱本、花齋本、四庫本改。
③ “南”,原脱,據宋楊忱本、花齋本、四庫本補。
④ 此爲原注,非劉績補注。原有“績按”二字,四庫本同,據宋楊忱本删。
⑤ “輕國重之”,四庫本同,宋楊忱本、花齋本作“重國輕之”。
⑥ “凶”,原作“匈”,據宋楊忱本改。

豐國之謂霸，但自豐其國者霸也。[①] 兼正之國之謂王。兼能正他國者王。夫王者有所獨明。德共者不取也，道同者不王也。夫能王天下者，必有獨見之明，群物之所不違，若彼德與我共，彼道與我同，則不取，而且不王。夫爭天下者，以威易危暴，王之常也。若以兵威易彼危亂，此固暴王之常也，非霸王之道也。君人者有道，有常道也。霸王者有時。必遇其時，然後霸王。國修而鄰國無道，霸王之資也。我修而彼暴，可以取亂侮亡，故曰資也。夫國之存也，鄰國有焉；雖存而國小弱，必事鄰國以爲安，故曰鄰國有焉。[②] 國之亡也，鄰國有焉。因其亡而取之。鄰國有事，鄰國得焉；鄰國有征伐之事，因而敗績，故鄰國得焉。鄰國有事，鄰國亡焉。[③] 或有征伐之事，大勝而多獲，遂亡鄰國。天下有事，則聖王利也。必有非常之事，然後有非常之人。國危，則聖人知矣。懷獨見之明，故先知也。夫先王所以王者，資鄰國之舉不當也。[④] 舉事皆當，則我無因爲功。[⑤] 舉而不當，此鄰國敵之所以得意也。[⑥] 不當所以資我，故得意也。

夫欲用天下之權者，必先布德諸侯。諸侯懷德而歸，欲求無權，其可得乎？是故先王有所取，有所與，所謂“將欲取之，必固與之”。[⑦] 有所詘，有所信，所謂“尺蠖之屈，以求仲也”。然後能用天下之權。妙於前四事，故能用天下之權。夫兵幸於權，權幸於地。兵幸在於有權，權從在於得地。幸，猶勝也。故諸侯之得地利者，權

---

① 此注原作“但豐其國自謂霸也”，據宋楊忱本改正。
② “鄰”，原脱，據宋楊忱本、花齋本、四庫本補。
③ “焉”，原作“乎”，據宋楊忱本、花齋本、四庫本改。
④ “舉不當”，原作“不當舉”，據宋楊忱本、花齋本、四庫本乙正。
⑤ “舉”、“當”，原作“奉”、“常”，據宋楊忱本、花齋本改。
⑥ “國”，四庫本同，宋楊忱本、花齋本無。
⑦ “固”，四庫本同，宋楊忱本、花齋本作“姑”。

從之；失地利者，權去之。夫爭天下者，必先爭人。人惟邦本。明大數者得人，審小計者失人。得天下之衆者王，得其半者霸。是故聖王卑禮以下天下之賢而王之，①均分以釣天下之衆而臣之。既王，有地，均分其禄，用此以引天下之衆，故可得而臣之也。故貴爲天子，富有天下，而伐不謂貪者，其大計存也。得地均分，可以臣彼，地自利彼，於我何貪，此其大計也。以天下之財，利天下之人；以明威之振，利天下之人，還用天下之財，於我無所減削，②更可以明威權之振，所謂惠而不費者也。合天下之權；績按：以我明威之振征伐人者，合天下之權而總之。注俱非。以遂德之行，結諸侯之親；合天下之權皆令在己，權總則德遂，德遂則親成也。績按：遂德之行，猶成德之行也，如此者諸侯親之，③所謂親有德也。以奸佞之罪，刑天下之心；④所謂懲一而勸百。因天下之威，以廣明王之伐。因天下所欲亡而亡之，則明王之伐自廣。攻逆亂之國，賞有功之勞，封聖賢之德，⑤明一人之行，而百姓定矣。賞加一人而天下勸，罰加一人而天下畏，故曰：明一人之行，而百姓定矣。

夫先王取天下也，術非術則無以取天下也。術乎大德哉，物利之謂也。⑥術可以取天下，故曰大德。然術之所歸，在於令物得利也。夫使國常無患，而名利並至者，神聖也；神聖則多所感致。國在危亡，而能壽者，明聖也。明聖則不失事機。⑦是故先王之所師者，神聖也，其所賞者，明聖也。賞，謂樂玩也。夫一言而

---

① "以下"之"下"原脱，據宋楊忱本、花齋本、四庫本補。
② "減"，原作"滅"，據宋楊忱本、花齋本、四庫本改。
③ "諸侯"，原作"百遂"，花齋本同，據四庫本改。
④ "刑"，原作"邢"，據宋楊忱本改。
⑤ "聖賢"，四庫本同，宋楊忱本、花齋本作"賢聖"。
⑥ "謂"，原作"會"，據宋楊忱本、花齋本、四庫本改。
⑦ "事"，原作"於"，據宋楊忱本、花齋本、四庫本改。

壽用其言故壽也。國，不聽而國亡，若此者，大聖之言也。夫明王之所輕者馬與玉，其所重者政與軍。若失主不然，輕與人政，而重予人馬；①輕予人軍，而重予人玉；重宮門之營，而輕四竟之守，所以削也。

夫權者，神聖之所資也；獨明者，天下之利器也；獨斷者，微密之營壘也。謂獨斷可以自營而即定，故曰營壘。此二者，②聖人之所則也。聖人畏微，而愚人畏明；聖人能知吉凶之先見，故曰畏微；愚人近火方知熱，履冰乃知寒，故曰畏明也。聖人之憎惡也內，愚人之憎惡也外。聖人知心胸之奸謀，故曰憎內；③愚人兵在頸方懼，故曰憎外也。聖人將動必知，愚人至危勿辭。④聖人之動必闇知，愚者至危不知禍之將至，尚有慢易之辭，然後湯武之師起也。績按：聖人將動先知其安危，⑤若愚人，則至危之時，方改易其平素言知之。聖人能輔時，不能違時。聖人能因時來輔成其事，不能違時而立功，不有桀紂之暴，則無湯武之功。知者善謀，不如當時。精時者，日少而功多。

夫謀無主則困，事無備則廢。是以聖王務具其備，而慎守其時。以備待時，以時興事，時至而舉兵。絕堅而攻國，其兵超絕而又堅利，故能攻國。破大而制利，⑥大本而小標，標，末也。本大而末小，則難崩也。地近而攻遠。所全之地近，故能攻遠而有歸，若高光之有關中河內也。以大牽小，以強使弱，以衆致寡。德

---

① “予”，原作“與”，據宋楊忱本改。

② “二”，宋楊忱本、花齋本、四庫本作“三”。

③ “故曰憎內”，四庫本同，宋楊忱本、花齋本作“故憎惡內”。下句“故曰憎外”同。

④ “勿”，宋楊忱本、花齋本、四庫本作“易”。

⑤ “聖”，四庫本作“至”。

⑥ “利”，四庫本同，宋楊忱本、花齋本作“地”。

利百姓，威振天下，令行諸侯而不拂。近無不服，遠無不聽。夫明王爲天下正，理也。修正理而動，故能成天下之功也。按強助弱，①按，抑也。圉暴止貪，存亡定危，繼絶世。此天下之所載也，德義如此，故爲天下所載也。諸侯之所與也，與，親也。百姓之所利也，是故天下王之。天下樂推以爲王。知盖天下，繼最一世，其繼敗續亡，能成天下之功也。材振四海，王之佐也。

千乘之國得其守，諸侯可得而臣，天下可得而有也。萬乘之國失其守，國非其國也。天下皆理己獨亂，國非其國也；諸侯皆令皆從霸者之令。己獨孤，②國非其國也；鄰國皆險己獨易，易，平易，不牢固，謂無守禦之備也。國非其國也。此三者，亡國之徵也。夫國大而政小者，國從其政；小政蹴國，故國從其政。國小而政大者，國益大。大政開國，故國益大。大而不爲者，復小；大而不爲則日損，故復小。強而不理者，復弱；③強而不理則綱紀亂，故復弱也。衆而不理者，復寡；衆而不理則人散，故復寡。貴而無禮者，復賤；貴而無禮則位奪，故復賤也。重而陵節者，④復輕，重而陵節，⑤則威喪，故復輕也。⑥富而驕肆者，復貧。富而驕肆則財竭，故復貧也。故觀國者觀君，⑦君爲化主。觀軍者觀將，將爲兵本。觀備者觀野。野有障塞，則國不侵。⑧其君如明而非明也，外明而内暗也。其將如賢而非賢也，外賢而内愚。其人

---

① “按”，宋楊忱本作“案”。

② “孤”，原作“令”，據宋楊忱本、花齋本、四庫本改。

③ “強而不理者復弱”，原作“強而不復者故曰弱”，據宋楊忱本、花齋本、四庫本改。

④⑤ “陵”，宋楊忱本作“凌”。

⑥ “則威喪故”，原作“故威不稱”，據宋楊忱本、花齋本、四庫本改。

⑦ “觀國”，原作“親觀”，據宋楊忱本、花齋本、四庫本改。

⑧ “障”，原作“陣”，據宋楊忱本、花齋本、四庫本改。

如耕者而非耕也。雖耕而鹵莽。三守既失，國非其國也。三守，謂明、賢、耕。既失，謂是而非。地大而不爲，命曰土滿；謂土滿而功狹也。[①] 人衆而不理，命曰人滿；謂人多而政少。兵威而不止，命曰武滿。所謂"亢之爲言也，知進而不知退"也。三滿而不止，國非其國也。三滿不止，敗亡立至。地大而不耕，非其地也；地大不耕，則無所獲。[②] 卿貴而不臣，非其卿也；卿貴不臣，化爲敵也，謂卿大夫。[③] 人衆而不親，非其人也。人衆不親，欲亡者也。[④]

夫無土而欲富者憂，無土欲富，猶緣木而求魚，故憂。無德而欲王者危，無德而王，猶欲進而却行，故危。施薄而求厚者孤。施薄求厚，人必不應，[⑤]故孤。夫上夾而下苴，苴，包裹也。上既狹，故爲下所苞。國小而都大者弒。此二者，[⑥]常有篡弒之禍。主尊臣卑，上威下敬，令行人服，理之至也。使天下兩天子，天下不可理也：一國而兩君，一國不可理也；一家而兩父，[⑦]一家不可理也。凡此，所謂兩權必爭，[⑧]亂之本也。夫令，不高不行，不摶不聽。摶，聚也。君命不高，不聚而聽之。堯舜之人非生而理也，[⑨]化之而理。桀紂之人非生而亂也，效之而亂。[⑩] 故理亂在上也。夫霸王之所始也，以人爲本。本理則國固，本亂則國

---

① "滿"，四庫本同，宋楊忱本、花齋本作"廣"。
② "則"，原作"大"，據宋楊忱本、花齋本、四庫本改。
③ "夫"，原脱，據宋楊忱本、花齋本、四庫本補。
④ "欲亡"，原作"亡之"，據宋楊忱本、花齋本、四庫本改。
⑤ 原"厚人"誤倒，據宋楊忱本、花齋本、四庫本乙正。
⑥ "二"，原作"三"，據宋楊忱本、花齋本、四庫本改。
⑦ "兩父"下原衍"一家兩父"四字，據宋楊忱本删。
⑧ "所謂"，原脱，據四庫本補。"權"，原作"雄"，據四庫本改。
⑨ "之人"，原作"人君"，據宋楊忱本、花齋本、四庫本改。
⑩ "効"，原作"致"，據宋楊忱本、花齋本、四庫本改。

危。[①] 故上明則下敬，政平則人安，士教和則兵勝敵。使能則百事理，親仁則上不危，任賢則諸侯服。

霸王之形，説霸王之形容。德義勝之，智謀勝之，兵戰勝之，地形勝之，動作勝之，[②]故王之。有此五勝，故可以王。夫善用國者，因大國之重，[③]以其勢小之；因強國之權，以其勢弱之；[④]因重國之形，以其勢輕之。凡大強重者，皆國之盈盛也，[⑤]然盛者有時而衰，盈者有時而息，故因其衰息之勢，大者小之，強者弱之，重者輕之。強國衆，[⑥]合強以攻弱，以圖霸。謂時強國衆多，吾國雖強，適可圖霸。強國少，合小以攻大，以圖王。謂時強國既少，我則合衆聚小以攻強大之國，如此者可以圖王。[⑦] 強國衆，而言王勢者，愚人之智也；非言王之時。強國少，而施霸者，[⑧]敗事之謀也。非施霸之時。夫神聖，視天下之形，知動静之時，[⑨]視先後之稱，知禍福之門。強國衆，先舉者危，後舉者利。強國衆，先舉，必爲強者所圖，故危。強國少，先舉者王，後舉者亡。戰國衆，後舉可以霸。戰國少，先舉可以王。

夫王者之心，方而不最。心雖方直，未爲其最。列不讓賢，雖列爵位，不讓賢俊。賢不齒第擇衆，雖稱爲賢，無優劣齒第，又非選

---

① “本亂則國危”，原作“則亂之國危”，據宋楊忱本、花齋本、四庫本乙正。

② “動作勝之”，原脱，據宋楊忱本、花齋本、四庫本補。

③ 宋楊忱本、花齋本、四庫本“大”上有“其”字。

④ “以其勢弱之”，原作“以勢國之弱”，據宋楊忱本、花齋本、四庫本改。

⑤ 宋楊忱本、花齋本、四庫本“者”在“盛”字下。

⑥ “強”，花齋本、四庫本同，宋楊忱本作“弱”。

⑦ “如此”上，原有“聚小”二字，據宋楊忱本删。

⑧ “者”上，宋楊忱本有“道”字。

⑨ 第 175 頁“而不止國非其國也”至第 176 頁“知動静”，正文並注文原誤竄在下文第 178 頁“自古以至今”句“自古以”下，今據宋楊忱本、花齋本、四庫本移至此。

衆而舉也。是貪大物也。大物謂大寶之位,有此數者,是定貪大位之利,①而無得位之實也。② 是以王之形大也。不可以小數得。夫先王之爭天下也,以方心,心方而最,故可以爭天下也。其立之也,以整齊,整而齊之,故可立也。其理之也,以平易。平而易之,故可理。立政出令用人道,政令須合人心。③ 施爵禄用地道,地道平而無私。舉大事用天道。④ 心應天時,然後可以舉大事。是故先王之伐也,伐逆不伐順,伐險不伐易,伐過不伐不及。⑤ 伐其太過也。⑥ 四封之内,以正使之,以正使之,則人無怨。諸侯之會,以權致之。以權致之,則不敢不來。近而不服者,以地患之,侵削其地則自服。遠而不聽者,以刑危之。興師以征之。一而伐之,武也;守一不移,興師伐之,此其武也。服而舍之,文也;既服舍之,綏之以德,此其文也。文武其滿,⑦德也。唯文教武功可以滿其德。⑧

夫輕重強弱之形,諸侯合則強,孤則弱。驥之材,而百馬伐之,驥必罷矣。強最一伐,而天下共之,國必弱矣。強國得之也以收小,⑨其失之也以恃強。小國得之也以制節,制度合節故得之。⑩ 績按:制節,謂事大國,受其法令。其失之也以離強。離強,則乖節者也,故失。夫國小大有謀,強弱有形。服近而強

---

① "定",原作"徒",據宋楊忱本、花齋本、四庫本改。
② "得",四庫本作"德"。
③ "須",原脱,據宋楊忱本、花齋本、四庫本改。
④ "道",原作"心",據宋楊忱本、花齋本、四庫本改。
⑤ "伐過不伐不及",宋楊忱本、花齋本作"伐過不伐及"。
⑥ "也",宋楊忱本作"者"。
⑦ "其",四庫本同,宋楊忱本、花齋本作"具"。
⑧ "教武",四庫本同,宋楊忱本、花齋本作"德諸"。
⑨ "收",原脱,據宋楊忱本、花齋本、四庫本補。
⑩ "之",四庫本同,宋楊忱本、花齋本無。

遠，謂用強兵，①威遠國，故曰強遠。王國之形也；合小以攻大，敵國之形也；以負海攻負海，謂以蠻夷攻蠻夷。負海以爲固，故曰負海。中國之形也；折節事強以避罪，小國之形也。自古以至今，未嘗有能先作難，違時易形，以立功名者；無有言無有如此事也。② 常先作難，違時易形，無不敗者也。夫欲臣伐君，以臣伐君者，若湯武之於桀紂也。③ 正四海者，不可以兵獨攻而取也。謂當兼下事。必先定謀慮，便地形，利權稱，親與國，視時而動，王者之術也。夫先王之伐也，舉之必義，用之必暴，其用師必加於暴亂。相形而知可，謂相其亂亡之形。量力而知攻，攻得而知時。是故先王之伐也，必先戰而後攻，先攻而後取地。故善攻者料衆以攻衆，量吾衆寡，可敵彼衆，然後攻，餘放此。料食以攻食，料備以攻備。以衆攻衆，衆存不攻；彼衆存，則我不能亡之，故不攻。以食攻食，食存不攻；以備攻備，備存不攻。釋實而攻虚，知其實而避之。釋堅而攻膬，釋難而攻易。

夫摶國不在敦古，在於合今時之宜。摶，聚也。理世不在善攻，在於權宜。霸王不在成曲。在於全大體。夫舉失而國危，④刑過而權倒，刑罰過理，則權柄倒錯。謀易而禍反，謀事易數，禍必反來。⑤ 計得而強信，音“申”。⑥ 功得而名從，權重而令行，固其數也。數猶理也。⑦

---

① “用”，原脱，據宋楊忱本、花齋本、四庫本補。

② “如”，宋楊忱本、花齋本、四庫本無。

③ “者”，宋楊忱本、花齋本、四庫本無。“於”，原脱，據宋楊忱本、花齋本、四庫本補。

④ “舉失而國危”，原作“舉國而失危”，據宋楊忱本、花齋本、四庫本乙正。

⑤ “易數”，四庫本同，宋楊忱本、花齋本作“數易”。

⑥ “音申”，原脱，據宋楊忱本、花齋本、四庫本補。

⑦ “猶”，原脱，據宋楊忱本、花齋本、四庫本補。

夫争強之國，必先爭謀、爭刑、爭權。先此三爭，然後爭強。令人主一喜一怒者，謀也；謀得則喜，謀失則怒。令國一輕一重者，刑也；怒刑則重，喜刑則輕。令兵一進一退者，權也。權重則進，權輕則退。故精於謀，則人主之願可得，而令可行也；精于刑，則大國之地可奪，強國之兵可圍也；精於權，則天下之兵可齊，諸侯之君可朝也。夫神聖視天下之形，知世之所謀，知兵之所攻，知地之所歸，知令之所加矣。夫兵攻所憎而利之，此鄰國之所不親也。兵攻所憎之國，而以攻得爲利，德義不施，鄰國必怨而不親。權動所惡，而實寡歸者強。其威權能動移所惡，而德義之實少爲人所歸，如此，但強而已，不能至霸王也。擅破一國，強在後世者王。今能專破一國，常守其強，傳之後世，如此者王也。擅破一國，強在鄰國者亡。既破一國，不能守其強，①令鄰國秉而得之，②如此者亡也。

問第二十四 謂爲國所當察問也。③ 補：此篇指遠辭奇，句法變换不窮，最千古妙筆也。

内言七

凡立朝廷，問有本紀。所問之事，必有根本紀綱。爵授有德，則大臣興義；禄予有功，則士輕死節。上帥士以人之所載，④則上下和；上帥其士所爲者，皆人之所戴仰，故上下和。授事以能，

① “其”，四庫本同，宋楊忱本、花齋本無。
② “秉而”，宋楊忱本、花齋本、四庫本無。
③ “也”，宋楊忱本作“者”。
④ “載”，宋楊忱本、花齋本、四庫本作“戴”。

則人上功；有能然後得事，故人上功也。審刑當罪，則人不易訟；易猶交也。所刑皆當其罪，故人不交相訟。無亂社稷宗廟，則人有所宗。社稷宗廟，各得其正，則人知所宗。毋遺老忘親，則大臣不怨；大臣非國老則君親，令不遺忘，故不怨。舉知人急，則衆不亂。行此道也，急謂困難也，舉困難之事以示人，則人不復行此道。國有常經，人知終始，此霸王之術也。國有常經，則人知終始之所歸，如此者，霸王之術也。①

然後問事，事先大功，先問大功，則勞臣悦。政自小始。爲政先小，從微而至著。②

問死事之孤，其未有田宅者有乎？未有則給與之。死事孤，謂死王事之子孫也。問少壯而未勝甲兵者幾何人？知其數，則預有所準。問死事之寡，其餼廩何如？寡謂其妻。餼廩，言給其餼廩。③ 餼，生食。廩，米粟之屬也。問國之有功大者，何官之吏也？問何官之吏，欲知其材之所當。問州之大夫也，何里之士也？問州里，④欲知其風俗所好尚。今吏，亦何以明之矣？問吏所明，欲知其優賞厚薄。問刑論有常以行，不可改也，今其事之久留也何若？罪既論定，⑤國有常科，當奉而行之，⑥此不可改易者也，今乃久留其事，將如之何。問五官有度制，官都其有常斷，今事之稽也何待？官都，謂總攝諸司者也。五官既各有制度，官都復自有常斷，今乃稽其事而不行，⑦將何待乎。

---

① "如此者"，原脱，四庫本同，據宋楊忱本、花齋本補。
② "至"，原脱，據宋楊忱本、花齋本、四庫本補。
③ "廩"，宋楊忱本無此字。
④ "州"上，宋楊忱本、四庫本有"何"字。
⑤ "定"，四庫本同，宋楊忱本、花齋本作"決"。
⑥ "當"，原作"常"，據宋楊忱本、花齋本、四庫本改。
⑦ 宋楊忱本、花齋本"今"下有"乃"字。

問獨夫、寡婦、孤寡、疾病者幾何人也？[①] 知其人數，當有所廩餼。問國之棄人，何族之子弟也？棄人，謂有過不齒投之四裔者也。[②] 問之其族，[③]欲有所收也。問鄉之良家，[④]其所牧養者幾何人矣？良家，謂善營生以致富者。牧養，謂其人不能自存，良家全活之。知其所養之數，[⑤]欲有所復除也。問邑之貧人，債而食者幾何家？債而食，謂從富者出息以供食，知其家數，欲有所矜免也。問理園圃而食者幾何家？人之開田而耕者幾何家？士之身耕者幾何家？[⑥] 問鄉之貧人，何族之別也？知從何族而別，或從公族當有所收恤也。問宗子之收昆弟者，以貧從昆弟者幾何家？以貧而從昆弟以求養者，[⑦]與之從者各有幾家也。餘子仕而有田邑，[⑧]今入幾何人？謂收入其稅者。子弟以孝聞於鄉里者幾何人？餘子父母存，不養而出離者幾何人？[⑨] 出離，謂父母在，分居者。士之有田而不使者幾何人？吏惡何事？不使，謂不用其吏，[⑩]不惡此事，當惡何也。[⑪] 士之有田而不耕者幾何人？身何事？既不耕，此人身爲何事。君臣有位而未有田者幾何人？外人之來從而未有田宅者幾何家？國子弟之游於外者幾何人？貧士之受

---

① “疾”，原脱，據宋楊忱本、花齋本、四庫本補。
② “謂”，原作“爲”，據宋楊忱本改。
③ “之”，宋楊忱本作“知”。
④ “鄉”，原作“鄰”，據宋楊忱本、花齋本、四庫本改。
⑤ “知其”，原脱，據宋楊忱本、花齋本、四庫本補。
⑥ “人之”至“何家”，共 18 字正文原脱，據宋楊忱本、花齋本、四庫本補。
⑦ “而”，四庫本同，宋楊忱本、花齋本作“故”。
⑧ “邑”，原作“者”，據宋楊忱本、花齋本、四庫本改。
⑨ “餘子”至“何人”，正文共 14 字，原脱，據宋楊忱本、花齋本、四庫本補。
⑩ “用”，原作“臣”，據宋楊忱本、花齋本、四庫本改。
⑪ “事”、“也”，宋楊忱本、花齋本、四庫本作“等”、“事”。

債於大夫者幾何人?[①] 貧士無資,而被大夫債者有幾人。官賤行書身士,以家臣自代者幾何人? 其人居官乃賤,自行文書身任士之職,[②]輒以家臣自代,[③]亦須知其數也。[④] 官承吏之無田餼而徒理事者幾何人? 承吏,謂攝官無餼而空理事。[⑤] 群臣有位事官大夫者幾何人? 群臣自有位事,乃左官於大夫。外人來游在大夫之家者幾何人? 外人,謂外國人也。鄉子弟力田爲人率者幾何人? 既自力田,又能率人。國子弟之無上事,衣食無節,[⑥]率子弟不田弋獵者幾何人? 既無上事,乃率子弟,不田農,但弋獵。男女不整齊,亂鄉子弟者有乎? 謂不以禮交者。問人之貸粟米有別券者幾何家? 別券,謂分契也。[⑦]

問國之伏利,其可應人之急者幾何所也? 伏利,謂貨利隱蔽不見,若銅銀山及溝瀆可決而溉灌者。[⑧] 人之所害於鄉里者何物也? 人之爲害者何物也。[⑨] 績按:物,事也。問士之有田宅,[⑩]身在陳列者幾何人? 餘子之勝甲兵有行伍者幾何人? 問男女有巧伎,能利備用者幾何人?[⑪] 能利備器之用。處女操工事者幾何人? 能操女工之事,謂綺綉之屬也。冗國所開口而食者幾何

① "債",原作"貴",據四庫本改。宋楊忱本、花齋本作"責",下注文之"債"同。

② "之",宋楊忱本、花齋本、四庫本無。

③ "輒",原作"能",據宋楊忱本、花齋本、四庫本改。

④ "亦須"、"也",原脱,據宋楊忱本、花齋本、四庫本補。

⑤ "空",原脱,據宋楊忱本、花齋本、四庫本補。

⑥ "無",四庫本同,宋楊忱本、花齋本作"不"。

⑦ "分契",原作"忿氣",據宋楊忱本、花齋本、四庫本改。

⑧ 原"而"下僅有"已"字,據宋楊忱本、花齋本、四庫本删補。

⑨ "何物也",宋楊忱本作"害何物"。

⑩ "有",原脱,據宋楊忱本、花齋本、四庫本補。

⑪ "用",原脱,據宋楊忱本、花齋本、四庫本補。

人？言其不農作，直開口仰食。問一民有幾人之食也？[①] 問兵車之計幾何乘也？牽家馬、輗家車者幾何乘？牽家馬，言直有馬，[②]輗家車，言直有車，相配以成乘。處士修行，足以教人，可使帥衆涖百姓者幾何人？[③] 士之急難可使者幾何人？謂士之可以急難使者。工之巧，出足以利軍伍，處可以修城郭、補守備者幾何人？其人既有技巧，出用則能利軍，居處則可以修城補備也。城粟軍糧其可以行幾何年也？行，由經也。城粟，謂守城之粟。軍糧，謂出軍之糧。二者可經幾年。吏之急難可使者幾何人？大夫疏器：疏，飾畫也。[④] 甲兵、兵車、旌旗、鼓鐃、帷幕、帥車之載幾何乘？[⑤] 載，謂其車盖。疏藏器：疏畫而可以藏者。弓弩之張，弓弩之可以張者。[⑥] 衣夾鋏，鋏，兩刃鈹也，衣夾，謂在腋也。[⑦] 鉤弦之造，鉤弦，所以挽弦。戈戟之緊，緊，謂其堅強者。其厲何若？[⑧] 其淬厲可用如何。[⑨] 其宜修而不修者故何視？視，比也。其器物宜修者，於故物何比。而造修之官，出器處器之具，宜起而未起者何待？出器，謂可出用之器。處器，謂貯庫而爲備者。起，謂其材所經日月可起用者也。鄉帥車輜造修之具，其繕何若？輜，謂車之有防蔽可以重載者。[⑩] 工尹伐材用，毋於三時，群材乃植，而造器定。

---

① “人”，宋楊忱本、花齋本、四庫本作“年”。
② “直”，原作“真”，據宋楊忱本、花齋本、四庫本改，下句“直”字同。
③ “可”，原作“何”，據宋楊忱本、花齋本、四庫本改。
④ 宋楊忱本、花齋本“飾”上有“謂”字。
⑤ “旌旗”，原誤倒，據宋楊忱本、四庫本乙正。
⑥ “可以”，原脱，據宋楊忱本、花齋本、四庫本補。
⑦ “在腋”，四庫本同，宋楊忱本、花齋本作“其衣”。
⑧ “厲”，原作“癘”，據宋楊忱本、花齋本、四庫本改。下注中“厲”字同。
⑨ “如何”，宋楊忱本作“何如”。
⑩ “蔽”，原作“藪”，據宋楊忱本、四庫本改。

冬,完良備用必足。[1] 工尹,工官之長。三時謂春、夏、秋,此時木方生植不堅,故不可伐材,其伐材必以冬也。人有餘兵,詭陳之行,以慎國常。方戰,有餘兵不用,且詭而陳之,以爲行伍,當慎而聽命,遵國之常令也。時簡稽帥馬牛之肥瘠,其老而死者皆舉之。軍之統帥,常時簡選稽考之,以知其能不,而有黜陟,至於馬牛肥瘠及老而死者皆舉之,以知其數也。其就山藪林澤食薦者幾何?薦,草之美者。出入死生之會幾何?會,謂合其數。若夫城郭之厚薄,溝壑之淺深,門閭之尊卑,宜修而不修者,上必幾之。幾,察也,君必察知之。守備之伍,器物不失其具,淫雨而各有處藏。器物遇雨,[2]必致腐敗,故當有藏處。問兵官之吏、國之豪士,其急難足以先後者幾何人?官吏、國豪,有急難可令之先後者,當知其數。相道前後曰先後。《詩》曰:"予曰有先後"。夫兵事者,危物也,不時而勝,不義而得,未爲福也。必合於時義,然後爲福。失謀而敗,國之危也,慎謀乃保國。

問所以教選人者何事?其教人,其選人者,[3]問以何事,欲知其勤,且觀其材用也。問執官都者其位事幾何年矣?執官都之職者,問其官位及執事并建立之年數。所辟草萊有益於家邑者幾何矣?所封表以益人之生利者何物也?[4] 謂其事業最可以益人者,遂封表以示之,問知是何物也。所築城郭,修牆閉,絶通道,阨闕,深防溝,以益人之地守者,何所也?牆閉,謂築牆有所遮閉,雖道路而爲妨碍者絶塞之,[5]阨闕空之處亦當絶之。[6] 凡此,守地者所以省

① "必",原脱,據宋楊忱本、花齋本、四庫本補。
② 宋杨忱本、花齋本"雨"下有"不藏"二字。
③ "其",四庫本同,宋楊忱本、花齋本作"及"。
④ "人",原脱,據宋楊忱本、四庫本補。
⑤ "道",宋楊忱本、花齋本、四庫本作"通"。
⑥ "阨",宋楊忱本、花齋本同,四庫本作"路"。

其功費，故曰益地守也。[1] 所捕盜賊，除人害者幾何矣？

制地。君曰：理國之道，地德爲首。當制地之時，君爲此言，故言曰法地以爲政，故曰地德爲首。君臣之禮，地有高下，君臣之禮也。父子之親，高地下覆，下地上承，父子之親也。覆育萬人。百貨出於地，人得以生焉，故曰覆育萬人。官府之藏，強兵保國，城郭之險，外應四極，四極，謂國之四鄙也。自官府已下，[2]非地則無所容居。具取之地。凡此，皆因地而成，故曰具取之地。而市者，天地之材具也，求天地之材，[3]不登山，不入海，至於市，[4]求而得之，故曰天地材具。[5] 而萬人之所和而利也。和，謂交易也。萬人因市易而得利。[6] 正是道也，言市正合道之理。民荒無苛，人盡地之職，一保其國。欲理荒，人無得苛虐，但使盡地之職，自然齊一而保國也。各主異位，毋使讒人亂普，而德營九軍之親。自君以下，其位既異，當各主之，無使讒人交鬥，[7]普廢其德，如此，則九軍之親自營也。[8] 關者，諸侯之陬隧也，謂陬隅之道也。而外財之門户也，他國之財因之而入。[9] 萬人之道行也。謂因此出入。明道以重告之：當明道路之令，再重而告之。征於關者，勿征於市；征於關，謂行商也。征於市者，勿征於關。征於市，謂坐賈。虛車勿索，索虛車，益其煩擾。徒負勿入，徒負貨既寡，故勿令入其征。以來遠人，關征如

---

① “地”，原脱，據宋楊忱本、花齋本、四庫本補。
② “已”，宋楊忱本、花齋本、四庫本作“以”。
③ “材”，宋楊忱本、花齋本、四庫本作“財”，下注文之“材”同。
④ “至”，宋楊忱本無此字。
⑤ “材”上，宋楊忱本有“之”字。
⑥ 宋楊忱本、花齋本、四庫本“易”上有“交”字。
⑦ “鬥”，宋楊忱本、四庫本作“亂”。
⑧ “自營”，原脱，據宋楊忱本、花齋本、四庫本補。
⑨ “因之”，原脱，據宋楊忱本、花齋本、四庫本補。

此，[①]可以來遠人。十六道同。齊國凡有十六道，皆置關，並同此令。[②] 身外事謹，則聽其名，謂出入於關者，身之外事，[③]既謹而從令，則當聽其名之真僞者也。[④] 視其名，視其色，既知其名，又須視其色之是非。是其事，稽其德，既知其德，[⑤]又須是正其事，以考合其德也。以觀其外，既知其色，[⑥]又觀其外，以校量之也。則無敦於權人，以困貌德，敦，猶厚也。校察如此，則權詐之人無以成其厚。校察行，則困厚奸非因而不生，[⑦]故曰以困貌德。國則不惑，行之職也。國無奸人，所以不惑，凡此，掌行者之職。問於邊吏曰：小利害信，小怒傷義，邊信傷德。邊人失信，故傷德也。厚和構四國，以順貌德，敦厚而和，可以構結四國，四國之來，皆以誠信，故曰以順貌德。后鄉四極。既結四國，然後向四極而撫安之。令守法之官曰：[⑧]行又令守法之官曰行邊鄙與關塞。度必明，無失經常。[⑨] 其巡行之時，必明其制度，無得失於經常。[⑩]

謀失第二十五亡

内言八

① "征"，宋楊忱本作"政"。
② "同"，原作"道"，據宋楊忱本、花齋本、四庫本改。
③ "之外"，宋楊忱本、花齋本同，四庫本作"外之"。
④ "真"，宋楊忱本、四庫本作"虚"。"者"，四庫本同，宋楊忱本、花齋本無。
⑤ "德"，宋楊忱本、花齋本、四庫本作"色"。
⑥ "色"，宋楊忱本、花齋本、四庫本作"德"。
⑦ "因"，原作"困"，據宋楊忱本、花齋本、四庫本改。
⑧ "曰"，宋楊忱本、花齋本、四庫本作"日"，下注文之"曰"同。
⑨ "無"，原脱，據趙用賢本補。
⑩ "無"，原作"其"，據宋楊忱本、花齋本、四庫本改。

卷之十

戒第二十六所以陳戒桓公。

内言九

桓公將東游，問於管仲曰："我游猶軸轉斛，言我之游，必有所濟，猶軸之轉載斛石。績按：《孟子》："昔者齊景公問於晏子曰：'吾欲觀於轉附朝儛，遵海而南，放於琅邪。'"此必"轉附朝"之誤也①，但以之爲景公、晏子，②未知孰是。補：斛，轂也。言我欲周游齊之四境山川，如車軸轉轂然，周覽必遍也。南至琅邪。司馬曰，亦先王之游已，何謂也？"春游而南行，故司馬正令之爲先王之游，公未達其意，故問管仲。管仲對曰："先王之游也，春出，原農事之不本者，謂之游。原，察也。農事不依本務，當原察之。秋出，補人之不足者，謂之夕。秋爲西成，尚有不足者，當補之。夫師行而糧食其民者，謂之亡。師行無成功，③空費糧食，如此者必亡。從樂而不反者，謂之荒。先王有游夕之業於人，無荒亡之行於身。"桓公退，再拜命曰："寶法也！"謂其法可寶也。

---

① "轉附朝"，原作"轉朝附"，據四庫本改正。
② "晏子"，原作"景子"，涉上"景公"而誤，據四庫本改正。
③ "行"，原作"成"，據宋楊忱本、花齋本、四庫本改。

管仲復於桓公曰:“無翼而飛者,聲也;出言門廷,千里必應,故曰無翼而飛。無根而固者,情也;同舟而濟,胡越不患異心,知其情也,故曰無根而固。無方而富者,生也。生全,則萬方輻湊,生盡,則鴻毛不振,故曰無方而富也。莫知生所在,故曰無方也。公亦固情謹聲,以嚴尊生,言當固物情,謹聲教,嚴爲防禁,以尊其生。① 此謂道之榮。”謂此三者順道而光榮。桓公退,再拜:“請若此言。”若,順也。管仲復於桓公曰:“任之重者莫如身,萬事萬行,非身不舉,故曰任之重。② 塗之畏者莫如口,樞機之發,榮辱之主,故可畏也。期而遠者莫如年。殤夭日聞,③期頤實寡,故曰遠期也。以重任,行畏塗,至遠期,唯君子乃能矣。”桓公退,再拜之,曰:“夫子數以此言者教寡人。”管仲對曰:“滋味動靜,生之養也,好惡喜怒哀樂,生之變也,④聰明當物,生之德也。⑤ 非禮勿視聽,⑥故曰當物。是故聖人齊滋味而時動靜,⑦所以養其生也。御正六氣之變,所以循其變也。六氣即好、惡、喜、怒、哀、樂。禁止聲色之淫,所以成其德。邪行亡乎體,違言不存口,體無邪行,口無違言。⑧ 靜然定生,聖也。欲靜則生定,如此者聖也。仁從中出,義從外作。仁自心生,故曰中出;義因事斷,故曰外作。仁,故不以天下爲利;義,故不以天下爲名。若以天下爲名利,則非仁義也。仁,故不代王;不以道輔君,而代之王者,非仁也。義,故七十而致

① 原“其生”下有“無方而富之生”,據宋楊忱本、花齋本、四庫本删。
② “任之重”,宋楊忱本、花齋本、四庫本作“重任”。
③ “夭”,花齋本、四庫本同,宋楊忱本作“子”。
④ “也”,原脱,據宋楊忱本、花齋本、四庫本補。
⑤ “生”,原脱,據宋楊忱本、花齋本、四庫本補。
⑥ “禮”,原作“理”,據宋楊忱本、花齋本、四庫本改。
⑦ “時”,原脱,據宋楊忱本、花齋本、四庫本補。
⑧ “口無違言”,四庫本同,宋楊忱本、花齋本作“口言必順”。

政。老而不致政，貪冒者耳，非義也。是故聖人上德而下功，尊道而賤物。物，謂名利之事。道德當身，故不以物惑。身苟有道德，豈名利之物能惑哉。是故身在草茅之中而無懾意，道德爲重，[1]何懼之有？南面聽天下而無驕色。神器儻來，何驕之有？如此，而後可以爲天下王。所以謂德者不動而疾，[2]德必冥通，故不動而疾。不相告而知，不出户牖，以知天下。不爲而成，無爲而無不爲。不召而至，是德也。同聲相應，同氣相求，如此者，可謂至德也。故天不動，四時云下，萬物化；[3]天常無爲，故曰不動，然四時云下，故萬物化。云，運動貌也。績按：云，周旋也。君不動，政令陳，下而萬功成；君亦常無爲，故曰不動，然政令陳列而下，故萬物成也。心不動，使四肢耳目，[4]而萬物情。心亦常無爲，故曰不動，然四肢耳目自心使，萬物莫不得其情也。[5] 績按：一本作"萬情得"，是也。[6] 寡交多親，謂之知人，以其知人，故能交寡而親多。寡事成功，[7]謂之知用，以其知用，故能事寡而功成。聞一言以貫萬物，謂之知道。以其知道，故能聞一言而得萬物貫也。多言而不當，不如其寡也；故口狗不以善吠爲良，人不以多言爲賢。博學而不自反，必有邪。博學而不反修於其身，心曼衍者，故必有邪行。孝弟者，仁之祖也。仁從孝弟生，故爲仁祖。忠信者，交之慶也。有忠信之心，故能慶交友之善。[8] 内不考孝弟，言不仁。外不正忠信，言不友。澤其四

---

① "重"，四庫本同，宋楊忱本、花齋本作"量"。

② "者"，原脱，據宋楊忱本、四庫本補。

③ 宋楊忱本、花齋本"萬"上有"而"字。

④ "肢"，宋楊忱本作"枝"。

⑤ "得其情也"，原作"存也而得之所以然者必矣"，據宋楊忱本、花齋本、四庫本删補。

⑥ 四庫本"萬"下有"物而得之所以然者必以"。

⑦ "事"，原作"交"，據宋楊忱本改。

⑧ "能"，原作"曰"，據宋楊忱本、花齋本、四庫本改。

經而誦學者，是亡其身者也。”四經，謂《詩》、《書》、《禮》、《樂》也。既無孝弟忠信，空使四經流澤徒爲誦學者，即四經可以亡身也。①

桓公明日弋廩，②廩所以盛米粟，禽鳥或多集焉，故於此弋也。管仲、隰朋朝。公望二子，弛弓脱釬釬，所以鉤弦。③而迎之曰："今夫鴻鵠，春北而秋南，而不失其時，夫唯有羽翼，以通其意於天下乎？今孤之不得於天下，④非皆二子之憂也？"二子不能爲羽翼，所以當憂。桓公再言，二子不對。桓公曰："孤既言矣，二子何不對乎？"管仲對曰："今夫人患勞而上使不時，人患饑，而上重斂焉，⑤人患死，而上急刑焉。如此，而又近色親冶容。⑥而遠有德，疏賢德。⑦雖鴻鵠之有羽翼，⑧濟大水之有舟楫也，⑨其將若君何？"不飛，雖羽翼無益；不濟，雖舟楫徒施；不聽，雖讜言空設。故曰其將若君何。補：邑，"也"字之誤，言濟大水之有舟楫也。仲言桓公雖如鴻鵠之有羽翼，濟大水之有舟楫，其如桓公之近色而遠德，不飛不濟何？桓公蹵然逡遁。管仲曰："昔先王之理人也，蓋人有患勞，而上使之以時，則人不患勞矣；人患饑，則上薄斂，⑩而人不患饑矣；⑪人患死，而上寬刑焉，⑫則人不患死

---

① "經"，原作"者"，據宋楊忱本、花齋本、四庫本改。原"也"字下有"某邪行已矣"，據宋楊忱本、花齋本、四庫本删。

② 宋楊忱本、花齋本"弋"下有"在"字。

③ "鉤"，四庫本同，宋楊忱本、花齋本作"杅"，誤。

④ 宋楊忱本、花齋本"得"下有"意"字。

⑤ "焉"，原脱，據宋楊忱本補。

⑥ 宋楊忱本、花齋本"色"上有"有"字。

⑦ "德"，宋楊忱本、花齋本、四庫本作"俊"。

⑧ "羽"，宋楊忱本無此字。

⑨ "舟楫"，原作"邑"，據宋楊忱本、花齋本、四庫本改。

⑩ 宋楊忱本、花齋本"則"作"而"，且"斂"下有"焉"字。

⑪ "而"，宋楊忱本、花齋本作"則"。

⑫ "寬"，原作"不"，據宋楊忱本、花齋本、四庫本改。

矣。如此,而近有德而遠有色,則四封之内,視君其猶父母邪! 四方之外,歸君其猶流水乎!"公輟射,援綏而乘。自御,管仲爲左,隰朋參乘。朔月三日,進二子於里官,里官,謂里尉也,齊國之法,舉賢必自里尉始,①故令里官進二子,將旌别而用之。②再拜頓首曰:"孤之聞二子之言也,耳加聰而視加明,於孤不敢獨聽之,薦之先祖。"謂陳其所言,以薦祖廟。管仲、隰朋再拜頓首,曰:"如君之王也,③君能如此,可以王也。此非臣之言也,君之教也。"此雖臣言,必君用之,然後成教,故曰君之教。④ 於是管仲與桓公盟誓,爲令曰:"老弱勿刑,參宥而友弊。⑤ 老弱犯刑者,無即刑之,⑥必三寬宥而後斷罪。三宥,即《周禮》三宥,一曰不識,二曰過誤,三曰老耄也。⑦ 補:"友","反"字之誤也,音翻,謂平反也。弊即蔽,謂曲爲蔽護也,皆祥刑之意。關幾而不征,市正而不布。布,謂錢也,即其物而正之,不必分錢。山林梁澤,以時禁發而不正也。"獺祭魚,然後入梁澤,⑧豺祭獸,⑨然後入山林。草封澤鹽者之歸之也,譬若市人。草封澤,謂澤多草,⑩刈積成封,可用煮鹽者也。其處既多鹽,故歸者譬若市人,言不設禁也。⑪ 二年教人,四年選賢以爲

① "賢",原作"矣",四庫本同,據宋楊忱本、花齋本、四庫本改。

② "旌",原作"推",據宋楊忱本、花齋本、四庫本改。

③ 原"如"上衍"孤之"二字,所宋楊忱本、花齋本、四庫本删。

④ "故",原脱,據宋楊忱本補。

⑤ "友",宋楊忱本、花齋本、四庫本作"後"。

⑥ "刑",四庫本同,宋楊忱本、花齋本作"罪"。

⑦ "老",宋楊忱本、花齋本、四庫本作"悼"。"也",原作"而已矣",據宋楊忱本、花齋本、四庫本删改。

⑧ "梁澤",宋楊忱本作"澤梁"。

⑨ "豺",原脱,據宋楊忱本、花齋本、四庫本補。

⑩ "謂澤",原脱,據宋楊忱本、花齋本、四庫本補。

⑪ "也"上原衍"者而已"三字,據宋楊忱本、花齋本、四庫本删。

長，五年始興車踐乘。遂南伐楚，門傅施城。① 施城，楚城名，謂附至其下，②以得其所也。③ 北伐山戎，出冬蔥與戎菽，④布之天下。山戎有冬蔥戎菽，今伐之，取其物布天下。戎菽，胡豆。果三匡天下而九合諸侯。⑤

桓公外舍而不鼎饋。外舍，謂出宿於外。不以鼎饋食，言其饋不盛也。中婦諸子謂宮人："盍不出從乎？君將有行。"中婦諸子，内官之號。君將有行，何不出乎？盍，何不也。宮人皆出從。公怒曰："孰謂我有行者？"宮人曰："賤妾聞之中婦諸子。"公召中婦諸子曰："女言聞吾有行也？⑥"對曰："妾人聞之，君外舍而不鼎饋，非有内憂，必有外患。今君外舍而不鼎饋，君非有内憂也，妾是以知君之將有行也。"公曰："善。此非吾所與女及也，而言乃至焉，言我本不與汝及此謀，⑦今汝言乃能至如此，⑧謂能知我謀也。吾是以語女。吾欲致諸侯而不至，爲之奈何？"我欲諸侯之至而不至，⑨今欲令其至，如何？中婦諸子曰："自妾之身之不爲人持接也，爲，猶與也，言妾身在深宮之中，未嘗得出與人相持而接對。⑩ 未嘗得人之布織也，意者更容不審耶？"言中既少織婦紝之事，⑪又不得外人之布織，言此者既昧於人事，不當訪以軍謀，蓋

---

① "傅"，原作"傳"，四庫本同，據宋楊忱本改。
② "謂"，原作"爲"，據宋楊忱本改。
③ "以得其所也"，四庫本同，宋楊忱本、花齋本脱。
④ "菽"，宋楊忱本作"叔"，下注文中兩"菽"字同。
⑤ "下"，宋楊忱本、花齋本、四庫本作"子"。
⑥ "言"，四庫本同，宋楊忱本、花齋本作"焉"。
⑦ "及此謀"，原作"此諫"，據宋楊忱本、花齋本、四庫本補。
⑧ "如"，宋楊忱本作"於"。
⑨ "而不至"，宋楊忱本作"而乃不至"。
⑩ "相持而接對"，原作"相待而接也"，據宋楊忱本、花齋本、四庫本改。
⑪ "言"，四庫本同，宋楊忱本、花齋本作"宫"。"婦"，四庫本同，宋楊忱本、花齋本無。"紝"，原作"維"，據宋楊忱本、花齋本、四庫本改。

托不知，以止君之行也，故言更當容我思其不審之事。績按：此言己不事人，未嘗得人布織而衣，猶君不下小國，故諸侯不至也，意者或有不審致諸侯之道邪？注非。明日，管仲朝，公告之。管仲曰："此聖人之言也，君必行也。"謂中婦諸子止君不行，此合聖人之言也，故令君行之。

管仲寢疾，桓公往問之。曰："仲父之疾甚矣，若不可諱也，不幸而不起此疾，彼政我將安移之？"管仲未對。① 桓公曰："鮑叔之爲人何如？"管仲對曰："鮑叔，君子也，千乘之國，不以其道予之，不受也。雖與千乘之國，不以其道，彼必不受。雖然，不可以爲政。其爲人也，好善而惡惡已甚，已，猶太也。言憎惡惡人太甚。② 見一惡，終身不忘。"桓公曰："然則孰可？"管仲對曰："隰朋可。朋之爲人，好上識而下問。好上識，謂好知遠大之事。臣聞之，以德予人者，謂之人，③以財予人者，謂之良。以善勝人者，未有能服人者也，以善勝人，人亦生勝己之心，故不服。以善養人者，未有不服人者也。於國有所不知政，於家有所不知事，必隰朋乎！④ 若皆知之，則事鍾於己，將不勝任而敗，朋能有所不知，⑤故可以移政。且朋之爲人也，居其家不忘公門，⑥居公門不忘其家，事君不二其心，亦不忘其身。舉齊國之幣，握路家五十室，其人不知也。大仁也哉，其朋乎！"握，持也。或有舉齊國之幣，持與路旁之家五十室，其事大而且易顯，⑦此皆自

---

① "對"，原脱，據宋楊忱本、花齋本、四庫本補。
② "憎"，原作"曾"，四庫本同，據宋楊忱本、花齋本改。
③ "人"，四庫本同，宋楊忱本、花齋本作"仁"。
④ "隰朋"，宋楊忱本作"則明"，花齋本、四庫本作"則朋"。
⑤ "朋"，宋楊忱本作"明"。
⑥ "其家不忘"，原作"處不惡"，據宋楊忱本、花齋本、四庫本改。
⑦ 宋楊忱本"其"上有"言"字。

有主司，朋能不干預而强知，此所謂於國有所不知政，合於天地之無不容載，故曰：大仁哉，其朋乎也。補：握，猶滿也。言幣帛滿于道路而無數也。室，妻也。家有五十室，言妻妾之衆也。二者雖多，隰朋之爲人，有所不貪不近也，即申明上文國有不知政，家有不知事也。公又問曰："不幸而失仲父也，二三大夫者，其猶能以國寧乎？"管仲對曰："君請矍已乎！矍已，謂有所驚懼而問未止也。鮑叔牙之爲人也，好直，賓胥無之爲人也，好善，寧戚之爲人也，能事，孫在之爲人也，善言。"公曰："此四子者，其孰能一人之上也，寡人並而臣之，則其不以國寧，何也？"言四子皆有超絶之材，無人能過其上，今吾並得臣之，國尚不寧，何也。對曰："鮑叔之爲人也，好直，而不能以國詘，不能爲國以屈其直也。賓胥無之爲人也，好善，而不能以國詘，寧戚之爲人，能事，而有不能以足息，①寧戚善於農植，貪於積聚，不能知足而息也。孫在之爲人也，善言，而不能以信默。② 其所陳言，既見信用，尚不能默。③ 凡此四子，皆矜其能太過，④不能與時屈申，故國不能寧也。⑤ 臣聞之，消息盈虚，與百姓詘信，然後能以國寧勿已者，⑥朋其可乎？朋之爲人也，動必量力，舉必量技。"言終，喟然而嘆曰："天之生朋，以爲夷吾舌也，其身死，舌焉得生哉！"言朋亦將隨己早亡，不得久理齊政，故哀嘆也。以先知未然，夷吾所以稱聖也。管仲曰："夫江、黄之國近於楚，爲臣死乎，二國既近於楚，必臣於楚，豈爲齊臣而死乎？君

---

① "有"，宋楊忱本、花齋本、四庫本無。
② "信默"，原作"足息"，涉上文而誤，據宋楊忱本、花齋本、四庫本改。
③ "尚不能默"，原作"不能尚默"。據宋楊忱本、花齋本乙正。
④ "其"，宋楊忱本無此字。
⑤ "故國不能寧也"，原作"故曰不寧也"，據宋楊忱本、花齋本改。
⑥ "寧"，原脱，據宋楊忱本、花齋本、四庫本補。

必歸楚而寄之。[①] 以二國歸楚若寄托，然則楚不得爲私，而齊猶有望也。[②] 君不歸，楚必私之。私之而不救也，則不可；救之，則亂自此始矣。"楚既私二國，二國有難，齊必不救，一爲不救，則不可救，此救彼不臣，則構怨矣，故曰：亂自此始。績按：臣，管仲自謂也。言江、黄二國近楚，[③]已死後，君必歸二國於楚，使楚知服己而不伐，若不歸楚，[④]爲齊私國，楚必伐之，盟不救固不可，若救，則遠興師旅而致亂矣。《穀梁》曰：[⑤]貫之盟，管仲曰：'江、黄遠齊而近楚。楚，爲利之國也，若伐而不能救，則無以宗諸侯矣。'桓公不聽，遂與之盟。管仲死，楚伐江城黄，[⑥]桓公不能救，故君子閔之也。"桓公曰："諾。"管仲又言曰："東郭有狗啀啀，旦暮欲噬，我猳而不使也。今夫易牙，子之不能愛，將安愛君？[⑦] 必去之。[⑧]"公曰："諾。"東郭之狗喻易牙，言其人殘忍，同於狗矣。枷謂以木連狗，取聲爲義，即國家也。言易牙終能亡國滅家，此不當使，必須去之也。績按：[⑨]啀，魚佳切，狗欲噬也。管子又言曰："北郭有狗啀啀，旦暮欲噬，我猳而不使也。今夫竪刁，其身之不愛，焉能愛君？君必去之。"公曰："諾。"管子又言曰："西郭有狗啀啀，旦暮欲噬，我猳而不使也。今夫衛公子開方，去其千乘之太子，而臣事君，是所願也，得於君者，是將欲過其千乘也。開方在衛，當嗣君之位，今棄而事齊，則所望不只千乘也，其意必得齊國，然後稱所望也。君必去之。"桓公曰："諾。"管子遂卒。卒十

① 宋楊忱本"歸"下有"之"字。
② "猶"，原作"尤"，據宋楊忱本、花齋本、四庫本改。
③ "楚"，原脱，且"近"下衍"利爲利此始之國也爲"9字，據四庫本删補。
④ "若"，四庫本作"君"。
⑤ "梁"，原誤作"糧"，據四庫本改。
⑥ "城"，四庫本作"滅"。
⑦ 宋楊忱本、花齋本"安"下有"能"字。
⑧ 宋楊忱本、花齋本"必"上有"君"字。
⑨ "績按"，原脱"績"字，四庫本脱"按"字。

月,隰朋亦卒。桓公去易牙、豎刁、衛公子開方。五味不至,於是乎復反易牙。宫中亂,復反豎刁。利言卑辭不在側,復反衛公子開方。桓公内不量力,外不量交,而力伐四鄰。公薨,六子皆求立。易牙與衛公子内與豎刁,因共殺群吏,而立公子無虧。故公死七日不斂,九月不葬。孝公奔宋,宋襄公率諸侯以伐齊,戰于獻,①大敗齊師,殺公子無虧,立孝公而還。襄公立十三年,桓公立四十二年。②

地圖第二十七

短語一

凡兵主者,必先審知地圖。轘轅之險,③謂路形若轅而又轘曲,緱氏東南有轘轅道是也。④ 濫車之水,其水深渺能泛車。名山、通谷、經川、謂常川也。陵陸、丘阜之所在,苴草、林木、蒲葦之所茂,苴草,謂其草深茂,能有所覆藏。⑤ 道里之遠近,城郭之大小,名邑、廢邑、困殖之地,困,謂其地墝埆不可種蓺。殖,謂壤田可播殖者。⑥ 必盡知之。凡此,皆兵主所當知。⑦ 地形之出入相錯者,盡藏之。藏,謂包蘊在心。⑧ 然後可以行軍襲邑,舉錯知先

---

① "獻",宋楊忱本作"甗"。
② "四十二",原作"十四",據宋楊忱本、花齋本、四庫本改。
③ "檈",宋楊忱本、花齋本、四庫本作"轘"。
④ "緱",原作"繼",據宋楊忱本、花齋本、四庫本改。
⑤ "藏",原作"載",據宋楊忱本、花齋本、四庫本改。
⑥ "謂",原作"爲",據宋楊忱本、花齋本、四庫本改。
⑦ "皆"、"當",原作"者"、"常",據宋楊忱本、花齋本、四庫本改。
⑧ "包",宋楊忱本作"苞"。

後,不失地利,①此地圖之常也。

人之衆寡,士之精粗,器之功苦盡知之,此乃知形者也。形,謂兵之形。知形不如知能,知能不如知意。故主兵必參具者也,主明、相知、將能之謂參具。明、智、能三者合,謂之參具。②故將出令發士,期有日數矣。宿定所征伐之國,宿,猶先也。使群臣、大吏、父兄、便辟左右不能議成敗,人主之任也。事之成敗,明主獨斷於心,③故其臣不能議論。④ 論功勞,行賞罰,不敢蔽賢不敢蔽隱賢能。有私,行用貨財,供給軍之求索,言相室或用私財供軍所求,若竇嬰、李牧之爲也。使百吏肅敬,不敢解怠行邪,以待君之令,相室之任也。繕器械,選練士,爲教服,設教令,使士服習。連什伍,使其什伍各相鉤連,有所統屬。遍知天下,審御機數,此兵主之事也。

參患第二十八

太強亦有患,太弱亦有患,必參詳強弱之中,⑤自致於無患也。

短語二

凡人主者,猛毅則伐,懦弱則殺。猛毅者何也?輕誅殺人之謂猛毅。懦弱者何也?重誅殺人之謂懦弱。⑥ 此皆有

---

① "地",原脱,據宋楊忱本、花齋本、四庫本補。

② 宋楊忱本、花齋本"謂"上有"故"字。

③ "主",四庫本同,宋楊忱本、花齋本作"王"。四庫本"於"上有"之"字。

④ 原"不"下衍"心故其臣不"5 字,據宋楊忱本、花齋本、四庫本删。"論",四庫本同,宋楊忱本、花齋本無。

⑤ "詳",原脱,據宋楊忱本、花齋本、四庫本補。

⑥ "弱",原脱,據宋楊忱本、花齋本、四庫本補。

失彼此。凡輕誅者殺不辜，而重誅者失有罪。故上殺不辜，則道正者不安；上失有罪，則行邪者不變。道正者不安，則才能之人去亡；行邪者不變，則群臣朋黨。才能之人去亡，則宜有外難；能士去亡，必構鄰來伐，故有外難也。群臣朋黨，則宜有内亂。群臣朋黨則狗變爲虎，簒殺常因是生，故有内亂也。故曰：猛毅者伐，愞弱者殺也。

君之所以卑尊，國之所以安危者，莫要於兵。故誅暴國必以兵，禁辟民必以刑。然則兵者，外以誅暴，内以禁邪，故兵者，尊主安國之經也，不可廢也。若夫世主則不然，外不以兵，而欲誅暴，則地必虧矣；無兵誅暴，暴必内侵，故地虧。内不以刑，而欲禁邪，則國必亂矣。無刑禁邪，邪必上侵，故國亂。

故凡用兵之計，①三驚當一至，驚，謂耀威示武，能驚敵使懼，如此者三，可當師之一至敵國。三至當一軍，師之三至，可當一軍之用。三軍當一戰。軍之三用，可成一戰之功。故一期之師，十年之蓄積殫；師行一期，能盡十年之蓄積。一戰之費，累代之功盡。② 傾國一戰，能盡累代之功。今交刃接兵而後利之，則戰之自勝者也。③ 交刃接兵，必卒喪刃折，貨財空耗，雖未被敵勝，先已自勝。攻城圍邑，④主人易子而食之，析骸而爨之，則攻之自拔者也。主人食子爨骸，攻者必致智窮、⑤力盡、⑥財殫、士喪，城雖未攻，先已自拔。凡此者，庸主之師，非善計者也。是以聖人小征而大匡，

---

① "兵之"，原作"之兵"，據宋楊忱本、花齋本、四庫本改。

② "代"，原作"伐"，據宋楊忱本、花齋本、四庫本改，注文"代"字同。

③ "後利之則戰之自勝者也"，並以下注文原脱，據宋楊忱本、花齋本、四庫本補。宋楊忱本"後"作"后"。

④ "圍"，原作"爲"，據宋楊忱本、花齋本、四庫本改。

⑤ "致"，宋楊忱本無此字。

⑥ "盡"，宋楊忱本作"竭"。

不失天時，不空地利，用日維夢，其數不出於計。小征，①謂誅暴國，大匡謂正天下。既合天時，又得地利，用吉日，襲吉夢，其數從何而生，皆出於計謀者也。故計必先定而兵出於竟。計未定而兵出於竟，則戰之自敗，攻之自毀者也。

得衆而不得其心，則與獨行者同實；不得其心，則叛亡致，②故與獨行同實也。兵不完利，與無操者同實；甲不堅密，與俴者同實；俴，謂無甲單衣者。弩不可以及遠，與短兵同實；射而不能中，與無矢者同實；中而不能入，與無鏃者同實；將徒人，與俴者同實；徒人，謂無兵甲者。俴，單也。人雖衆，無兵甲，則與單人同也。短兵待遠矢，與坐而待死者同實。遠矢至，短兵不能用，③則坐而受死也。故凡兵有大論，必先論其器，論其士，論其將，論其主。故曰：器濫惡不利者，以其士予人也；士不可用者，以其將予人也；將不知兵者，以其主予人也；④主不積務於兵者，以其國予人也。故一器成，往夫具，而天下無戰心；一器，謂師器也。⑤ 其器既成，⑥敢往之夫又具，則天下不敢生心戰。⑦ 二器成，驚夫具，而天下無守城；二器，謂軍之器。其器既成，驚敵之夫又具，則天下不敢守城而禦也。三器成，游夫具，而天下無聚衆。三器，謂　國之器。其器既成，⑧游務之夫又具，則天下之衆懼而自散也。補：一器，爲弓矢劍戟之類；二器，甲冑之屬；三器成，言車馬具備也。往夫具者，勇往直前之夫具也。驚夫者，知謀驚衆之夫。游夫，才辯游說

① “征”，原作“正”，據四庫本改。
② “致”，宋楊忱本作“至”。
③ “用”，宋楊忱本、花齋本、四庫本作“應”。
④ “士不”至“人也”共 22 字正文原脱，據宋楊忱本、花齋本、四庫本補。
⑤ 宋楊忱本、花齋本、四庫本“師”下有“之”字，“器”下無“也”字。
⑥ “其器”，原脱，據宋楊忱本、花齋本、四庫本補。
⑦ 宋楊忱本、花齋本、四庫本“心”下有“與”字，“戰”下有“也”字。
⑧ “器”，原脱，據宋楊忱本、花齋本、四庫本補。

之人也。三器、三夫既具，攻必取，戰必勝，天下無不破之城，不散之衆也。所謂無戰心者，知戰必不勝，故曰無戰心；所謂無守城者，知城必拔，故曰無守城；所謂無聚衆者，知衆必散，故曰無聚衆。

制分第二十九

短語三

凡兵之所以先爭：謂欲用兵，所當先而爭爲者，謂下事。聖人賢士，不爲愛尊爵，有聖人賢士，則以尊爵加之，而不愛惜也。道術知能，不爲愛官職，有道術智能，則以官職加之也。巧伎勇力，不爲愛重禄，聰耳明目，不爲愛金財。故伯夷、叔齊非於死之日而後有名也，其前行多修也；由前行多修，故死後多名。① 武王非於甲子之朝而後勝也，其前政多善矣。由前政多修，②故甲子之朝一戰大勝。故小征，千里遍知之。小征，謂以諸侯之衆有所征。古者諸侯大國有五百里者，今既舉衆而征，③己國與敵國皆當知之，故遍知千里。築堵之牆，十人之聚，日五間之。間，謂私候之。假令築一堵之牆，或十人聚作，主者猶日五候之，況戎事之大，可以不遍知哉。大征，遍知天下。大征，謂以天下之衆有所征伐。天子以天下爲家，④故遍知天下也。日一間之，散金財，用聰明也。夫動衆，當令

---

① “多”，四庫本同，宋楊忱本、花齋本作“有”。
② “修”，宋楊忱本、花齋本、四庫本作“善”。
③ “舉”，原作“與”，據四庫本改。
④ “子”，原作“下”，據宋楊忱本、花齋本、四庫本改。

主者日一間候之。其間候之也，或散金財有所慕賞，或用之聰明度其不虞。① 故善用兵者，無溝壘而有耳目。溝壘防禦小，耳目視聽遠。② 兵不呼儆，不苟聚，不妄行，不強進。呼儆則敵人戒，③ 苟聚則衆不用，無事徒聚，衆必不用，若周之僞烽也。④ 妄行則群卒困，強進則鋭士挫。故凡用兵者，攻堅則軔，軔，牢固之名也。所攻既堅，則軔而難入。乘瑕則神。瑕，謂虚脆也。所乘既脆，繣然瓦解，故若神。攻堅則瑕者堅，所攻雖堅，能令脆者，則以士卒堅強故也。⑤ 乘瑕則堅者瑕。⑥ 所乘雖脆，却爲堅者，則以士卒脆弱故也。故堅其堅者，瑕其瑕者。謂強卒攻堅，弱卒攻脆。屠牛坦朝解九牛，⑦而刀可以莫鐵，莫，猶削也。則刃游間也。刃游理間，故刀不虧。故天道不行，屈不足從；⑧用兵者，必順天道，⑨若及天道之不行，⑩必屈竭而不足。績按："從"字爲句，舊讀下，⑪非。人事荒亂，以十破百；敵國人事，既荒且亂，故十可破百。器備不行，以半擊倍。敵國器備，不可施行，故此雖半，可以擊彼之倍。故軍爭者，不行於完城池，行，謂先覘之也。欲以軍爭，而行其城池，彼則知而備之也。有道者，不行於無君。覘彼無君，亦恐知而有備也。故莫知其將至也，既不先覘以潛襲，所以不知其將至。至而不可圉；⑫莫知其

---

① "之"，宋楊忱本、花齋本、四庫本無。
② "耳目視"，原誤作"視日"，據宋楊忱本、花齋本、四庫本改正。
③ "儆"，原脱，據宋楊忱本、花齋本、四庫本補。
④ 宋楊忱本、花齋本"周"下有"幽"字。
⑤ "堅強"，原作"脆弱"，據宋楊忱本、花齋本、四庫本改。
⑥ "乘瑕則堅者瑕"，此句並注文原脱，據宋楊忱本、花齋本、四庫本補。
⑦ "解"，原脱，四庫本同，據宋楊忱本、花齋本補。
⑧ 宋楊忱本注文在"足"字下，"從"屬下讀。
⑨ "必"，原作"不"，據宋楊忱本、花齋本、四庫本改。
⑩ "若及"，原作"不反"，據宋楊忱本、花齋本、四庫本改。
⑪ "讀"，四庫本作"在"。
⑫ "圉"，宋楊忱本作"圍"。

將去也，不可圉者，①必潛而遁，故不知其將去，楚幕有烏之比。去而不可止。績按：言至不可圉，去不可止。敵人雖衆，不能止去既不可止，雖衆何能止。② 待。績按：待，即上圉意，注非，又不知此爲句。

治者所道富也，而治未必富也，③有所待而治，其道當然未必能富也。④ 必知富之事，然後能富。富者所道強也，⑤而富未必強也，富者其道當強，而未必能強也。⑥ 必知強之數，然後能強。強者所道勝也，⑦而強未必勝也，必知勝之理，然後能勝。勝者所道制也，而勝未必制也，必知制之分，然後能制。是故治國有器，富國有事，強國有數，勝國有理，制天下有分。

君臣上第三十

短語四

爲人君者，修官上之道，而不言其國；⑧君在衆官之上，但修此官上之道而已，至於官中之事，則有司存，非所言也。爲人臣者，比官中之事，而不言其外。比，謂校次之也。若言官外，則爲越職。君道不明，則受令者疑；權度不一，則修義者惑。民有疑惑貳豫之心，而上不能匡，則百姓之與間，間，謂礙不通也。⑨ 人心有

① “圉”，宋楊忱本作“圍”。
② “何”，原作“可”，據宋楊忱本、花齋本、四庫本改。
③ “而治”，四庫本同，宋楊忱本、花齋本作“治而”。
④ “必”，原無此字，據宋楊忱本補。
⑤ “所”，原作“能”，據宋楊忱本、花齋本、四庫本改。
⑥ “能”，原作“爲”，據宋楊忱本、花齋本、四庫本改。
⑦ “道”，原作“以”，據宋楊忱本、花齋本、四庫本改。
⑧ “國”，宋楊忱本、花齋本、四庫本作“中”。
⑨ 宋楊忱本、花齋本“謂”下有“隔”字。

疑，君不能正，故其所與，爲多礙而不通也。猶揭表而令之止也。揭，舉也。表，謂以木爲標，有所告示也。既使舉於表，又令止之，是不信也，①故以況人心之疑也。是故能象其道於國家，加之於百姓，而足以飾官下化者，②明君也。象，法也。謂能本道而立法。能上盡言於主，下致力於民，而足以修義從令者，忠臣也。上惠其道，下敦其業，上下相希，言相希準以爲法也。若望參表，則邪者可知也。參表，謂立表所以參驗曲直。吏嗇夫任事，吏嗇夫，謂檢束群吏之官也，若督郵之比也。人嗇夫任教。人嗇夫，亦謂檢束百姓之官。教在百姓，論在不橈，③謂百姓有不從教，論其罪法，④不橈法以行私。賞在信誠，體之以君臣，其誠也，以守戰，既賞信罰必，君臣合體，莫不致誠，⑤故入可以守城，出可以野戰也。如此，則人嗇夫之事究矣。吏嗇夫盡有訾程事律，訾，限也；程，準也。事律，謂每事據律而行也。論法辟、衡權、升斛、⑥文劾，不以私論，而以事爲正，辟，刑也。文劾，言據文而舉劾，⑦謂法刑已下，⑧當據事以爲正，⑨不曲從其私也。⑩ 如此，則吏嗇夫之事究矣。人嗇夫成教，吏嗇大成律之後，則雖有敦慤忠信者不得善也，人嗇大之教既成，則人皆忠信，故無有獨得善者也。而戲豫怠傲者不得敗也。吏

---

① "是不信也"，宋楊忱本作"是亦不一也"，四庫本作"是不一也"。
② "下化"，宋楊忱本、花齋本、四庫本作"化下"。
③ "橈"，四庫本同，宋楊忱本、花齋本作"撓"。
④ "法"，四庫本同，宋楊忱本、花齋本作"罰"。
⑤ "致"，宋楊忱本作"至"。
⑥ "升"，四庫本同，宋楊忱本、花齋本作"斗"。
⑦ "言"，原作"謂"，據宋楊忱本改。
⑧ 宋楊忱本、花齋本"謂"下有"論"字。
⑨ "當"，宋楊忱本、花齋本、四庫本作"皆"。
⑩ 原"也"字下衍"已矣"二字，據宋楊忱本、花齋本、四庫本刪。

嗇夫之律既成，①人皆懼法不敢爲非，雖有豫怠不得爲敗也。績按：言教律既成，善惡不能損益。如此，則人君之事究矣。是故爲人君者因其業，謂因人嗇夫之業也。乘其事，謂乘吏嗇夫之事。而稽之以度。又以國之法度考此二者。有善者，賞之以列爵之尊、田地之厚，而民不慕也。善自應賞，故不善者不敢横慕。有過者，罰之以廢亡之辱、僇死之刑，而民不疾。過自應罰，故人不敢疾怒。殺生不違，而民莫遺其親者，或罰而殺之，②或賞而生之，③皆不違其理，則人知主德之有常，不輕爲去就，故人不遺其親也。此唯上有明法，而下有常事也。

天有常象，懸象著明，不改其真。④ 地有常形，山澤通氣，不改其静。人有常禮。尊君父，卑臣子，其儀不易。一設而不更，此謂三常。兼而一之，人君之道也；人君無官，兼統衆官，故曰兼而一之。分而職之，各有司存。人臣之事也。君失其道，無以有其國；臣失其事，無以有其位。然則上之畜下不妄，而下之事上不虚矣。上之畜下不妄，則所出法制度者明也；⑤下之事上不虚，則循義從令者審也。上明下審，上下同德，代相序也。代，更也。⑥ 謂上明下審更相序次。⑦ 君不失其威，下不曠其産，而莫相德也。君以威覆下，下以産供上，各有所職，⑧故不相德。是以上之人務德，而下之人守節。義禮成形於上，而善下通於民，

① “律”，四庫本作“事”。
② “罰”，原作“賞”，據宋楊忱本、花齋本、四庫本改。
③ “賞”，原作“罰”，據宋楊忱本、花齋本、四庫本改。
④ “真”，宋楊忱本、四庫本作“貞”。
⑤ 宋楊忱本“則”字在“法”字下。
⑥ “更”，原作“要”，據宋楊忱本、花齋本、四庫本改。
⑦ “明”，原作“更”，據宋楊忱本、花齋本、四庫本改。“次”，四庫本同，宋楊忱本、花齋本無。
⑧ “職”，四庫本同，宋楊忱本、花齋本作“恃”。

則百姓上歸親於主，而下盡於于農矣。故曰：君明、相信、五官肅、士廉、農愚、商工愿、則上下體，上下各得其體也。① 而外内别也，民性因，而三族制也。三族，謂農、商、工也。言因上下有體，②内外有别，故此三族各得其制也。

夫爲人君者，廕德於人者也；君者，以德廕人也。爲人臣者，仰生於上者也。臣者，仰君而生。爲人上者，量功而食之以足；量其功之多少，制禄以食之，各得足也。爲人臣者，受任而處之以教。受任必設教也。③ 布政有均，績按：指君食足。民足於産，④則國家豐矣。以勞授禄，則民不幸生。有勞者必得禄，人則致死以立功，不僥倖而偷生也。⑤ 刑罰不頗，則下無怨心。名正分明，則民不惑於道。刑名職分明，則人於道不惑也。道也者，上之所以道民也。⑥ 是故道德出於君，以道出令。⑦ 制令傳於相，⑧令因相傳。事業程於官。官各以其事業程於君也。百姓之力也，胥令而動者也。胥，視也。視令而動，則所舉不妄。是故君人也者，無貴如其言；君以言制下，無言則下無所稟令，故言最貴也。⑨ 臣人也者，⑩無愛如其力。臣則宣力事君，故其力最可愛也。言下力上，君言下於臣，臣力上於君也。而臣主之道畢矣。是故主畫之，相守之；畫，謂分别其所授事，君既畫其事，相則守而行之也。相畫

---

① 原"其"上有"平"字，據宋楊忱本、花齋本、四庫本删。
② "因"下，宋楊忱本有"士"字。
③ 宋楊忱本、花齋本"必"上有"者"字，"教"下無"也"字。
④ "民足於產"，原脱，四庫本同，據宋楊忱本、花齋本補。
⑤ "僥"，四庫本同，宋楊忱本、花齋本作"徼"。
⑥ "道"，四庫本同，宋楊忱本、花齋本作"導"。
⑦ "以道出令"，宋楊忱本、花齋本、四庫本作"德從君出"。
⑧ "傳"，花齋本、四庫本同，宋楊忱本誤作"傅"。注文"傳"字同。
⑨ "言"，原脱，據宋楊忱本、花齋本、四庫本補。
⑩ "臣人"，四庫本同，宋楊忱本、花齋本作"人臣"。

之，官守之；官畫之，民役之。官既畫之，民則役力以行其事。① 則又有符節、印璽、典法、策籍以相揆也。符節、印璽，所以示其信也；典法、策籍，所以示之制也。凡此可以考其真僞，定其是非，故曰以相揆也。此明公道而滅奸僞之術也。

論材量能，謀德而舉之，謀知其德，然後舉用之。② 上之道也；專意一心，守職而不勞，不以職事爲勞苦。下之事。③ 爲人君者，下及官中之事，則有司不任；下及官中之事，則君奪臣職，故有司不任也。爲人臣者，上共專於上，則人主失威。臣常上供，④從君之命，今乃專上之權，故主失威。績按：此言臣奪君職，供其專令。是故有道之君，正其德以蒞民，⑤而不言智能聰明。智能聰明者，下之職也；所以用智能聰明者，上之道也。谓用下之智能聰明。上之人明其道，下之人守其職，上下之分不同任，而復合爲一體。君爲元首，臣爲股肱，故曰一體。是故知善，人君也；知善則謀慮深遠，故可以爲人君也。⑥ 身善，人役也。身善，材能可用，⑦故爲人役也。君身善，則不公矣。君身善則智淺，故不公人也。績按：君任人而不自任，故知善而不身善，若身善則自用小而不公矣。人君不公，常惠於賞而不忍於刑，不公則不識理之正，故惠賞而不忍刑也。是國無法也。治國無法，則民朋黨而下比，飾巧以成其私。績按：此言君身善之弊。法制有常，則民不散而上合，竭

① “民”，宋楊忱本作“人”。
② “用”，原作“明”，據宋楊忱本、花齋本、四庫本改。
③ 宋楊忱本、花齋本“事”下有“也”字。
④ “常”，四庫本同，宋楊忱本、花齋本作“當”。
⑤ “蒞”，花齋本同，宋楊忱本、四庫本作“莅”。
⑥ “爲”，原脱，據宋楊忱本、花齋本、四庫本補。
⑦ 宋楊忱本、花齋本、四庫本“材”上有“則”字。“用”，宋楊忱本、花齋本作“任”。

情以納其忠。績按：此言君不身善之益。是以不言智能，而順事治，國患解，大臣之任也。不言於聰明，而善人舉，奸僞誅，視聽者衆也。績按：此言君不言智能聰明，以此乃臣下之職，故曰大臣之任也，視聽者衆也。是以爲人君者，[①]坐萬物之原，[②]而官諸生之職者也。謂授諸生之官而任之以職也，生謂知學之士也。績按：諸生之職，尤言治亂所從起也。[③] 選賢論材，而待之以法。舉而得其人，坐而收，其福不可勝收也。得人則福多，故不可勝收。官不勝任，奔走而奉，其敗事不可勝救也。不勝則敗廣，[④]故不可收救。[⑤]而國未嘗乏於勝任之士，上之明適不足以知之。是以明君審知勝任之臣者也。[⑥] 故曰：主道得，賢材遂，百姓治。治亂在主而已矣。

故曰：主身者，正德之本也；官治者，耳目之制也。官稟君命而後行，若耳目待上制而後用，故曰官者耳目之制。身立而民化，德正而官治。治官化民，其要在上，是故君子不求於民，立身正德而已。是以上及下之事謂之矯，[⑦]及，猶預也。矯，僞也。上預下之事，[⑧]則僞有餘而實不足也。下及上之事謂之勝。下預上事，[⑨]則威權勝君也。爲上而矯，悖也；爲下而勝，逆也。國家有悖逆反忤之行，[⑩]迕，背也。有土主民者失其紀也。是故别交正分

---

① “人君者”，原作“人者君”，誤倒，據宋楊忱本、花齋本乙正。
② “坐”，原作“生”，據宋楊忱本、花齋本、四庫本改。
③ “尤”，四庫本作“猶”。
④ 宋楊忱本、花齋本則”上有“任”字。
⑤ “收”，宋楊忱本、花齋本、四庫本作“勝”。
⑥ “任”，原脱，據宋楊忱本、花齋本、四庫本補。
⑦ “上及下之事”，原作“下及上事”，據宋楊忱本、花齋本、四庫本改、補。
⑧ “之”，宋楊忱本、花齋本、四庫本無此字。
⑨ “下預上事”，原作“上預下事”，據宋楊忱本、花齋本、四庫本改。
⑩ “忤”，四庫本同，宋楊忱本、花齋本作“迕”。

之謂理，别上下之交，正君臣之分。順理而不失謂之道，[1]道德定而民有軌矣。[2] 有道之君者，善明設法而不以私防者也。而無道之君既已設法，則舍法而行私者也。爲人上者釋法而行私，則爲人臣者援私以爲公。公道不違，則是私道不違者也。臣之所以爲公者，乃是私也，名曰不違公道，更是不違私道也。行公道而托其私焉，寢久而不知，奸心得無積乎？[3] 既久行私而不知，則是奸心之積也，故言奸心豈無積乎。[4] 奸心之積也，其大者有侵偪弑上之禍，[5]其小者有比周内爭之亂。此其所以然者，由主德不立，而國無常法也。主德不立，則婦人能食其意；君意委曲隨於女謁，若食之充口，故曰婦人能食其意。國無常法，則大臣敢侵其勢。大臣假於女之能，以規主情；假，因也。因女之能食主意，以規度主之情也。婦人嬖寵假於男之知，以援外權。婦人既得君之嬖寵，[6]又因大臣之智以引其外權，則何爲不成也。於是乎外夫人而危太子，女有寵隆，[7]又挾大臣之助，故夫人被外，太子見危。兵亂内作，以召外寇。此危君之徵也。是故有道之君，上有五官以牧其民，則衆不敢逾軌而行矣；下有五横以揆其官，則有司不敢離法而使矣。横，謂糾察之官，得入人罪者也。五官各有其横，曰五横也。朝有定度衡儀，以尊主位，[8]衡，正也。衣服緷絻，盡有法度，緷絻，古衮冕字。則君體法而立矣。體，猶依

① “謂之”，宋楊忱本、花齋本、四庫本作“之謂”。
② “道”，原脱，據宋楊忱本、花齋本、四庫本補。
③ “無積”，原誤倒，據宋楊忱本、花齋本、四庫本乙正。
④ 宋楊忱本、花齋本“豈”下有“復”字。
⑤ “弑”，宋楊忱本、花齋本、四庫本作“殺”。
⑥ “寵”，原脱，四庫本同，據宋楊忱本、花齋本補。
⑦ “女有寵隆”，四庫本同，宋楊忱本、花齋本作“女寵既隆”。
⑧ “主位”，原作“位主”，誤倒，據宋楊忱本、花齋本乙正。

也。君據法而出令，有司奉命而行事，百姓順上而成俗，著久而爲常，著明而且久，積習而爲常也。犯俗離教者，衆共奸之，衆以離教爲奸而罪之也。則爲上者佚矣。

天子出令於天下，諸侯受令於天子，大夫受令於君，子受令於父母，下聽其上，弟聽於兄，①此至順矣。衡石一稱，斗斛一量，丈尺一綧制，所謂同律度量衡也。綧，古準字。準，節律度量也，謂丈尺各有準限也。戈兵一度，書同名，車同軌，此至正也。從順獨逆，從正獨辟，此猶夜有求而得火也，奸僞之人，無所伏矣。衆皆從順，而有獨逆者，衆皆從正，而有獨辟者，必爲順正者所發也。② 此先王之所以一民心也。是故天子有善，讓德於天；諸侯有善，慶之於天子；諸侯有善，讓於天子而慶也。大夫有善，納之於君；民有善，本於父，慶於長老。③ 此道法之所從來，是治本也。道法以讓爲主。是故歲一言者，君也，謂正歲之朝布政縣象。績按：一作"王省惟歲"是也。時省者，相也，月稽者，官也，務四支之力、修耕農之業以待令者，庶人也。是故百姓量其力於父兄之間，聽其言於君臣之義，而官論其德能而待之。謂百吏之官，各論其德能，以待君命。績按：此言庶人。大夫比官中之事，不言其外，而相常具以給之。④ 具，謂衆官之法制也。⑤ 績按：此言官。相總要者，相無常之官，⑥所以總統百吏之官。⑦ 官謀

---

① "於"，四庫本同，宋楊忱本、花齋本作"其"。
② "發"，宋楊忱本作"伏"。
③ "於"上，宋楊忱本、花齋本有"之"字。
④ 宋楊忱本、花齋本、四庫本"相"下有"爲"字。
⑤ "謂"，四庫本同，宋楊忱本、花齋本作"論"。
⑥ "之"，宋楊忱本、花齋本、四庫本無。
⑦ "官"，宋楊忱本作"要"。

士，量實義美，匡謀所疑。[1] 士，事也。官各謀其職事也，又當量實宜，其有美善者，用匡於所疑，必陳而請之也。績按：此上言相。而君發其明府之法瑞以稽之，府，謂百吏所居之官曹也。立府必有明法，故曰明府之法。瑞，君所與臣爲信者，[2]珪璧之屬也，又必合其瑞以考之也。立三階之上，南面而受要。君之路寢前有三階。[3] 要，爲百吏之目也。[4] 績按：此以上言君。明府之法瑞，謂大史既布憲，[5]入籍于太府者，尤象魏所縣之法也，稽考其合否。"瑞"，或疑"端"字誤。是以上有餘日，上唯受要，故有餘日。而官勝其任，各理其職，故能勝任。時令不淫，而百姓肅給。[6] 言其敬而供上。唯此上有法制，下有分職也。

道者，誠人之姓也，非在人也。姓，生也。言道立人之生，人之所從出，故非在人。而聖王明君，善知而道之者也。道，猶言也。聖王善知道理，故言而相教也。[7] 是故治民有常道，而生財有常法。道也者，萬物之要也。爲人君者，執要而待之，則下雖有奸僞之心，故不敢殺也。[8] 不敢殺君也。夫道者虛設，道無形而善應，故曰虛設。其人在則通，其人亡則塞者也。非兹是無以理人，非兹是無以生財。前兹是謂是道。民治財育，其福歸於上。是以知明君之重道法而輕其國也。[9] 得道之真以理身，緒餘

---

① "謀"，宋楊忱本、花齋本、四庫本作"請"。
② "者"，原脱，四庫本同，據宋楊忱本、花齋本補。
③ "君"，原作"官"，據宋楊忱本、花齋本、四庫本改。
④ "爲"，宋楊忱本、花齋本作"謂"。"目"，原作"用"，據宋楊忱本、花齋本、四庫本改。
⑤ "大史"，四庫本作"大吏"，花齋本作"太史"。
⑥ "肅"，原作"不"，據宋楊忱本、花齋本、四庫本改。
⑦ "教"，四庫本同，宋楊忱本、花齋本作"告"。
⑧ "故"，宋楊忱本、花齋本、四庫本無。
⑨ "之"，原脱，據宋楊忱本、花齋本、四庫本補。

以理國家，故重道輕國。[1] 故君一國者，其道君之也。道可爲君，故君一國。王天下者，其道王之也。道可王，故王天下。大王天下，小君一國，其道臨之也。其道足以臨國與天下也。是以其所欲者能得諸民，君之所欲，人則順之令得。[2] 其所惡者能除諸民。[3] 君之所惡，亦順之而除也。所欲者能得諸民，故賢材遂；所惡者能除諸民，故奸僞省。如冶之於金，[4]陶之於埴，制在工也。廢置之由君，若金埴之由工也。

是故將與之，惠厚不能供；謂欲與人，雖有惠厚之意，財不能供。績按：此言留賞。將殺之，[5]嚴威不能振。謂欲殺人，以致其理，然而嚴威銷縮不能振起也。[6] 績按：此言留罰。嚴威不能振，惠厚不能供，聲實有間也。或有聲無實，或有實無聲，聲實間礙，故不供不振也。有善者不留其賞，故民不私其利；善必得賞，私利何如。[7] 有過者不宿其罰，故民不疾其威。宿，猶停也。[8] 罰得其過，則人不疾其威。疾，怨也。威罰之制無逾於民，因人所欲罰而罰之，故不逾於人也。績按："威"當作"賞"，注非。則人歸親於上矣。如天雨然，澤下尺，生上尺。[9] 澤從上降，潤有一尺，則苗從下生，上引一尺。[10] 澤下降，苗上引，猶君恩下流，人心上就也。

---

① "道"下，宋楊忱本、花齋本有"而"字。
② "君之所欲人則順之令得"，此注原脱，據宋楊忱本、花齋本、四庫本補。
③ "其"，原脱，據宋楊忱本、花齋本、四庫本補。
④ "冶"，原作"治"。"於"，原脱，據宋楊忱本、花齋本、四庫本補。
⑤ "之"，原脱，據宋楊忱本、花齋本、四庫本補。
⑥ "銷"，原作"綃"，據宋楊忱本、花齋本、四庫本改。
⑦ "如"，宋楊忱本、花齋本、四庫本作"爲"。
⑧ "猶"，原作"尤"，四庫本同，據宋楊忱本改。
⑨ "生上尺"，原脱，據宋楊忱本、花齋本、四庫本補。
⑩ "一尺"，原脱，據宋楊忱本、花齋本、四庫本補。

是以官人不官，事人不事，獨立而無稽者，人主之位也。君者，與人之官而不自官，授人之事而不自事，獨立於無過之地，臣下莫得而稽之。如此者，人主之位也。先王之在天下也，民比之神明之德，先王善牧之於民者也。夫民别而聽之則愚，别而聽之，則各信其一方，暗莫之發，故愚。合而聽之則聖。合而聽之，則得失相輔，可否相濟，①芻蕘之言，賢聖不能易，故聖也。雖有湯武之德，復合於市人之言。是以明君順人心，安情性，而發於衆心之所聚，聚，謂所同歸湊也。② 是以令出而不稽，稽，留也。刑設而不用。人不犯法，故無所用刑。先王善與民爲一體。以百姓心爲心，故言一體。與民爲一體，則是以國守國，以民守民也。一國同一意，萬人同一心。然則民不便爲非矣。③ 爲非則失利，故不便。

雖有明君，百步之外，聽而不聞；耳聽有所極。環堵之牆，④窺而不見也。目視有所窮。而名爲明君者，君善用其臣，臣善納其忠也。君能善用，臣能善納，則何聽而不聞，何視而不見，耳目不擁，⑤非明而何也。信以繼信，善以傳善。君信而臣繼之，君善而臣傳之。是以四海之内，可得而治。是以明君之舉其下也，盡知其短長，知其所不能益，若任之以事。夫任人以事者，必擇其可不，君之舉臣，亦猶是也。賢人之臣其主也，盡知短長與身力之所不至，謂知君之短長及其身力所不至也。若量能而授官。夫授人官者，亦擇其可不，臣之擇事，亦猶是也。上以此畜下，擇其可畜

---

① 宋楊忱本"否"作"不"，"濟"作"齊"。
② "所同"，四庫本同，宋楊忱本、花齋本作"同所"。
③ "不便"，原作"便不"，誤倒，四庫本同，據宋楊忱本、花齋本乙正。
④ "環堵之牆"，宋楊忱本、花齋本、四庫本作"間之堵牆"。
⑤ "擁"，四庫本作"壅"。

而畜之。下以此事上，擇其可事而事之也。上下交期於正，君有賢臣，①臣有令主，欲求不正，②其可得乎！則百姓男女皆與治焉。君臣正，則百姓無自爲淫辟也。③

---

① “賢”，原作“言”，據宋楊忱本、花齋本、四庫本改。
② “欲”，原脱，據宋楊忱本、花齋本、四庫本補。
③ “辟”，宋楊忱本、花齋本作“僻”。

卷之十一

君臣下第三十一

短語五

古者未有君臣上下之别，未有夫婦妃匹之合，①獸處群居，以力相征。若野獸之處，以群而居，力強者征於弱也。於是智者詐愚，強者淩弱，老幼孤獨，不得其所。故智者假衆力以禁強虐，而暴人止。智者，即聖王也。爲民興利除害，正民之德，正人之邪德。而民師之。師智者也。是故道術德行，出於賢人。賢人，知道術德行者也。② 其從義理，兆形于民心，則民反道矣。道術既出，故莫不從義而順，理之極，③則無奸辟之事，④始見於人心，則人無不道矣。⑤ 績按：反，復還也。言民有所趨向則反道。名物處違是非之分，則賞罰行矣。人既反道，故正其善惡之物，⑥處其背理之

---

① “未”，原脱，四庫本同，據宋楊忱本、花齋本補。
② “知”，原作“之”，據宋楊忱本、花齋本、四庫本改。
③ 宋楊忱本、花齋本重一“理”字。
④ “辟”，宋楊忱本、花齋本作“僻”。
⑤ “人無”，原作“無人”，據宋楊忱本、花齋本乙正。
⑥ 宋楊忱本、花齋本“故”下有“以”字。

違,[①]則是非者自分矣。[②] 是非既分,故行賞罰以當其功過也。績按:處名物爲是,違名物爲非。上下設,民生體,而國都立矣。上下既設,人則生其貴賤之禮,故國都立也。是故國之所以爲國者,民體以爲國;貴賤成禮,方乃爲國。君之所以爲君者,賞罰以爲君。無賞罰,則君不足貴。[③]

致賞則匱,賞而不已則匱。致罰則虐。罰而無節則虐。財匱而令虐,所以失其民也。是故明君審居處之教,[④]而民可使人從教,故可使。居治、戰勝、守固者也。居處既治,戰則勝,守則固。績按:言明不致賞罰,但審教,可使民居國則治,以戰則勝,以守則固也。夫賞重,則上不給也;賞重,則費用多,[⑤]故不給也。罰虐,則下不信也。令虐,則人無所措手足,故不信也。是故明君飾食飲弔傷之禮,飲食謂享燕,傷謂喪祭也。而物屬之者也。[⑥] 禮行則物親也。是故厲之以八政,八政,謂《洪範》之八政。旌之以衣服,衣服所以表貴賤也。富之以國裹,裹,謂財物所包裹而藏也。[⑦] 貴之以王禁,禁令行,然後知常者之可貴也。則民親君,可用也。民用,則天下可致也。天下道其道,則至,君得君道,則天下至。不道其道,則不至也。夫水波而上,盡其摇而復下,其勢固然者也。言水波湧而上,既盡其勢,還復摇動歸下而止,此自然之勢。喻人懷德而來,[⑧]畏威不去者也。故德之以懷也,[⑨]威之以畏也,則天下歸

---

① "背",原作"皆",據宋楊忱本、花齋本、四庫本改。
② 宋楊忱本、花齋本"是"上有"爲"字。
③ "則",原脱,據宋楊忱本、四庫本補。
④ "君",原脱,據宋楊忱本、四庫本補。
⑤ "費",原作"使",四庫本同,據宋楊忱本、花齋本改。
⑥ "屬",宋楊忱本作"厲",誤。
⑦ "物",宋楊忱本作"貨"。"包",宋楊忱本作"苞"。
⑧ "來",原作"求",據宋楊忱本、花齋本、四庫本改。
⑨ "德",原作"得",據宋楊忱本、花齋本、四庫本改。

之矣。有道之國,發號出令,而夫婦盡歸親於上矣。布法出憲,而賢人列士盡功能於上矣。千里之内,束布之罰,束謂帛也,布謂錢也。古者罰刑,或令出錢帛也。績按:此即宅不種桑麻者有里布之類。一畝之賦,盡可知也。賢人爲之視聽,①故無不知。治斧鉞者,不敢讓刑,讓,猶拒也,當其罪,故不讓刑也。② 治軒冕者,不敢讓賞。賞當其功,故不讓也。墳然若一父之子,③若一家之實,義禮明也。墳然,④順貌。或刑賞之,莫敢違逆,若子之從父,家之從長,如此者禮義明故也。

夫下不戴其上,臣不戴其君,則賢人不來。上下不交,則賢人隱。賢人不來,則百姓不用。百姓無賢人,則不知所歸,故百姓不用也。百姓不用,則天下不至。百姓不用,則天下無邦,將何至哉。故曰:德侵則君危,君德見侵,不危何待。論侵則有功者危,論義侵理,則功過不明,故有功者危。令侵則官危,令侵則法不行,故官危也。刑侵則百姓危。刑侵則無辜受戮,故百姓危也。而明君者,審禁淫侵者也。上無淫侵之論,則下無冀幸之心矣。

爲人君者,倍道棄法,而好行私,謂之亂。爲人臣者,變故易常,而巧官以諂上,謂之騰。亂至則虐,騰至則北。騰,謂淩駕於君。⑤ 騰至則摧降,故敗北。⑥ 四者有一至,敗,敵人謀之。四者,即上之四危也。⑦ 則故施舍優,猶以濟亂,則百姓悦。言施恩厚,舍罪罰,二者優厚,雖非用法,猶能濟亂,故百姓悦之也。選賢遂

---

① "爲",原作"謂",據宋楊忱本、花齋本、四庫本改。
② "故不",宋楊忱本作"敢不",花齋本作"不敢"。
③ "之",原脱,據宋楊忱本、花齋本、四庫本補。
④ "然",宋楊忱本、花齋本無此字。
⑤ "騰謂淩駕於君",宋楊忱本在"亂至則虐"下,花齋本在"謂之騰"下。
⑥ "降故敗北",宋楊忱本作"故敗降北"。
⑦ "即",宋楊忱本作"則"。

材，而禮孝弟，則奸僞止。遂，達也。要淫佚，别男女，則通亂隔。要，謂遮止之。言能止淫佚，别男女，則先雖通亂，[①]今能隔阨也。貴賤有義，倫等不逾，則有功者勸。國有常式，故法不隱，則下無怨心。隱，謂伏而不行。此五者，興德匡過，存國定民之道也。

夫君人者有大過，臣人者有大罪。國所有也，國之所有也。民所君也。民者，己之所君。有國君民，而使民所惡制之，此一過也。言民惡君之制己，此亦君之過。民有三務，不布，其民非其民也。三務，謂春夏秋務，農人不務之，[②]則餒餓成變，故民非其民也。民非其民，則不可以守戰，此君人者二過也。夫臣人者，受君高爵重禄，治大官，倍其官，遺其事，穆君之色，穆猶悦也。從其欲，阿而勝之，阿，曲也。巧言令色，委曲從君，至於動也，剛漸以勝之，其終或至於篡弑，[③]故曰阿而取勝之也。[④] 此臣人之大罪也。君有過而不改，謂之倒；臣當罪而不誅，謂之亂。君爲倒君，臣爲亂臣，國家之衰也，可坐而待之。是故有道之君者執本，相執要，大夫執法，以牧其群臣，群臣盡智竭力以役其上。謂給上之役也。上即人君也。[⑤] 四守者，得則治，易則亂，故不可不明設而守固。明設上四法，固而守之。

昔者聖王本厚民生，審知禍福之所生。是故慎小事微，違非索辯以根之。謂有違非，必尋索分辯，得其根而止之也。[⑥] 然

---

① “則”，原作“之”，據宋楊忱本、花齋本、四庫本改。
② “之”，四庫本同，宋楊忱本、花齋本作“三”。
③ “弑”，宋楊忱本作“殺”。
④ “取”，四庫本同，宋楊忱本、花齋本無。
⑤ “上即人君也”，四庫本同，宋楊忱本、花齋本脱。
⑥ “得其”，原作“其得”，誤倒，四庫本同，據宋楊忱本、花齋本乙正。

則躁作、奸邪、僞詐之人，不敢試也。不敢爲非以嘗君。[①] 此禮正民之道也。[②] 制禮者，用此道以正人也。

古者有二言："牆有耳，伏寇在側。"牆有耳者，微謀外泄之謂也；伏寇在側者，沈疑得民之道也。微謀之泄也，狡婦襲主之請而資游慝也。襲，入也。謂狡婦妖蠱人主，[③]遂行請謁，[④]謂所請既從，外資游説爲奸慝者也。沈疑之得民者，[⑤]前貴而後賤者爲之驅也。所驅役之人，前得貴寵，今忽淪賤，然賤者必思貴，[⑥]常伺君以興禍，[⑦]故謂之伏寇也。明君在上，便僻不能食其意，[⑧]便僻者，不能諂君以得意，故曰：不能食其意也。刑罰亟近也。[⑨] 既不能得君意，故刑罰數也。大臣不能侵其勢，不能侵君之勢。比黨者誅，明也。君明，故比黨者誅之。績按：言刑罰數加於近侍，故便辟不能食其意。比黨者必誅之，故大臣不能侵其勢。"明"字疑衍。爲人君者，能遠讒諂，廢比黨，淫悖行食之徒，行食，游食。無爵列於朝者，此止詐拘奸，厚國存身之道也。

爲人上者，制群臣百姓，通中央之人和。[⑩] 中央之人，謂君之左右也，左右與君和之也。是以中央之人，臣主之參也。左右之

---

① "君"，原脱，且"嘗"下衍"索分辨得其根而止之也"，據宋楊忱本、花齋本、四庫本補、删。

② "禮"，疑衍。

③ "婦"，花齋本、四庫本同，宋楊忱本作"人"。

④ "遂"，原作"逐"，據宋楊忱本改。

⑤ "之得民者"，四庫本同，宋楊忱本作"者得民者也"，花齋本作"之得民也者"。

⑥ "必思貴"，原脱，據宋楊忱本、花齋本、四庫本補。

⑦ "以"，原脱，據宋楊忱本、花齋本、四庫本補。

⑧ "便"，原脱，據宋楊忱本、花齋本、四庫本補。"食其意"，原作"意其食"，誤倒，據宋楊忱本、花齋本、四庫本乙正。

⑨ "也"，原作"之"，據宋楊忱本、花齋本、四庫本改。

⑩ "和"，疑衍。

人,在臣主之間,参會其事者也。[1] 制令之布於民也,必由中央之人。中央之人以緩爲急,急可以取威;君雖曰緩,左右行之乃爲急,故能取威也。以急爲緩,緩可以惠民。君雖曰急,左右行之爲緩,故能惠人。威惠遷於下,[2]則爲人上者危矣。賢不肖之知於上,[3]必由中央之人。財力之貢於上,必由中央之人。能易賢不肖而可威實賢謂之不肖,實不肖謂之賢,[4]故曰:易賢不肖也。黨於下;績按:[5]"威"當作"爲",謂能易賢不肖而可以爲朋黨於下,注非。有能以民之財力上陷其主,而可以爲勞於下。用人財力,上以陷主,即於下以爲勞。績按:有,又也。兼上下以環其私,上則擅君之柄,下則用人財力,上下之利,皆用繞身,故曰環其私也。[6] 爵制而不可加,則爲人上者危矣。[7] 勢既淩君,故爵制不能加也。績按:爵,謂前不肖之知而加爵位也。制,謂前財力之貢而有定制也。中人既皆罔上誣下,以全其私,是人主之爵制不加於人,失君柄而危矣。先其君以善者,侵其賞而奪之實者也;先君行善,則是侵君之賞,奪君之富貴也。[8] 先其君以惡者,侵其刑而奪之威者也;訛言於外者,脅其君者也;[9]假説妖妄之言,[10]外以惑衆,如此者,欲脅君也。鬱令而不出者,幽其君者也。鬱,塞也。君之令而不出行者,[11]將

---

① "在",原作"謂",據宋楊忱本、花齋本、四庫本改。"間"、"事",原並脱,據宋楊忱本、花齋本、四庫本補。

② "遷",原脱,據宋楊忱本、花齋本、四庫本補。

③ "之知",原作"知之",誤倒,四庫本同,據宋楊忱本、花齋本乙正。

④ "謂",原作"爲",據宋楊忱本、花齋本、四庫本改。

⑤ "績按",原作"績",四庫本作"按"。

⑥ "私",原作"利",據宋楊忱本、花齋本改。

⑦ "者",原脱,四庫本同,據宋楊忱本、花齋本補。

⑧ "貴",四庫本同,宋楊忱本、花齋本作"實"。

⑨ "者",原脱,據宋楊忱本、花齋本、四庫本補。

⑩ "説",原作"如",據宋楊忱本、花齋本、四庫本改。

⑪ "行者",原作"者行",誤倒,據宋楊忱本、花齋本、四庫本乙正。

欲幽君也。四者一作，而上不知也，[①]則國之危可坐而待也。

神聖者王，仁智者君，武勇者長，此天之道，人之情也。天道人情，通者質，寵者從，此數之因也。質，主也。能通於天道人情者，可以爲主，其不能通但寵貴之者，可以爲從。從，謂臣也。言臣主數因此通而立也。是故始於患者不與其事，親其事者不規其道。言初始謀慮而憂患者，乃行其事，令人爲之，而不自與，[②]此謂君也。績按：始於患者不與其事，即下"患而不勞"也。親其事者不規其道，即下"勞而不患"也。是以爲人上者患而不勞也，百姓勞而不患也。君臣上下之分素，有謀慮之患無别，謂上患而不勞也。則禮制立矣。是故以人役上，人謂百姓，百姓勞其身以供上之役也。[③] 以力役明，謂臣勤力役，用其功而理其職。[④] 以刑役心，刑，法也。君則役心以出法制也。績按：以人役上，自君臣言，以力役明，自等類言，以刑役心，自一身言。刑乃形字訛，下同。此注及下俱非。此物之理也。心道進退，心則度量可否，故進退也。而刑道滔赶。滔，謂充也。赶，謂逡巡曲也。設法有當否，[⑤]故有合成也。績按：赶，區言切，[⑥]走也。進退者主制，君心進退，所以主爲制令。滔赶者主勞。主勞者方，主制者圓。君臣之道主得制者，其事必有方有圓也。圓者運，運者通，通則和。圓，謂君道也，圓而不滯，必運而無碍，則通，[⑦]通者必暢，故和也。[⑧] 方者執，執者固，固則信。方，謂臣道也。方而有常，

① "上不知也"，四庫本同，宋楊忱本作"上下不知也"。
② "與"，宋楊忱本、花齋本作"預"。
③ "以"，宋楊忱本無此字。
④ 宋楊忱本、花齋本"功"作"明"，"其職"作"職位"。
⑤ "否"，宋楊忱本作"不"。
⑥ "區"，四庫本作"巨"。
⑦ "則通"，宋楊忱本、花齋本脱。
⑧ "和"下，宋楊忱本、花齋本有"之"字。

故執而不舍，則固，固而不妄，則信也。君以利和，君道而和，則利也。① 臣以節信，臣則守節。則上下無邪矣。故曰：君人者制仁，臣人者守信，此言上下之禮也。

君之在國都也，若心之在身體也。道德定於上，則百姓化於下矣。戒心形於内，戒慎之心，成形於内。② 則容貌動於外矣。正也者，所以明其德。必正，然後德明。知得諸己，知得諸民，從其理也。於己既不失，於人必不妄。如此者，從理故也。知失諸民，退而修諸己，反其本也。有失於人，必修己自責，如此者，反其本也。所求於己者多，故德行立。求己多者，必修德進業，③故德行立也。④ 所求於人者少，故民輕給之。求人少者，必薄賦斂，故人輕於給也。故君人者上注，⑤臣人者下注。上注者，紀天時，務民力。上注，謂注意於上天，故紀要天時，務全人力也。下注者，發地利，足財用也。下注，謂注意於下地，⑥故發興地利，足於財用也。⑦故能飾大義，審時節，上以禮神明，下以義輔佐者，所用輔佐，⑧皆得其宜。明君之道也。能據法而不阿，上以匡主之過，下以振民之病者，忠臣之所行也。

明君在上，忠臣佐之，則齊民以政刑，牽於衣食之利，君明臣忠，則國理，國理，則人重生，故人皆以養其形而牽繫於衣食之利也。故愿而易使，愚而易塞。塞，止也。易用法止也。君子食於

---

① “而”，四庫本同，宋楊忱本、花齋本無此字。
② “成”，原作“或”，據宋楊忱本、花齋本、四庫本改。
③ “修德進業”，四庫本同，宋楊忱本、花齋本作“進德修業”。
④ 原“立”下衍“之”字，據宋楊忱本、花齋本、四庫本删。
⑤ “君人”，原作“人君”，誤倒，四庫本同，據宋楊忱本、花齋本乙正。
⑥ “意”，原脱，據宋楊忱本、花齋本、四庫本補。
⑦ “興”，原脱，據宋楊忱本、花齋本、四庫本補。
⑧ “用”，原作“謂”，據宋楊忱本、花齋本、四庫本改。

道，小人食於力，分民。食道力不同，[①]故曰分民也。威無勢也無所立，必有勢然後有所立。事無爲也無所生。必有爲，然後有所生。若此，則國平而奸省矣。君子小人既食於道力，邪惡之人復無所立生，故國平而奸省。君子食於道，則義審而禮明。義不審，[②]則無所食也。義審而禮明，則倫等不逾，雖有偏卒之大夫，不敢有幸心，則上無危。國既明禮義，倫等不逾，雖有大夫偏獨出，伏罪而怨，不敢有幸亂心。齊民食於力則作本，[③]作本者衆，農以聽命。是以明君立世，民之制於上，猶草木之制於時也。[④] 草木必得時然後生。[⑤] 故民迂則流之，[⑥]人太迂曲不行，則流通之。民流通則迂之。人太流蕩，則迂屈之。[⑦] 決之則行，塞之則止。雖有明君，能決之，又能塞之。[⑧] 決之，則君子行於禮，塞之，則小人篤於農。君子行於禮，則上尊而民順；小人篤於農，則財厚而備足。上尊而民順，財厚而備足，四者備體，謂備具而成體。頃時而王不難矣。

四肢六道，身之體也。四肢，謂手足也。六道，謂上有四竅，下有二竅也。四正五官，國之體也。四正，謂君臣父子。五官，謂五行之官也。四肢不通，六道不達，曰失。四正不正，五官不官，曰亂。是故國君聘妻於異姓，設爲侄娣、命婦、宫女，盡有法制，所以治其内也。明男女之别，昭嫌疑之節，所以防其奸也。

---

① "同"，原作"可"，據宋楊忱本、花齋本、四庫本改。
② "審"，原作"明"，據宋楊忱本、花齋本、四庫本改。
③ "則"，宋楊忱本脱。
④ "於"，原作"也"，據宋楊忱本、花齋本、四庫本改。
⑤ "生"，宋楊忱本作"也"。
⑥ "迂"，花齋本、四庫本同，宋楊忱本作"赶"。
⑦ "屈"，原作"出"，據宋楊忱本、花齋本、四庫本改。
⑧ "又"，原脱，據宋楊忱本、花齋本、四庫本補。

是以中外不通，讒慝不生。婦言不及官事，①而諸臣子弟無宮中之交。此先王所以明德圉奸，昭公威私也。績按："威"乃"滅"字誤。②

明立寵設，③不以逐子傷義。明立正嫡，設其貴寵，子不令逐而廢之，故不傷義也。禮私愛歡，勢不並倫。嫡子者，所以傳重也，故禮許私愛，雖歡之超異可也。餘子之勢，終不得與之並倫也。爵位雖尊，禮無不行。言嫡子爵位雖復尊異，必須行之以禮也。④ 績按：言庶子爲兄弟者，雖有才有寵，亦不以逐嫡子而傷義，故禮，愛隆而不敢並嫡子，爵位尊而亦事嫡子也。注皆非。選爲都佼，冒之以衣服，旌之以章旗，所以重其威也。所立之嫡，必選其都雅佼好者，又以美衣麗服覆冒之，⑤章表旗幟旌異之，凡此，皆所以重嫡子之威也。然則兄弟無間隙，讒人不敢作矣。嫡威重，則兄弟和，故讒人無所容，其讒不敢作矣。⑥

故其立相也，陳功而加之以德，論勞而昭之以法。參五相德而周舉之，⑦尊勢而明信之。其謂國相，則功德兩兼，勞法獲美，於此四者，⑧參驗伍偶，相與俱得，其事既周，然後舉用之。既用之，尊勢而明信之也。是以下之人無諫死之忌，君明相賢，必從説如流，故無諫死之忌也。而聚立者無鬱怨之心，聚立謂天下會同也，各得

① "官事"，四庫本同，宋楊忱本、花齋本作"官中之事"。
② "滅"，原作"戒"，據四庫本改。
③ "立"，花齋本、四庫本同，宋楊忱本作"妾"。
④ "以"，原脱，據宋楊忱本、花齋本補。
⑤ "冒"，四庫本同，宋楊忱本、花齋本作"習"。
⑥ "容其讒不敢作"，宋楊忱本作"作其故"，花齋本、四庫本作"作其讒"。
⑦ "五"，宋楊忱本、花齋本作"伍"。"舉"，原作"然"，據宋楊忱本、花齋本、四庫本改。
⑧ "四"，原作"也"，據宋楊忱本、花齋本、四庫本改。

其所,①故無怨望也。如此,則國平而民無慝矣。慝,奸惡者也。其選賢遂材也,舉德以就列,不類無德;舉有德者,以就列位,不以無德之人爲類。舉能以就官,不類無能;以德弇勞,不以傷年。有德者超於上列,使在有功勞者之前,故曰有德掩勞。苟有德,雖年未至而亦將用之,不以年少爲之傷也。② 如此,則上無困,而民不幸生矣。有功必賞用之,③故人不以苟生爲幸。

國之所以亂者四,其所以亡者二。内有疑妻之妾,此宫亂也;庶有疑適之子,④此家亂也;朝有疑相之臣,此國亂也;任官無能,此衆亂也。四者無别,無别,謂妻妾嫡庶等不分别也。⑤續按:四者,即上四亂也。主失其體。群官朋黨,以懷其私,則失族矣;國亡則宗族隨之,⑥故曰失族也。國之幾臣,陰約閉謀以相待也,則失援矣。爲國之機臣,下陰爲要結,其所謀者,閉而不泄,以此相待,人必懷疑,而不相親矣,故失其援也。失族於内,失援於外,此二者亡也。⑦ 故妻必定,子必正,相必直立以聽,官必中信以敬。故曰:有宫中之亂,有兄弟之亂,有大臣之亂,有中民之亂,中人謂百吏之屬也。有小人之亂。五者一作,則爲人上者危矣。宫中亂曰妒紛,⑧言積妒紛然,所以亂。兄弟亂曰偏黨,⑨

① "各",花齋本、四庫本同,宋楊忱本作"若"。
② "以年少",原作"主年以",據宋楊忱本、花齋本、四庫本改正。
③ 宋楊忱本、花齋本"功"下有"能"字。
④ "適",四庫本作"嫡"。
⑤ "等",原作"疑",四庫本作"得",據宋楊忱本、花齋本改。
⑥ "亡",原作"土",據宋楊忱本、四庫本改。
⑦ "者",四庫本同,宋楊忱本、花齋本無。
⑧ "紛",原作"分",據宋楊忱本、花齋本、四庫本改。
⑨ "偏黨",四庫本同,宋楊忱本、花齋本作"黨偏"。

偏黨則忘分相淩，[①]故亂也。大臣亂曰稱述，各稱述其己德之長而不相讓，則亂也。中民亂曰讆諄，謂以智詐讆恐諄質，則亂也。小民亂曰財匱。賦税重則財匱，[②]故亂。[③]財匱生薄，財不供則禮義息，[④]故薄也。讆諄生慢，不重諄質而智詐讆恐之，[⑤]此其慢也。稱述、黨偏、妬紛生變。[⑥]此三者，或生篡君弑主，[⑦]能爲大變也。

故正名稽疑，刑殺亟近，則内定矣。正嫡庶之名，稽妻妾之疑，不正者之黨，數取其偪近者而刑殺之，如此則黨偏、妒紛之變息，故内定。順大臣以功，順中民以行，順小民以務，順用其務農也。則國豐矣。三者各稱其所順，故國豐也。審天時，天時各有所宜也。[⑧]物地生，以輯民力，禁淫務，綉文、刻鏤，淫務。勸農功，以職其無事，無事者，皆令得職也。[⑨]則小民治矣。上稽之以數，謂上欲有所徵發，必考其定數以命之也。下十伍以徵。既得其定數，下其什伍名，以徵之也。近其罪伏，以固其意。日期既近，尚有不供者，則加之以罪，[⑩]以權伏之，[⑪]所以固供者之意也。鄉樹之師，以遂其學。每鄉必立之師，以遂之也。官之以其能，及年而舉，則士反行矣。

---

① “偏黨”，四庫本同，宋楊忱本、花齋本作“黨偏”。“忘分”，宋楊忱本、花齋本、四庫本作“強弱”。

② “則”，原作“故”，據宋楊忱本、花齋本、四庫本改。

③ “故”，原作“則”，據宋楊忱本、花齋本、四庫本改。

④ “義”，原在“財”下，據宋楊忱本、花齋本、四庫本改正。

⑤ “諄”，宋楊忱本、花齋本、四庫本作“淳”。“智詐讆恐”，宋楊忱本作“讆稱述恐”。“讆恐”，花齋本、四庫本作“恐讆”。

⑥ “紛”，原作“分”，據宋楊忱本、花齋本、四庫本改。

⑦ “三”、“生”，宋楊忱本作“二”、“王”。“弑”，宋楊忱本、四庫本作“殺”。

⑧ “所”，宋楊忱本脱。

⑨ “事”，原作“物”，據宋楊忱本、花齋本、四庫本改。

⑩ “之”，原脱，據宋楊忱本、花齋本、四庫本補。“以”，宋楊忱本、花齋本無。

⑪ “以”，原脱，據宋楊忱本、花齋本、四庫本補。

舉而有材能者，則受之以官，①既有年矣，則舉其功過而考察之，②如此，則皆反其行矣。稱德度功，勸其所能，若稽之以衆風，若任以社稷之任。既稱其德，又度其功，則其材能不可不知矣。既知其能，順而考之，或使之涖衆以立風化，其材能尤高者，或授之以社稷之任者也。若此，則士反其情矣。③有能必任之以職，故士反於情也。

小稱第三十二

稱，舉也。小舉其過，則當權而改之。④

短語六

管子曰："身不善之患，⑤毋患人莫己知。言但患身之不善耳，無患人不己知也。⑥丹青在山，民知而取之；美珠在淵，民知而取之。丹青與珠，各有可用之性，故雖在山泉而藏，人猶知而取之，況在於人懷善而不知乎。是以我有過爲，而民無過命。⑦我身有過，⑧則民必知而名之，⑨未有無過而妄命者也。⑩民之觀也察矣，不可遁逃有過必知，故不可以遁逃。⑪以爲不善。績按：此爲句。言人之觀我甚明，豈可遁逃以爲不善也。故我有善，則立譽我；我有過，

---

① "受"，宋楊忱本、花齋本作"授"。

② "考"，原作"功"，據宋楊忱本、花齋本、四庫本改。

③ "其"，四庫本同，宋楊忱本、花齋本作"於"。

④ "權"，原作"舉"，據宋楊忱本、花齋本、四庫本改。

⑤ "患"，原脱，據宋楊忱本、花齋本、四庫本補。

⑥ "己知"，宋楊忱本、花齋本、四庫本作"知己"。

⑦ "無"，四庫本同，宋楊忱本、花齋本作"毋"。

⑧ "過"下，宋楊忱本、花齋本有"爲"字。

⑨ "則民"，四庫本同，宋楊忱本、花齋本作"人"。

⑩ "未"，四庫本同，宋楊忱本、花齋本無此字。"有無"，四庫本同，宋楊忱本作"無有"，花齋本作"毋有"。

⑪ "故"上，原有"之"字，脱"遁"字，據宋楊忱本、花齋本、四庫本删、補。

則立毁我。當民之毁譽也，則莫歸問於家矣。人既毁譽，①則己之善惡審矣，故不復問家。問家，則左右佞媚者善掩其過而飾其非也。故先王畏民。民之毁譽，必當其善過，②故畏之。操名從人，無不強也；謂君既行善，持名使之延譽，③故強也。操名去人，無不弱也。君既行惡，④即是持名去人，⑤無善可稱，⑥故弱也。雖有天子諸侯，民皆操名而去之，則捐其地而走矣。皆持其名而去於人，則過惡日聞，人共畏之，故棄其地而走也。故先王畏民。無善名則棄之走，故畏人。在於身者，孰爲利？氣與目爲利。氣也者，所以生全其形。目也者，所以獨見其運，爲功用莫大焉，故最爲利也。聖人得利而托焉，故民重而名遂。聖人之聖，精而又神，⑦托而行善，則譽滿天下，故人重而名遂矣。我亦托焉，聖人托可好，我托可惡。我托可惡，以來美名，其可得乎？⑧ 我雖托氣，濁而不神，所行皆可惡，用此招來美名，其可得乎？績按：别本注：聖人托之而可行善故好，我托之所行皆可惡，又安能美名招來乎。愛且不能爲我能也。托既氣濁，⑨雖令人愛，猶不得美名，⑩況於惡之乎？⑪ 毛嬙、西施，天下之美人也，盛怨氣於面，不能以爲好，⑫嬙、施雖美，而面有怨氣，亦

---

① “譽”，原作“矣”，據宋楊忱本、花齋本、四庫本改。

② “善過”，四庫本同，宋楊忱本、花齋本作“過善”。

③ “既”，四庫本同，宋楊忱本、花齋本作“自”。“延”，原作“言”，據宋楊忱本、花齋本、四庫本改。

④ “惡”，原作“善”，據宋楊忱本、花齋本、四庫本改。

⑤ “即是持名”，原作“持名即是”，誤倒，據宋楊忱本、花齋本、四庫本乙正。

⑥ “無”，原脱，宋楊忱本、四庫本同，據花齋本補。

⑦ “精”，原作“清”，據宋楊忱本、花齋本、四庫本改。

⑧ “其”，四庫本同，宋楊忱本、花齋本作“又”。

⑨ “既氣”，四庫本同，宋楊忱本、花齋本作“氣既”。

⑩ “猶”，原作“尤”，據宋楊忱本改。

⑪ “於”，原作“如”，據宋楊忱本、花齋本、四庫本改。

⑫ “好”上，宋楊忱本、花齋本、四庫本有“可”字。

不能爲可好，喻聖人外見其惡，亦不得其美名。① 我且惡面，而盛怨氣焉。② 怨氣見於面，③惡言出於口，去惡充，所往去於人者，皆以惡事充。以求美名，又可得乎？喻人君既内無聖德，外皆行惡，必無美名也。④ 甚矣，百姓之惡人之有餘忌也。惡人不善，更有餘忌。績按：别本注：百姓見惡，人之所忌。是以長者斷之，⑤短者續之，滿者洫之，虚者實之。”洫，虚也。長、滿者，人所忌，故或斷之，或虚之；短、虚者，人之所好，故或續之，或實之也。績按：所謂無過不及也。

管子曰：“善罪身者，民不得罪也；成湯罪己，故人不罪之也。不能罪身者，⑥民罪之。桀紂罪人，故人罪之。故稱身之過者，強也；稱身之過，即是謙受益也。治身之節者，惠也；懷智之人，然後治身節，⑦故曰惠。不以不善歸人者，仁也。不以不善之事歸之於人，如此者，仁也。故明王有過則反之於身，有善則歸之於民。有過而反之身則身懼，過反於身，則懼而修德也。有善而歸之民則民喜。民得善，故喜也。往喜民，善往，則人喜也。來懼身，過來，則懼身也。此明王之所以治民也。今夫桀紂不然，有善則反之於身，有過則歸之於民。歸之於民則民怒，反之於身則身驕。往怒民，來驕身，此其所以失身也。故明王懼聲以感耳，⑧人

① “亦”，原作“或”，據宋楊忱本、花齋本、四庫本改。“其”，宋楊忱本、花齋本脱。“名”下，原有“乎”字，據宋楊忱本、花齋本、四庫本删。

② “焉”，原脱，據宋楊忱本、花齋本、四庫本補。

③ “怨氣”，與前“怨氣”平列如注文。

④ “名”上，宋楊忱本、花齋本有“之”字。

⑤ “之”，原作“其”，據宋楊忱本、花齋本、四庫本改。

⑥ “者”，原脱，據宋楊忱本、花齋本、四庫本補。

⑦ “治”，宋楊忱本作“理”。

⑧ “王”，原脱，據宋楊忱本、花齋本、四庫本改。

以惡聲懼己，[1]耳聞而感，則心不敢念非。[2] 懼氣以感目。人以惡氣懼己，目見而感，則身不敢造惡。以此二者有天下矣，可毋慎乎？匠人有以感斤欘，故繩可得料也；羿有以感弓矢，故彀可得中也；造父有以感轡策，故遬獸可及，遠道可致。彀，謂射質栖皮者也。感，謂深得其妙，有應於心者也。天下者，無常亂，無常治。不善人在則亂，善人在則治。在於既善，所以感之也。”既，盡也。天下所以理在於君，人君内外盡善，[3]感之於人也。[4]

管子曰：[5]“修恭遜、敬愛、辭讓、除怨、無爭以相逆也，逆，迎也。謂用此恭遜等以相迎接也。則不失於人矣。遜以接人，有何失乎。嘗試多怨爭利，相爲不遜，則不得其身。苟爲不遜，身尚不得，況於人乎。大哉！恭遜敬愛之道。吉事可以入察，凶事可以居喪。大以理天下而不益也，直用恭遜、[6]敬愛，足以理天下，更不須益也。小以治一人而不損也。雖復一身，用恭遜敬愛理之，纔可足耳，[7]亦不須損也。嘗試往之中國、諸夏、蠻夷之國，以及禽獸昆蟲，[8]皆待此而爲治亂。有恭遜敬愛則理，無之則亂也。澤之身則榮，去之身則辱。恭遜敬愛，身之粉澤也，故在身則榮，去身則辱也。審行之身毋怠，雖夷貉之民，可化而使之愛。[9] 夷貉

① “聲”，原作“身”，據宋楊忱本、花齋本、四庫本改。

② “非”下，原衍“之矣”二字，據宋楊忱本、花齋本、四庫本删。

③ “君”，花齋本脱，宋楊忱本作“者”。

④ “感”，原脱，宋楊忱本同，據四庫本補。

⑤ “曰”，原脱，據宋楊忱本、花齋本、四庫本補。

⑥ “用”，原作“愛”。

⑦ “纔”，原作“讒”，據宋楊忱本、花齋本、四庫本改。

⑧ “禽獸”，原二字並列如注文。

⑨ “化而使”，原作“使而化”，據宋楊忱本、花齋本、四庫本乙正。下“化而使”同。

之行，①殘戾凶暴，苟以恭遜敬愛化之，可使生愛。審去之身，雖兄弟父母，可化而使之惡。父母兄弟，恩情結固，苟無恭遜敬愛化之，可令生惡。② 故之身者使之愛惡，之，是也。同是此身，有遜愛恭敬則愛，無之則惡。名者使之榮辱。同是此身之名，有恭遜敬愛則榮，無之則辱也。此其變名物也，如天如地，言恭遜敬愛，可以變化愛惡榮辱名物之善惡，如天地之生殺也。故先王曰道。"道者，貴作變化也。如此之道而已矣。③

管仲有病，桓公往問之曰："仲父之病病矣，若不可諱而不起此病也，仲父亦將何以詔寡人？"管仲對曰："微君之命臣也，故臣且謁之。謁，謂有所告之也。雖然，君猶不能也。④"恐其不從，故以此言抑之。公曰："仲父命寡人東，寡人東；令寡人西，寡人西。仲父之命於寡人，寡人敢不從乎？"管仲攝衣冠起，對曰："臣願君之遠易牙、豎刁、堂誣、⑤公子開方。夫易牙以調和事公，公曰惟烝嬰兒之未嘗，於是烝其首子而獻之公。人情非不愛其子也，於子之不愛，將何有於公？公喜内而妒，⑥豎刁自刑而爲公治内。人情非不愛其身也，⑦於身之不愛，將何有於公？公子開方事公，十五年不歸視其親，齊、衛之間，不容數日之行。臣聞之：務爲不久，務時爲事，久必發揚之也。蓋虚不長；覆盖虚妄，不得長掩，謂上三士皆務虚爲盖者，⑧其奸

---

① "行"，四庫本同，宋楊忱本、花齋本作"人"。

② "生"，原作"往"，四庫本同，據宋楊忱本、花齋本改。

③ "如此之道而已矣"，此爲劉績注，脱去"績按"二字。

④ "能"下，宋楊忱本、花齋本有"行"字。

⑤ "誣"，四庫本同，宋楊忱本、花齋本作"巫"。

⑥ "公"，原脱，據宋楊忱本、花齋本、四庫本補。"内"，宋楊忱本、花齋本、四庫本作"宫"。

⑦ "非不"，原二字並列如注文。

⑧ "務虚爲盖"，宋楊忱本作"務爲蓋虚"。

情終當彰露也矣。其生不長者，其死必不終。”其所行之行，所長之性，其至於死必將改復本性，①未有能終爲意也。言三士之忠皆僞忠耳，②必將復其不忠也。桓公曰：“善。”管仲死，已葬。公憎四子者，廢之官。逐堂巫而苛病起兵，③苛，煩躁也。④巫善，今既逐之，而公有煩苛之病，起兵妄征伐，無使療之也。逐易牙而味不至，逐豎刁而宫中亂，逐公子開方而朝不治。桓公曰：“嗟！聖人固有悖乎！”四子既逐，而有四闕，故以管仲爲悖。乃復四子者。處朞年，四子作難，圍公一室不得出。置公一室之中而圍之，故不得出也。有一婦人，遂從竇入，得至公所。公曰：“吾饑而欲食，⑤渴而欲飲，不可得，其故何也？”婦人對曰：“易牙、豎刁、堂巫、公子開方四人分齊國，⑥塗十日不通矣。既有兵難，故國之道塗行旅十日不得通也。公子開方以書社七百下衛矣，古者群居二十五家則共置社，以社數書於策，⑦謂用此七百之書社降下於衛矣。⑧食將不得矣。”作亂欲公之死，故不給之食。公曰：“嗟兹乎！聖人之言長乎哉！言其所見長遠。死者無知則已，若有知，吾何面目以見仲父於地下！⑨”乃援素幭以裹首而絶。幭所以覆軫也。死十一日，蟲出於户，⑩乃知桓公之死也，葬以楊門之

---

① “死”，原作“能”，據宋楊忱本、花齋本、四庫本改。“性”，宋楊忱本、花齋本、四庫本作“情”。

② “之”下，原衍一“爲”字，據宋楊忱本、花齋本、四庫本删。“僞”，宋楊忱本作“爲”。

③ “兵”，疑衍。

④ “煩”，原脱，據宋楊忱本補。

⑤ “欲”，原作“得”，據宋楊忱本、花齋本、四庫本改。

⑥ “齊”上，原衍一“其”字，據宋楊忱本、花齋本、四庫本删。

⑦ “以社”上，原衍“以社”二字，據宋楊忱本、花齋本、四庫本删。

⑧ “書社”下，原衍“降魏”二字，據宋楊忱本、花齋本、四庫本删。

⑨ “於”，原脱，據宋楊忱本、花齋本、四庫本補。

⑩ “出”，原脱，據宋楊忱本、四庫本改。

扇。謂用門扇以掩屍也。[①] 桓公之所以身死十一日，虫出户而不收者，以不終用賢也。

桓公、管仲、鮑叔牙、寧戚四人飲，飲酣，桓公謂鮑叔牙曰："闔不起爲寡人壽乎？"奉尊者酒，祝令增壽。鮑叔牙捧杯而起曰：[②]"使公毋忘出如莒時也，使管子毋忘束縛在魯也，使寧戚毋忘飯牛車下也。"桓公辟席再拜，曰："寡人與二大夫能無忘夫子之言，則國之社稷必不危矣。"

四稱第三十三

謂稱有道之君、無道之君、有道之臣、無道之臣，以戒桓公。

短語七

桓公問於管子曰："寡人幼弱惛愚，不通四鄰諸侯之義，[③]仲父不當盡語我昔者有道之君乎？吾亦鑑焉。"管子對曰："夷吾之所能與所不能，[④]盡在君所矣，君胡有辱令？[⑤]"言己能不，皆盡之於君，[⑥]無所隱藏，今何勞辱君令而使己言之乎。[⑦] 桓公又問曰："仲父，寡人幼弱惛愚，不通四鄰諸侯之義，仲父不當盡告我昔者有道之君乎？吾亦鑑焉。"管子對曰："夷吾聞

① "用門"，原作"門用"，誤倒，據宋楊忱本、花齋本、四庫本乙正。

② "捧"，宋楊忱本、花齋本、四庫本作"奉"。

③ "四鄰諸侯"，四庫本同，宋楊忱本作"諸侯四鄰"。

④ "與所不能"，原脱，據宋楊忱本、花齋本、四庫本補。

⑤ "胡"，原作"乎"，據宋楊忱本、花齋本、四庫本改。

⑥ "己能不皆盡之"，原作"能己不盡皆知"，據宋楊忱本、花齋本、四庫本乙正。

⑦ "使"，原作"從"，花齋本作"後"，據宋楊忱本、四庫本改。四庫本"令"作"命"。宋楊忱本"而"下衍"令危"二字。

之於徐伯曰，昔者有道之君，①敬其山川、社稷、宗廟，②及至先故之大臣，收聚以忠而大富之。先故之臣，謂祖考時舊臣也，今以忠誠收聚而賙恤之，令其大富也。固其武臣，③宣用其力。聖人在前，貞廉在側，競稱於義，上下皆飾。刑政明察，④四時不貸，民亦不憂。五穀蕃殖，外内均和，諸侯臣服，⑤國家安寧，不用兵革。受其幣帛，以懷其德。昭受其令，以爲法式。鄰國以幣帛來聘，當取之以懷來有德，其或以制令來告者，則君受之以爲法式乎。此亦可謂昔者有道之君也。"桓公曰："善哉！"

桓公曰："仲父既已語我昔者有道之君矣，⑥不當盡語我昔者無道之君乎？吾亦鑑焉。"管子對曰："今若吾君之美好而宣通也，⑦既官職美道，又何以聞惡爲？"言君既美好宣通，官又合於美道，修而行之，自可爲理，⑧何須聞於惡事乎？以此抑桓公，欲觀其意也。⑨　桓公曰："是何言邪？以繬績按：繬，所力切。緣繬，吾何以知其美也？以素緣素，吾何以知其善也？仲父已語我其善，⑩而不語我其惡，吾豈知善之爲善也？"管子對曰："夷吾聞之於徐伯曰，昔者無道之君，大其宮室，高其臺榭，良臣不使，讒賊是舍。舍，止也。謂止讒賊於其旁，與之近也。有家不治，借人爲圖。言自不能理其家，借他人圖也。政令不善，墨墨若

---

① "乎吾"至"之君"正文23字，原脱，據宋楊忱本、花齋本、四庫本補。
② "社稷宗廟"，宋楊忱本、花齋本作"宗廟社稷"。
③ "其"，原作"大"，據宋楊忱本、花齋本、四庫本改。
④ "刑政"，四庫本同，宋楊忱本、花齋本作"形正"。
⑤ "服"，四庫本同，宋楊忱本、花齋本作"伏"。
⑥ "已"，原作"以"，據宋楊忱本、花齋本、四庫本改。
⑦ "吾"，四庫本同，宋楊忱本、花齋本無。
⑧ "爲理"，原脱，據宋楊忱本、花齋本、四庫本補。
⑨ "抑"，原作"折"，據宋楊忱本、花齋本、四庫本改。
⑩ "已"，原作"以"，據宋楊忱本、花齋本、四庫本改。

夜。①言其昏暗之甚也。譬若野獸，無所朝處。野獸各恣意爲生，不相統屬，故無朝處也。不修天道，不鑑四方，有家不治，譬若生狂。狂惑者昧其性，②不分善惡也。衆所怨詛，詛，祝之也。③希不滅亡。進其俳優，④繁其鍾鼓。流於博塞，戲其工瞽。誅其良臣，敖其婦女。惟與婦女遨游也。⑤獠獵畢弋，暴遇諸父。其所接遇諸父，唯以凶暴。⑥馳騁無度，戲樂笑語。式政既輮，刑罰則烈。言其法式之政，既已輮曲，⑦至於刑罰，則益酷烈矣。⑧內削其民，以爲攻伐。反以削生爲伐功也。辟猶漏釜，豈能無竭。漏釜則江海不能滿，故必有竭也。此亦可謂昔者無道之君矣。"桓公曰："善哉！"

桓公曰："仲父既已語我昔者有道之君與昔者無道之君矣，⑨仲父不當盡語我昔者有道之臣乎？吾以鑑焉。"管子對曰："夷吾聞之徐伯曰，昔者有道之臣，委質爲臣，不賓事左右；賓，敬也。⑩君知則仕，不知則已。若有事，必圖國家，遍其發揮。良臣皆私其所有，必能爲國家，⑪及其發，又普遍之也。績按：别

---

①"若"，原作"不"，據宋楊忱本、花齋本、四庫本改。

②"昧"，四庫本同，宋楊忱本、花齋本作"失"。

③"祝"，原作"説"，據宋楊忱本、花齋本、四庫本改。

④"俳"，四庫本同，宋楊忱本、花齋本作"誹"。

⑤"惟與婦女遨游也"，四庫本"遨"作"敖"。宋楊忱本、花齋本作"唯與婦女爲敖從也"。

⑥"唯"，宋楊忱本、花齋本、四庫本作"惟"。

⑦"其"，原脱，據宋楊忱本、花齋本、四庫本補。

⑧"則"，宋楊忱本、花齋本作"惟"。"益"，四庫本作"過"。"矣"，宋楊忱本、花齋本無此字。

⑨"已"，原作"以"，據宋楊忱本、花齋本、四庫本改。

⑩"也"，原無"敬"下原衍"以事左右"四字，據宋楊忱本、花齋本、四庫本補、删。

⑪"爲"，宋楊忱本、花齋本作"於"。

本注：盡己之能，發揮於政事。循其祖德，辨其順逆，[①]推育賢人，讒慝不作。事君有義，使下有禮，貴賤相親，若兄若弟，忠於國家，上下得體。居處則思義，語言則謀謨，動作則事。居國則富，處軍則克，臨難據事，雖死不悔。近君爲拂，遠君爲輔。義以與交，廉以與處。臨官則治，酒食則慈。績按：一作"辭"。不謗其君，不諱其辭。君若有過，進諫不疑。君若有憂，則臣服之。服，行也。此亦可謂昔者有道之臣矣。"桓公曰："善哉！"

桓公曰："仲父既已語我昔者有道之臣矣，[②]不當盡語我昔者無道之臣乎？吾亦鑑焉。"管子對曰："夷吾聞之於徐伯曰，[③]昔者無道之臣，委質爲臣，賓事左右。執說以進，不蘄亡已。[④]執佞説以進於君，[⑤]專寵固位，[⑥]無求於去也。遂進不退，所謂知進而不知退。假寵鬻貴。假，因也。因君之寵，必能鬻其貴也。尊其貨賄，卑其爵位。不令人未必能貴其爵位，[⑦]但尊其貨賄而已矣。進曰輔之，[⑧]退曰不可，進於君，則言己能爲輔弼，退而私議，則曰君不可輔。以敗其君，皆曰非我。由斯之人不肖，故君有敗，乃更推過於君，云此非我。不仁群處，以攻賢者。小人所忌者君子，[⑨]故

---

① "辨"，宋楊忱本、花齋本作"辯"

② "已"，原作"以"，宋楊忱本、花齋本同，據四庫本改。

③ "吾"，原作"告"，據宋楊忱本、花齋本、四庫本改。

④ "不"，原脱，據宋楊忱本、花齋本、四庫本補。

⑤ "執"下，宋楊忱本有"事"字。

⑥ "固"，原作"國"，據四庫本改。"專寵固位"，花齋本作"專固寵位"，宋楊忱本作"直擬全生"。

⑦ "不令人"，花齋本、四庫本無。

⑧ "之"，原脱，據宋楊忱本、花齋本、四庫本補。

⑨ "忌"，花齋本、四庫本同，宋楊忱本作"慢"。

其群處常有陷賢之見。見賢若貨，其見賢人，無敬恭之心，反欲規利，①若求貨然。見賤若過。其見賤人，無矜恤之心，蕭然不顧，若行者之過。貪於貨賄，②競於酒食，不與善人，唯其所事。人有曲而事己，則與之交也。③倨敖不恭，不友善士，讒賊與鬥。不彌人爭，其見人爭，④則恣令鬥，無彌爭之心。⑤唯趣人詔。人有制命，不問可不，則向而順之，言其佞諛。⑥績按："詔"，一本作"訟"。湛湎於酒，行義不從。從，順也。不修先故，變易國常，擅創爲令，迷惑其君，生奪之政，生猶奪政，況於死後乎。保貴寵矜。懼寵而矜誇者，⑦則保依而貴重。遷損善士，善士則遷改而損棄之。捕援貨人。⑧其所捕追而援引者，唯財貨之人。入則乘等，出則黨駢。其貨賄之人，與之同國，則同乘而等，至其出也，又用黨而駢並。貨賄相入，酒食相親。俱亂其君，君若有過，各奉其身。奉身自利，⑨推過於君也。⑩此亦可謂昔者無道之臣乎。⑪"桓公曰："善哉！"

正言第三十四亡

短語八

---

① "欲"，宋楊忱本作"於"。
② "貨"，原作"過"，據宋楊忱本、花齋本、四庫本改。
③ "則"，宋楊忱本無此字。
④ "見人"，宋楊忱本、花齋本作"人見"。
⑤ "爭"，宋楊忱本、花齋本作"縫"。
⑥ "佞諛"，原作"接諛"，花齋本同，宋楊忱本作"佞設"，據四庫本改。
⑦ "誇"，宋楊忱本、花齋本同，四庫作"夸"。
⑧ "其"，原作"則"，據宋楊忱本、花齋本、四庫本改。
⑨ "利"，四庫本同，宋楊忱本、花齋本作"潔"。
⑩ 原"也"字下衍"已矣"二字，據宋楊忱本、花齋本、四庫本删。
⑪ "可"、"乎"，四庫本同，宋楊忱本、花齋本無此二字。

卷之十二

侈靡第三十五績按：此篇多錯簡，脱誤不可讀。

短語九

問曰：古之時與今之時同乎？曰：同。天地四時既無所易，故曰同。其人同乎，不同乎？曰：不同。古淳而今澆，古質而今薄，①故不同也。可與政誅。② 言今雖不同古，然可爲政，③誅其不法，以復古。俈、堯之時，混吾之美在下，其道非獨出時也。④ 俈，帝俈也。⑤ 言二帝之時，比屋可封，美俱在下，⑥其能若此，亦言非有出人之道，修古而已。混，同也。山不童而用贍，⑦澤不弊而養足，山無草木曰童。弊，竭也。補：山無草木曰童。山不用而童贍者，乃山不童而用贍也，文之錯謬者耳，言不必伐盡山之草木，而材木自不可勝用

---

① “薄”，宋楊忱本、花齋本作“浮”。

② 宋楊忱本、花齋本“政”下有“其”字。“誅”，疑爲“殊”之訛誤。

③ “然”，宋楊忱本、花齋本無。

④ “時”，宋楊忱本、花齋本、四庫本作“人”。

⑤ “帝”，原作“偙”，據宋楊忱本、花齋本、四庫本改。

⑥ “俱”，原作“居”，據宋楊忱本、花齋本、四庫本改。

⑦ “童而用”，原作“用而童”，據四庫本、花齋本改。“童”、“贍”，宋楊忱本作“同”、“掞”。

也。贍即足也。耕以自養，以其餘應良天子，故平。以其自養之餘，應天子之食，須天下平。① 有時而賦曰良。牛馬之牧不相及，各自足，則自不相及也。② 人民之俗不相知，人至老死，不相往來，故不相知。不出百里而來足。行者不出百里而來者，所求自足故也。③ 故卿而不理，靜也。雖得公卿之位，④不理其事，故曰以人靜。⑤ 其獄一踦腓一踦屨而當死。⑥ 諸侯犯罪者，令著一隻屨以恥之，可以當死刑。績按："踦"音"奇"，物體不具。今周公斷指滿稽，斷首滿稽，斷足滿稽，而死民不服，非人性也，敝也。今周公，謂時所用法也。稽，考也。罪滿而斷，則從而考之，首滿其罪者，亦從而考之，應斷足所罪滿者，又從而考之。凡此，欲以爲慎審也，罪定者死之，然人尚不服其罪，豈人性之然乎，時爽故也。補：古者刑不加大夫，若諸侯犯罪，令其一足有屨一足無屨，以恥辱可以當死也。今周公之刑法雖詳，有斷指之罪，斷首之罪，斷足之罪，充滿于獄，稽考使不致枉法，雖善民不服也。蓋謂古人法簡而治，今日法詳不治也，《莊子》有赤張滿稽名言"不及有虞氏，而離此患"。地重人載，毁敝而養不足，事末作而民興之，載，生也。今地利既重，⑦人之生植穀物，君又從而毁奪弊盡之，⑧所以養不足。⑨ 人既惰於本業，故競起而事末作。⑩ 是以下名而上實

---

① "平"，宋楊忱本作"半"。
② "自"，宋楊忱本、花齋本無。
③ "自"，宋楊忱本、花齋本無。
④ "雖得公卿之位"，宋楊忱本、花齋本作"雖立公卿"。
⑤ "故曰以人靜"，宋楊忱本、花齋本作"以人静故"。
⑥ "屨"，原作"屨"，據宋楊忱本、花齋本、四庫本改。注文中"屨"字同。
⑦ "利"，原作"理"，據宋楊忱本、花齋本、四庫本改。
⑧ "君"，四庫本作"吾"。"又"，宋楊忱本、花齋本作"則"。
⑨ 宋楊忱本、花齋本"養"下有"有"字。
⑩ "而事末作"，原作"末作而事"，誤倒，據宋楊忱本、花齋本、四庫本乙正。

也。[①] 謂下但有農作之名,不得自用,[②]而實皆歸於上也。聖人者,省諸本而游諸樂,聖人爲能察人之本,[③]游之於富壽之域,則佶、堯以前爲然者也。[④] 大昏也,博夜也。夜,謂暗昧之行也。令人主至於大昏者,則以博爲夜事故也。補:大昏,謂甚暗昧也。博夜,厚夜也。謂長不明也,所以甚言今人之昏昧也。

問曰:興時化若何?謂度時興化,其理若何也。莫善於侈靡。侈靡,謂珠玉者,饑不可食,[⑤]寒不可衣,然時共貴之,君若不重,則強者守之以招人,故度時興化,莫若重珠玉,以爲侈靡也。賤有實,敬無用,則人可刑。有實謂穀帛,可貴而賤之;無用謂珠玉,可賤而敬之。若此,則人之賢不肖可刑也。故賤粟米而如敬珠玉,好禮樂而如賤事業,本之始也。言粟,常人賤之,賢者貴之,如常人之敬珠玉。末業,常人貴之,賢人賤之,今則賢者之好禮樂,如常人貴末業,若此者,可謂務本之始也矣。[⑥] 珠者,陰之陽也,故勝火;珠生於水而有光鑑,故爲陰之陽,以向日則火烽,故勝火。玉者,陰之陰也,故勝水。玉之生於山而藏於石,[⑦]故爲陰之陰,以向月則水流,故勝水。[⑧] 其化如神。言珠玉能致水火,故曰如神也。故曰天子藏珠玉,[⑨]諸侯藏金石,大夫畜狗馬,百姓藏布帛。不然,則強者能守之,智者能牧之,賤所貴而貴所賤。粟米可貴而賤之,珠玉可賤而貴

---

① "實",原脱,據宋楊忱本、花齋本、四庫本補。
② "不",原作"才",據宋楊忱本、花齋本、四庫本改。
③ "爲能",宋楊忱本、花齋本無。
④ "者",宋楊忱本、花齋本、四庫本無。
⑤ 宋楊忱本、花齋本"謂"下有"珠玉之用也管氏以爲"9 字。
⑥ "也矣",宋楊忱本、花齋本無。
⑦ "石",宋楊忱本、花齋本作"山"。
⑧ "勝",宋楊忱本作"爲"。
⑨ "曰",宋楊忱本、花齋本無。"藏",宋楊忱本、花齋本作"臧"。下句兩"藏"字同。

之。不然，鰥寡獨老不與得焉。① 均之始也。君不貴而藏之，則利積於強智，雖務鰥寡獨老，②無所與之。今藏之者，所以賑貧乏，故爲均之始也。

政與教孰急？政者，立法以齊物；教者，調誘以感心。③ 用二者何先也。④ 管子曰：夫政教相似而殊方。若夫教者，標然若秋雲之遠，動人心之悲；標，高舉貌。秋雲淒慘有愁悴之容，高置且遠，能生人之悲心，喻教者憂人之不令，見其戚容，人亦爲之傷悼之。藹然若夏之靜雲，乃及人之體；鵖然若謞之靜，藹，油潤貌。鵖然，和順貌。夏雲之起，油然含潤，將降其澤，及人之體，去除熱氣而和順，⑤雖有謞躁之人，亦皆恬靜。⑥ 喻教者灑之温辭，而強梁者亦能感服之。⑦ 動人意以怨；蕩蕩若流水，教者若秋雲之動人意，人意既動，則自怨而蕩搖，自怨而蕩搖，則從教若流水也。使人思之，人所生往。教之始也，身必備之。教者若夏雲之順適，能使人思之，⑧人既思之，⑨則生其善心。教人之始，必備此二者然後可也。辟之若秋雲之始見，賢者不肖者化焉。教者既若秋雲始見而哀憐之，又若夏雲之起而潤澤之，⑩則天下之賢與不肖無不化也。敬而待之，愛而使之，若樊神山祭之。既從聖化，⑪人則敬而來待，愛而後使，尊衛其君，若樊

① “與”，原作“典”，據宋楊忱本、花齋本、四庫本改。
② “老”，宋楊忱本無。
③ “調”，宋楊忱本、花齋本作“訓”。
④ “二”，宋楊忱本作“一”。“者”，原作“心”，據宋楊忱本、花齋本、四庫本改。
⑤ “熱”，原作“實”，據宋楊忱本、花齋本、四庫本改。
⑥ “之人”，原脱，據花齋本、四庫本補。“亦皆”，宋楊忱本脱。
⑦ “亦能”，宋楊忱本脱。
⑧ “能”，宋楊忱本、花齋本作“故其人”。
⑨ 宋楊忱本“既”下衍“可”字。
⑩ “澤”，四庫本同，宋楊忱本、花齋本作“悦”。
⑪ “從”，宋楊忱本誤作“後”。

落神山，設祭而祈福者也。賢者少，不肖者多，使其賢不肖，惡得不化？賢與不肖皆教而使之，①則不得不化也。今夫政則少則。②即皆從教，則人無所犯，故於爲政少用爲則也。若夫成形之徵者也，去則少，人使可乎？③ 欲成太平之形，以知其徵驗者，全能去則而使之，④斯太平之先兆也。

用貧與富，何如而可？問貧富之中適。曰："甚富不可使，甚富則驕，故不可使。甚貧不知恥。甚貧則濫，⑤故不知恥。水平而不流，無源則遬竭；水平不流，謂停水也，停水無源，必速竭。雲平而雨不甚，⑥無委雲，雨則遬已。⑦ 平雲少雨，又無委雲以助之，其雨必遬已。上二事爲下有比例。⑧ 政平而無威則不行，此則爲政者威以爲本也。愛而無親則流。但行汎愛無所偏親，則其愛流漫，賢智不盡力。親尤，⑨有用無用，則辟之若相爲有，兆怨。雖曰當有所親，而用親之理僻尤，則有爲用者、不爲用者。譬尤言有中不，⑩凡此但爲怨兆而已，⑪親之無益也。上短下長，無度而用，則危本。不稱或復上得知而下持長，⑫其役用之不以度，如此者，或能懷怨以敗

---

① "皆"，原脱，據宋楊忱本、花齋本、四庫本補。
② "少則"之"則"，疑爲"别"字之訛誤。
③ "人使可乎"，四庫本同，宋楊忱本、花齋本作"可使人乎"。
④ "之"，四庫本同，宋楊忱本、花齋本作"人"。
⑤ 宋楊忱本、花齋本"濫"下有"竊"字。
⑥ "雲平而雨"，原作"雨平而雲"，誤倒，據宋楊忱本、花齋本、四庫本乙正。
⑦ "雨"原作"雲"，宋楊忱本同，據花齋本、四庫本改。
⑧ "下"、"比"，原脱，據宋楊忱本、花齋本、四庫本補。
⑨ "尤"，宋楊忱本、花齋本、四庫本作"左"。下"尤"字同。
⑩ "尤"，宋楊忱本作"猶"。"言"，原作"亦"，宋楊忱本同，據花齋本、四庫本改。花齋本、四庫本"不"下又有"中"字。
⑪ "已"，原作"以"，宋楊忱本同，據花齋本、四庫本改。
⑫ "得"，原脱，據宋楊忱本、花齋本、四庫本補。

國，故曰危本不稱也。而祀譚，次祖。犯詛渝盟傷言。①譚，延也。國敗絶祀之事延及次祖，更有犯詛渝盟傷言之罪。敬祖禰，尊始也。祖禰，人之始也。齊約之信，論行。祖盟欲爲整齊要束之信，②所以論行也。尊天地之理，所以論威也。天地以秋冬肅殺雷震電懼爲威，③爲政者所取則，故威不可弛之也。薄德之君之府囊也。凡尊始、論行、論威，爲政者所當行，德薄之君皆囊而藏之，④故有敗亡之禍。必因成形而論於人，⑤此政者也。⑥

可以王乎？必因王事之成形，⑦論考於人事，此爲政所行也，遵而勿失，⑧故可以王也。請問用之若何？問用政何如也。⑨必辨於天地之道，然後功名可以殖；天地有尊卑恩威之序，故必明之，⑩然後可以立功名也。辨於地利，而民可富；通於侈靡，而士可戚。戚，親也。貴珠玉以賞士，故士可親也。君親自好事，謂好爲政事也。⑪強以立斷，強立其志，以斷是非。仁以好任所謂悦以使人。人。君壽以政年，君以所壽考由爲政，以順年之四時令也。百姓不夭厲，厲，發疾也。六畜遮育，五穀遮熟，遮，猶兼也。然後民力可得用。人俱富，而力全可用也。⑫鄰國之君俱不賢，然後得王。

---

① “言”，原脱，據宋楊忱本、花齋本、四庫本補。

② “祖”，宋楊忱本、花齋本作“詛”。

③ 原“天”上有“凡尊始論”四字，涉下句注文而衍，據宋楊忱本、花齋本、四庫本删。“懼”，宋楊忱本、花齋本、四庫本作“耀”。

④ “薄”，原脱，據宋楊忱本、花齋本、四庫本補。

⑤ “形”，花齋本、四庫本同，宋楊忱本誤作“刑”。

⑥ “者”，宋楊忱本作“衍”，花齋本、四庫本作“行”。

⑦ “形”，宋楊忱本作“刑”。

⑧ “遵”，原作“尊”，據宋楊忱本、花齋本、四庫本改。

⑨ “政”，原作“故”，據宋楊忱本、花齋本、四庫本改。

⑩ “必”，宋楊忱本、花齋本無。

⑪ “事也”，宋楊忱本、花齋本作“之事”。

⑫ “人俱”、“全”，原作“令其”、“令”，據宋楊忱本、花齋本、四庫本改。

若俱賢，則不可得而制，難以王矣。

俱賢若何？問之。曰：忽然易卿而移，黜不肖，立仁賢。忽然易事而化，[1]去故而取新。變而足以成名。變革舊弊，故成名。[2]承弊而民勸之，[3]承先代之弊，而成能名，故民勸勉之也。[4] 慈種而民富。慈愛以勉種，故人富。[5] 應言待感，與物俱長。應物而後言，待感而後動，所謂應天順人者也，故與物俱長也。故日月之明，所謂與日月齊其明。應風雨而種。風雨應時，[6]則以君禮不失故也。天之所覆，地之所載，斯民之良也，君人者，德苞天地，首出庶物，有生莫能逾，故曰人之良。不有而醜天地，非天子之事也。不有上事，而又醜惡天地之化，此非天子之事。民變而不能變，是棿之棿反。[7] 之傅革，棿，柱也。革，皮也。棿之附革，則外革而内不革也。令人變而君不能變，[8]亦外革而内不革之類，[9]故取喻焉。有革而不能革，不可服。可革而不革，則人有輕君之心，故不敢服之也。[10] 革，皮也。[11] 民信死，[12]人無信不立，故死在信也。[13] 諸侯死化。變通之以盡利，不化則利竭，故死。績按：别本注：德化可以服人，則必死於化矣。

---

① “化”，原脱，據宋楊忱本、花齋本、四庫本補。

② “變其舊弊”，四庫本同，宋楊忱本作“革當而”，花齋本作“革變舊弊”。

③ “民”，宋楊忱本作“名”。

④ “故民勸勉之也”，宋楊忱本作“故勸勉者也”。

⑤ “慈愛”，宋楊忱本、花齋本作“流慈”。原“富”下衍“之而已”，據宋楊忱本、花齋本、四庫本删。

⑥ “風雨應時”，宋楊忱本、花齋本作“風時雨若”。

⑦ “之棿反”，此注原脱，四庫本同，據宋楊忱本、花齋本補。

⑧ “令”，宋楊忱本、花齋本作“今”。

⑨ “亦外”，原作“外亦”，誤倒，據宋楊忱本、花齋本、四庫本乙正。原“之”上有“也”字，據宋楊忱本、花齋本、四庫本删。

⑩ “故不敢服之也”，宋楊忱本、花齋本、四庫本作“故不服也”。

⑪ “革，皮也”，宋楊忱本、花齋本、四庫本脱。

⑫ “信死”，四庫本同，宋楊忱本、花齋本作“死信”。

⑬ 宋楊忱本脱“死”字。

請問諸侯之化弊。弊,謂久行而無益者。弊也者,家也。言國之弊,則以家習不革。家也者,以因人之所重而行之。非人所重,則當革也。吾君長來獵,君長虎豹之皮;君好虎豹皮,故來獵。用功力之君,[①]上金玉幣;君上用金玉爲幣,故用功力也。好戰之君,上甲兵。甲兵之本,必先於田宅。有田宅,然後可以充甲兵之賦。[②] 今吾君戰,則請行民之所重。

飲食者也,侈食者也,[③]民之所願也。足其所欲,贍其所願,則能用之耳。君之於民,[④]足欲贍願,然後可用也。[⑤] 今使衣皮而冠角,食野草,飲野水,孰能用之?言士既乏於衣食,則君之不能用也。傷心者不可以致力。[⑥] 謂富者奢靡而有餘,貧者窘卒而不足,則傷心矣,傷則無聊而苟且,[⑦]故不能致功。[⑧] 故嘗至味而罷至樂[⑨]謂富者先奏至樂,及食至味而罷之。[⑩] 績按:别本注:罷至樂,謂耳倦絲竹也。而雕卵然后瀹以灼反。[⑪] 之,雕橑力道反。[⑫] 然後爨之。皆富者所爲也。[⑬] 橑,薪也。[⑭] 補:卵,鷄鳧之卵。卵必雕飾文藻而後瀹以食之,薪必雕琢而後以炊也。丹砂之穴不塞,則商賈不處。

---

① "力",原脱,據宋楊忱本、花齋本、四庫本補。
② "以",原脱,據宋楊忱本、花齋本、四庫本補。
③ "食",宋楊忱本、花齋本、四庫本作"樂"。
④ "民",宋楊忱本、花齋本、四庫本作"人"。
⑤ 宋楊忱本、花齋本、四庫本"民"作"人",且下有"必"字。
⑥ "力",宋楊忱本、花齋本、四庫本作"功"。
⑦ "苟且",原作"餒",據宋楊忱本、花齋本、四庫本改。
⑧ "故",原脱,據宋楊忱本、花齋本、四庫本補。
⑨ "至味",原作"致味",據上下文及宋楊忱本、花齋本、四庫本改。
⑩ "食至味",原作"味至食",誤倒,據宋楊忱本、花齋本乙正。
⑪ "以灼反",原本與四庫本並脱,據宋楊忱本、花齋本補。
⑫ "力道反",原本與四庫本並脱,據宋楊忱本、花齋本補。
⑬ "者所",宋楊忱本脱。
⑭ "薪",原作"新",據宋楊忱本、花齋本、四庫本改。

趨丹穴而求利，故不處也。富者靡之，貧者爲之，富者所以得成此侈靡，則兼並貧者而爲之也。① 此百姓之怠生，百振而食，非獨自爲也，百姓既爲富者所兼，則怠於作業，故能生此富者之靡，富者之所以能成此侈靡，②亦以百姓振起之故也，豈富者能自爲乎。爲之畜化用。今欲爲此畜貧富之法，當變化富者之用也。其臣者，予而奪之，謂臣富者，今欲化之使貧，或先少與而後多奪之也。③ 使而輟之，使之多使費用，④然後成其功也。徒以而富之，或空言與利，而令得富，⑤且取其物終之也。父繫而伏之，或加父罪而繫之，子必贖父也。⑥ 予虚爵而驕之，或空與爵名而無實，⑦以驕此人，令有所費用也。收其春秋之時而消之，富者先貯物，⑧以射春秋之利，今則官自收而消也。有雜禮我而居之，或有費用財物雜禮於我，⑨若此者，順其意而居之。時舉其強者以譽之。富而又強，則爲之作聲譽，或令其有所統率。強而可使服事：服，行也。強者服事，事必成也。辨以辨辭，⑩其有辨明者，⑪則令辨繁辭。智以招請，富而多智，則使招來而請謁也。廉以標人。富以清廉，⑫則使爲人標式。堅強以乘六，廣其德以輕上位，君能堅意強力，以乘上之六者，可以廣其德，又可以分其上之任，

---

① “兼”，宋楊忱本、花齋本作“重”。
② “富者之所以能成此侈靡”，宋楊忱本作“富成此至味”，花齋本作“富成此侈靡”。
③ “少與”，原作“與少”，誤倒，據宋楊忱本、花齋本、四庫本乙正。
④ 宋楊忱本、花齋本、“使之”上有“既”字，“使費”之“使”作“所”。
⑤ “與”，花齋本作“其”。“令”，宋楊忱本、花齋本作“今”。
⑥ 宋楊忱本、花齋本、“必”下有“伏而破産以”五字。
⑦ “實”，宋楊忱本、花齋本、四庫本作“其位”。
⑧ “者”，原作“有”，據宋楊忱本、花齋本、四庫本改。
⑨ “或有費用”，原作“或用費有”，據宋楊忱本、四庫本改。
⑩ 上“辨”字，宋楊忱本、花齋本作“辯”。
⑪ “辨”，宋楊忱本、花齋本作“辯”，下句“辨”字同。
⑫ “以”，宋楊忱本、花齋本作“而”。

故位輕者也。不能使之而流徙，此謂國亡之隙。若不能使任上之六者，乃流而移徙之，①斯亡國之隙也。故法而守常，謂古法得其制者則守常，②故不革也。③ 尊禮而變俗，流遁之俗，則當變之。上信而賤文，虚文而寡用，④故賤之。好緣而好駔，子朗反。⑤ 緣即絹也。⑥駔，馬之壯健者。故惡者必亂，⑦故棄之。喻奸人之雄亦亂國，當絶之也。⑧ 此謂成國之法也。爲國者，反民性，然後可以與民戚。戚，親也。反者，冥也。順其性欲，必敗亡，若能反之，然後有成，可與之親也。民欲佚而教以勞，勞，致於耕鑿，⑨則有功。民欲生而教以死。死，致於寇難，則有功也。勞教定而國富，積財故也。死教定而威行。致死則莫敢當其鋒，故威行也。

聖人者，陰陽之理，⑩言法陰陽之理。故平外而險中。此則含陰於内，發陽於外也。故信其情者傷其神，美其質者傷其文。精感則神滅也。⑪ 化之美者應其名，實應其名，故化美也。變其美者應其時。事應其時，故變美也。不能兆其端者，菑及之。來事之端不知其兆者，常失於幾，故災及之也。故緣地之利，緣，順也。承從天之指，指，意也。當承順天之意也。辱舉其死，辱猶逆也，逆地天以舉事，則死也。開國閉辱，若能開國以納善言，則辱可閉也。知其緣地之利者，所以參天地之吉綱也。知能順地之利，則能參天

① “而移”，宋楊忱本、花齋本作“移而”。
② “制”，宋楊忱本、花齋本作“法”。
③ 宋楊忱本、花齋本“故”下有“而”字。
④ “虚文”，宋楊忱本、花齋本作“文虚”。
⑤ “子朗反”，原本與四庫本並脱，據宋楊忱本、花齋本補。
⑥ “絹”，宋楊忱本、花齋本、四庫本作“捐”。
⑦ “故”，宋楊忱本、花齋本、四庫本作“怯”。
⑧ “之也”，宋楊忱本、花齋本無。
⑨ “耕鑿”，宋楊忱本作“寇難”，涉下注文而誤。
⑩ 宋楊忱本、花齋本無“之”字。
⑪ “精感”，宋楊忱本作“精盛”，花齋本、四庫本作“情盛”。

地之吉綱。承從天之指者，動必明。辱舉其死者，與其失人同，逆天舉事，故與失人同也。公事則道必行。公事則無擁，故其道必行也。開其國者，[①]玩之以善言。有善言可玩，故開國以納其言也。奈其斝辱，亦既有辱，當奈之何，唯有報斝爵祭神以謝過耳。知神次者，操犧牲與其珪璧，以執其斝，常令巫祝知神之次秩者，[②]操牲及珪璧，執斝爵以禱神，而謝逆舉之罪也。家小害，以小勝大。祭祀之費，家雖有小損，因此小損，以勝大災。員其中，辰其外，既以謝過，[③]又當員中，心無所專固，有善則從，無失外事之時也。辰，時也。而復畏強長其虛，其有強大於己者，則當長其謙虛之心，而敬畏之也。而物正以視其中情。其於物也，雖見外正，猶未可信，又當視其中情，以驗之也。

公曰：國門則塞，百姓誰敢敖，[④]胡以備之？謂寇有至，國門以塞，百姓警衛嚴而誰敢敖者，[⑤]事至於如此，[⑥]何救而可也。擇天下之所宥，謂不爲天下之所疾者。[⑦] 擇鬼之所當，謂爲神所福助者也。擇人天之所戴，謂爲人所戴仰也。而亟付其身，此所以安之也。得此三德之人，付其身而任之，[⑧]雖有寇賊，無若我何，故安也。強與短而立齊，國之若何？[⑨] 謂寇賊既持強弓，[⑩]又執短兵列陣而立，以攻

---

① 宋楊忱本、花齋本"國"下有"門"字。
② "常"，花齋本、四庫本作"當"。"巫"，原作"無"，據宋楊忱本、花齋本、四庫本改。
③ "過"與下句"當"，原互倒，據宋楊忱本、花齋本、四庫本乙正。
④ "敢"，花齋本、四庫本同，宋楊忱本作"衍"。丁士涵疑乃"讙"之誤。
⑤ "嚴"，宋楊忱本、花齋本、四庫本無。"敢敖者"，宋楊忱本作"可放傲者"。
⑥ "如此"，宋楊忱本、花齋本作"此如"。
⑦ 宋楊忱本"不"上有"王"字，下無"爲"字。
⑧ 原"身"下衍"以身"二字，據宋楊忱本、花齋本、四庫本刪。
⑨ "之若"，陶鴻慶以爲當作"若之"。
⑩ 原"既"在"寇"上，據宋楊忱本、花齋本、四庫本乙正。

齊國，若之何以禦之。此亦公問之辭。高予之名而舉之，高舉其名，則歡悦也。重予之官而危之，與之重官，則不避危亡也。因責其能以隨之。猶㵔則疏之，毋使人圖之；責知其能，隨而任之，則自課厲，而無所顧望，啓寵納侮，使人圖之也。績按：㵔，韻書所無，①當作“戚”，字誤。猶疏則數之，毋使人曲之，因不寵任而疏己者，則數加恩意以悦之，無使人見怨，陰謀曲求己隙者也。此所以爲之也。撫人若此，②可以禦止強與短兵之寇也。③

大有臣甚大，④將反爲害，謂大臣富，既有臣且甚大，⑤甚大則逼君，故將反爲害。吾欲患優除害，⑥將小能察大，爲之奈何？言我且欲寬優此患，斬除其害，⑦每見其小能，則察知其大欲，爲此事如何？亦公之問辭也。潭根之毋伐，潭，深也。此以大樹喻惡也，譬若大樹深根不可伐，⑧大臣根黨盤固未可卒誅。⑨固事之毋入，⑩既未能誅，且固事之，無得入同其惡也。深㓹之毋涸，㓹，謂探其深情，常令見之，勿使涸竭也。⑪不儀之毋助，儀，善也。彼爲不善，無得助佐之也。⑫

---

①“所無”，四庫本作“當足”，原作“當作恐爲戚字猶疏戚”，據《管子集校》改正。

②“撫人若此”，原作“謂人君此”，據宋楊忱本、花齋本、四庫本改。

③“止”，宋楊忱本、花齋本作“上”。“兵”，宋楊忱本作“立”。

④“大”，疑爲“夫”之誤。

⑤“既有”，四庫本同，宋楊忱本、花齋本作“有既”。

⑥“患優”，宋楊忱本、花齋本、四庫本作“優患”。

⑦“斬”，宋楊忱本、花齋本、四庫本作“漸”。

⑧“若”，原作“者”，據宋楊忱本、花齋本、四庫本改。

⑨“固”，宋楊忱本、四庫本無，花齋本作“結”。

⑩原脱此句及以下注文，據宋楊忱本、花齋本、四庫本補。

⑪“勿”，宋楊忱本、四庫本作“無”，花齋本作“毋”。“使”，原脱，據宋楊忱本、花齋本、四庫本補。

⑫“佐”，宋楊忱本作“爲”。

章明之毋滅，當發人不善，①令人皆知之，無使昧滅也。② 生榮之毋失。謂生篡殺之心，若草木之生榮，此其可誅之時，必不得失之。十言者不勝此一，謂今他事有十言之善，③不如此一言也。雖凶必吉，忍而容之，屈而事之，凶也。惡稔易誅，④吉也。故平以滿。

無事而總，以待有事，而爲之若何？總，謂收積也。故使國家從故平安之時滿積其財，以無事之時收積，⑤至時散其積而用者也。⑥ 積者立餘績按："餘"一作"爲"。食而侈，美車馬而馳，多酒醴而靡，積，謂富而積財者。富而侈食，美車多醴，財有所散，因其散以收之。⑦ 千歲毋出食，此謂本事。雖復千歲，常令自食其財，無使他外，則富者之財可得而收之，此積之本。縣人有主，縣，謂繫屬也。言欲繫屬於人，必有所主，主於財。人此治用，官既積財，⑧人則於官取之，以理其器用也。然而不治，積之市。謂不取官財以理其用，顧乃積之於市，⑨使高價得其利也。一人積之下，一人積之上，此謂利無常。財既入市，則公私共積之，上雖積一分，下亦積一分，此可謂利無常也。⑩ 百姓無寶，以利爲首。百姓無他寶，惟以利爲寶之首。一上一下，唯利所處。積利多者，百姓則從而歸之也。利然後能通，通然後成國。⑪ 無利不通，則國亡也。利靜而不化，觀其所出，從

---

① "人"，宋楊忱本、花齋本作"明"。
② "滅"，原作"威"，據宋楊忱本、花齋本、四庫本改。
③ "今"，宋楊忱本、花齋本作"令"。
④ "易誅"，原作"亦追"，據宋楊忱本、花齋本、四庫本改。
⑤ 原"收積"誤竄於下句"至"字下，據宋楊忱本、花齋本、四庫本乙正。
⑥ "者"，宋楊忱本、花齋本、四庫本無。
⑦ "以"，宋楊忱本、花齋本作"而"。
⑧ "官既"，原脱，據宋楊忱本、花齋本、四庫本補。
⑨ "顧"，宋楊忱本、花齋本、四庫本作"翻"。
⑩ "此"，宋楊忱本、花齋本無，四庫本作"上"。
⑪ 原脱一"通"字，據宋楊忱本、花齋本、四庫本補。

而移之。利而不化者，則由所出不變故也，觀而移變之。

視其不可使，因以爲民等。等，謂率而齊之。不可使，謂其人非有文武之材，又不任作役，[①]若此者，使之率興利之人而齊之也。擇其好名，因使長民；其有好虛譽之名者則擇之，使爲興利者之長。績按：别本注：好名之人，必盡知竭能，以干虛譽，故使爲民之長也。好而不已，是以爲紀。[②]好名不已，財乃彌積，[③]故爲國紀。功未成者，不可以獨名；積財之功未成，則無獨與之名也。[④]事未道者，不可以言名。成功然後可以獨名，衆共言此人有名。績按：别本注：獨擅名譽。事道然後可以言名，然後可以承致酢。[⑤]既有獨名，又有言名，然後可以致於承君之酢報也。[⑥]

先其士者之爲自犯，人有士行，當推以爲先，今反自先之，是謂自犯其過也。[⑦]後其民者之爲自贍。人能興利，亦當先之充國，今乃後之，是自爲其贍不憂國也。輕國位者必國敗，[⑧]輕國位，則有散居之心，[⑨]故國敗也。疏貴戚者謀將泄。疏貴戚，則有外顧之意，故謀泄。[⑩]毋事異國之人，[⑪]是爲失經。[⑫]異國之人，所謂非我族類

---

① "任"，原作"仕"，據宋楊忱本、花齋本、四庫本改。

② 宋楊忱本、花齋本"紀"上有"國"字。

③ "財"，宋楊忱本作"則"。

④ "積"，原作"利"，據宋楊忱本、花齋本、四庫本改。

⑤ "承至酢"，原作"致詐"，據宋楊忱本、花齋本、四庫本補、改。

⑥ "致"，宋楊忱本、花齋本作"至"。"酢"，原作"詐"，據宋楊忱本、花齋本、四庫本改。

⑦ "謂"，宋楊忱本、花齋本作"爲"。

⑧ "必國"，宋楊忱本、花齋本、四庫本作"國必"。

⑨ "居"，四庫本同，宋楊忱本、花齋本作"君"。

⑩ "謀"，原作"將"，據宋楊忱本、花齋本、四庫本改。

⑪ "事"，宋楊忱本、花齋本作"仕"。

⑫ "失"，宋楊忱本無。

者也。令而仕之，①其心異，②此謂失國之經也。③ 毋數變易，是爲敗成。數變易，則事繁而無功，故曰敗成。大臣得罪，勿出封外，是爲漏情。④ 毋數據大臣之家而飲酒，是爲使國大消。飲酒於臣家，則威權移焉。物不兩盛，故臣強則國消也。三堯在臧，於縣返於連比，若是者，⑤必從是嚚亡乎！雖使三堯在臧，但懸其物而不散施之，終亦不能守，⑥其物亡必不返於連比之臣，臣既得之，自用樹福，則國從是嚚敗而亡乎。嚚即梟字也。⑦ 辟之若尊譚，未勝其本，亡流而下。譚，延也。雖堯守臧，⑧不施必亡，尤如尊位將反，而未能勝其本。此位既不可得，自然流而下也。⑨ 不平令，苟下不治，⑩凡始理下者必先能平令，令既不平，令雖下而不理也。高下者不足以相待，自處其高，欲下待上，必不待之也。此謂殺。

事立而壞，何也？兵遠而畏，何也？此謂殺君之事，⑪其事既立而後壞，⑫如此者何也？即以德不素積故也。民已聚而散，何也？人不歸無道，故散也。⑬ 輟安而危，何也？⑭ 神不祐故也。皆謂篡

① “令”，宋楊忱本、花齋本、四庫本作“今”。
② “心”，宋楊忱本作“必”。
③ “謂失”，宋楊忱本作“所有”。
④ “爲敗”至“漏情”正文共15字，注文13字，原脱，據宋楊忱本、花齋本、四庫本補。
⑤ “是”，原脱，據宋楊忱本、花齋本、四庫本補。
⑥ “終”，原作“守”，據宋楊忱本、花齋本、四庫本改。
⑦ “梟字”，宋楊忱本作“梟之”，花齋本、四庫本作“梟字”。
⑧ “臧”，宋楊忱本、花齋本作“藏”。
⑨ 宋楊忱本、花齋本“也”上有“者”字。
⑩ “令苟下”，原作“下苟令”，誤倒，據宋楊忱本、花齋本、四庫本乙正。
⑪ “殺”，花齋本同，宋楊忱本、四庫本作“弑”。
⑫ “壞”，原作“外”，據宋楊忱本、花齋本、四庫本改。
⑬ “散也”，宋楊忱本、花齋本脱，四庫本無“散”字，有“也”字。
⑭ “何”，原脱，據宋楊忱本、花齋本、四庫本補。

弑。[1] 功成而不信者，殆；兵強而無義者，[2]殘也；[3]不謹於附近而欲來遠者，兵不信。[4] 欲來遠者，必謹於附近，然後遠來信也。[5] 略近臣合於其遠者，立。略禮謂不急也，[6]言於近則略之，於遠則合之，若此者，則可以立功。[7] 績按：據文當作“事立而壞”。亡國之起，毁國之族，則兵遠而不畏。先有疏國之宗族，[8]漸以至三者，若此則兵皆逃遠，無兵則威息，則不畏也。[9] 績按：别本注：宗族，國之藩屏，若毁之則國弱，兵寇遠而不畏也。國小而修大，仁而不利，猶有爭名者，[10]累哉是也！不量國之小，好修遠大，雖復行仁，不遇其利，而尤與他國爭名，[11]是必自累者也。[12] 樂聚之力，以兼人之強，以待其害，雖聚必散。好自勉以聚人力，[13]欲兼他人之強，用此以禦危害，如是者，先雖聚後必散也。大王不恃衆而自恃，百姓自聚，供而後利之，成而無害。[14] 大王亶父爲狄所攻，乃去豳之岐，[15]杖策而往。百姓曰：[16]“仁君也，不可失”。扶老携幼而從之，一年成邑，二年成都，三

---

① “弑”，原作“拭”，據宋楊忱本、花齋本、四庫本改。

② “者”，原脱，據宋楊忱本、花齋本、四庫本補。

③ “也”，宋楊忱本、花齋本、四庫本無。

④ “不”，原作“者”，據宋楊忱本、花齋本、四庫本改。

⑤ 宋楊忱本“來”上有“而”字，花齋本作“者”，四庫本作“人”。

⑥ “謂”，宋楊忱本作“爲”。“急”，宋楊忱本、花齋本、四庫本作“繁”。

⑦ “以立功”，原誤竄於劉績注文“當”字下，今據四庫本訂正。

⑧ “有”，宋楊忱本、花齋本作“自”。

⑨ “則”，宋楊忱本、花齋本、四庫本作“故”。

⑩ 原“有”下衍“不利”二字，今删。

⑪ 宋楊忱本“尤”作“猶”，脱“而”字，而於“猶”字上衍“不如小好修遠是以”8字。

⑫ “是必自累者也”，花齋本、四庫本同，宋楊忱本作“是者必自累而惕”。

⑬ “好自勉以聚人力”，原作“好聚散以勉人力”，據四庫本改正。宋楊忱本、花齊本作“好自勉以聚力”，無“人”字。

⑭ “成而”，原脱，據宋楊忱本、花齋本、四庫本補。

⑮ “豳”，原作“幽”，據宋楊忱本、花齋本改。

⑯ “曰”，原脱，據宋楊忱本、花齋本、四庫本補。

年五倍其初。言大王雖有衆不恃,①但自恃其德,故百姓隨而聚之,②供其所須而利之,遂至於成功而無危害者也。疏戚而好外,企以仁而謀泄,賤寡而好大,此所以危。言自疏己親,好交外人,雖企慕於仁而所謀多泄漏。既賤且寡,好爲迂大,凡此皆危敗之道也。③

衆而約,謂與衆爲要束也。實取而言讓,謂實取於民,而言遜讓。④ 行陰而言陽,於行實爲陰密,在言更成顯陽。利人之有禍,謂因禍而生利。言人之無患。人雖實禍,於言乃爲無患。吾欲獨有是,若何?凡此,獨君之事也,問獨有之何如。自"衆而約"以下,⑤皆公問之辭。⑥ 是故之時陳財之道,可以行。今也利散而民察,必放之,然後行。⑦ 管氏言此,乃古之陳設致財之道,亦可行求於今。然利散於下,⑧人則察而知之,置之於身,勿令下知,然後可以行。放,置之言也。公曰:謂何?問所以行之。長喪以黖其時,⑨黖,黯也。居喪者毁瘠之息,⑩謂增之長叛居喪之禮,⑪使人皆黖黯敗也。⑫ 重送葬以起身財,重送葬則費用廣,驕慢則不及事,⑬由人習爲精厲,無事不怠,⑭故能起身之財也。一親往,一親來,所以合親也,謂一親往

① "大",原作"天",據宋楊忱本、花齋本、四庫本改。
② "姓",原脱,據宋楊忱本、花齋本、四庫本補。
③ "此",原脱,四庫本同,據宋楊忱本、花齋本補。
④ "於民而言",四庫本同,宋楊忱本、花齋本作"危彼物於言更成"。
⑤ "衆而約",原誤作"約而衆",據宋楊忱本、花齋本、四庫本改。
⑥ "皆",宋楊忱本、花齋本無。
⑦ 宋楊忱本、花齋本"然"上有"身"字。
⑧ "散",原脱,據宋楊忱本、花齋本、四庫本補。
⑨ "黖",宋楊忱本、花齋本、四庫本作"黤"。下同。
⑩ "居",花齋本、四庫本同,宋楊忱本誤作"吾"。下句"居"字同。
⑪ 宋楊忱本、花齋本、四庫本無上"之"字。
⑫ 宋楊忱本、花齋本、四庫本"敗"上有"之"字。
⑬ "驕",宋楊忱本、花齋本作"憍"。
⑭ "無",宋楊忱本、花齋本作"庶"。

死,一親來生,親無絶時,[1]故曰合親。此謂衆約。人皆親教之,重葬可以起財,故曰衆要之也。問:用之若何?問用衆要。巨瘞培,所以使貧民也;[2]瘞培,謂壙中埋藏處深培也。[3] 貧人雖無財而有力,[4]故教之巨瘞培,[5]以役其力也。美壟墓,所以文明也;壟墓高美也,[6]明而不滅也。[7] 巨椁棺,[8]所以起木工也;人習爲棺椁,則增長木之工也。[9] 多衣衾,所以起女工。習爲衣衾,則增長女工也。尤不盡,[10]故有次浮也,謂上之禮尤有不盡也。[11] 次浮,謂棺椁壟墓之外游飾也。有差樊,樊,蕃也。謂壟墓之外樹以蕃,其制尊卑之差,[12]此壟墓之次浮也。[13] 有瘞藏。謂古之瘞藏,[14]或以藏金玉,[15]或以器物之類,[16]此棺椁之次浮也。作次相食,[17]然後民相利,守戰之備合矣。方喪之時,孝子荒迷,或不舉火,鄰里爲食以相飼,如此,則人遞相衛親,[18]恩情結固。至於守戰之時,必誠力齊敵而不能當之矣。[19]

---

① "時",宋楊忱本誤作"特"。
② "使貧民也",原作"使也貧民",據宋楊忱本、花齋本、四庫本乙正。
③ "壙",原脱,據宋楊忱本補。"培",宋楊忱本誤作"暗"。
④ "而有",宋楊忱本無。
⑤ 宋楊忱本"故"上有"則已有焉"四字。
⑥ "也",宋楊忱本、花齋本、四庫本作"文"。
⑦ "滅",宋楊忱本作"威"。
⑧ "椁棺",宋楊忱本、花齋本作"棺椁"。
⑨ "木",宋楊忱本作"久"。
⑩ "尤",宋楊忱本、花齋本、四庫本作"猶",注文同。
⑪ "禮",宋楊忱本、花齋本作"理"。
⑫ "差",原作"愛",宋楊忱本、花齋本作"外",據四庫本改。
⑬ "墓",宋楊忱本、花齋本無。
⑭ "瘞藏",宋楊忱本、花齋本作"樊者"。
⑮ "以藏",宋楊忱本、花齋本作"藏以"。
⑯ "式以",原脱,據宋楊忱本、花齋本補。"之類",宋楊忱本、花齋本無。
⑰ "次",宋楊忱本、花齋本作"此"。
⑱ 原"則"上衍一"此"字,四庫本同,據宋楊忱本、花齋本删。
⑲ "當",原脱,據宋楊忱本、花齋本、四庫本補。

鄉殊俗，國異禮，則民不流矣；[1]流，移也。俗禮殊異，則人各得其所安，[2]故不流也。[3] 不同法，則民不困；鄉丘老不通，睹誅流散，則人不眺。丘，大也。大老者各足於其所，不相交通，流散於其鄉則誅之，今其睹如此，[4]則人安其本，不眺望他所而歸之。安鄉樂宅，享祭而謳吟稱號者皆誅，所以留民俗也。[5] 皆令安樂鄉宅，享祭先祖，其有謳吟思於他所者則誅之，或有稱舉號吟於他所鄉者皆誅之，[6]凡此所以留止人俗，[7]不令轉移也。斷方井田之數，謂分人之地，每斷定其方而立之田數，屋三爲井也。乘馬甸之衆，[8]每一甸之衆數，賦長轂一乘，馬四匹，謂之乘馬，十六井曰丘，四丘爲甸。制之。陵谿立鬼神而謹祭，每大陵深谿，皆有靈焉，立鬼神之祠，使人有所禱祈而致祭也。[9] 皆以能別以爲食數，示重本也。人之大小，皆各有材，能多者食多，[10]能少者食寡，故曰以能別爲食數。凡此皆重人本之事者也。

故地廣千里者，禄重而祭尊，其無餘。[11] 言不修祭以餘地與

---

① “則民”，原作“民則”，據宋楊忱本、花齋本、四庫本乙正。

② “得”，原脱，宋楊忱本同，據花齋本、四庫本補。

③ 宋楊忱本、花齋本“流”下有“移”字。

④ 宋楊忱本、花齋本“睹”下有“見”字。

⑤ “以”，原脱，據宋楊忱本、花齋本、四庫本補。“留”，原作“流”，據宋楊忱本、花齋本、四庫本改。

⑥ “吟”，宋楊忱本、花齋本作“詠”。“於”宋楊忱本無。“所”，宋楊忱本、花齋本無。

⑦ “所以”，原脱“以”字，據四庫本補。宋楊忱本、花齋本作“皆欲”。

⑧ “甸”，宋楊忱本作“田”。

⑨ “使人有所禱祈而致祭也”，四庫本無“所”字，宋楊忱本、花齋本作“使人祭之”。

⑩ “多”，原脱，據四庫本補，宋楊忱本、花齋本作“衆”。

⑪ 宋楊忱本、花齋本“其”下有“君”字。

飼也。地與他若一者，①從而艾之。從，謂次受封者；②艾，謂減削也。言修祭之君，受地與他同，③故曰若一者，則減削其地與次受封之君也。④ 君始者謂始爲君者也。艾，若一者，從乎殺。⑤ 與于殺若一者，言始受封之君，本既無地，故取先受君者。彼或不與，從而殺之，彼或自取與受而殺之，彼自與于始封者，⑥令與先受封者地均若一也。從者艾，艾若一者從于殺。與于殺若一者，從無封始王事者。上王者言從者先無封，令始王事，故艾取他國之地與先者，均齊若一則止也。上事，霸者生功，言重本。言諸侯既受地分，則上事霸王，⑦隨政命以生立其功，凡此，皆爲重本也。言是爲十禺。⑧ 分免而不爭，言先人而自後也。禺，猶區也。⑨ 十區，謂十里之地，每里爲一禺，故曰十禺。若他國來分，明勸勉而與之，不敢交爭，如此者，所以先陳他人自取其後也。⑩

官禮之司，言國官禮各有私。⑪ 昭穆之離，離，謂次位之別也。先後功器事之治，功有大小，⑫器有精粗，各定其先後之差也。尊鬼

---

① "與他若一者"，原作"典他若者一"，據花齋本、四庫本改正。宋楊忱本無"若"字。

② 宋楊忱本、花齋本"次"下有"當"字。

③ 原重一"與"字，衍，據宋楊忱本、花齋本、四庫本删。

④ "減"，原脱，據宋楊忱本、花齋本、四庫本補。"減削"，宋楊忱本、花齋本作"削減"。宋楊忱本"君"下有"者"字。

⑤ "乎"，原作"于"，據宋楊忱本、花齋本改。

⑥ 宋楊忱本、花齋本"自"下有"取"字。

⑦ "王"，宋楊忱本、花齋本作"主"。

⑧ "言"，宋楊忱本、花齋本、四庫本無。"禺"字原與下句"分"字互倒，據宋楊忱本、花齋本、四庫本乙正。

⑨ "猶"，原作"尤"，據宋楊忱本花齋本、四庫本改。

⑩ "他人"，原作"人他"，誤倒，據宋楊忱本、花齋本、四庫本乙正。"自"，原作"有"，據宋楊忱本、花齋本、四庫本改。

⑪ 原"言"上有"每"字，宋楊忱本作"享"，據花齋本删。

⑫ "功有"，原作"有功"，誤倒，據宋楊忱本、花齋本、四庫本乙正。

而守尊鬼,謂謹其享祭之禮也。故。戰事之任,高功而下死。本事。戰士雖有高下之殊,各令死其本事也。食功而省利,①勸臣,飼其有功,省其無功,則臣勸也。上義而不能與小利。上當操大義而主斷,不可顧小利而移也。② 五官者,人爭其職,然後君聞。官爭理職,則國治,故君名聞於天下。

祭之時,上賢者也,謂助祭之時,賢者居上爲儀而已,非能有所益。故君臣掌。祭者,掌禮以行事,③所用其智謀或君有,故使臣攝之,事亦無曠,故曰君臣掌也。君臣掌則上下均,臣能行君事,故上下均也。④ 此知上賢無益也,⑤其亡茲適。祭祀之時,非不上賢,但庸臣亦能行君之事,無損於令主,人雖云上賢,⑥而不用其智謀,與祭時適,故曰無益。既不賢,則動皆違理,故茲適於危也。上賢者亡,謂空上之而已,不能用之也。而役賢者昌。用賢其功成,⑦故國昌。上義以禁暴,義者,所以除去不宜,故禁暴也。尊祖以敬祖,祖,始也。尊立祖廟,所以敬始封之君也。聚宗以朝殺,示不輕爲主也。謂聚會也。小之封宗,以朝於君,而有親疏之殺,凡此,爲主之重者也。

載祭明置,載,行也。言將爲行祭,⑧至明而置之,欲人不知也。績按:此以下,至"雖在聖人惡用之",皆錯簡也。高子聞之,以告中寢諸子。高子,齊大夫。聞君之將行,故告中寢諸子。諸侯諸子之居中寢者。中寢諸子告寡人,舍朝不鼎饋。常禮退朝,常鼎饋而食,

---

① "利",原脱,據宋楊忱本、花齋本、四庫本補。
② "也",宋楊忱本作"止"。
③ "禮",原脱,據宋楊忱本、花齋本、四庫本補。
④ 宋楊忱本、花齋本"故"下有"曰"字。宋楊忱本"均"下衍"者"字。
⑤ 宋楊忱本、花齋本"知"上有"以"字。
⑥ "賢",原作"言",據宋楊忱本、花齋本、四庫本改。
⑦ "用",宋楊忱本、花齋本作"役"。"其",宋楊忱本、花齋本作"則"。
⑧ 宋楊忱本、花齋本"言"下有"公"字。

今不然，故致怪之也。中寢諸子告宫中女子曰：公將有行，故不送公。言何故不送公也。公言：無行，女安聞之？曰：聞之中寢諸子。索中寢諸子而問之：寡人無行，女安聞之？吾聞之先人，諸侯舍於朝不鼎饋者，[①]非有外事，必有内憂。公曰：吾不欲與汝及若，若不欲與汝論此言也。女言至焉，不得毋與女及若言。至，謂盡理也。吾欲致諸侯，諸侯不至，[②]若何哉？女子不辨於致諸侯，[③]婦人無預於外事，[④]故不明於致諸侯之理。自吾不爲污殺之事人，布織不可得而衣，[⑤]污殺，言人必有所污殺染戮者，[⑥]所以服遠而來近，今既爲人雖織不爲已用，故有布不得而衣，言此者，欲桓公立威以伏其侯也。[⑦] 績按：污殺之事人，猶言屈己下人也，[⑧]餘注見前《戒》篇。雖有聖人惡用之，言不下人則諸侯不至，雖聖人亦無用也。故雖聖人，[⑨]惡用之？服者寡也，[⑩]后不用威，[⑪]聖人亦何能用之？[⑫] 堯爲匹夫，不能服三家，即其事也。[⑬]

能靡故道新道，[⑭]定國家，然後化時乎？靡謂新其事也，故

---

① 原"不"上衍"曰"字，據宋楊忱本、花齋本删。

② "諸侯"，原脱，據宋楊忱本、花齋本、四庫本補。

③ "辨"，宋楊忱本、花齋本、四庫本作"辯"。

④ "預"，宋楊忱本、花齋本作"豫"。"事"，宋楊忱本作"致"，花齋本作"政"。

⑤ "織"，宋楊忱本作"職"。

⑥ "污"，宋楊忱本作"訏"。

⑦ "立"，宋楊忱本作"訏"。

⑧ "猶"，原作"尤"，據四庫本改。

⑨ 宋楊忱本、花齋本、四庫本"雖"下有"有"字。

⑩ "服"，原作"人"，宋楊忱本同，據花齋本、四庫本改。

⑪ "后"，四庫本作"民"。

⑫ "何"，原作"可"，宋楊忱本同，據花齋本、四庫本改。"用"，原作"國"，據宋楊忱本、花齋本、四庫本改。

⑬ "匹"，原作"四"，據宋楊忱本、花齋本、四庫本改。"服"字原誤竄於"家"下，據宋楊忱本、花齋本、四庫本乙正。

⑭ "靡"，宋楊忱本、花齋本、四庫本作"摩"。下注文"靡"字同。

道謂先王之典刑，①新道謂度時而制法，言能故道以成新道，定國安家，然後可以化時也。國貧而鄙富，②苴美於朝市國；言國朝貧而邊鄙富饒，③若此者，邊鄙之邑，必苞苴財貨，好遺朝以市權利也。國富而鄙貧，莫盡如市。④ 國富財故富，鄙輸貨故貧，其取富平反也，⑤其物莫知盡入于市，⑥以市人不虛取，故鄙人不虛與故也。市也者，勸也。勸者，所以起本。善農者，能多致市利，則自勸而不怠，故能起本也。善而末事起，不侈，本事不得立。侈，謂饒多也。末事不饒多，農事不給，故本事不得立矣。

選賢舉能不可得，惡得伐不服用？欲伐不損用必待賢能。百夫無長，不可臨也；若無賢，雖百夫之長，無人爲之。千乘有道，不可修也。雖千乘之國，有道以用之，則不可修營而伐之也。夫紂在上，惡得伐不得？紂在上位，萬人讎之，鬼神怒之，雖其旅若林，莫不倒戈自伐，⑦故無有伐而不得者也。鈞則戰，守則攻，言伐者力鈞，⑧則與之野戰，城守則圍而攻之。⑨ 百蓋無築，千聚無社，謂之陋，一舉而取。天下有事之時也，⑩言紂人苟且，⑪雖有聚之夫，⑫不立一社以統之，如此者，爲政之陋也，故武王一舉取天下而有之，⑬此萬代一

---

① “故”，原作“古”，據宋楊忱本、花齋本、四庫本改。下“故”字同。“刑”，四庫本作“則”。

② “而”下原有“貪”字，宋楊忱本同，據花齋本、四庫本删。

③ “國朝”，原作“朝國”，四庫本同，據宋楊忱本、花齋本乙正。

④ “市”，原作“是”，據宋楊忱本、花齋本、四庫本改。

⑤ “富平反”，宋楊忱本、花齋本作“半反”。

⑥ “知”，花齋本作“如”。

⑦ “戈”，宋楊忱本、花齋本作“干”。

⑧ 宋楊忱本、花齋本“伐”下有“紂”字。

⑨ “圍”，宋楊忱本、花齋本作“固”。

⑩ 宋楊忱本、花齋本“事”上有“一”字。

⑪ “人”，原作“有”，據宋楊忱本、花齋本、四庫本改。

⑫ 花齋本“聚”上有“千”字。

⑬ “取”，原脱，據宋楊忱本、花齋本、四庫本補。

時之事也。萬諸侯鈞,萬民無聽,雖使萬諸侯鈞引於人,人必不聽,此言王者貴。① 上位不能爲功更制,其能王乎?居上位,不獨立其功,不更共制之,若此者,必不能王也。

緣故修法,以政治道,則約殺子,吾君故取夷吾謂替。子,君之子也。其能緣順故常,②修理法制爲政,不違於道,若此者,可共謀要殺君子之不當獨立者,③吾君所以取夷吾爲替者,爲有此道也。公曰:何若?問何以獨取夷吾也。對曰:以同。以其德智同,故取也。其日久臨,④可立而待,鬼神不明。謂君子之不當立者,⑤雖久臨其位,危亡可立而待,其享祭鬼神之禮,又不能明者也。囊橐之食無報,明厚德也。此論桓公之隱,雖以囊橐之食遺人,不求其報,所以明厚德也。⑥ 沉浮,示輕財也。其散施於人,不顧其沉,所以示輕財也。不得其報曰沉,得報曰浮。或曰祭川曰沉浮。⑦ 先立象而定期,則民從之;先立法象,與人定期,人則率服,皆順從也。故爲禱,謂先人禱神,祈福祥。朝縷綿,明輕財而重名。縷,帛也。言每於朝置縷綿以賞賜,所明者,輕財而重名也。⑧ 公曰:同臨?所謂同者,其以先後智渝者也。所謂臣德同君者,能先後於君,⑨其遇危難,則智謀變而通之,⑩《詩》所謂"予曰有先後"是也。⑪ 鈞同財爭,依則說,假令財

① "王",宋楊忱本、花齋本作"三"。且花齋本"三"與"言"互倒。
② 宋楊忱本"能"下衍"制"字。
③ "獨",宋楊忱本、花齋本無。
④ "其日",原作"日其",據宋楊忱本、花齋本、四庫本改。
⑤ 原"不"上衍"明"字,據四庫本删。"之",宋楊忱本、花齋本無。
⑥ 原"德"上衍一"明"字,據宋楊忱本、花齋本、四庫本删。
⑦ "沉浮",原作"浮沉",據宋楊忱本、花齋本及正文改。
⑧ 宋楊忱本"所"字上衍"賞與"二字,"者"作"是","名"下有"者"字。
⑨ "於",原作"其",據宋楊忱本、花齋本、四庫本改。
⑩ "遇",原作"過",據宋楊忱本、花齋本、四庫本改。
⑪ "是",宋楊忱本、花齋本作"者"。

與人鈞同，人則悦而爭依於己。[①] 十則從服，若財十倍多彼，則服而從之也。萬則化，成功而不能識，若財萬倍多彼，則變化而無不如意，故可以成功，而觀者莫能識之。而民期然后成形，而更名則臨矣。人心期以爲主，[②]相與樂推，然後成形，於以名前所服之人，則臨之以爲君。

請問爲邊若何？問所以防禦邊境。對曰：夫邊日變，不可以常知觀也。邊者，兩國交爭，寇狄伺隙，[③]日有變，當應機而動，故不可以常智觀也。民未始變而是變，是爲自亂。未變者，應機未發，且當循常而伺之，今人未當變而輒爲變，此謂先時也，更益其亂，故曰是爲自亂也。請問諸邊而參其亂，任之以事而因其謀。[④] 諸邊，則四邊也，謂参驗知其委變之亂，然後以事任之，因其所謀而用之。此已上公問之辭也。方百里之地，樹表相望者，丈夫走禍，婦人備食，謂百里之國，[⑤]自國都至邊境，每於高顯之處樹立其表，使遞相望，其有寇賊之禍，丈夫則走而奔命，婦人則備食以餽之也。[⑥] 内外相備。外拒寇以防内，内備食以給其外，[⑦]故曰相備也。春秋一日敗事曰千金，[⑧]稱本而動。春秋種穫，尤爲農要，此二時而有戰敗，但經一日，敗費千金，故爲國者必當稱本而動也。候人不可重也，[⑨]唯交於上，能必於邊之辭。候人，謂諜候之來入國者。[⑩] 候人入國，或伺我虚實，

---

① "依於己"，原作"於依也"，據宋楊忱本、花齋本、四庫本改正。
② 宋楊忱本、花齋本"人"上有"言"字。
③ "狄"，宋楊忱本、花齋本作"敵"。
④ "而"，宋楊忱本、花齋本無。
⑤ "之"，原脱，據宋楊忱本、花齋本、四庫本補。
⑥ "餽"，宋楊忱本作"終"，花齋本作"給"。
⑦ "其"，宋楊忱本、花齋本無。
⑧ "事"，宋楊忱本、花齋本無。
⑨ "候"，原作"猴"，據宋楊忱本、花齋本、四庫本改。注文同。
⑩ "諜"，原作"謀"，據宋楊忱本、花齋本、四庫本改。

覘我動靜,不可使重之,[①]唯有能與上交,必定邊境之辭,至國不易者,[②]其可重也。行人可不有私,不有私,所以爲内因也。行人,使人也。若何而可?唯不有私耳,無私則意成,故能爲國内成事也。[③]使能者有主,矣而内事。[④]使人出境,必有所主,其所主者,欲成内國之事也。

萬世之國,必有萬世之寶,[⑤]無萬世之寶,[⑥]不能成萬世之國也。必因天地之道。天地之道,順以動者也。無使其内,使其外,應内而外,失外情也。使其小,毋使其大。棄其國寶,應小而失大事之宜,大臣國之寶也,今非理使之,故曰棄國寶也。使其大,貴一與而聖,[⑦]稱其寶;使其小,可以爲道。謂使其大臣,當尊之,一與其事,必無轉移。知此則舉輒有成,[⑧]能立聖人之功,謂稱其寶矣。能則專,專則佚。使得其能,於事必專,專則成功,[⑨]故佚樂也。椽能逾,則椽於逾。椽,猶梯也,[⑩]謂鑿椽以爲梯。凡欲蹈越高遠,必因梯而後能,若不因梯,直欲逾之,[⑪]則不能逾矣,然則逾因梯而逾矣。此喻成功必有良臣賢佐,然後事遂而名立之矣。能宫,則不守而不散。宫,謂防禦之國四國也。能有四國之宫,則不有寇難,若無宫,直欲守之,其衆必散也。衆能伯,不然,將見對。伯,長也。謂材能之士,[⑫]衆必能

① "重",原作"量",據宋楊忱本、花齋本、四庫本改。
② "國",四庫本作"當"。
③ 宋楊忱本、花齋本"事"下有"者"字。
④ "矣",郭沫若疑爲"俟"字之誤,可從。
⑤ "寶",宋楊忱本、花齋本作"實",注文同。
⑥ "萬",原脱,據宋楊忱本、花齋本、四庫本補。
⑦ "失大",宋楊忱本誤作"大失"。
⑧ "知",四庫本作"如"。"輒",原作"轍",據宋楊忱本、花齋本、四庫本改。
⑨ "成功",宋楊忱本、花齋本作"功成"。
⑩ "猶",原作"尤",據宋楊忱本、花齋本、四庫本改。
⑪ "因",原作"能",據宋楊忱本、花齋本、四庫本改。
⑫ "士",宋楊忱本作"主"。

爲之長，若不能長之，豪俊之士將來對己以兩雄，[①]兩雄角之道也。[②]

君子者，勉於纠人者也，君子者，德民之稱，故但纠察人，不爲人所糾。非見纠者也。故輕者輕，重者重，前後不慈。輕，謂臣也；[③]重，謂君也。凡君臣所以能相慈者，輕能事重，重能制輕，然後慈惠之心油然生矣。今輕自在輕，重自在重，或前或後，不相交接，否之謂也，何慈之有乎？凡輕者，操實也，臣須君食，故必操君實也。以輕則可使；輕而操實，則可使也。重不可起，雖重，無實則輕，不可起用。輕重有齊。重以爲國，重者不限，則以爲國。[④] 輕以爲死。以道使輕，可以致死。毋全禄，貧國而用不足；欲全其禄，不以與下，則賢去而人散，故國逾貧，而用逾不足也。毋全賞，好德惡亡使常。雖曰好德，全賞而不與，雖曰惡亡，所使者乃常人，若此者，敗亡之道。

請問先合於天下而無私怨，謂與天下合同，人皆樂推，故無私怨也。[⑤] 犯強而無私害，雖犯於強，乃以公義，故無私害，謂責楚包茅之比也。[⑥] 爲之若何？對曰：國雖強，令必忠以義；令忠以義，雖強，必得之心。[⑦] 國雖弱，令必敬以哀。令敬以哀，雖弱，必免也。[⑧] 強弱不犯，則人欲聽矣。犯雖輕弱，則人遠之。[⑨] 先人而自後，而

---

① “俊”，花齋本、四庫本作“傑”。“士”，宋楊忱本、花齋本作“人”。

② “角”，宋楊忱本作“者”。“道”，花齋本作“爲”。

③ “謂”，原作“爲”，據宋楊忱本、花齋本、四庫本改。“也”，宋楊忱本、花齋本作“人”。

④ “不限則以”，宋楊忱本作“則限不過”。

⑤ 原“怨”下衍“之”字，據宋楊忱本、花齋本、四庫本删。

⑥ “責”，宋楊忱本、花齋本作“貢”，且花齋本在“楚”下。“包”，宋楊忱本、花齋本、四庫本作“苞”。

⑦ “心”，宋楊忱本、花齋本、四庫本作“也”。

⑧ “必”，宋楊忱本作“不”。

⑨ “遠”，宋楊忱本、花齋本、四庫本作“違”。

無以爲仁也，[①]先人自後，大國禮之，[②]何仁之爲也。加功於人而勿得，施功而不求于報也。所櫜者遠矣，[③]櫜貨而匱民者，當遠之也。[④]所爭者外矣。交爭無禮者，當遣之亦自外矣。[⑤]明無私交，則無内怨；私交則不公而偏，故内怨起之。與大則勝，能親與大國，故得勝。私交衆則怨殺夷吾也，使君私交者，夷吾之由，故恐衆怨而殺之。[⑥]如以予人財者，不如無奪時；如以予人食者，不如無奪其事，[⑦]不奪其事，則各安其業，食無不足也。此謂無外内之患。事故也，財食足，則外内之患亡也。[⑧]君臣之際也；君臣非有骨肉之親，但以禮義相接也。禮義者，人君之神也。禮義在，則君尊臣卑，萬人以寧，故曰神。且君臣之屬也；[⑨]以義相屬。親戚之愛，性也。相親相愛，性也。使君親之察同索，屬故也。索，求也。君親之於臣子，[⑩]同求其愛敬矣。故，事也。臣雖屬君，當以事親之故事君。使人君不安者，屬際也，使君不安其位者，則臣但以義際君，無愛敬故也。不可不謹也。臣無愛敬，或化爲仇，[⑪]故不可不謹之也。

賢不可威，威賢，則邦國殄瘁。能不可留，材能，當引用之，不

---

① "仁"，原作"人"，據宋楊忱本、花齋本改。下注文"仁"字同。

② "禮之"，宋楊忱本作"之禮"。

③ "櫜"，原作"槖"，據宋楊忱本、花齋本、四庫本改。

④ "當遠之也"，宋楊忱本作"當而遠之"。

⑤ "亦自"，宋楊忱本、花齋本、四庫本無。

⑥ "怨"，原作"忠"，據宋楊忱本、花齋本、四庫本改。

⑦ "無"，宋楊忱本、花齋本作"毋"。

⑧ "亡"，宋楊忱本、花齋本作"忘"。

⑨ "臣"，原脱，據宋楊忱本、花齋本、四庫本補。李哲明疑"也"字上當有"義"字，可從。

⑩ "之"，原脱，據宋楊忱本、花齋本補。

⑪ 宋楊忱本、花齋本"仇"下有"敵"字。

可留之於彼身。杜事之於前，[1]易也。水，鼎之汩也，奸罔之事，[2]先其未然而杜塞之，[3]則甚易，尤水之在鼎，以烹之食，事亦不擾也。人聚之，壤地之美也。由壤地美，[4]故人聚之也。人死之，若江湖之大也。人所以爲君致死者，由君量若江湖水之大，[5]無不容納故也。求珠貝者，不令也。君之於人，有所簡擇，若求珠貝之爲，人必去而不令之。逐神而遠熱，交觶者不處，兄遺利君之於人也，使敬之若逐神，畏之若遠熱。[6] 其逐神者，交觶祭祀，不敢留處，[7]其遠熱者，[8]雖有兄弟之親，亦遺利而去。君之尊嚴莫與大，誰敢窺覦之哉。績按："兄"，古"況"字。夫！事左，謂人君行事不得正。[9] 中國之人，觀危國過君而弋其能者，[10]豈不幾於危社主哉。中國，謂得禮義之中國也。弋，取也。中國之人，見危國過君不能用賢，道爲己用，如此，則過君之社主近於危也。

利不可法，故民流；神不可法，故事之。神亦不得其法，不知神之所在，[11]故畏敬事之，所謂陰陽不測者也。[12] 天地不可留，故動，化故從新。天施地化，日夜不息，故能生成不已，以天地變化不可留

---

① "杜"，原作"社"，據宋楊忱本、花齋本、四庫本改。
② "罔"，宋楊忱本、花齋本作"凶"。
③ "杜"，原作"社"，據花齋本、四庫本改。
④ "壤"，宋楊忱本、花齋本作"是"。
⑤ "由"，宋楊忱本、花齋本作"則"。"江"，宋楊忱本、花齋本脱。
⑥ "畏"，原作"長"，宋楊忱本、花齋本同，據四庫本改。
⑦ "留"，原作"由"，據宋楊忱本、花齋本、四庫本改。
⑧ "者"，宋楊忱本、花齋本作"者"。
⑨ "得"，原脱，據宋楊忱本、花齋本、四庫本補。
⑩ 原"過"上衍一"危"字，據宋楊忱本、花齋本、四庫本删。
⑪ "神"，原脱，據宋楊忱本、花齋本、四庫本補。
⑫ 宋楊忱本、花齋本"測"下有"之"字。

停，①故動化其故，以就其新。然亦修故之四時，②周而復始，無所易之也。③ 績按：别本注：天地變化，生成不息，不可流停云。④ 是故得天者，高而不崩，謂得天變化日新之理，故得常保其尊高而不崩壞也。⑤ 得人者，卑而不可勝。⑥ 得人則衆歸之，故雖卑不可勝。是故聖人重之，謂重天也。人君重之。謂重君也。故至貞生至信，至貞，正也。謂正心生，則至信生而應之也。言往至絞，生絞謂急，言私已。今空以言往而無其實，則至絞已言生而應。至自有道，正生則信至，言往則絞來，⑦皆有因而然，故曰至自有道也。不務以文勝情，以文勝情，情彌虚也。不務以多勝少。⑧ 少是能正衆非，⑨故多不能勝之。⑩ 不動則望有牆，君子儼然不動，則望者如牆焉。⑪ 旬身行。旬，均也。君子身行，必令均平正直。

法制度量，王者典器也。理國之常器也。執故義道，畏變也。君人執守故義，以尊於道者，畏輕躁之人妄有所變也。天地若夫神之動，化變者也，天地之極也。若能祀神而動，化變流弊，⑫天地之極理，善莫大焉。能與化起而王，用則不可以道山也。若能隨神化而起，王者有天下，⑬其所運用，則不可以常道格之，⑭其富饒取類

① 宋楊忱本、花齋本脱“化”字。
② “脩”，宋楊忱本作“楯”，花齋本、四庫本作“循”。
③ “無”，宋楊忱本作“而”。
④ “流”，四庫本作“留”。
⑤ 宋楊忱本、花齋本“也”上有“者”字。
⑥ “而”，原脱，據宋楊忱本、花齋本補。
⑦ “言”，原作“信”，據宋楊忱本、花齋本、四庫本改。
⑧ “多”，原作“文”，據宋楊忱本、花齋本、四庫本改。
⑨ “少是能正”，原作“少正能是”，誤倒，據宋楊忱本、花齋本、四庫本乙正。
⑩ “之”，原脱，據宋楊忱本、花齋本、四庫本補。
⑪ “如”，原作“知”，據宋楊忱本、花齋本、四庫本改。
⑫ “化變”，四庫本作“變化”。
⑬ “者”，宋楊忱本、花齋本無。
⑭ “常”，原作“當”，“格”，原作“俗”，據宋楊忱本、花齋本、四庫本改。

於山也。仁者善用，智者善用，非其人，則與神往矣。非其人尚能用之，①則明無不用，如此者，可謂通靈合契，②與神往來也。

衣食之於人也，不可以一日違也，③一日違衣食，生理或幾乎不全也。親戚可以時大也。謂時大聚會之，以結其恩意。④是故聖人萬民艱處而立焉。人者難靜而易擾，故聖人處立其上，常有戰兢之心，畏難之也。人死則易云，死者無所爲，不憂其爲亂，故易云也。績按：云，旋而歸之也。《詩》："婚姻孔云"。生則難合也。生者有利欲之心，⑤合而無防，合生奸謀，⑥故難合也。故一爲賞，再爲常，三爲固然。謂一時行其賜，人則欣賴以爲賞，頻再爲之，則人以爲常，謂至此時必當有賞，頻三爲之，則以爲理固當然，無懷愧之心。其小行之，則俗也，若小行其賞，則人習之以爲俗，無過厚之恩也。久之，則禮義。久而一行厚賞，則人荷德而懷恩，此禮義之正者也。故無使下當上必行之，無使下人每至時承當君上必行之賞也。然後移。

商人於國，⑦非用人也。下既不希上賞，則專意於市，故商人皆移來入國也。⑧不擇鄉而處，不擇君而使，商人常隨利往來，故不擇鄉，又不擇利。⑨出則從利，入則不守。商人出國，唯從利焉，其入國，遇寇難，則畏怯而苟免，⑩不爲君城守也。國之山林也，則而

① "人"，原脱，據宋楊忱本、花齋本、四庫本補。
② "靈"，原脱，據宋楊忱本、花齋本、四庫本補。
③ "日違"，原作"違日"，據宋楊忱本、花齋本乙正。
④ "恩"，原脱，據宋楊忱本、花齋本、四庫本補。
⑤ "欲"，原脱，四庫本同，據宋楊忱本、花齋本補。
⑥ "合"，四庫本同，宋楊忱本作"或"，花齋本作"盛"。
⑦ "人"，原作"入"，據宋楊忱本、花齋本、四庫本改。
⑧ "入"，原作"於"，據宋楊忱本、花齋本改。
⑨ "利"，宋楊忱本、花齋本作"君"。
⑩ "畏"，宋楊忱本、四庫本作"恇"，花齋本作"愜"。"免"，四庫本作"且"。

利之。商人雖不爲國用，亦有利於國，猶山林也，隨取而得其利焉，①則當容受而取其利也。市廛之所及，二依其本。市則衆聚喧囂，尤多廛埃，今使工商二族依之以爲本，②此亦處物之宜也。故上侈而下靡，得商賈之利，故上侈下靡。而君臣相上下得商工之用，③故依之章著上下之儀。相親，則君臣之財不私藏，相親則情公，故不私藏財。然則貪動枳而得食矣。枳，棘者所爲擁塞也。④ 農人貪商賈而動者，則多枳塞，其幸者但得貪食而已，無餘利也。徙邑移市，亦爲數一。其有田邑之人，今移於市，此亦爲費數而得一耳。⑤

問曰：多賢可云？問多賢之理可言不。對曰：魚鼈之不食咡者，不出其淵；樹木之勝霜雪者，不聽於天；⑥霜雪不能殺，是不聽於天也。士能自治者，不從聖人。能自理者則有餘，不從聖人而求之也。豈云哉？能自理，則雖聖人不能致，自斯之外，何可云者也。⑦ 夷吾之聞之也，不欲強能，材能之士心不慕己，勿強引之也。不服智而不牧。士之材智，上不服，則勿養之。若旬虛期於月，⑧津若出於一，⑨明然，則可以虛矣。⑩ 匝一月曰期。⑪ 津，明潤貌。

---

① "隨取而得其利焉"，宋楊忱本脱此句，花齋本無"焉"字。

② 原"本"下衍"此亦處物之以爲本"8字，據宋楊忱本、花齋本、四庫本删。"二"，原作"三"，據宋楊忱本、花齋本、四庫本改。

③ "工"，原作"賈"，據宋楊忱本、花齋本改。

④ "爲"，原作"以"，據宋楊忱本、花齋本改。

⑤ 宋楊忱本、花齋本、四庫本"耳"下有"也"字。

⑥ "於"，原作"其"，據宋楊忱本、花齋本、四庫本改。

⑦ "自"，原誤竄於上句"致"上，據宋楊忱本、花齋本、四庫本改正。"斯"，原作"私"，據宋楊忱本、花齋本改。

⑧ "旬"，豬飼彦博以爲當作"盈"。

⑨ "津若"，郭沫若以爲乃"律呂"之誤。

⑩ "虛"，郭沫若以爲乃"處"字之誤。

⑪ "匝"，宋楊忱本作"布"。"曰"，宋楊忱本作"日"。

君人之道，當若每旬之虚，①而任數自期于來，②日既至津，③然後出一明矣。如此虚而任數，理足自明；④人但虚懷接物，賢才自至，亦猶是也。⑤故阨其道，而薄其所予，則士云矣。士之道藝，則能阨而服之，至人所與，則薄而少之。如此，則必自來，其理可言也。不擇人而予之，謂之好人；⑥不擇人而取之，謂之好利。遇人則與，無所簡擇，可謂多所愛，所愛多不當也。⑦ 審此兩者，以爲處行，則云矣。兩者，謂不擇取與不擇而取，⑧寧不擇而與，⑨用此以爲處身之行，則其理可云矣。⑩

不方之政，不可以爲國；不方之政，謂邪也。曲静之言，不可以爲道。静，謀也。⑪ 節時於政，⑫與時往矣。凡爲節度，當合於時，所施政教，與時俱往。⑬ 不動以爲道，齊以爲行，守正不動以爲道，齊整肅然，以此爲行也。⑭ 避世之道，不可以進取。苟避世，則晦明藏用，若無所能，故不可進取。

陽者進謀，幾者應感，顯明其事者，欲進而爲謀，幾理之動，唯

---

① “若”，原作“君”，據宋楊忱本、花齋本、四庫本改。

② “任”，宋楊忱本作“在”。“于”，花齋本、四庫本作“以”。

③ “日”，原作“曰”，據宋楊忱本、花齋本、四庫本改。

④ “明”，宋楊忱本作“耶”。

⑤ “猶”，原作“尤”，據宋楊忱本花齋本、四庫本改。

⑥ “不擇人而予之謂之好人”，10 字正文原脱，四庫本同，據宋楊忱本、花齋本補。

⑦ “多所愛所愛多不當”，原作“所愛所謂多不當也”，宋楊忱本作“謂多所愛所愛”，據花齋本、四庫本補正。

⑧ “不擇取”，原作“不得取”，據宋楊忱本、花齋本、四庫本改。

⑨ “擇”，四庫本作“取”。

⑩ “理”，原脱，據宋楊忱本、花齋本、四庫本補。

⑪ “静謀也”，此注原脱，據宋楊忱本、花齋本、四庫本補。

⑫ “節時”至“爲道”，13 字正文原脱，據宋楊忱本、花齋本、四庫本補。

⑬ “凡爲”至“俱往”，16 字注文原脱，據宋楊忱本、花齋本、四庫本補。

⑭ “此”，原脱，據宋楊忱本、花齋本、四庫本補。

應所感也。再殺則齊，一殺尚有參差，必再殺然後可齊，如文王再駕伐崇，[①]武王再駕伐紂者也。[②] 然後運可請也。既齊則天下服，故得請問歷數之運，[③]將陟帝位也。"陽者進謀"已下，公問之辭也。對曰：夫運謀者，天地之虛滿也，合離也，言歷運之謀，崇替相因，若天地之有滿虛合離，乃理之不可已者也。春夏爲合，秋冬爲虛。春秋冬夏之勝也。若無春秋冬夏之變，則不能相勝而成歲，有道之伐無道，亦猶是也。然有知強弱之所尤，然後應諸侯取交，尤，殊絶也。謂應運而王者，必有智而強，殊絶於衆，若然諸侯之可以取天下之交者也。[④] 故知安危國之所存。以時事天，以天事神，謂以神禮事也。以神事鬼，謂依時而享鬼也。故國無罪而君壽，而民不取，[⑤]智運謀而雜槖刃焉。雖用智運謀，亦須威以成之名，[⑥]故曰雜槖刃也。[⑦]

其滿爲感，感則物應，故滿也。其虛爲亡，亡則物散，故虛也。滿虛之合，有時而爲實，滿時爲實也。時而爲動。虛時爲動故也。[⑧] 地陽時貸，地在陽時，假貸萬物，精氣以長養也。其冬厚則夏熱，其陽厚則陰寒。厚，謂過于寒熱也。冬有極寒，夏有極熱，夏有極熱，冬有極寒。[⑨] 是故王者謹於日至，[⑩]謂冬夏至也，當知二至之寒熱也。[⑪] 故知虛滿之所在，以爲政令。知其寒熱之虛，爲時令以順

① "如"，宋楊忱本、花齋本、四庫本無。

② "駕"，花齋本、四庫本脱。"者"，宋楊忱本、花齋本、四庫本無。

③ "得"，宋楊忱本、花齋本、四庫本無。

④ 花齋本、四庫本無"若"字，而於"然"下有"應"字。"者也"，宋楊忱本、花齋本、四庫本無。

⑤ "取"，宋楊忱本、花齋本、四庫本作"殺"。

⑥ "名"，宋楊忱本、花齋本、四庫本無。

⑦ "刃"，宋楊忱本、花齋本、四庫本作"韜"。

⑧ "故"，宋楊忱本、花齋本、四庫本作"散"。

⑨ "冬有"至"極寒"16 字注文，原脱，據宋楊忱本、花齋本、四庫本補。

⑩ "是故王者謹於日至"，此句原脱，據宋楊忱本、花齋本、四庫本補。

⑪ "謂冬"至"熱也"共 13 字注文，原脱，據宋楊忱本、花齋本、四庫本補。

之。已殺生,其合而未散,可以決事。時冬時,既有肅殺,其萌芽内發欲生也,然其時方寒,合而未有時,①可以決斷罰罪之事也。將合,可以禺其隨行以爲兵,禺,謂事端初見也。謂夏末初秋之時,②寒涼方至,將凝合初見其禺,③隨此時而行,可以爲兵威也。分其多少,以爲曲政。兵之所由,各有多少,隨其多少,委曲爲政。

請問形有時而變乎?謂歲年多吉凶之變可知也。對曰:陰陽之分定,則甘苦之草生也。陰陽之分定於吉,則有甘草生,薺是也。定於凶,則苦草生,葶藶是也。從其宜,則酸鹹和焉,謂從四時之宜,以酸鹹之味和而食焉,若春多酸,冬多鹹是也。而形色定焉,以爲聲樂。酸色青,鹹色黑,青聲角,黑聲羽,言定色而生聲。④ 夫陰陽進退,滿虚亡時,⑤其散合可以視歲。唯聖人不爲歲,言陰陽滿虚散合可視,知歲之豐荒也。績按:一本作"然合散"。⑥ 能知滿虚,奪餘滿,補不足,聖人善識滿虚之所在,⑦故奪有餘者,補於不足也。⑧以通政事,以贍民常。或滿與虚,⑨萬人均平,故能通達政事,贍足於人,⑩使修常道。⑪ 地之變氣,應其所出;謂地見災變之氣,應其所出之處,設法以禳之。水之變氣,應之以精,受之以豫;水見災變

---

① "寒合",原作"合寒",據宋楊忱本、花齋本、四庫本乙正。
② "初秋",原作"秋初",據宋楊忱本、花齋本、四庫本乙正。
③ "凝",原作"疑",據宋楊忱本、花齋本、四庫本改。
④ "言",四庫本作"皆"。
⑤ "亡時",宋楊忱本作"時亡"。
⑥ 四庫本脱劉績此注。
⑦ 原"在"下衍"人"字,據宋楊忱本、花齋本、四庫本删。
⑧ "於",原脱,據宋楊忱本、花齋本、四庫本補。
⑨ "或",原作"鹹",宋楊忱本作"减",據花齋本、四庫本改。
⑩ "人",四庫本作"民"。
⑪ "道",宋楊忱本作"通"。

之氣，①則當應之以精誠，其祥不弭，②當受之者，須預有所防備之也。天之變氣，應之以正。天見災變之氣，惟守正修德以應之也。③且夫天地精氣有五，④不必爲沮，謂五行之時也。其時之氣不能必，則爲沮敗也。其亟而反。其重陔動毁之進退，即此數之難得者也，其爲沮敗也，或纔有形而爲反者，⑤或遲重滯凝久而不去者，或發動而有所毁傷者，⑥或有乍進乍退者，⑦凡此皆災敗之數，難得而知之者也。此形之時變也。⑧ 謂歲年之形有變也。

沮平氣之陽，若如辭静？言欲沮敗平和之陽氣，默至而無形聲，⑨如辭言之静者。餘氣之潛然而動，愛氣之潛然而衰，⑩胡得而治動？災之餘氣潛然發動，愛憐之氣已潛然而衰，則氣候之動難知者也，故曰：胡得而治動。自"沮平"已下，公問之辭。對曰：得之衰時，位而觀之，⑪得其沮氣衰敗之時，立分位而觀察之。佁美然後有煇。佁，深思貌，謂深得其美理，然後情魂悦而貌煇然也。⑫ 修之心，其殺以相待，既知變氣之所召，⑬則修德於心以禳之，其凶殺之至，必

---

① "變"，原脱，據宋楊忱本、花齋本、四庫本補。
② "弭"，原作"彌"，據宋楊忱本、花齋本、四庫本改。
③ "修德"，宋楊忱本、花齋本、四庫本無。
④ "精"，原作"之"，據宋楊忱本、花齋本、四庫本改。
⑤ "爲"，宋楊忱本、花齋本、四庫本作"違"。
⑥ "者"，原脱，據宋楊忱本、花齋本、四庫本補。
⑦ 宋楊忱本脱"乍進"二字。
⑧ "此"，原作"比"，據宋楊忱本、花齋本、四庫本改。
⑨ "至"，原作"生"，據宋楊忱本、花齋本、四庫本改。
⑩ "衰"，宋楊忱本、花齋本、四庫本作"哀"。
⑪ "而"，宋楊忱本作"之"。
⑫ "魂"，原脱，四庫本同，據宋楊忱本、花齋本補。"貌"，原作"見"，據宋楊忱本、花齋本、四庫本改。
⑬ "變"，宋楊忱本、花齋本、四庫本作"災"。

有以待之也。① 故有滿虚哀樂之氣也。當察災而得禳，②或滿而樂，或虚而哀也。③ 故書之帝八，神農不與存，爲其無位，不能相用。

問：運之合滿安臧？《易》之所存五帝，謂伏羲、神農、黄帝、堯、舜，④《書》之所記三王，夏、殷、周，⑤然於八帝之中，神農所存事迹獨少，則以不爲位，以觀災處氣又不用。⑥ 公問：自今之後，運之合滿，何所藏隱，可得知之者乎。⑦ 二十歲而可廣，十二歲而聶廣，百歲傷神。管氏對曰：從今之後，二十歲天下安寧，禮義可廣。⑧ 又十二歲代將亂而攝其廣。⑨ 又百歲之後天下分崩，⑩鬼神之祀絶矣。周鄭之禮移矣，⑪禮移則俗變也。⑫ 則周律之廢矣，周之法則壞矣。則中國之草木，有移於不通之野者。時既戰爭，廢於農事，稼穡之地，荆棘生焉，故草之屬，移變於不通之野。然則人君聲服變矣，聲謂樂聲，衆亂則聲服俱變。則臣有依駟之禄，依，稱也。代衰則臣富，故臣多養駟馬，及其受禄，⑬又以稱之。婦人爲政，鐵之重反旅金。⑭ 君幼，

---

① “有以”，原脱，據宋楊忱本、花齋本、四庫本補。

② “察”，原作“祭”，據宋楊忱本、花齋本、四庫本改。“得”，宋楊忱本、花齋本作“德”。

③ “哀”，原作“衰”，據宋楊忱本、花齋本、四庫本改。

④ “存”，宋楊忱本、花齋本作“序”。

⑤ “書之”，原作“之書”，誤倒，據宋楊忱本、花齋本、四庫本乙正。

⑥ “用”，原作“供”，據花齋本、四庫本改。宋楊忱本無此字。

⑦ 宋楊忱本、花齋本無“者”字。

⑧ “禮”，宋楊忱本、花齋本作“德”。

⑨ “十二”，原作“二十”，據宋楊忱本、花齋本、四庫本改。“歲代”至“絶矣”，注文原脱，據宋楊忱本、花齋本、四庫本補。

⑩ “分崩”，四庫本作“將分”。

⑪ “周鄭之禮移矣”，原脱，據宋楊忱本、花齋本、四庫本補。

⑫ “禮移則俗”，原脱，據宋楊忱本、花齋本、四庫本補。

⑬ “及”，原作“反”，宋楊忱本同，據花齋本、四庫本改。

⑭ “旅”，宋楊忱本作“拯”。下注文“旅”同。

則母后爲政。鐵者，所以爲兵器，當重之。謂下流卑識，[1]不重鐵，反旅陳於金而玩之也。而聲好下曲，食好鹹苦，謂聲之下而悲者，食多鹹苦之味者，婦人所好。[2] 則人君日退亟，既使婦人爲政，則百度昏，君人之衰也，[3]日以亟矣。[4] 則谿陵山谷之神之祭更，應國之稱號亦更矣。更，改也。國衰，則神之祀改其所應祭，國之稱號亦更矣。市朝既變，後聖既作，故改其號國者也。[5]

視之亦變，目視而取，節令旌麾之屬亦變矣。[6] 觀之風氣。古之祭，有時而星，或祭星，以祈風氣之和者也。有時而星熺，熺，星之明，或有祭明星者。有時而熰，熰，熱甚也。或時旱熱而祭。[7] 有時而朐。朐，遠也。或遠而爲來歲祈福而祭之也。鼠應廣之實，陰陽之數也。鼠，憂也。凡此皆君之憂人，故廣爲祈福祥而祭之，[8]調陰陽爲物也。[9] 華若落之名，祭之號也。言祭時爲物作美號，若花落之莅物，益其光輝也。是故天子之爲國，圖具其樹物也。[10]

---

① “流卑”，宋楊忱本作“而悲”。

② 宋楊忱本、花齋本“人”下有“之”字。

③ “君人之衰也”，宋楊忱本作“人之退衰也”，花齋本作“人君之退衰也”。

④ “日以亟矣”，宋楊忱本、花齋本作“豈不亟急哉”。

⑤ “號國者也”，宋楊忱本作“號國”，花齋本作“國號”。

⑥ “目視而取節令旌麾之屬亦變矣”，宋楊忱本、花齋本作“旌麾之屬目視而取節今變矣”。

⑦ “或時旱熱而祭”，宋楊忱本作“祭謂此旱熱甚而祭”，花齋本無“此”字。

⑧ 原“而”上衍“歲祈福”三字，“之”下又衍“者也”二字，據宋楊忱本、花齋本、四庫本删。

⑨ “調陰陽爲物也”，原作“陰陽之物”，據宋楊忱本、花齋本、四庫本補、改。

⑩ “圖國”，原誤倒，據宋楊忱本、花齋本、四庫本乙正。

卷之十三

心術上第三十六

短語十

心之在體，君之位也；心之在體，當身之中，凡身之運爲，皆心之所使，故象君位。九竅之有職，官之分也。九竅則各其職司，①不能以此代彼，若百官之有其分也。心處其道，九竅循理；心之君處常能順道，則九竅所司各循理而應也。嗜欲充益，目不見色，耳不聞聲。君嗜欲充益動違道，②則九竅失其由，③目有所不見，④耳有所不聞也。故曰：上離其道，下失其事。上順道則下事得。毋代馬走，使盡其力；績按：後"毋"上有"君"字。⑤ 毋代鳥飛，使弊其羽翼；毋先物動，以觀其則。動則失位，靜乃自得。

道不遠而難極也，能走者馬也，能飛者鳥也，今不任鳥馬之飛

---

① "其"，宋楊忱本、花齋本、四庫本作"有"。
② "君"，四庫本無。
③ 四庫本"九"上有"由"字，"由"作"司"。
④ 宋楊忱本"目"上有"故"字。
⑤ "字"，原作"子"，據四庫本改。

走，[1]而欲以人代之，雖盡力弊翼而終竟不能盡，[2]以喻君代臣亦然，故曰不遠，而不得，故曰難極也。與人並處而難得也。虛其欲，神將入舍；但能空虛心之嗜欲，神則入而舍之。掃除不潔，神乃留處。[3]不潔，亦喻情欲。人皆欲智，而莫索其所以智乎。所以智者，虛心以循理也。智乎，智乎，投之海外無自奪，但能虛心循理，[4]其智雖復遠投海外，虛心用之，他毋從而奪之也。[5] 甚言智之不可鑿。[6] 求之者不得處之者。[7] 將欲求之智，終不知其處而得之也。夫正人無求之也，智既不可得，故人亦無從而求之。故能虛無。

虛無無形謂之道，化育萬物謂之德。君臣父子、人間之事謂之義；人事各有宜也。登降揖讓、貴賤有等、親疏之體謂之禮；簡物小未一道、殺僇、禁誅謂之法。謂簡擇於物，未有能與道爲一者，乃殺僇禁防之，此法之用也。

大道可安，而不可説。大道，[8]無形無聲者也。體神而安之，則有理存焉，如欲説之，無緒可言。直人之言不義不顧，不出於口，不見於色。四海之人，又孰知其則。謂安道之君子，雖人言其不義，驚然不顧。言既不出於口，理又不見於色，言理既絶，四海之人，誰有能知其則義也哉。

天曰虛，地曰靜，乃不伐。[9] 言能體天而虛，順地而靜，則道德全備，故不可伐也。絜其宫，宫者，心之宅，猶靈臺也。開其門，門，

---

① "今不任"，原作"人不使"，據宋楊忱本、花齋本、四庫本改。
② "終"，原作"勢"，據宋楊忱本、花齋本、四庫本改。
③ "乃"，原作"不"，據宋楊忱本、花齋本、四庫本改。
④ "循"，宋楊忱本作"脩"。
⑤ "毋"，四庫本作"無"。
⑥ "甚言智之不可鑿"，宋楊忱本、花齋本、四庫本無此句。
⑦ "處之者"，俞樾、張佩綸以爲衍文。
⑧ "大"，宋楊忱本、花齋本、四庫本作"夫"。
⑨ "伐"，俞樾以爲乃"貨"字之誤。

謂口也，開口使順理而言，下解中門謂耳目也。去私毋言，謂無私言。神明若存。宫絜、無私則神存。紛乎其若亂，靜之而自治。雖紛然而亂，但靜而順之，則自理也。强不能遍立，智不能盡謀。去强與知，①然後所謀立，能遍而盡。物固有形，形固有名，②名當，謂之聖人。立名當物，所以爲聖。③故必知不言，④無爲之事，然後知道之紀。道以不言，無事爲紀。殊形異執，⑤不與萬物異理，故可以爲天下始。⑥君人者，必殊形異埶，與物同理，故可以爲天下主。

人之可殺，以其惡死也；若不惡死，雖殺無益。其可不利，以其好利也。若不好利，雖不利之，亦無懲也。是以君子不怵乎好，怵，止也。不止人好利之情，下解中作怵。不迫乎惡，不迫移人惡死之意。恬愉無爲，去智與故。其應也，非所設也；其動也，非所取也。故，事也。既忘智則事自去。過在自用，自用不順理，則生過。罪在變化。作聰明，⑦變舊章，則成罪也。是故有道之君，其處也若無知，寂泊之至。⑧其應物也若偶之。若符契自然而合也。靜因之道也。凡此皆虚靜循理之道也。績按：此以上皆經，下釋其義。

“心之在體，君之位也；九竅之有職，官之分也”。此已下，上章之解也，然非管氏之辭，豈有故作難書而復從而解之？前修之制，皆

---

① “去强與知”，宋楊忱本、花齋本、四庫本作“忘强與智”。
② 原脱一“形”字，據宋楊忱本補。
③ “爲”，宋楊忱本、花齋本、四庫本作“稱”。
④ 王念孫以爲“不言”下當脱“之言”二字。
⑤ “埶”，原作“執”，據宋忱本改。下注文“埶”字同。
⑥ “始”，宋楊忱本無。
⑦ “作”，宋楊忱本、花齋本作“小”。
⑧ “至”，原作“主”，據宋楊忱本、花齋本、四庫本改。

不然矣。[①] 凡此書之解，乃有數篇，《版法》、《勢》之屬，皆間錯不倫，處非其第。據此，則劉向編校之日，[②]謂爲管氏之辭，故使然也。今究尋文理，觀其體勢，一韓非之論，而韓有《解老》之篇，疑此《解老》之類也。耳目者，視聽之官也，心而無與於視聽之事，則官得守其分矣。夫心有欲者，物過而目不見，聲至而耳不聞也。故曰："上離其道，下失其事。"故曰：心術者，無爲而制竅者也。心無嗜欲之爲，故無制於九竅。[③] 故曰"君"。"無代馬走"，"無代鳥飛"，此言不奪能能，不與下誠也。君之能不預於下之誠，凡爲其所能無不誠。"毋先物動"者，搖者不定，趮者不靜，言動之不可以觀也。"位"者，謂其所立也。人主者立於陰，陰者靜，靜爲躁君，故人主立於陰也。故曰"動則失位"。失君位也。陰則能制陽矣，靜則能制動矣，君亦能制臣矣。故曰"靜乃自得"。

道在天地之間也，其大無外，其小無内，所謂大無不包，細無不入也。故曰"不遠而難極也"。虚之與人也無間，虚能貫穿人形，故曰無間。唯聖人得虚道，故曰"並處而難得"。世人之所職者精也。職，主也。言所稟而生者精也。去欲則宣，宣則靜矣，宣，通也。去欲則虚自行，故通而靜。靜則精。精則獨立矣，獨則明，明則神矣。神者，至貴也，故館不辟除，則貴人不舍焉。故曰"不絜則神不處"。"人皆欲知而莫索之"，其所以知，彼也；其所以知，此也。有此，然後知彼也。不修之此，焉能知彼？無此其具，則不得知彼。[④] 修之此，莫能虚矣。虚者，無藏

① "前修之制"，宋楊忱本作"前之循制"。
② "編校之日"，原作"編授之由曰"，據四庫本改。
③ "無"，宋楊忱本、花齋本、四庫本作"能"。
④ "得"，宋楊忱本作"往"。

也。此既修,則彼不能虛誑者,①無能藏隱故也。故曰:去知則奚率求矣,率,循也。無知則循理而自求也。無藏則奚設矣。既不能隱藏,則無策謀可以施設也。無求無設則無慮,無慮則反覆虛矣。績按:言人求知彼,必先修已,設心以待人,一設心,則非虛矣。謂之虛者,以其無藏也,必去知、無藏,然後不求不設,心無慮而虛矣。注皆非。

天之道,虛其無形。虛則不屈,屈,竭也。無形則無所位迕,迕,逆也。無所位迕,故遍流萬物而不變,無物無之同,故不變。德者,道之舍,②物得以生。謂道因德以生物,故德爲道舍。績按:無形,謂道寓於物,有形謂德。生,知得以職道之精。得其生者,生由稟道之精也。③ 故德者,得也,得也者,其謂所得以然也。得道之精而然。以無爲之謂道,無爲自然者,道也。舍之之謂德。道之所舍之謂德也。故道之與德無間,道德同體,而無内外先後之異,④故曰無間。故言之者不别也。同體,故能不别。間之理者,謂其所以舍也。道德之理可間者,則有所舍,所以舍之異也。義者,謂各處其宜也。禮者,因人之情,緣義之理,而爲之節文者也,故禮者,謂有理也。理也者,明分以諭義之意也。故禮出乎義,義出乎理,理因乎宜者也。法者,所以同出,不得不然者也,有禮則有法,故曰同出也。故殺僇禁誅以一之也。故事督乎法,督,察也。謂以法察事。法出乎權,權出乎道。權、道者,事從之而出。

① “誑”,原作“何”,據宋楊忱本、花齋本、四庫本改。
② “舍”,原作“合”,據宋楊忱本改。
③ “生”,宋楊忱本作“主”。
④ “内外”,宋楊忱本、花齋本作“外内”。

道也者，動不見其形，施不見其德，萬物皆以得，然莫知其極。故曰“可以安，而不可説”也。“莫人”，①言至也。人無隱言者，②理之至也。“不宜”，言應也。有時宜言，則應物故。應也者，非吾所設，故能無宜也。績按：事至則應，非先設，故曰不宜，言宜，即前義也。注皆非。“不顧”，言因也。無所顧思者，因舊故。因也者，非吾所顧，故無顧也。因，舊也，非吾所爲故無顧。補：此節解上文“不義不顧”也。人莫言，至也。道至，於人莫能言，乃爲至也。不宜，即上“不義”。言人心不先裁制其事，物來順應也，故曰“非吾所設”，言不預設也。不顧者，因物而動，非吾所顧慮也。“不出於口，不見於色”，言無形也。“四海之人，孰知其則”，言深囿也。不知淺深之囿城也。③

天之道虚，地之道静。虚則不屈，静則不變，不變則無過，故曰“不伐”。“絜其宫，闕其門”：宫者，謂心也。心也者，智之舍也，故曰宫。絜之者，去好過也。去欲好之過也。門者，謂耳目也。耳目者，所以聞見也。“物固有形，形固有名”，此言不得過實，實不得延名。不得無實虚延其名。姑形以形，以形務名，督言正名，姑，且也。且言形者以其形也。故曰“聖人”。“不言之言”，應也。言則言彼形耳，於我無言。應也者，以其爲之人者也。人有所爲，故聖人得不應。執其名，務其應，所以成之，應之道也。物既有名，守其名而命合之，則所務自成，斯應物之道。“無爲之道”，因也。因也者，無益無損也。損益者，主有

① “莫”，王念孫以爲當爲“真”之誤。
② “隱”，宋楊忱本、花齋本、四庫本作“能”。
③ “淺深”，宋楊忱本、花齋本作“深淺”。

爲。[①] 以其形,因爲之名,此因之術也。見形而後名,非因而何。[②] 名者,聖人之所以紀萬物也。萬物雖多,立名以紀之也。績按:[③] 此釋"知道之紀"。人者立於強,必強,然後有所立也。務於善,必善,然後成人也。未於能,能未成者,習而成之。動於故者也。凡所運動,必循於故致也。聖人無之,謂無宰物之心也。無之,則與物異矣。物有我無,故異也。異則虛,異於有,故虛也。虛者,萬物之始也,有形生於無形也。故曰"可以爲天下始"。聖人體虛,故爲天下始也。

人迫於惡,則失其所好,迫入於惡,故失於好。怵於好,則忘其所惡,爲好所怵,故忘其惡。非道也。二者皆非。故曰:"不怵乎好,不迫乎惡。"惡不失其理,欲不過其情,故曰:"君子"。"恬愉無爲,去智與故",言虛素也。凡知與言習從虛素生,則無邪欲也。"其應非所設也,其動非所取也",此言因也。因也者,舍己而以物舍已而隨物,故曰因。爲法者也。感而後應,非所設也;緣理而動,非所取也。"過在自用,罪在變化":自用則不虛,不虛則仵於物矣;變化則爲生,謂有爲於營生。爲生則亂矣。故道貴因。因者,因其能者,言所用也。就能而用,故曰因也。"君子之處也若無知",言至虛也;"其應物也若偶之"[④],言時適也,若影之象形,響之應聲也。故物至則應,過則舍矣。舍矣者,言復所於虛也。

---

① "主",宋楊忱本、花齋本作"生"。
② "非",花齋本作"又"。"何",宋楊忱本、花齋本作"可"。
③ "績按",原脱,據四庫本補。
④ "若",原誤竄於下句"時"下,據宋楊忱本、花齋本、四庫本改正。

心術下第三十七

短語十一

形不正者,德不來,有諸内,必形於外,故德來居中,外形自正。《詩》云"抑抑威儀,維德之隅"。中不精者,心不治。精,誠至之謂也。中能誠至,心事自理。① 正形飾德,萬物畢得。翼然自來,② 績按:後《内業》作"正形攝德,天仁地義,則淫然而自至。"神莫知其極。正外形,飾内德,則下觀而化矣,故萬物盡得其理也。昭知天下,通於四極。毋物之義可以逆順,③故能昭知天下,自近以及遠,通達於四極。故曰:④毋以物亂官,貪賄,則官亂也。毋以官亂心,健羨太甚,則心亂也。此之謂内德。⑤ 官貨兩忘,⑥則内得也。是故意氣定,然后反正。無欲則意氣定,故能反正。氣者,身之充也,氣以實身,故曰身之充也。行者,正之義也。行不違中正之宜者也。充不美,則心不得,充不美則氣邪,故心亂而不自得也。行不正,則民不服。行不正則邪枉,故人不服。是故聖人若天然,無私覆也;若地然,無私載也。私者,亂天下者也。

凡物載名而來,聖人因而財之,而天下治。實不傷,因名而財,則物宜之不爽,故天下之理不傷也。績按:"財"同"裁"字訓。不亂於天下,而天下治。天地以及萬物皆有理存焉,直莫之亂,則自理矣。

---

① "心",原作"之",據宋楊忱本、花齋本、四庫本改。
② "來",原作"求",據宋楊忱本、花齋本、四庫本改。
③ "毋",宋楊忱本、花齋本作"因"。
④ 宋楊忱本、花齋本"故"上有"是"字。
⑤ "德",原作"得",據宋楊忱本改。
⑥ "兩",原作"雨",據宋楊忱本改。

專於意，一於心，耳目端，知遠之證。但專意一心，則耳目自端，證知遠事也。能專乎？能一乎？能毋卜筮而知凶吉乎？“惠迪吉，從逆凶”，豈勞卜筮而後知乎。能止乎？能已乎？謂能止於已分。績按：止已皆不外求也。能毋問於人而自得之於己乎？誠己自通，問人致惑，故不問而自得也。故曰思之。思之不得，鬼神教之。誠己思而不得，必有鬼神來教。非鬼神之力也，其精氣之極也。鬼神雖能教不精極者，今有精極，①則神不得不教，豈鬼神能致其力也。② 績按：言其得乃非鬼神之教，乃吾心之靈自覺。此語極精，學者宜深味之。

一氣能變曰精，謂專一其氣，能變鬼神來教，謂之精。一事能變曰智。能專一其事，能變而動之，謂智也。暮選者，所以等事也；天之來助，③或召募之，④或選擇之，欲令其事齊等也。補：暮者，遲而後也。選，懦弱而退，意遲而後動。退而不進，所以待事機之至也。等之爲言，待也。管仲學老子。極變者，所以應物也。物窮則變，變而通之，我之所由，令極於變通之理，⑤應物者也。暮選而不亂，暮選則齊絜故不亂。⑥ 極變而不煩。極變以順物宜，故不煩也。執一之君子，績按：《内業》作“惟執一之君子，能爲此乎”。執一而不失，能君萬物，一，謂精專也。既精且專，故能君萬物也。日月之與同光，天地之與同理。所謂與天地合其德，與日月合其明。

聖人裁物，不爲物使。聖人者，裁斷於物而使物，不爲裁而使己也。心安，是國安也，聖心安，是國安。心治，是國治也。聖心治，

① “今”，宋楊忱本、花齋本作“令”。
② 宋楊忱本“力”下衍“我”字。
③ “天”，宋楊忱本、四庫本作“人”。
④ “召”，宋楊忱本、四庫本作“占”。
⑤ “令”，宋楊忱本作“今”。
⑥ “絜”，宋楊忱本作“潔”。

是國治。治也者，心也，安也者，心也。理與安，一在於心，然後國從也。治心於在中，[①]理心在於適中也。[②]治言出於口，則無口過。治事加於民，則無枉事。故功作而民從，則百姓治矣。功成人服，非理而何？績按：言但治心在内，則治言出口，治事加民，有功，民從而國治矣。所以操者非刑也，所以危者非怒也。刑雖能操，怒雖能危，比之於道，猶爲末功。[③] 物不能離，道無不操，違道必危，是無不危也。民人操，百姓治，道其本至也。必每人皆操道，然後百姓理，如此，則道爲人本，豈不至哉。至不至無，無，虚也。所謂至者，虚之道也。非所人而亂。非至虚而爲天下王，必亂。[④]

凡在有司執制者之利，非道也。有司執制，常棄本逐末，[⑤]滯於刑政，非道也。[⑥] 聖人之道，若存若亡，迎之不見其首，隨之不見其後，故曰若存若亡也。援而用之，殁世不亡。道無形也，無形則無盡時，故殁世不亡也。與時變而不化，應物而不移，日用之而不化。無形，則無變移之時。

人能正静者，筋韌而骨強。能静則神氣全，[⑦]故筋骨韌強也。績按：韌，筋堅也。能戴大圓者，體乎大方，必體大方，然後能戴大圓。績按：《内業》"體"作"履"。鏡大清者，視乎大明。必視大明，然後能鏡大清。正静不失，日新其德，正静者，則理順而功立，故其德日新。昭知天下，通於四極。既知天下，則遠通四極。金心在中，

① "於"，宋楊忱本無。
② "適中"，宋楊忱本作"中適"。
③ "末功"，原作"本切"，據宋楊忱本、花齋本、四庫本改。
④ "王"，宋楊忱本、花齋本、四庫本作"主"。
⑤ 原重"常棄"二字，衍文，"逐"下衍"逐本"二字，據宋楊忱本、花齋本、四庫本删。
⑥ "道"，原作"通"，據宋楊忱本、花齋本、四庫本改。
⑦ "神"，宋楊忱本、花齋本作"和"。

不可匿，金之爲物彌精，心之爲用彌明，故比心於金。中苟有如金之心，則徵見於外，不可隱匿之也。績按：當依《内業》作“全心在中，不可蔽匿”。① “金”乃“全”之誤，又缺一“蔽”字。補：言人心之靈明，如金之精光也，故曰金心。道家曰金丹，釋氏曰金身，皆本此。外見於形容，可知於顔色。其見於外，或在形容，或在顔色。善氣迎人，親如弟兄；惡氣迎人，害於戈兵。績按：“戈”《内業》作“戎”。② 不言之言，聞於雷鼓。至道之居常言之言則人無不聞，③故同於雷鼓。績按：《内業》作“不言之聲”。金心之形，明於日月，察於父母。金心無不耀，無不知，故明於日月，察於父母。知子無若於父母，故以言焉。績按：“金”亦“全”字誤。昔者明王之愛天下，故天下可附；暴王之惡天下，故天下可離。故貨之不足以爲愛，刑之不足以爲惡。貨者愛之末也，刑者惡之末也。愛惡以爲心本也，故貨刑爲末也。④

凡民之生也，必以正平；正平則能保全其生。所以失之者，必以喜樂哀怒。喜樂哀怒過常，則失其生。⑤ 績按：《内業》作“喜怒憂患”。節怒莫若樂，⑥績按：《内業》“節”作“止”。⑦ 節樂莫若禮，樂主和，故能節怒。守禮莫若敬。禮者敬而已矣，故敬能守禮也。外敬而内静者，必反其性。外敬則合禮，内静則循樂，⑧故能反其性。

豈無利事哉？我無利心。豈無安處哉？我無安心。亦既反性，則忘其利安，雖有利事安處，蔑不足資也。心之中又有心，動亂

---

① “全”，原作“金”，據宋楊忱本、花齋本、四庫本改。
② “戈内業作戎”，四庫本作“内業戈兵作戎兵”。
③ “居”，宋楊忱本、花齋本作“君”。
④ “刑”，原脱，據宋楊忱本、花齋本、四庫本補。
⑤ “生”，宋楊忱本、花齋本作“主”。
⑥ “節”，原作小字注文，據宋楊忱本改。
⑦ “節”，原脱，據四庫本補。
⑧ “樂”，宋楊忱本、花齋本作“察”。

之心中，反有靜正之心也。① 意以先言。意感而得言。意然後形，意感其事，然後呈形。形然後思，有形則理可尋，故思之也。思然後知。思然後得理，故能知也。凡心之形，過知失生，續按：《内業》："定心在中，耳目聰明，四支堅固，可以爲精舍。精也者，氣之精者也，氣道乃生，生乃思，思乃知，知乃止矣。凡心之形，過知失生。"又曰："形然後言，言然後使，使然後治。不治必亂，亂乃死。精存自生，其外安榮。"此合二節而論，文有差誤也。是故内聚以爲原。續按：《内業》作"内藏以爲泉原"，此缺一"泉"字。泉之不竭，内聚思慮，則用之不窮，猶泉之有源，其可竭哉。表裏遂通；泉之不涸，四支堅固。内和則外通，②表裏無擁，故若泉之不涸，而四支堅固也。能令用之，被服四固。但能用此道者，則四支堅固，被及其身也。續按：《内業》作"乃能窮天地，被四海"。是故聖人一言解之，上察於天，下察於地。解則無不通物，故能窮於天下。③

白心第三十八

短語十二

建當立凡所建，必建其當立者也。有，④以靖爲宗，靜則思慮審，爲建事之宗。以時爲寶，建事非時，雖盡善不成，時爲事寶也。以致爲儀，⑤致者，所以節制其事，故爲儀。和則能久。又必當和同，然後能久也。非吾儀，雖利不爲；非吾當，雖利不行；非吾道，

① "反"，宋楊忱本、花齋本作"又"。
② "通"，宋楊忱本、花齋本作"道"。
③ "天"，宋楊忱本、花齋本、四庫本作"上"。
④ "當"、"有"，王念孫以爲應作"常"、"首"。
⑤ "致"，宋楊忱本、花齋本、四庫本作"政"。下注文"致"字同。

雖利不取。凡此雖曰有利，非吾儀也、當也、道也，故皆不爲之也。上之隨天，其次隨人。所謂應天順人也。人不倡不和，人倡而和，事無不成也。天不始不隨。後天而奉天時，①則舉無不達也。② 故其言也不廢，其事也不隨。

原始計實，本其所生。知其象則索其形，③謂君之出言，人乃順而不廢，其行事則有而不隨。若此者，當原其初始，④計其理實，尋本其所生，則其象可知，象既可知，⑤則其形可索也。績按："隨"、"隳"同。緣其理則知其情，順理則情自見。索其端則知其名。索端則名自形。故苞物衆者，莫大於天地；萬物共在天地之中。化物多者，莫多於日月；日，陽也，月，陰也，物皆稟陰陽之氣，然後化之也。民之所急，莫急於水火。一日無水火，則生理或有不全。然而，天不爲一物枉其時，冬不爲松栢不凋輟其霜雪，夏不爲薺麥枯死止其雨露也。明君聖人亦不爲一人枉其法。周公不以管蔡之親休其誅放也。天行其所行而萬物被其利，冬行霜雪，夏行雨露，故萬物利也。聖人亦行其所行而百姓被其利。行賞於善人，行罰於凶人，故天下清而百姓蒙利也。是故萬物均，既誇衆矣。誇，大也。天與聖人無私，故萬物均蒙其利，既大而且衆也。是以聖人之治也，靜身以待之，物至而名自治之。循名責實，則下無隱情，故理也。正名自治之，奇身名廢。⑥ 奇，謂邪不正，音飢。⑦ 名正法備，則聖人無事。正名法備，則事無闕滯，故聖人無事也。不可常居也，居必有時

① 原"天時"二字重衍，據花齋本、四庫本删。宋楊忱本"時"作"則"。
② "達"，宋楊忱本、花齋本作"違"，四庫本作"成"。
③ "形"，宋楊忱本作"刑"。
④ "當"，原作"常"，據宋楊忱本、花齋本、四庫本改。
⑤ "既"，原作"即"，據宋楊忱本、花齋本、四庫本改。
⑥ "身名"，王念孫以爲當作"名自"。
⑦ "音飢"，原脱，四庫本同，據宋楊忱本、花齋本補。

而還。不可廢舍也。廢舍則百度弛紊也。① 隨變斷事也，居變則不雍塞也。知時以爲度。事非其時則不成也。大者寬，小者局，寬則有餘，局則不足。物有所餘，有所不足。以有餘補不足，②則事平理均也。

兵之出，出於人；人爲兵本。其人入，入於身。兵而有功，入其賞賜，必返於身。兵之勝，從於適；適，和也。所謂師克在和也。德之來，從於身。修身則德立也。故曰：祥於鬼者義於人，義於人者，則鬼祐之以福祥也。兵不義不可。兵不義，而還自害，故不可。

強而驕者損其強，弱而驕者亟死亡。違禮而驕，無施而可。弱而驕者，則又其戾焉，死之速，不亦宜乎。強而卑義信其強，信音申。③ 弱而卑義免於罪。是故驕之餘卑，於驕有餘則弱，弱則卑也。卑之餘驕。於卑有餘則強，強則又驕。④

道者，一人用之，不聞有餘；理纔用於一人。天下行之，不聞不足。無不足於其人。此謂道矣。多少皆足者，⑤道也。小取焉則小得福，大取焉則大得福，盡行之而天下服，殊無取焉則民反，其身不免於賊。殊無取焉，則動皆違道，故人反背之而賊害也。左者，出者也；左爲陽，陽主生，故爲出也。右者，入者也。右爲陰，陰主死，故爲入。出者而不傷人，入者而自傷也。⑥ 出者既主生，則不當傷人，違而傷人，是還自傷。不日不月，而事以從；但循道而往，不計日月，事已從而成也。不卜不筮，而謹知吉凶。順道

---

① "紊"，原作"索"，據宋楊忱本、花齋本、四庫本改。
② "有"，原作"其"，據宋楊忱本、花齋本、四庫本改。
③ "信音申"，原脱，四庫本同，據宋楊忱本、花齋本補。
④ "又"，宋楊忱本作"天"。
⑤ "皆"，宋楊忱本作"昔"。
⑥ "而"，宋楊忱本、花齋本無。

則吉，逆道則凶，[1]豈須卜筮後知乎？是謂寬乎形，[2]徒居而致名。守道者，靜默而已，故其身寬閒，徒然而居，能致令名。去善之言，爲善之事，事成而顧反無名。若能去言善，直能爲善事，其事之成，顧反之者默然無名也。績按："去"乃"云"字誤。[3] 言云善言，爲善事，反無名，即下文"能者無名"也。能者無名，從事無事。深能其事者，必不求名，然其從事，安然閒暇若無事然也。審量出入，而觀物所載。謂凡出命令，[4]當觀物載之所堪，然後審量而出之也。[5]

孰能法無法乎？始無始乎？終無終乎？弱無弱乎？凡此，皆謂爲而忘之者也。故曰：美哉岪岪。岪岪，興起貌。謂能而不爲，[6]有契於道，如此，則功美日興，故曰"美哉岪岪"。故曰：有中有中，舉事雖得其中，而不爲中，乃是有中也。孰能得夫中之衷乎？得於中之損折中者，其維忘中乎。[7] 績按：此即前"心之中，又有心"意。注非。故曰：功成者隳，名成者虧。故曰：孰能棄名與功而還與衆人同？君棄功名，則與衆不異，同於物者，誰能害之者也。孰能棄功與名而還反無成？棄功名則無所成名。無成有貴其成也，能貴無成，乃是成也。有成貴其無成也。若其貴成，乃是無成。日極則仄，[8]月滿則虧。極之徒仄，滿之徒虧，[9]謂月。巨之徒滅。謂能立大功也。孰能已無已乎？效夫天地之紀。天地，忘形者也。能效天地者，其唯忘己乎。

---

① "逆"，宋楊忱本作"違"。
② "形"，宋楊忱本作"刑"。
③ "誤"，原作"該"，據四庫本改。
④ "凡"，原作"之"，據宋楊忱本、花齋本、四庫本改。
⑤ "審"，原作"當"，宋楊忱本、花齋本同，據四庫本改。
⑥ 宋楊忱本、花齋本"能"下有"爲"字。
⑦ "維"，宋楊忱本、花齋本作"唯"。
⑧ "仄"，原作"反"，據宋楊忱本、花齋本、四庫本改。下句"仄"字同。
⑨ "虧極之徒仄滿之徒"，原誤排爲雙行，如注文。

人言善，亦勿聽，人言惡，亦勿聽。譽之不勸，非之不沮。持而待之，空然勿兩之，淑然自清。但無心而待，則淑然和美，善惡自清也。無以旁言爲事成，察而徵之，無聽辯。無以旁譽之言以爲事成功，①而無聽其利口之辯言悦之也。② 萬物歸之，美惡乃自見。萬物之歸，當順而容之，其美之與惡，終自顯見之也。③

天或維之，地或載之。天莫之維，則天以墜矣；地莫之載，則地以沉矣。夫天不墜，地不沉，夫或維而載之也夫！天張於上，地設於下，自古及今而不沉墜者，必有神靈維載之故。又況於人，人有治之，辟之若夫靁鼓之動也。必有以而動也。夫不能自摇者，夫或摇之。無識之物，皆不能自摇；有時而動，則物摇之也。夫或者何？若然者也：風有時摇動，誰使然也？績按：或者，指上或摇之言，④或言天地尚有所以維載者，況人豈無治之者，故問治之者狀，下遂詳其無聲無臭之妙，而口耳目手足等本之。注皆非。視則不見，聽則不聞，謂風。洒乎天下滿，風之洒散，滿天下也。不見其塞。風無擁塞時也。集於顏色，寒者遇風則色慘，熱者遇之則清也。知於肌膚，惟肌膚能覺風。責其往來，莫知其時。責問其往來，則不得正時。薄乎其方也，謂遇方則爲方。韕乎其圜也。韕，復貌。謂遇圜則爲圜也。韕韕乎莫得其門。雖復圓轉，然不見其門也。⑤ 故口爲聲也，耳爲聽也，目有視也，手有指也，足有履也，事物有所比也。今夫口耳目手足，各有其在，非徒然也，必精神之比。夫事物之動摇，則風使之然，然求風則不得，語神亦不見之也。

---

① 宋楊忱本“言”下有“則”字。
② “而”，宋楊忱本、花齋本無。
③ “之”，宋楊忱本無。
④ “言”，原作“之”，據四庫本改。
⑤ “然”，宋楊忱本、花齋本作“終”。

“當生者生，當死者死”，或死或生，亦神爲之主。言有西有東，各死其鄉。雖其所居有東西之異，至於各死其鄉，則無不均也。置常立儀，能守貞乎？人人理，則置之常法，立之儀，則而勿失者，可謂正乎。[①] 常事通道，能官人乎？有能守其常事，隨時變通，不違於道，如此者，可以官於人。故書其惡者，言其薄者。上聖之人，聖，通也。既設法以教之，立官以主之，猶有惡薄而不化者，則書而陳之居上者，然後化而通之也。口無虚習也，手無虚指也，物至而命之口之習也，手之指也，終不徒然，必以事物之至，或以手指之，或以口命之。耳。績按："耳"，語辭，屬上爲句。發於名聲，凝於體色，此其可諭者也。名聲之至，耳聽之，[②]内流於心，外凝結於體色，如此者，性之敏惠，故可以德義告諭也。不發於名聲，不凝於體色，此其不可諭者也。不發不凝，所謂頑鄙者也，故不可告諭也。及至於至者，教存可也，教亡可也。謂人可誘令至於所欲至，如此者，存亡教，故教存亦可，教亡亦可也。[③] 故曰：濟於舟者，和於水矣，水和靜，無有波浪，則能濟舟。義於人者，祥於神矣。[④] 與人理合，[⑤]則神與之福祥也。績按：言聖人口不先言，手不先指，俟物至而後應之耳，蓋以可言可指者易知，而不可言不可指者難知。其所以然難知，亦不繫教否，故能濟舟者必得載舟水之理，能應物者必得寓物神之妙神即所以然也。

事有適，而無適，事雖有所適，可常者，若無適也。[⑥] 若有適；觿解，不可解而後解。雖時有適，潛默周密，人莫知其由，然結必待

---

① "理"，原作"或"，據宋楊忱本、花齋本、四庫本改。
② "聽"，宋楊忱本作"能"。
③ "也"，原作"乎"，據宋楊忱本、花齋本、四庫本改。
④ "於"，宋楊忱本、花齋本作"其"。
⑤ "合"，宋楊忱本、花齋本、四庫本作"相宜"。
⑥ "也"，宋楊忱本作"然"。

鑴而後解。鑴,所以解結也。故善舉事者,國人莫知其解。① 周密若結,故不能知其解。績按:言事有一種,適無適若有適,猶鑴解不可解而後解,本不可適而適之,故人皆不知其適解也。爲善乎,毋提提;爲不善乎,將陷於刑。提提,謂有所揚舉也。欲爲善乎,則人以我謙退無所舉,欲爲不善,又恐陷於刑罰也。善不善,取信而止矣。善與不善,足以爲物所信則止矣,此言可以爲善不善之取也。若左若右,正中而已矣,縣乎日月無已也。左,陽,謂善也;右,陰,謂不善也。言處陰陽之中,得其正而止,若能常得中,則名與日月俱懸而無已時也。愕愕者,不以天下爲憂,愕愕,守正者,忘天下,故不憂也。刺刺者,不以萬物爲策,刺刺,操求。自謂智謀之士,能忘智,常操求物理而經營。功爲策也。② 孰能棄刺刺而爲愕愕乎?智者,勞而失惠,忘德者,佚而歸之也。

難言憲術,須同而出。凡爲法術必重難,須同衆心,然後出之矣。無益言,無損言,近可以免。損益之事,當潛而爲之,又曰何謀,此慎密之至。故曰:知何知乎?謀何謀乎?雖知之,常曰何知,雖謀之,常曰何謀,此慎密之至也。審而出者彼自來。審而出者,必同於彼,故自來。自知曰稽,自知,則能考彼矣。知人曰濟。知人,則能可以濟同,不以和濟同也。知苟適,可爲天下周。自知能稽,知人能濟,所謂適也,若此,可爲天下之周慎也。内固之一,可爲長久。適可以知,内自固之,則長久。論而用之,可以爲天下王。既固於心,度時論用,如此,可以爲天下王。

天之視而精,既可王天下,則於天道,故視天能精之也。四璧而知請,四璧,《周禮》所謂四珪有邸者也,祭天所奠也。同邸於璧,故曰四

① "人",宋楊忱本脱,此字處作空白。
② "常",宋楊忱本、花齋本作"當"。

璧。既能知天,則祭以四璧,而祈請其福祥也。壤土而與生。天既降福,故壤土爲之生百穀也。能若夫風與波乎?唯其所欲適。風動波應,大小唯所欲適,天地之應聖人,亦猶是也。故子而代其父,曰義也,臣而代其君,曰篡也。臣代於君,必是篡奪而取也。篡何能歌?武王是也。而武王以臣代君,則非篡也。謂之篡之,豈能使紂之衆前歌後舞乎?則武王以臣代君,於理是也。故曰:孰能去辯與巧,而還與衆人同道?武王伐紂,所以不爲篡者,則以紂恃其辯巧,自異於物,逆天絶理,毒流四海故也。向能去其辯巧,與衆同道,何武王之敢窺哉,雖欲代之,①故得篡名也。故曰:思索精者,明益衰,德行修者,王道狹,思索太精則矜名,故王道狹也。卧名利者,寫生危。卧,猶息也。寫,猶除也。能息名利,則除身之危。知周於六合之内者,吾知生之有爲阻也。周其智於六合,則神傷力竭,②故於其生有所阻難也。③持而滿之,乃其殆也。持滿者善覆,故危也。名滿於天下,不若其已也。名滿於天下,則花揚而實喪。④名進而身退,天之道也。未有能名身俱進者。滿盛之國,不可以仕任;滿盛則敗亡,故不可任其仕也。⑤滿盛之家,不可以嫁子;嫁子於滿盛之家,則與之俱亡。驕倨傲暴之人,不可與交。交於驕暴,則危亡及己也。

道之大如天,無不覆也。其廣如地,無不載也。其重如石,萬人之力,不能舉也。其輕如羽。一人載之,不爲重。民之所以,知者寡。故曰:何道之近而莫之與能服也?服,行也。棄近而就遠何以費力也?道近在身,⑥不能求之於己,而望之於人,終無得

① "代",宋楊忱本作"伐"。
② "力",宋楊忱本無此字。
③ "生",原作"主",據宋楊忱本、花齋本、四庫本改。"所",宋楊忱本無此字。
④ "花",四庫本作"華"。"揚",原作"楊",據宋楊忱本、花齋本改。
⑤ "任其仕",原作"仕其任",據宋楊忱本、花齋本改。
⑥ "在",原作"仁",據宋楊忱本、花齋本、四庫本改。

時，故曰費力也。故曰：欲愛吾身，先知吾情，知己情，則能自保其身。君親六合，以考内身。遍六合之種，一一考之於身，身皆備之，則何須棄身而遠之也。以此知象，乃知行情。於身知象，①乃知可行之情。既知行情，乃知養生。知行情則不違理，不違理則生全，故曰乃知養生。左右前後，周而復所。行身之道，或從左右，或從前後，行之既周，還復本所也。執儀服象，敬迎來者。執常儀，行常象，將來可行之理，敬而迎之。今夫來者，必道其道。上道從也，將來之理，必道而來從也。無遷無衍，命乃長久。理既從道而來，但遵而行之，無遷移，無寬衍，勤而爲之，則命久長也。和以反中，形性相葆。事既安和，反歸中理，②如此，則形全性順，故能相保也。一以無貳，是謂知道。將欲服之，必一其端，而固其所守。固守則道自行。責其往來，莫知其時，若責生之往來，則期不定。索之於天，與之爲期，求性命之理於天，則期時可知也。不失其期，乃能得之。既不失期，③則性命之理得也。故曰：吾語若大明之極。若，汝也。④ 大明之極，謂大也。大明之明，非愛人不予也。愛，惜也。非有所隱惜於人，而不與之也。同則相從，反則相距也。與天同則從，反則距也。吾察反相距，吾以故知古從之同也。察今反則有距，故知古之從者以其同也。

---

① "知"，原作"之"，據宋楊忱本、花齋本、四庫本改。
② "歸"，宋楊忱本作"理"。
③ "既"，原作"能"，據宋楊忱本、花齋本、四庫本改。"期"，宋楊忱本作"其"。
④ "汝"，宋楊忱本、花齋本作"女"。

卷之十四

水地第三十九

短語十三

地者，萬物之本原，諸生之根菀也，菀，囿城也。美惡、賢不肖、愚俊之所生也。谓生於地。水者，地之血氣，如筋脈之通流者也。水，言材美具備，①其潤澤若氣，以支持於地若筋，分流地上若脈也。故曰：水，具材也。言水材美具備。何以知其然也？曰：夫水淖弱以清，而好洒人之惡，仁也；淖，和也；惡，垢穢也。視之黑而白，精也；視其色雖黑，及揮揚之則白，如此者精也。量之不可使概，至滿而止，正也；以意量之，則多少不可以概，②注於器，滿則止，不可加剩，如此者，正也。唯無不流，至平而止，義也；方圓邪曲，無所不流，平則止，不可增高，如此者，義也。人皆赴高，己獨赴下，卑也。卑也者，道之室，王者之器也，道以卑爲室，王以卑爲器也。而水以爲都居。都，聚也。水聚居於下，卑也。準也者，五量之宗也；水可爲平準，五量取則焉，故爲五量之宗也。素也者，

① "備"，原作"簡"，據宋楊忱本、花齋本、四庫本改。
② "多少不可以概"，宋楊忱本作"不多少之況"。

五色之質也；無色謂之素。水雖無色，五色不得不成，故爲五色質也。淡也者，五味之中也。無味謂之淡，水雖無味，五味不得不和，①故爲五味中也。是以水者，萬物之準也，萬物取平焉，故曰準也。諸生之淡也，能濟諸生以適中，故曰淡也。違非得失之質也。得亦自水生焉，失亦自水生焉，故爲得失之質。是以無不滿，無不居也。集於天地，雨從天降而亦有河漢，故水集於大地。② 而藏於萬物，動植之物皆含液也。產於金石，揀金於水，山石之穴，或有溜泉焉。集於諸生，諸合生類，皆得水而長之。故曰水神。莫不有水焉，不知其所，故謂之神也。集於草木，根得其度，得其生之度。華得其數，得其榮落之數。實得其量。得其生熟之量。鳥獸得之，形體肥大，羽毛豐茂，文理明著。萬物莫不盡其幾，幾，謂從無以適有也。反其常者，常，謂長育之常數也。水之内度適也。内度，謂潛潤之度也。

夫玉之所貴者，九德出焉。夫玉温潤以澤，仁也；鄰以理者，知也；鄰，近也。玉文相適近，理各自通，如此知也。③ 堅而不蹷，義也；蹷，屈聚也。如此義也。廉而不劌，行也；鮮而不垢，絜也；折而不撓，勇也；瑕適皆見，精也；瑕適，玉病也。以其精純，故不掩瑕適。茂華光澤，並通而不相陵，容也；叩之，其音清摶徹遠，純而不殺，辭也。象古君子之辭也。是以人主貴之，藏以爲寳，剖以爲符瑞，九德出焉。人主所以貴而藏之，④爲符瑞，九德之故。人，水也。男女精氣合，而水流形。陰陽交感，流布成形也。三月如咀，咀者何？曰五味。五味者何？咀，咀口和嚼之。謂三

① “和”，宋楊忱本、花齋本作“平”。
② “大”，宋楊忱本、花齋本、四庫本作“天”。
③ “知”，宋楊忱本作“智”。
④ “貴”，宋楊忱本、花齋本、四庫本作“寳”。

月之胎胞初凝，①類口所嚼食也。曰五藏。五味出於五藏後也。② 酸主脾，鹹主肺，辛主腎，苦主肝，甘主心。五藏已具，而後生肉。脾生膈，③膈在脾上也。肺生骨，腎生腦，肝生革，革，皮膚也。心生肉。五肉已具，而後發爲九竅。脾發爲鼻，肝發爲目，腎發爲耳，肺發爲口。④ 心發爲舌。⑤ 績按：舊本無此句，今據《文子》補之。⑥ 五月而成，十月而生。生而目視，耳聽，心慮。目之所視，⑦非特山陵之見也，察於荒忽。耳之所聽，非特雷鼓之聞也，⑧察於淑湫。心之所慮，非特知於粗粗也，察於微眇。故修要之精。⑨ 言精思是理修要妙之精也。是以水集於玉，而九德出焉，凝蹇而爲人，蹇，停也。⑩ 言精液凝停，則爲人也。而九竅五慮出焉。五慮，謂耳目鼻口心也。此乃其精言九竅五慮是身之精也。粗濁蹇能存而不能亡者也。謂人之稟氣粗濁而蹇，但能存而不能亡也。績按：此言水之精粗濁蹇，能存而不能亡者，生人與玉。注俱非。

伏闇能存而能亡者，蓍龜與龍是也。言龜龍稟氣微妙，悠遠而暗冥，故能存亡而爲變化也。龜生於水，發之於火，謂卜者以火鑽灼之。於是爲萬物先，爲禍福正。謂龜得水火之靈，故先知於萬物，識禍福之正也。龍生於水，被五色而游，故神。得水不測之

---

① “胎胞”，宋楊忱本、花齋本作“胚渾”。四庫本作“胎渾”。
② “後”，宋楊忱本作“酸”。
③ “膈”，宋楊忱本、花齋本作“隔”，下注文“膈”字同。
④ “口”，宋楊忱本、花齋本作“竅”。
⑤ “心發爲舌”，宋楊忱本、花齋本脱此句。
⑥ “子”，原作“字”，據四庫本改。
⑦ 宋楊忱本、花齋本“所”下有“以”字。
⑧ “之”，原脱，據宋楊忱本、花齋本、四庫本補。
⑨ “故修要之精”，張佩綸以爲此句衍文當删。
⑩ “停”，原作“亭”，據宋楊忱本、花齋本、四庫本改，下“停”字同。

靈，故神。欲小則化如蠶蠋，蠋，藿中蟲。① 欲大則藏於天下，言能隱覆天下。欲尚則淩於雲氣，②尚，上也。欲下則入於深泉；變化無日，隨時而變，不期於日。上下無時，謂之神。龜與龍，伏闇能存而能亡者也。或世見，謂下谷不徙水不絶之也。或世不見者，謂涸川水有時而絶。生蟡與慶忌。世見生慶忌，世不見生蟡也。績按：蟡，於危切，又音"詭"。故涸澤數百歲，谷之不徙，水之不絶者，生慶忌。謂涸澤之中有谷有水，③谷不徙而水不絶也。慶忌者，其狀若人，其長四寸，衣黄衣，冠黄冠，戴黄蓋，④乘小馬，好疾馳，以其名呼之，可使千里外一日反報，此涸澤之精也。涸川之精者，生於蟡。蟡者，一頭而兩身，其形若蛇，⑤其長八尺，以其名呼之，可以取魚鱉，此涸川水之精也。是以水之精粗濁蹇，能存而不能亡者，生人與玉；伏闇能存而能亡者，⑥蓍龜與龍；或世見或不見者，蟡與慶忌。故人皆服之，謂服用水。而管子則之。言管子獨能知水法則也。人皆有之，莫不有水。而管子以之。以，用也。言管子獨能用水也。

是故具者何也？水是也。言水無理不具也。萬物莫不以生，得水以生。唯知其托者能爲之正。具者，水是也，托，依也。能知水理之所依者，能正於萬物，故理之具者，水也。故曰：水者何也？萬物之本原也，諸生之宗室也，⑦美惡、賢不肖、愚俊之所産也。何以知其然也？夫齊之水道躁而復，故其民貪粗而

---

① "藿"，宋楊忱本作"藋"。
② "尚"，宋楊忱本作"上"。
③ "水"上之"有"字，原作"者"，據宋楊忱本、花齋本、四庫本改。
④ "戴"，原作"載"，據宋楊忱本改。
⑤ "蛇"，宋楊忱本、花齋本作"虵"。
⑥ 宋楊忱本脱"而"下之"能"字。
⑦ "也"，原脱，據宋楊忱本、花齋本、四庫本補。

好勇；以水道回復，①故令人貪；以其躁速，故令人粗勇也。楚之水淖弱而清，故其民輕果而賊；以其淖弱，故輕佚，清則明察，故人果賊也。越之水濁重而洎，故其民愚疾而垢；洎，浸也。濁重，故愚，浸則多所漸入，故疾垢也。秦之水泔最而稽，②淤滯而雜，最，絶也。稽，停留也。謂秦水泔美而味停留，③又泥淤沉滯，與水相雜也。故其民貪戾，罔而好事④以其甘而稽，故貪戾，⑤以其滯雜，故誣而好事。齊晉之水枯旱而運，淤墆而雜，齊晉，謂齊之西而晉之東。枯旱，謂其水慘溷而無光也。故其民諂諛而葆詐，⑥巧佞而好利；以其運，故諂諛，以其枯旱，故葆詐，以其淤雜，故巧佞而好利。燕之水萃下而弱，沉滯而雜，故其民愚戇而好貞，輕疾而易死；沉，故愚戇而好貞，萃雜，故輕疾而易死也。宋之水輕勁而清，故其民簡易而好正。⑦ 輕，故簡易；⑧清勁，故好正也。是以聖人之化世也，其解在水。言解人之邪正，嘗水而知。故水一則人心正，一，謂不雜。水清則民心易。一則欲不污，人心既一，故欲不污穢。民心易則行無邪。易直則無邪也。是以聖人之治於世也，不人告也，不户説也，其樞在水。樞，主運轉者也。言欲轉化於人，但則水之理，故曰其樞在水也。

---

① “回”，宋楊忱本作“迴”。
② “最”，宋楊忱本作“冣”。
③ “泔美”，宋楊忱本、花齋本作“絶甘”，四庫本作“絶泔”。
④ 原“事”上有“者”字，據宋楊忱本、花齋本、四庫本删。
⑤ “甘”，宋楊忱本、花齋本作“泔”。
⑥ “而”，宋楊忱本、花齋本無。
⑦ “簡”，宋楊忱本作“閒”。
⑧ “簡”，宋楊忱本、花齋本無。

四時第四十

短語十四

管子曰:令有時。王者命令,必有其時。無時則必視順天之所以來,視,謂觀而察之。若不得時,則必觀察其所致,改革以順天道之來也。五漫漫,六惛惛,孰知之哉? 漫漫,曠遠貌;惛惛,微暗貌。五謂每時之政,①其理曠遠。② 六謂陰陽四時,其理微暗。既漫且惛,故知之者少也。唯聖人知四時。不知四時,乃失國之基。不知五穀之故,國家乃路。路,謂失其常居。故天曰信明,地曰信聖,言能信順天地之道,則而行之者,曰明曰聖也。四時曰正。順行四時之令,曰正也。其王信明聖,其臣乃正。君明聖,則能用賢材,故正也。何以知其王之信明信聖也? 曰:慎使能而善聽信之。謂能聽信賢材之人。使能之謂明,使任賢能,則爲明也。聽信之謂聖。既聽其言,又信其事,所以爲聖。信明聖者,皆受天賞。信明者,天福也。使不能爲惛,既使不能,所以爲惛。惛而忘也者,③皆受天禍。惛忘則動皆違理,故受天殃也。④ 是故上見成事而貴功,則民事接勞而不謀。謂君見下有成事,⑤能貴賞其功,是上能以恩接人事,故雖下勞,⑥不謀上報其事也。上見功而賤,則爲人下者直,恃其功勞故肆直也。爲人上者驕。不恤下功,則以驕悖故也。是故陰陽者,天

① 原"之"下衍"時五"二字,宋楊忱本同,據花齋本、四庫本删。
② 宋楊忱本脱"遠"字。
③ 原"惛"上衍"爲忘"二字,據宋楊忱本、花齋本、四庫本删。
④ "受",宋楊忱本作"授"。
⑤ "事",宋楊忱本、花齋本、四庫本作"則"。
⑥ "下",原作"不",據宋楊忱本、花齋本、四庫本改。

地之大理也，天地用陰陽爲生成。四時者，陰陽之大經也，①陰陽更用於四時之間，爲緯也。刑德者，四時之合也。德合于春夏，刑合于秋冬。刑德合于時則生福，詭則生禍。

然則春夏秋冬將何行？東方曰星，東方，陰陽之氣和雜之時，故爲星，星亦不定於陰陽也。其時曰春，春，蠢也。時物蠢而生也。其氣曰風，陽動而陰寒，爲風也。風生木與骨。木爲風而發暢，②骨亦木之類也。其德喜嬴，③而發出節時。出，生也。言春德喜悦長嬴，爲發生之時節也。其事：④號令修除神位，謹禱弊梗，梗，塞也。時方開通，而有弊敗梗塞者，則禱神以通道之。績按：《淮南子》："（仲春）祭不用犧牲，用圭璧，更皮幣"，疑此乃"幣更"誤。宗正陽，春，陽事，故以正陽爲宗。治堤防，夏多水潦，故於春預修堤防。耕芸樹藝，正津梁，謂正橋梁也。修溝瀆，甃屋行水，甃者，使之行水也，⑤修屋壞，時方溉灌，依次行而用。解怨赦罪，通四方。凡此，皆助發生之氣。然則柔風甘雨乃至，柔，和也。百姓乃壽，百蟲乃蕃，此謂星德。星以和爲德也。星者掌發，發爲風。⑥掌，主也。主以風發生。是故春行冬政則彫，⑦肅殺之氣乘之，故彫落也。行秋政則霜，秋，霜降時也。行夏政則燠。績按：疑"燠"字誤。《月令》"行夏令暖氣早來"意。是故春三月以甲乙之日發五政。甲乙統春之三時也。一政曰：論幼孤，舍有罪；二政曰：賦爵列，授禄位；列，次

① "經"，宋楊忱本作"徑"。
② "暢"，原作"揚"，據宋楊忱本、花齋本、四庫本改。
③ "嬴"，原作"羸"，據宋楊忱本改。下注文"嬴"字同。
④ "其事"上原衍"時"字，據宋楊忱本删。
⑤ "使之行水也"，宋楊忱本脱。
⑥ "發"，宋楊忱本、花齋本脱一"發"字。
⑦ "彫"，宋楊忱本作"雕"，注文中"彫"字同。

也。三政曰：凍解修溝瀆，復亡人；人之逃亡者復還之。① 四政曰：端險阻，②路有險阻，理之使端平也。修封疆，正千伯；千伯，即阡陌也。五政曰：無殺麑夭，毋蹇華絶芋。蹇，拔也。芋之屬，其根經冬不死，不絶之也。績按：後《禁藏》作"毋夭英，毋拊竿"。必有一誤。五政苟時，春雨乃來。

南方曰日，南方，大陽，故爲日也。其時曰夏，夏，假也。謂時物皆假大也。其氣曰陽，夏之氣也。陽生火與氣。陽爲鬱熱敲蒸，故爲火氣也。其德施舍修樂。施舍，謂施爵禄，舍逋罪。③ 修樂，謂作樂以修輔也。④ 其事：號令賞賜，賦爵受禄順鄉，順鄉，謂不違土俗之宜也。謹修神祀，量功賞賢，以動陽氣。陽氣主仁，故行恩賞以助之也。九暑乃至，九暑，謂九夏之暑也。時雨乃降，五穀百果乃登，此謂日德。⑤ 日以照育爲德也。⑥ 中央曰土，土位在中央，而寄王於六月，承火之後，以土火之子故也，而統於夏，所以與火同章也。土德實輔四時入出，王在四時之季與之入出。⑦ 績按：此言王無定時也。⑧ 以風雨節，土益力。土得雨，遍益其生植之力。績按：此言土無定氣也。土生皮、肌膚。土所生木實成皮與肌膚。績按：此言土氣之生也。其德和平用均，土無不載，無不生，故和而用均也。中正無私，位居中正，無偏私。實輔四時：績按：此言土之德也。春嬴育，夏養長，秋聚收，冬閉藏。言上之四時，皆土之所輔成也。績

① "復還"，宋楊忱本、花齋本作"還復"。
② "險阻"，原作"阻險"，據宋楊忱本、花齋本改。
③ "逋"，宋楊忱本作"通"。
④ "輔"，宋楊忱本作"轉"。
⑤ "日"，原作"曰"，據宋楊忱本、花齋本、四庫本改。
⑥ "照"，原作"昭"，據宋楊忱本、花齋本改。
⑦ "王"，花齋本、四庫本作"土"。
⑧ "王"，四庫本作"土"。

按:此言土之事也。大寒乃極,國家乃昌,四方乃服。言土輔四時使均成,然後寒極而成歲,國昌而民服。① 此謂歲德。言土能成歲之德也。② 日掌賞,③賞爲暑。得賞則熱,熱故爲暑。歲掌和,和爲雨。和則陰陽交,故爲雨。夏行春政則風,風主春故。行秋政則水,行冬政則落。霜氣肅殺,故凋落也。是故夏三月以丙丁之日發五政。一政曰:求有功發績按:疑"伐"字。勞力者而舉之;二政曰:開久墳,久墳,瘞之處開通之也。發故屋,辟故窌以假貸;辟,開也。三政曰:令禁扇去笠,禁扇去笠者,不欲令人禦盛陽之氣。毋扱免,禁扱袒免袒者,亦不欲人惡盛陽之氣也。除急漏田廬;田中之廬欲漏之,不欲人惡盛陽之氣也。四政曰:求有德賜布施於民而賞之;④五政曰:令禁罝設禽獸,謂設罝以取禽獸也。毋殺飛鳥。五政苟時,夏雨乃至也。

西方曰辰,辰,星日交會也。⑤ 秋,陰陽適中,故爲辰。其時曰秋,秋,揫也。時物成熟揫斂也。⑥ 其氣曰陰,秋之氣也。陰生金與甲。陰氣凝結堅實,故生金爲爪甲也。其德憂哀、靜正、嚴順,秋氣淒惻,故以憂恤哀憐爲德。靜正,陰之性也。⑦ 嚴順,謂德雖嚴然,順時而爲之也。居而不敢淫佚。⑧ 順秋氣而靜居,不敢爲淫佚過失也。其事:號令毋使民淫暴,順旅聚收,謂順時理軍旅,聚而收之也。量民資以畜聚;賞彼群幹,衆有武幹人當賞之。聚彼群材,材,謂

① "而",宋楊忱本、花齋本無。
② "言",四庫本作"謂"。
③ "日",原作"曰",據宋楊忱本、花齋本、四庫本改。
④ 宋楊忱本、花齋本"民"下有"者"字。
⑤ "日",宋楊忱本、花齋本作"月"。
⑥ "也",宋楊忱本、花齋本、四庫本作"之"。
⑦ "正陰",原作"陰正",誤倒,據宋楊忱本、花齋本、四庫本乙正。
⑧ "而",宋楊忱本、花齋本、四庫本無。

可以充兵器之材，當收聚也。[①] 百物乃收，使民毋怠；時云收斂，[②]出師故聚裝，人無懈怠。所惡其察，所欲必得，察所惡之方而伐之，則得其所欲也。我信則克，我既誠信，故能克敵。此謂辰德。辰，以收斂殺奸邪爲德也。辰掌收，收爲陰。收，聚。冬閉藏，故爲陰。秋行春政則榮，春，發榮也。行夏政則水，夏，多行水潦也。行冬政則秏。[③] 冬，肅殺損秏也。是故秋三月以庚辛之日發五政：一政曰：禁博塞，博塞長奸邪，故禁之。圉小辨，鬥譯忌。小辨則利口覆國，及譯傳言語相疾忌爲鬥訟者，皆當禁圉之也。二政曰：毋見五兵之刃；時或出師掩襲，故藏五兵之刃也。三政曰：慎旅農，趣聚收；四政曰：補缺塞坼；師旅營農，當慎收之，秋方閉藏，故令補塞缺坼也。五政曰：修牆垣，周門閭。亦所以助閉藏之氣。五政苟時，五穀皆入。

北方曰月，北方，太陰，故爲月也。其時曰冬，冬，中也。言藏收萬物於中也。[④] 其氣曰寒，冬之氣也。寒生水與血。寒釋則水流，血亦水之類。其德淳越、温怒、周密。冬時花葉凋落，唯根幹存焉，故以淳質爲德。越，散也。冬既閉藏時，則入於吝嗇，故令散施爲德，雖復陰怒，當節之以温。周密者，衆陰之閉藏也。其事：號令修禁徙民，令靜止，時方休息，故禁人私徙，令爲靜止也。地乃不泄；冬令行，故地不泄也。斷刑致罰，無赦有罪，以符陰氣。陰氣主殺，故斷刑致罪以符之。大寒乃至，甲兵乃強，五穀乃熟，國家乃昌，四方乃備，此謂月德。月以閉藏罰罪歲德也。[⑤] 月掌罰，罰爲寒。罰則殺物，故爲寒也。冬行春政則泄，春，陽氣發泄也。行夏政則

---

① "也"，宋楊忱本、花齋本、四庫本作"之"。
② "云"，原作"亡"，據宋楊忱本、四庫本改。
③ "秏"，宋楊忱本作"耗"，注文"秏"字同。
④ "言"，宋楊忱本作"謂"。
⑤ "歲"，宋楊忱本、花齋本作"爲"。

靁,夏,雷雹行。行秋政則旱。謂冬氣早旱也。[1] 是故冬三月以壬癸之日發五政。一政曰:論孤獨,恤長老;二政曰:善順陰,修神祀,賦爵禄,授備位;三政曰:效會計,毋發山川之藏;山藏,謂銅銀之屬,藏在山者。川藏,謂珠玉之屬,藏在川者也。四政曰:捕奸遁,得盜賊者有賞;五政曰:禁遷徙,止流民,圍分異。分異謂離居者。五政苟時,冬事不過,所求必得,所惡必伏。[2] 績按:自"是故"至此,舊本誤在"暴虐積則亡"下。

是故春凋、秋榮、冬雷、夏有霜雪,此皆氣之賊也。氣反時,則爲賊害也。刑德易節失次,則賊氣速至;[3]賊氣速至,則國多災殃。是故聖王務時而寄政焉,謂順時而立政。作教而寄武焉,[4]因教而習武也。作祀而寄德焉。謂設祭以顯德,則神歆也。此三者,聖王所以合於天地之行也。天地之行,惟此三者而已。日掌陽,月掌陰,星掌和。陽爲德,陰爲刑,和爲事。是故日食,則失德之國惡之;月食,則失刑之國惡之;彗星見,則失和之國惡之;失則當受罰,故其所失各以其所類而興惡也。風與日爭明,則失生之國惡之。日惡風且熱,旱災成矣,方生之物,皆枯瘁矣,[5]此失生德也,故失生之國惡也。是故,聖王日食則修德,月食則修刑,彗星見則修和,風與日爭明則修生。此四者,聖王所以免於天地之誅也。信能行之,五穀蕃息,六畜殖而甲兵強。治積則昌,暴虐積則亡。

道生天地,道者,自然,能生天地也。德出賢人。德者,賢人所修

---

① "早旱",宋楊忱本、花齋本、四庫本作"旱早"。
② "惡",原作"慮",據宋楊忱本、花齋本、四庫本改。
③ "速",宋楊忱本、花齋本、四庫本作"遬"。下句"速"字同。
④ "焉",原脱,據宋楊忱本補。
⑤ "瘁",宋楊忱本、花齋本、四庫本作"悴"。

爲，故能生賢也。道生德，法道，則成德也。德生正，德修，則理自正。正生事。正直，則事幹。是以聖王治天下，窮則反，終則始。德始於春，長於夏；刑始於秋，流於冬。謂刑於冬，而休息也。刑德不失，四時如一。皆順時而成，故如一。刑德離鄉，時乃逆行。鄉，方也。作事不成，必有大殃。月有三政，月三旬政異，①故曰三政也。王事必理，以爲必長。王者行事，必順三政之理，然後可以長久。不中者死，失理者亡。中，猶合也。不合三政者則死，②違失其理必敗亡。國有四時，固執王事，固執四時之政，以輔行王事。四守有所，謂守四時，令得其所。三政執輔。執月之三政輔行己德也。

五行第四十一

短語十五

一者，本也，本，農桑也。二者，器也，器，所以理農桑之具也。三者，充也，充，謂人力能稱本與器也。治者，四也，人既務本，設治以理之也。教者，五也，人既奉法，則以禮義教之。守者，六也，人能奉法從教，③則設官以守之。立者，七也，既設官以守之，則能立事。前者，八也，既能設官立事，④可與前王比隆。終者，九也，既能與前王比隆，可謂王道之終也。十者，然後具五官於六府也，立五行之官，分掌六府也。五聲於六律也。謂播五聲於六律也。

六月日至，陽生至六，爲夏至，陰生至六，爲冬至。是故人有

---

① “政”，原作“改”，據宋楊忱本、花齋本、四庫本改。
② “死”，花齋本、四庫本作“無”。
③ “能”，宋楊忱本、花齋本、四庫本作“既”。
④ “設官”，四庫本同，宋楊忱本、花齋本作“立功”。

六多，陽至六爲純陽之多也，陰至六爲純陰之多也，人禀陰陽之純以生，①故曰人有六多。六多所以街天地也。街，猶陽陰多也。② 天道以九制，九，老陽之數，以老陽制天，所以君長之也。地理以八制，八，少陰之數，以少陰制地，欲其生息也。人道以六制。六者，兼三材之數，③人禀天地陰陽之氣以生，故以制人。以天爲父，以地爲母，以開乎萬物，父母開通，以生萬物。以總一統。總持其本，以統萬物也。通乎九制、六府、三充，而爲明天子。言能總一統九制已下，可謂明天子。修概水上，④以待乎天堇；堇，誠也。言天子能以中正自修，以概自平，上待天誠也。反五藏，以視不親；又親反察於五藏，以視知何者不親也。治祀之下，以觀地位；理於祭祀之時，於其所祭之下，觀知地位之尊卑者也。⑤ 貨曋神廬，合于精氣。神廬，謂廟祠也。日所次隅，曰曋。言祭神廬之時，或薦珍貨，雖已奠於地，復以日次隅之，所以爲精祥也，如此者，所以招合鬼神精氣之道也。已合而有常，神既合聚而享祐，則風雨得其常也。⑥ 有常而有經。風雨有常，百貨成，而常經不失也。審合其聲，修十二鍾，以律人情。不失其經，⑦則庶績咸通，故可審合理世之聲，以成安樂之音，然後十二鍾以播其音，音之高下，皆法人情。律，法也。人情已得，萬物有極，然後有德。得人情則物理極，極于物理可謂有德也。故通乎陽氣，所以事天也，經緯日月，用之于民。天氣以積陽成德，⑧故通陽氣

① "人"，四庫本同，宋楊忱本、花齋本無。
② "猶"，原作"道"，據宋楊忱本、花齋本、四庫本改。
③ "材"，花齋本、四庫本作"才"。"兼"，原誤作"廉"，據宋楊忱本、花齋本、四庫本改。
④ "上"，王念孫以爲當作"土"。
⑤ "者"，宋楊忱本、花齋本、四庫本無。
⑥ "享"，宋楊忱本、花齋本作"饗"。
⑦ "經"，原作"精"，據宋楊忱本、花齋本、四庫本改。
⑧ "成"，原作"取"，據宋楊忱本、花齋本、四庫本改。

然後能事天，又經緯日月之時候，①使人用之也。通乎陰氣，所以事地也，經緯星曆，以視其離。地以積陰成體，故通陰氣然後能事地，又經緯星曆之節氣，視知其離絶也。通若道，然後有行，言能通乎陰陽天地之道，②然後所行不失也。然則神筮不靈，神龜不卜，③既通天地之道，則所行無不當，故龜筮不能爲卜兆。黄帝澤參，治之至也。黄帝雖通天地之道，不使參問曰澤，以得萬靈之情，可謂理之至也。

昔者黄帝得蚩尤而明於天道，得大常而察於地利，得奢龍而辯於東方，績按：一本"奢"作"蒼"。下放此。得祝融而辯於南方，得大封而辯於西方，得后土而辯於北方。黄帝得六相而天地治，神明至。蚩尤明乎天道，故使爲當時；謂知天時之所當也。大常察乎地利，故使爲廩者；廩，給也。謂開廩以給人也。④ 奢龍辯於東方，⑤故使爲工師；⑥工師，即司空也。祝融辯乎南方，故使爲司徒；謂主徒衆，使務農也。大封辯於西方，故使爲司馬；⑦主兵馬以出征。后土辯乎北方，故使爲李。李，獄官也。取使象水平之也。是故春者工師也，⑧夏者司徒也，秋者司馬也，冬者李也。昔黄帝以其緩急作五聲，調政理之緩急，作五聲也。以政五鍾。令其五鍾，一曰青鍾大音，大音，東方鍾名。二曰赤鍾重心，三曰黄鍾洒光，四曰景鍾昧其明，五曰黑鍾隱其常。自大音、重心已下皆鍾名，其義則未聞。五聲既調，然后作立五行以正天時，五官以正

---

① "時"，原作"使"，據宋楊忱本改。
② "乎"，宋楊忱本、花齋本、四庫本作"上"。
③ 宋楊忱本"不"上衍"衍"字。
④ "人"，原作"命"，據宋楊忱本、花齋本、四庫本改。
⑤ "於"，四庫本同，宋楊忱本作"乎"。
⑥ "工"，宋楊忱本、花齋本作"土"。下注文"工"字同。
⑦ "使"，原脱，據宋楊忱本、四庫本補。
⑧ "工"，宋楊忱本、花齋本作"土"。

人位。人與天調,然后天地之美生。美,謂甘露醴泉之類也。

日至,睹甲子木行御。謂春日既至,睹甲子用木行御時也。天子出令,命左右士師内御。謂内侍之官也。總别列爵,謂總别等列之爵也。論賢不肖士吏。論士吏之賢與不肖,當有所黜陟也。賦秘賜,秘藏之物,出而賦賜之也。賞於四境之内,發故粟以田數。故粟,陳也。以田數多少,用陳粟給人,使得務農。出國衡,官名。[①]慎山林,[②]禁民斬木,所以愛草木也。然則水解而凍釋,草木區萌,萌牙區别而生也。贖蟄蟲卵菱。贖,猶去也。卵,皀;菱,芡也。[③] 皆早春而生也。春辟勿時,春當耕闢,無得不及時也。苗足本。足,猶擁也。春生之苗,當以土擁其本。不癘雛鷇,癘,殺也。雛,隨母食者。不夭麑麇。麑,鹿子也。言夭傷之。毋傅速,[④]亡傷繈葆,繈葆之嬰孩,無得傷損也。時則不凋。若能行上事,春則繁茂而不凋枯也。七十二日而畢。春當九十日,而今七十二日而畢者,則季月十八日屬土位故也。績按:自甲子起,周一甲子六十日,又零十二日得丙子,故曰七十二日而畢,下皆放此。蓋五七三百五十日,又五二爲十日,通三百六十日,一年之數也。注皆非。

睹丙子火行御。天子出令,命行人内御。行人,行使之官也。令掘溝澮,津舊塗。舊塗,謂先時濟水處,當設其津梁也。發藏,任君賜賞。任,委也。藏中委積物當發用之,即以充君之賞賜也。君子修游馳,以發地氣。游馳,謂游戲馳馬也。出皮幣,命行人修春秋之禮於天下,諸侯通天下遇者兼和。春秋二時聘問之禮。然則天無疾風,草木發奮,鬱氣息,謂鬱蒸之氣止息也。民不疾

① "官名",宋楊忱本、花齋本脱。
② "慎",宋楊忱本、花齋本作"順"。
③ "芡",原作"茨",據宋楊忱本改。
④ "傅",原作"傳",據宋楊忱本、四庫本改。

而榮華蕃。七十二日而畢。

睹戊子土行御。天子出令,命左右司徒内御。命司徒御理夏政也。① 不誅不貞,貞,正也。太陽用事,時方長育,故無所誅戮,無責正,以助養氣也。農事爲敬。夏時農事尤盛,順而敬之也。大揚惠言,言大舉仁惠之事也。寬刑死,緩罪人。皆所以助養氣也。出國,司徒令命順民之功力,以養五穀。君子之靜居,陰氣方生,故靜居以遵也。② 而農夫修其功力極。然則天爲粵宛,粵,厚也。宛,順也。天爲厚順,不逆時氣也。草木養長,五穀蕃實秀大,六畜犧牲具。民足財,國富,上下親,諸侯和。七十二日而畢。

睹庚子金行御。天子出令,命祝宗選禽獸之禁、禁,謂牢圈圃所養,擬供祭祀也。五穀之先熟者,先熟,則黍、稷也。而薦之祖廟與五祀。五祀,謂門、行、户、竈、中霤。鬼神饗其氣焉,君子食其味焉。然則涼風至,白露下,天子出令,命左右司馬衍組甲厲兵,組甲,謂以組貫甲也。合什爲伍,謂立什人之長爲伍。③ 以修於四境之内。諛然告民有事,所以待天地之殺斂也。諛,悦順貌。有事,謂出師以伐不服,象天地殺斂也。然則晝炙陽,夕下露,地競環,環,炙實貌。方秋之時,晝則暴炙,夕則下寒露而潤之,陰陽更生,故地氣交競而炙實。五穀鄰熟,鄰,緊也。陰陽氣足故緊熟。草木茂實,歲農豐,年大茂。七十二日而畢。

睹壬子水行御。天子出令,命左右使人内御。其氣足,則發而止;使人御理冬政,其閉藏之氣足,則發令休止也。其氣不足,則發撊瀆盜賊。撊,謂遮禁也,④群聚之謂。其閉藏之氣不足,則

---

① "夏",原作"復",據宋楊忱本、花齋本、四庫本改。
② "遵",原作"適",據宋楊忱本、花齋本、四庫本改。
③ "立",原作"伍",據宋楊忱本、花齋本、四庫本改。
④ "遮",宋楊忱本作"庶"。

撊防盗賊，以助其閉藏之氣也。數劋竹箭，言數劋削竹箭以爲矢也。伐檀柘，伐檀柘，所以爲弓也。令民出獵。禽獸不釋巨少而殺之，所以貴天地之所閉藏也。貴天地閉藏，故牧獵取禽以助也。①然則羽卵者不段，②段謂離散不成。毛胎者不𣫫，𣫫，謂胎敗潰也。䴡婦不銷棄，䴡，古“孕”字。銷棄，謂散壞也。草木根本美。閉藏實堅，則根本美。凡此，皆順冬閉藏之政所致也。七十二日而畢。

睹甲子木行御。天子不賦，不賜賞，而大斬伐傷，此以下言逆時政所致災禍也。③ 君危，不殺，太子危，④家人夫人死；若君雖危而不見殺，則又太子危，而家人夫人有死禍也。不然，則長子死。如無家人夫人死，則長子死。七十二日而畢。逆氣亦畢於七十二日也。睹丙子火行御。天子敬行急政，旱札，苗死，民𤻲。⑤ 札，夭死也。𤻲，疫死。時當寬緩而乃急，故有旱札疫之災也。七十二日而畢。睹戊子土行御。天子修宫室，築臺榭，君危；土方用事，而修宫室以動亂之，故君有危亡之禍也。外築城郭，臣死。築城郭，動土，危，故其臣死。七十二日而畢。土王在六月，而得七十二日者，則每季得十八故也。⑥睹庚子金行御。天子攻山擊石，有兵作戰而敗，士死，⑦喪執政。時方收斂，而乃攻山擊石，⑧故致兵器之禍也。七十二日而畢。睹壬子水行御。天子決塞，動大水，王后夫人薨，不然則羽卵者段，毛胎者𣫫，䴡婦銷棄，草木根本不美。七十二日而畢也。

---

① “牧”，宋楊忱本、花齋本、四庫本作“收”。
② “則”，原作“而”，據宋楊忱本、花齋本、四庫本改。
③ “災”，原作“定”，據宋楊忱本、花齋本、四庫本改。
④ “殺”，孫詒讓以爲當作“然”。
⑤ “𤻲”，四庫本同，宋楊忱本、花齋本作“厲”。
⑥ “王”，花齋本作“旺”。
⑦ “士”，原作“亡”，據宋楊忱本、花齋本、四庫本改。
⑧ “乃”，原作“盡”，據宋楊忱本、花齋本、四庫本改。

卷之十五

勢第四十二

短語十六

戰而懼水，此謂澮滅。方戰之時，懼致水禍，此必爲水所澮而滅亡也。小事不從，大事不吉。苟懼水禍，則事無大小，①未見其福也。戰而懼險，此謂迷中。方戰之時，懼有險礙，進退莫知所從，故曰迷中，言在迷惑之中。分其師衆，人既迷芒，必其將亡之道。人既迷惑，不知所從，則無所用其力，是以滅其師衆矣，②又況迷惑芒然乎？若是者，必亡其衆。凡此，二事皆迷亡之道也。③

動靜者比於死，比，近也。用師之道，我動而敵靜者，則靜者勝矣，故我近於死亡也。動作者比於醜，我先動，敵反作應者，我必無功，④故近於醜。動信者比於距，我既動，彼能自申以敵我，如此者，近於見距。動詘者比於避。我既動，而彼屈服者，近於見避。夫靜

---

① “大小”，宋楊忱本、花齋本、四庫本作“小大”。

② “滅”，宋楊忱本、花齋本、四庫本作“減”。

③ “迷”，宋楊忱本、花齋本、四庫本作“滅”。

④ “敵反作應者我必無功”，原作“敵反應我者必無功”，據宋楊忱本、花齋本、四庫本改。

與作，時以爲主人，時以爲客，貴得度。靜作得度，則爲主人，其失度者，則爲客也。續按：别本注：靜作得度，或爲主人，或爲客，皆利也。知靜之修，居而自利。既多智而又安靜，二者能修，則居然自獲其利也。知作之從，每動有功。知其所作，常能從理，如此者動必有功也。[1] 故曰無爲者帝，其此之謂矣。言無心於爲，任理之自然，如此者，帝王之道也。

逆節萌生，天地未形，先爲之政，其事乃不成，繆受其刑。言將爲篡殺凶逆之節，[2]雖萌芽而生，[3]然天地寂泊不見徵應，無從已之形，此則先天而政，天乃違之，故其事不成，反被誅戮受其刑過也。[4] 續按：别本注：天因人事而生變，聖人應天變而興也。天因人，聖人因天。所謂先天而天不違，後天而奉天時。天時不作勿爲客，不因天時而動者，乃爲客矣。人事不起勿爲始。不因人事而起，[5]可謂先事爲始。慕和其衆，以修天地之從。人先生之，天地形之，[6]聖人成之，則與天同極。將建大事，必慕和其衆，天地既已從，但當修天之意。人先生是心，天地又見其修意有從順之形，聖人則發動而成。如此者，可謂與天同極也。續按：别本注：若漢武之興是也。正靜不爭，動作不貳，素質不留，全其素質，無所留者。與地同極。能行正靜已，下可謂與地同極也。[7] 未得天極，則隱於德；未得與天同極，則隱而修德也。已得天極，則致其力。已得天極，[8]則當致力而

① "如"，原作"知"，據宋楊忱本、花齋本、四庫本改。

② "爲"，花齋本、四庫本同，宋楊忱本作"與"。"篡"，原作"纂"，據宋楊忱本改。

③ "芽"，宋楊忱本、花齋本作"牙"。

④ "反"、"過"，宋楊忱本、花齋本、四庫本作"則"、"罪"。

⑤ "起"，原作"從"，據宋楊忱本、花齋本、四庫本改。

⑥ "形"，宋楊忱本作"刑"。

⑦ "下"，原作"不"，據宋楊忱本、花齋本、四庫本改。

⑧ "已得天極"，原脱"天"字，宋楊忱本作"已同極"，據花齋本、四庫本補正。

成之,若湯之升陑、武王牧野是也。既成其功,順守其從,人不能伐。① 從,順也。功成矣,則以順理守之,所謂逆取順守者也,則人何能伐之乎?

成功之道,嬴縮爲寶。嬴縮,猶行藏也。所謂時行則行,時止則止,其道乃著,故以爲寶。毋亡天極,究數而止。但盡天之數,則止而勿爲。② 事若未成,毋改其形,毋失其始,形,謂常形也。守常修始,事終有成也。静民觀時,待令而起。言事未成之時,但安静其人,謹候其時,待天命令,然後起而應也。故曰修陰陽之從,而道天地之常。道,從也。嬴嬴縮縮,因而爲當;必行藏順時,然後事當。重言之,殷勤其事也。死死生生,因天地之形。死生,猶隱顯也,聖人隱顯,必因天地之形。天地之形,聖人成之。因天地之形,則無不成也。小取者小利,大取者大利,但能法,則大小無不利。盡行之者有天下。所謂唯天爲大,唯堯則之。

故賢者誠信以仁之,慈惠以愛之,端政象,不敢以先人。常執謙以下物。中静不留,中心安静,無所留著。裕德無求,道德饒裕,無求於人。形於女色。女之容色静而不先求者。其所處者,柔安静樂,雖復隱處,常能柔安静樂。行德而不爭,以待天下之大潰作也。③ 雖復爲政,行德常能謙讓,不與物爭。潰,動亂也。故賢者安徐正静,柔節先定,先定謙柔之節,然後有所興爲也。行於不敢,則人不能與我爭勇。而立於不能,則人莫與我爭功。守弱節而堅處之。守柔弱之節,而堅明以自處也。故不犯天時,不亂民功。謙順,故無所犯亂也。秉時養人,持四時之政,以順養其人。先德後

---

① "伐",宋楊忱本、花齋本、四庫本作"代",注文中"伐"字同。
② "勿爲",原作"行",據宋楊忱本、花齋本、四庫本改。
③ "大",宋楊忱本無。

刑。賞以春夏，刑以秋冬。順於天，微度人。既順於天，①又微度人之所宜以合之。

善周者，明不能見也；善於周，周則極也，萬物無所至。如此者，雖有明察之人，不能盡矣。善明者，周不能蔽也。善於明，明則極也。如此者，則雖善周之人，不能自隱蔽，必爲善明者所知也。大明勝大周，則民無大周也；明勝大周，則人無能爲大周也。大周勝大明，則民無大明也。周勝大明，則人無能爲大明。凡此，皆欲大周、大明獨在君也。大周之先，可以奮信；奮信，振起貌。言既有大周之德在物之先，則可以振起而有事。大明之祖，可以代天下。有大明之德，可以爲物祖，如此，則可代天下無道，取其位而君之也。索而不得，求之招摇之下。招摇之星，隨斗杓順時而建者也。天下者，神器，直欲索之則不得，若求之招摇之下，順時而取，則可也。獸厭走，而有伏網罟，獸所以憎厭其走者，恐前有伏網罟故。聖人不敢以直道取天下者，恐有大禍故也。一偃一側，不然不得。偃側，猶倚伏也。聖人之取天下，知所倚伏，力其功而致其權，②文設武伏，如其不然，則天位不可得也。大文三曾，而貴義與德；③大武三曾，而偃武與力。大文三曾，則文道行也，故能成其德義；大武三曾，則武道行也，故能偃其武力。④ 補：曾，經也，常也。大文三曾，言文極經之再三，則必反乎德義之質。大武三曾，言武極經之再三，則武又當偃而將文。此章論勢，言勢極則反，有如此者。

① “既”，原作“能”，據宋楊忱本、花齋本、四庫本改。

② “知所倚伏力其功而致其權”，宋楊忱本作“必權正”，花齋本作“知云云”。

③ “貴”，原作“責”，據宋楊忱本、花齋本、四庫本改。

④ “故”，原脱，四庫本同，據宋楊忱本、花齋本補。

正第四十三

短語十七

制斷五刑，各當其名，罪人不怨，服罪，故不怨也。善人不驚，曰刑。刑當故不驚，①如此者，所謂刑也。正之、所以勝奸，正也。服之、所以服不能也。勝之、所以勝奸邪。飾之，修飾身也。必嚴其令，而民則之，曰政。令嚴則人侔法之，②如此者政也。如四時之不貸，如星辰之不變，如宵如晝，如陰如陽，宵晝陰陽，皆有其常。③ 如日月之明，曰法。法之用，守常不變。愛之、生之、養之、成之，利民不德，利雖及人，不以爲德也。天下親之，曰德。德用之恩，萬物親之。無德無怨，無好無惡，萬物崇一，陰陽同度，曰道。道之用，不二者。刑以弊之，政以令之，④法以遏之，德以養之，物待德養而成。道以明之。明是非也。刑以弊之，毋失民命；刑斷合理，故人命不失也。令之以終其欲，明之毋徑；行令，所以終人之欲，使之明識正道，不從邪徑也。績按：當作"勿使民徑"，字之誤也。遏之以絶其志意，毋使民幸；用法正人之意志，⑤不使人有非分之幸也。養之以化其惡，必自身始；身惡盡，則人惡化。明之以察其生，必修其理。恐有不修理，⑥故以明察之。致刑，其民庸心以蔽；庸，用也。不用心以斷，則濫及不辜。致政，其民服信以聽；服，用也。謂用誠信聽理於人。績按：缺"致法"一句。致德，其民

① "故"，原脱，据宋楊忱本、花齋本、四庫本補。
② "侔"，花齋本、四庫本作"作"。
③ "常"，原作"當"，四庫本同，據宋楊忱本、花齋本改。
④ "令"，宋楊忱本、花齋本、四庫本作"命"。
⑤ "意志"，宋楊忱本、花齋本作"志意"。
⑥ "修"，原脱，據宋楊忱本、花齋本、四庫本補。

和平以静；君德及人，以致和静。致道，其民付而不争。人被道，则相付任而不交争也。罪人當名曰刑，罪當其名，刑之謂也。出令當時曰正，[①]令當於時，政之謂也。[②] 當故不改曰法，不改當故，法之謂也。愛民無私曰德，君愛無私，德之謂也。會民所聚曰道。聚，謂衆所宜也。能令衆宜，道之謂也。

立常行政，能服信乎？服信，則政行常立。中和慎敬，能日新乎？苟能和敬，則其德日新也。正衡一静，能守慎乎？衡，平也。言但能守慎，則政平而静一。廢私立公，能舉人乎？但公而無私，則能舉人也。臨政官民，能後其身乎？後其身，則能臨政官人也。能服信政，此謂正紀。能行信正者，正之紀。能服日新，此謂行理。能行日新，可謂行之理也。[③] 守慎正名，僞詐自止。能慎，則詐息也。舉人無私，臣德咸道。無私，則不妄舉，故臣德皆合於道也。能後其身，上佐天子。後身則先公，故能上佐天子也。

九變第四十四 謂人之情變有九。

短語十八

凡民之所以守戰至死而不德其上者，有數以至焉。或守或戰，雖復至死，不敢恃之以德於上，則有數存焉於其間，故能至此也。[④] 曰：大者，親戚墳墓之所在也，一變。田宅富厚足居也。二變。不然，則州縣鄉黨與宗族足懷樂也。三變。不然，則上之教

① “當時”，宋楊忱本、花齋本作“時當”。
② “時政”，宋楊忱本、花齋本作“正時”。
③ “謂”，原脱，據宋楊忱本、花齋本、四庫本補。
④ “此”，花齋本作“死”。

訓、習俗、慈愛之於民也厚，無所往而得之。君之恩厚，皆在於人，無所他往，故得人之致死。四變。績按：言無如此者。不然，則山林澤谷之利足生也。五變。不然，則地形險阻，易守而難攻也。六變。不然，則罰嚴而可畏也。不然，則賞明而足勸也。七變。不然，則有深怨於敵人也。八變。不然，則有厚功於上也。功厚則禄多，故亦自爲戰而不聽於君。① 九變。此民之所以守戰致死而不德其上者也。② 今恃不信之人，而求以智；用不守之民，而欲以固；將不戰之卒，而幸以勝，此兵之三闇也。

任法第四十五

區言一

聖君任法而不任智，任數而不任説，任公而不任私，任大道而不任小物，小物，小事。然後身佚而天下治。失君則不然，舍法而任智，故民舍事而好譽；舍數而任説，故民舍實而好言；舍公而好私，故民離法而妄行；舍大道而任小物，故上勞煩，百姓迷惑，而國家不治。聖君則不然，守道要，處佚樂，馳騁弋獵，鍾皷竽瑟，宫中之樂，無禁圉也。宫中之樂，所以悦體安性，故不禁禦之也。③ 不思不慮，不憂不圖，④但任法數，故無所慮圖也。利身體，便形軀，養壽命，垂拱而天下治。但任法數則事簡，故身不勞，壽命長而天下自理也。是故人主有能用其道者，道

① "聽"，宋楊忱本、花齋本、四庫本作"德"。
② "致"，宋楊忱本、花齋本作"至"。
③ 此注文共 16 字原脱，四庫本同，據宋楊忱本、花齋本補。
④ "不思不慮不憂不圖"，原脱，四庫本同，據宋楊忱本、花齋本補。

則謂上法數公正大道。不事心，不勞意，不動力，而土地自辟，囷倉自實，蓄積自多，甲兵自强，群臣無詐僞，百官無奸邪，奇術技藝之人莫敢高言孟行以過其情、以遇其主矣。孟，大也。遇，待也。不敢以謬妄奸言妄行以待其主也。

昔者堯之治天下也，猶埴之在埏也，[①]埏，和也，音羶。[②] 唯陶之所以爲；猶金之在罏，[③]恣冶之所以鑄。其民引之而來，推之而往，使之而成，禁之而止。故堯之治也，善明法禁之令而已矣。黄帝之治天下也，其民不引而來，不推而往，不使而成，不禁而止。比黄帝之於堯，則堯有爲而黄帝無爲。故黄帝之治也，置法而不變，使民安其法者也。

所謂仁義禮樂者，皆出於法，法行順，仁義生。此先聖之所以一民者也。法所以齊一於民也。《周書》曰："國法，有國者，以法立也。[④] 法不一，則有國者不祥；法不一則亂，故不祥。民不道法，則不祥；道，從也。國更立法以典民，則祥；更，改也。典，主也。言能觀宜改法，以主於人，則國理，故祥也。群臣不用禮義教訓，則不祥；百官伏事者離法而治，則不祥。"伏，[⑤]行也。故曰：法者不可恒也，法敝則當變，故不可恒。[⑥] 存亡治亂之所從出，法順則存治，法違則亂亡。聖君所以爲天下大儀也，君爲天下之儀表也。君臣上下貴賤皆發焉，莫不取法於君臣。發，行也。故曰"法"。

古之法也，立法者，必師古。世無請謁任舉之人，任，保也。

---

① "之在"，宋楊忱本作"已"。
② "音羶"，原脱，據宋楊忱本、花齋本補。
③ "罏"，宋楊忱本作"鑪"。
④ "以法立"，四庫本同，宋楊忱本、花齋本作"有法"。
⑤ "伏"，宋楊忱本、花齋本、四庫本作"服"。
⑥ "可"，宋楊忱本、花齋本無。

以法取人，則無請謁之保舉。無間識博學辯説之士，間，雜亂也。法行，則博學辨説之人不敢間亂識事也。無偉服，無奇行，偉服奇行，皆過越法制者。令止息者，畏法故也。皆囊於法，以事其主。囊者，所以斂藏也。謂人皆斂藏過行，以順於法，上事其主。故明王之所恒者二：一曰明法而固守之，二曰禁民私而收使之，謂以法收斂而使之。此二者，主之所恒也，廢此二者，則政亂。夫法者，上之所以一民使下也；私者，下之所以侵法亂主也。故聖君置儀設法而固守之，然故諶杵習士聞識博學之人不可亂也，杵，所以毁碎於物者也，謂奸詐之人，僞托於諶，以毁君法。習士，謂習法之士。聞識，謂多聞廣識。君守法堅，故此等莫能亂也。衆強富貴私勇者不能侵也，信近親愛者不能離也，離，猶違也。珍怪奇物不能惑也，萬物百事非在法之中者不能動也。珍怪奇物，比正法爲怪僻。① 故法者，天下之至道也，道無越於法者。聖君之實用也。用法爲理國之實。

今天下則不然，皆有善法而不能守也。然故諶杵習士聞識博學之士能以其智亂法惑上，衆強富貴私勇者能以其威犯法侵陵，謂侵淩於君也。鄰國諸侯能以其權置子立相，鄰國恃權，能廢置君之子，援立國相。大臣能以其私附百姓、謂用私恩誘百姓使附也。翦公財以禄私士。謂翦公財，以禄私士。此皆以君不守法故也。凡如是而求法之行，國之治，不可得也。謂從失法之後，國不可得理也。聖君則不然，卿相不得翦其私，群臣不得辟其所親愛，聖君亦明其法而固守之，群臣修通輻輳，②謂各得自通於君，如輻之輳也。以事其主，百姓輯睦聽令

---

① "比"，原作"此"，"僻"，原作"辟"，據宋楊忱本改。
② "輳"，宋楊忱本作"湊"，注文同。

道法，以從其事。道，從也。故曰：有生法，有守法，有法於法。夫生法者，君也；君使制法，①故曰生法。守法者，臣也；臣則法法而行。② 法於法者，民也。人則法君之法。君臣上下貴賤皆從法，此謂爲大治。

故主有三術：謂上主、中主、危主也。夫愛人不私賞也，惡人不私罰也，置儀設法以度量斷者，上主也。愛人而私賞之，惡人而私罰之，倍大臣，離左右，專以其心斷者，中主也。臣有所愛而爲私賞之，有所惡而爲私罰之，爲大臣愛惡之，故而私賞罰也。倍其公法，損其正心，謂損政教之正。專聽其大臣者，危主也。故爲人主者，不重愛人，不重惡人。重愛曰失德，重惡曰失威。君隨臣愛惡，則威德皆在於臣，故曰失也。威德皆失，則主危也。

故明王之所操者六：生之、殺之、富之、貧之、貴之、賤之，此六柄者，主之所操也。主之所處者四：一曰文，二曰武，三曰威，四曰德，此四位者，主之所處也。籍人以其所操，命曰奪柄；籍人以其所處，命曰失位。奪柄、失位，而求令之行，不可得也。既至於奪柄、失位之後，欲求令行不可得。法不平，令不全，是亦奪柄、失位之道也。法不平，令不全，則柄、位不可得而保，是亦奪柄、失位之道。③ 故有爲枉法，有爲毁令，此聖君之所以自禁也。言有枉法、毁令，聖君則能禁止之。故貴不能威，富不能禄，賤不能事，近不能親，美不能淫也。此五事，解見下文也。植固而不動，奇邪乃恐，所立堅，則不可動，雖有奇邪，則敗亡旋及，故

① “使”，宋楊忱本、花齋本、四庫本作“始”。
② “法法”，四庫本同，宋楊忱本、花齋本作“守法”。
③ “是亦”，宋楊忱本、花齋本、四庫本作“故曰”。

恐懼。① 奇,音羈。② 奇革而邪化,令往而民移。③ 君之奇邪能有革化,則令纔往而人已移,心而從善也。故聖君失度量,置儀法,聖君見有失度量,則置儀法以改也。績按:"失"乃"以"字誤,謂聖君以度量置儀法,或曰當作"一"。如天地之堅,堅,謂尊勝。如列星之固,自古至今,不見天星有虧敗也。如日月之明,無私耀照。④ 如四時之信,寒暑之氣,來必以時。然故令往而民從之。君能苞上之四事,故令往人從也。而失君則不然,法立而還廢之,令出而復反之,⑤枉法而從私,毁令而不全。是貴能威之,富能禄之,賤能事之,近能親之,美能淫之也。此五者不禁於身,君身不能自禁止也。是以群臣百姓人挾其私而幸其主。妄希非分之恩。彼幸而得之,則主日侵。臣得不當得之恩,則主日見侵也。彼幸而不得,則怨日産。若不得所幸,則怨毒日生也。夫日侵而産怨,此失君之所慎也。

凡爲主而不得用其法,不能適其意,⑥顧臣而行,凡有所行,不敢自專,顧望其臣而爲之也。離法而聽貴臣,貴臣雖有離法,⑦亦聽從之。此所謂貴而威之也。言貴臣能威於君也。富人用金玉事主而來焉,謂以金玉來事主也。主因離法而聽之,⑧此所謂富而禄之也。言富人能禄於君也。賤人以服約卑敬悲色告訴其

---

① "雖有",宋楊忱本、花齋本、四庫本作"若"。"懼",宋楊忱本、花齋本、四庫本無。

② "奇音羈",原脱,四庫本同,據宋楊忱本、花齋本補。

③ 此句正文10字及注文21字原脱,據宋楊忱本、花齋本、四庫本補。

④ "照",宋楊忱本、花齋本、四庫本作"臨"。

⑤ "復",宋楊忱本、花齋本作"後"。

⑥ "不能適其意",宋楊忱本脱"適"字,花齋本、四庫本脱"能"字。

⑦ "離",原作"言",據宋楊忱本、花齋本、四庫本改。

⑧ "因",宋楊忱本、花齋本無。

主，服約，謂屈服隱約也。主因離法而聽之，此所謂賤而事之也。[①] 言賤人善謡，[②]君聽之。近者以偪近親愛有求其主，主因離法而聽之，此所謂近而親之也。言近者恃親以要君，則君從。美者以巧言令色請其主，主因離法而聽之，此所謂美而淫之也。言美者能以言色淫動於君，故君亦聽之。治世則不然，不知親疏、遠近、貴賤、美惡，以度量斷之。其殺戮人者不怨也，殺當其罪，故不怨也。其賞賜人者不德也。以功受賞，故不德於君也。以法制行之，如天地之無私也，是以官無私論，士無私議，民無私説，皆虚其匈以聽其上。匈，恐懼貌。上以公正論，以法制斷，故任天下而不重也。法制行，則事簡，故不重也。今亂君則不然，有私視也，故有不見也；有私聽也，故有不聞也；有私慮也，故有不知也。凡私則不周，故有不見聞知也。夫私者，壅蔽失位之道也。上舍公法而聽私説，故群臣百姓皆設私立方，以教於國，方，謂異道術也。群黨比周，以立其私，請謁任舉，以亂公法，人用其心，以幸於上。上無度量以禁之，是以私説日益，而公法日損，國之不治，從此産矣。

夫君臣者，天地之位也；民者，衆物之象也。各立其所職，以待君令，群臣百姓安得各用其心而立私乎？故遵主令而行之，雖有傷敗，無罰；遵令而行，敗非己致，[③]故無罰也。非主令而行之，雖有功利，罪死。失令有功，法所不赦，故罪死。然故下之事上也，如響之應聲也；臣之事主也，如影之從形也。故上令而下應，主行而臣從，此治之道也。夫非主令而行，有功

① "此"，宋楊忱本、花齋本無。
② "謡"，宋楊忱本作"諂"。
③ "致"，原作"政"，據宋楊忱本、花齋本、四庫本改。

利，因賞之，是教妄舉也；賞不從令，是教以妄爲舉措也。遵主令而行之，①有傷敗，而罰之，是使民慮利害而離法也。群臣百姓人慮利害，而以其私心舉措，則法制毁而令不行矣。

明法第四十六 績按：此篇注多非，觀《解》自見。

區言二

所謂治國者，主道明也，主道明，則公法明，故國治。所謂亂國者，臣術勝也。臣術勝，則私事立，故國亂。夫尊君卑臣，非計親也，以執勝也；令尊君卑臣者，其計非欲使親君也，但令君執其勝也。績按："執"《解》作"勢"，古字同，注非。百官識，非惠也，刑罰必也。必令百官識非公之惠而不敢受，②又知刑罰必行無妄求免罪也。績按："識"，當《解》作"百官論職"，③乃字缺誤。注非。故君臣共道則亂，臣行君事，故曰共道。專授則失。若君有所授與，不合衆心而專之，④亦爲失也。⑤

夫國有四亡：令求不出謂之滅，求不出令，則下無所稟，故滅。出而道留謂之擁，中道而留止，故曰擁。下情求不上通謂之塞，求不上通，則與君隔絶，故曰塞也。下情上而道止謂之侵。下情雖欲上通，中道爲左右所止，此則臣侵上事也。故夫滅、侵、塞、擁之所生，從法之不立也。是故先王之治國也，不淫意於法之外，

---

① "遵"，宋楊忱本脱。
② "令"、"之"，原作"合"、"也"，據宋楊忱本、花齋本、四庫本改。
③ "當"下疑脱"依"字。
④ "不"，原作"下"，據宋楊忱本、花齋本、四庫本改。
⑤ 原"也"字下有"注非"二字，據宋楊忱本、花齋本、四庫本删。

淫，遊也。不爲惠於法之内也。不屈法以成私惠也。動無非法者，所以禁過而外私也。外，遺也。威不兩錯，臣行君威爲兩置。政不二門。臣出君政，①是爲二門。以法治國，則舉錯而已。言能以法理國，但舉而置之，無不行。是故有法度之制者，不可巧以詐僞；非法度不聽，則詐僞何施。有權衡之稱者，不可欺以輕重；以權衡稱之，輕重立見也。有尋丈之數者，不可差以長短。今主釋法以譽進能，則臣離上而下比周矣；比周於下，所以求譽。以黨舉官，則民務交而不求用矣。② 交合則自進官，何待求用。③ 是故官之失其治也，是主以譽爲賞，以毁爲罰也。以毁譽爲賞罰，則官自然失理。然則喜賞惡罰之人，離公道而行私術矣。行私術，自然得賞，安用就公道而求乎？比周以相爲匿，是比周者，凡有功是之事，④皆匿而不行也。忘生死交，⑤以進其譽。績按：《解》作"比周以相爲慝，是故忘生死交，以進其譽"。此乃誤脱"故"字於下，"死"乃"私"聲誤。故交衆者譽多，爲交友致死，⑥其譽自進。外内朋黨，雖有大奸，其蔽主多矣。是以忠臣死於非罪，朋黨共毁之，故忠臣非罪而死。而邪臣起於非功。朋黨共譽之，故邪臣非功而起。所死者非罪，所起者非功也，然則爲人臣者重私而輕公矣。私則得利，公則致禍，⑦故重私而輕公矣。十至於私人之門，⑧私人之門，謂所與交私爲朋黨者也。不一至於庭；謂之君庭。百慮其家，不

---

① "君"，宋楊忱本、花齋本無。
② "則"，原脱，據宋楊忱本改。
③ "待"，宋楊忱本、花齋本作"須"。
④ "功"，宋楊忱本、花齋本、四庫本作"公"。
⑤ "生"，宋楊忱本、花齋本、四庫本作"主"。
⑥ "友"，原作"而"，據宋楊忱本、花齋本、四庫本改。
⑦ "則"，宋楊忱本、花齋本作"而"。
⑧ "於"，宋楊忱本、花齋本無。

圖其國。[1] 重私輕公故也。屬數雖衆，[2]非以尊君也；所屬之數，雖曰衆多，無不黨私，故非尊君也。百官雖具，非以任國也。各務私，故不任國事。此之謂國無人。國無人者，非朝臣之衰也，家與家務於相益，不務尊君也；大臣務相貴，而不任國；小臣持禄養交，而不以官爲事，[3]故官失其能。官各失能，則與無人同也。

是故先王之治國也，使法擇人，不自舉也；使法量功，不自度也。設法者，自著擇人量功之條，故不勞自舉度也。故能匿而不可蔽，苟有材能，則法自舉之，[4]不可隱蔽也。[5] 敗而不可飾也；無功而敗，法自量之，不可虚飾也。[6] 譽者不能進，無材，雖譽之而不能進也。而誹者不能退也。有功，雖誹之而不能退也。然則君臣之間明别，謂賢不肖有功者，各明白而分别也。明别則易治也。明别，則無僞濫，故易治也。主雖不身下爲，謂不身爲其事。而守法爲之可也。但守法，則法自爲之，不勞身也。

正世第四十七

區言三

古之欲正世調天下者，必先觀國政，料事務，察民俗，本治亂之所生，知得失之所在，然後從事。從，爲。故法可立而

---

① “其”，宋楊忱本、花齋本無。
② “屬”，原脱，據宋楊忱本、花齋本、四庫本補。
③ “而”，宋楊忱本、花齋本無。
④ “苟有材能則法自舉之”，宋楊忱本誤作“苟存材法自擇”。
⑤ 宋楊忱本“不”上有“故”字。
⑥ 宋楊忱本、花齋本“不”上有“故”字。

治可行。

夫萬民不和，國家不安，失非在上，則過在下。今使人君行逆不修道，誅殺不以理，重賦斂，竭民財，①急使令，罷民力，使令急，故人力疲也。財竭則不能無侵奪，②人財竭，則侵奪以供上税也。③力罷則不能無墮倪。倪，傲也。謂疲墮而傲從也。民已侵奪、墮倪，因以法隨而誅之，則是誅罰重而亂愈起。夫民勞苦困不足，則簡禁而輕罪，如此則失在上。失在上而上不變，則萬民無所托其命。今人主輕刑政，寬百姓，薄賦斂，緩使令，然民淫躁行私而不從制，飾智任詐，負力而爭，則是過在下。過在下，人君不廉而變，廉，察也。則暴人不勝，邪亂不止。暴人不勝，邪亂不止，則君人者勢傷，而威日衰矣。

故爲人君者，莫貴於勝。所謂勝者，法立令行之謂勝。法立令行，故群臣奉法守職。百官有常，法不繁匿。萬民敦愨，反本而儉力。謂廉嗇而勤力也。④故賞必足以使，謂使人從善也。威必足以勝，謂勝禁奸邪也。然後下從。⑤

故古之所謂明君者，非一君也。五帝三王俱曰明君，故曰非一。其設賞有薄有厚，其立禁有輕有重，迹行不必同。非故相反也，皆隨時而變，因俗而動。夫民躁而行僻，則賞不可以不厚，禁不可以不重。既躁而僻則難化，須厚賞以誘之，重禁以威之。故聖人設厚賞，非侈也；立重禁，非戾也。賞薄則民不利，禁輕則邪人不畏。設人之所不利，欲以使，則民不盡力；

---

① "竭"，宋楊忱本作"得"。
② "無"，宋楊忱本作"毋"，下句"無"字同。
③ "供"，宋楊忱本、花齋本作"共"。
④ "勤"，原作"勸"，據宋楊忱本、花齋本、四庫本改。
⑤ "下"，原作"不"，四庫本同，據宋楊忱本、花齋本改。

立人之所不畏，欲以禁，則邪人不止。是故陳法出令而民不從。故賞不足勸，則士民不爲用；刑罰不足畏，則暴人輕犯禁。民者，服於威殺然後從，見利然後用，被治然後正，得所安然後靜者也。

夫盜賊不勝，邪亂不止，強劫弱，衆暴寡，此天下之所憂，萬民之所患也。憂患不除，則民不安其居；民不安其居，則民望絶於上矣。夫利莫大於治，害莫大於亂。夫五帝三王所以成功立名，顯於後世者，以爲天下致利除害也。事行不必同，所務一也。莫不務於理也。夫民貪行躁，而誅罰輕，罪過不發，有罪過者不發舉也。則是長淫亂而便邪僻也，有愛人之心，而實合於傷民，輕刑以愛人，奸多反傷人也。此二者，不可不察也。二者，謂愛與傷人。

夫盜賊不勝則良人危，①良人爲盜所害，故危。法禁不立則奸邪繁。故事莫急於當務，每事當其務則理也。治莫貴於得齊。齊，謂無非人也。制民急則民迫，民迫則窘，窘則民失其所葆；葆，謂所恃爲生者也。緩則縱，縱則淫，淫則行私，行私則離公，離公則難用。故治之所以不立者，齊不得也，謂上有非人也。齊不得則治難行。故治民之齊，不可不察也。聖人者，明於治亂之道，習於人事之終始者也。其治人民也，期於利民而止。至於利人則止，而勿理也。故其位齊也，不慕古，不留今，留，謂守常不變。② 與時變，與俗化。

夫君人之道，莫貴於勝。勝，故君道立；勝，則無不服，故君道立也。君道立，然後下從；下從，故教可立而化可成也。夫

① "人"，宋楊忱本、花齋本作"民"。
② "留謂"，原脱，據宋楊忱本、花齋本、四庫本補。

民不心服體從，則不可以禮義之文教也，君人者不可以不察也。

治國第四十八

區言四

凡治國之道，必先富民。民富則易治也，民貧則難治也。奚以知其然也？民富則安鄉重家，安鄉重家則敬上畏罪，敬上畏罪則易治也。民貧則危鄉輕家，危，謂不安其所居也。危鄉輕家則敢陵上犯禁，淩上犯禁則難治也。故治國常富，而亂國必貧。是以善爲國者，必先富民，然後治之。

昔者，七十九代之君，法制不一，號令不同，然俱王天下者，何也？必國富而粟多也。夫富國多粟生於農，故先王貴之。凡爲國之急者，必先禁末作文巧。末作文巧禁則民無所游食，民無所游食則必農。謂必務農。民事農則田墾，田墾則粟多，粟多則國富。國富者兵強，兵強者戰勝，戰勝者地廣。是以先王知衆民、強兵、廣地、富國之必生於粟也，[①]故禁末作，止奇巧，而利農事。今爲末作奇巧者，一日作而五日食。言取一日之利，可供五日之食也。[②] 農夫終歲之作，不足以自食也。然則民舍本事而事末作，民舍本事而事末作，[③]則田荒而國貧也。

凡農者，月不足而歲有餘者也。而上徵暴急無時，謂徭税

---

① “生於”，原雙行小字並列如注文。

② “供”，宋楊忱本作“共”。

③ “民”，宋楊忱本、花齋本、四庫本脱。

不以時。則民倍貸以給上之徵矣。倍貸，謂貸一還二也。耕耨者有時，而澤不必足，謂雨澤不足也。則民倍貸以取庸矣。澤不足則歲凶，富者倍貸於貧，不能還其倍價者，則計所倍以取庸矣。① 秋糴以五，春糶以束，②是又倍貸也。謂富者秋時以五糴之，③至春出糶，便收其束矣，此亦倍貸之類也。束，十匹也。④ 故以上之徵而倍取於民者四。謂上無時之徵一也，澤不足二也，秋糴春糶三也，下關市府庫之徵四也。⑤ 關市之租，府庫之徵，粟什一，厮輿之事，⑥此四時亦當一倍貸矣。府庫，謂府之庫新有徵税，言人供關市府庫之徵，亦用粟之什一，⑦計四時常有所用亦當一倍貸也。⑧ 夫以一民養四主，四主，即上四倍貸也。⑨ 故逃徙者有刑，⑩謂有刑罰。而上不能止者，粟少而民無積也。

常山之東，河汝之間，蚤生而晚殺，五穀之所蕃熟也，⑪四種而五穫。四種，謂四時皆種。五穫，謂五穀皆宜而有所穫。中年畝二石，一夫爲粟二百石。今也倉廩虛而民無積，農夫以粥子者，上無術以均之也。故先王使農、士、商、工四民交能易作，交能易作，謂雖士亦善於農工，雖農亦通於士業也。終歲之利，無道相過也，道，從也。四人均能，故其利無從相過之也。是以民作

① “以”，宋楊忱本、花齋本作“而”。
② “糶”，宋楊忱本作“粜”。
③ 原“五”下衍“穀”字，據宋楊忱本、花齋本、四庫本删。
④ “匹”，宋楊忱本、花齋本、四庫本作“疋”。
⑤ 宋楊忱本“下”下有“足”字。
⑥ “輿”，原作“與”，據宋楊忱本、花齋本、四庫本改。
⑦ “用”，原作“有”，據宋楊忱本、花齋本、四庫本改。
⑧ “用”，宋楊忱本作“故”。花齋本“用”下有“故”字。“有”，花齋本作“丁”。“也”，宋楊忱本、花齋本作“之”。
⑨ “即”，宋楊忱本作“則”。
⑩ “有”，宋楊忱本、花齋本、四庫本無。
⑪ “熟”，宋楊忱本、花齋本作“孰”。

一而得均。四人交能易作，故曰一也。[①] 民作一則田墾，奸巧不生。田墾則粟多，粟多則國富。奸巧不生，則民治。富而治，此王之道也。

不生粟之國亡，粟生而死者霸，霸者，或不能廣積粟，故人有不生而致死者也。粟生而不死者王。[②] 王者積粟既多，故人保其生，無復致死者也。續按：别本注：霸者或不能廣畜積，故有時而竭也，[③]王者之民積之廣而生之不已也。粟也者，民之所歸也；粟也者，財之所歸也；有粟則人歸之。粟也者，地之所歸也。積粟既多，或有入地歸降者也。粟多則天下之物盡至矣。故舜一徙成邑，二徙成都，[④]三徙成國。[⑤] 舜非嚴刑罰重禁令，而民歸之矣，去者必害，謂背舜而去者。從者必利也。先王者，善爲民除害興利，故天下之民歸之。所謂興利者，利農事也；所謂除害者，禁害農事也。農事勝則入粟多，入粟多則國富，國富則安鄉重家，安鄉重家則雖變俗易習、謂改易其常習。敺衆移民，至於殺之，而民不惡也。此務粟之功也。上不利農則粟少，粟少則人貧，人貧則輕家，輕家則易去，易去則上令不能必行，上令不能必行則禁不能必止，禁不能必止則戰不必勝、守不必固矣。夫令不必行，禁不必止，戰不必勝，守不必固，命之曰寄生之君。謂暫寄爲生，不能長久。此由不利農少粟之害也。粟者，王之本事也，人主之大務，[⑥]有人之塗，謂保有其人，其塗因粟也。治國之道也。

---

① “曰”，原作“四”，據宋楊忱本、花齋本、四庫本改。
② “者”，原脱，據宋楊忱本、花齋本、四庫本補。
③ “竭”，原作“曷”，據四庫本改。
④ “二”，宋楊忱本作“貳”。
⑤ “三”，宋楊忱本、花齋本作“叁”。
⑥ “主”，原作“生”，據宋楊忱本、花齋本、四庫本改。

卷之十六

内業第四十九

區言五

凡物之精，此則爲生。精，謂神之至靈者也，得此則爲生。下生五穀，上爲列星。流於天地之間，謂之鬼神；藏於胸中，謂之聖人。是故民氣，謂上之精者，則人氣也。① 杲乎如登於天，杲，明貌也。杳乎如入於淵，淖乎如在於海，②淖，汋潤也。卒乎如在於己。人有氣則存，故如在於己也。是故此氣也，不可止以力，以力止之，氣愈甚。③ 而可安以德；靜心念德，氣自來也。不可呼以聲，而可迎以音。調其宫商，④使之克諧，氣自來也。敬守勿失，是謂成德。不失氣，德自成。德成而智出，德成智自生。⑤ 萬物果得。⑥ 以智安物，物皆得宜。

---

① “氣”，原作“能”，據宋楊忱本、花齋本、四庫本改。

② 宋楊忱本“淖”下有“女教切”三字，花齋本作“女教反”。

③ “之”，宋楊忱本脱。“甚”，宋楊忱本、花齋本作“去”。

④ “商”，原作“商”，據宋楊忱本、花齋本、四庫本改。“調其”，原作“謂之”，據宋楊忱本、花齋本、四庫本改。

⑤ “生”，四庫本作“出”。宋楊忱本、花齋本“生”下有“也”字。

⑥ “果”，王念孫以爲當爲“畢”。

凡心之刑，刑，法也。謂得安心之法也。自充自盈，充盈，謂完而無虧也。自生自成。生成，謂每生心，必有所成，①凡此皆得安心法故也。其所以失之，必以憂樂喜怒欲利。此六者，過常以亂於心，則失矣。能去憂樂喜怒欲利，心乃反濟。若能去六者，則心反守其所而能濟成也。彼心之情，利安處寧，②安寧者，心之所利也。勿煩勿亂，和乃自成。若無煩亂，心和自成。折折乎如在於側，忽忽乎如將不得，折折，明貌。言心明察，若在其側，及其求之，則忽忽然而不得。渺渺乎如窮無極。渺渺，微遠貌。言心之微遠，如欲窮之，則無其極。此稽不遠，日用其德。常以此考，心不遠之，則日有所用也。

夫道者，所以充形也，自形内而虛者，皆道。而人不能固。人不能固守其虛，反以利欲塞也。其往不復，其來不舍。既有利欲之心，則道往而不復，雖其有來，③無處可舍。謀乎莫聞其音，今謀欲尋於道，則不聞其音。卒乎乃在於心；冥冥乎不見其形，尋至於極，則近於心，心之方寸，虛道之君乎。淫淫乎與我俱生。淫淫，增進貌。有生則有道，故曰與我俱生也。不見其形，不聞其聲，而序其成，謂之道。雖無形聲，常依序而成，故謂之道也。

凡道無所，善心安愛，言道無他善，唯愛心安也。心静氣理，道乃可止。若静心，則氣自調理，故道來止也。彼道不遠，民得以産；人得之以生，④則道在人，故不遠也。彼道不離，民因以知，人既因道而知，則道常在而不離。是故卒乎其如可與索，推尋其終，似

---

① “生心”，花齋本作“心生”。
② “處”，宋楊忱本、花齋本、四庫本作“以”。
③ “其有”，原作“有其”，據宋楊忱本、花齋本乙正。
④ “以”，宋楊忱本作“所”。

可與索。眇眇乎其如窮無所。及欲窮之，則眇眇然無所。彼道之情，①惡音與聲。音聲者，所以亂道，故惡之也。修心靜音，道乃可得。道也者，口之所不能言也，目之所不能視也，耳之所不能聽也，所以修心而正形也。雖不可以言語視聽，用之修心，則外形自正也。人之所失以死，所得以生也。事之所失以敗，所得以成也。

故凡道，無根無莖，②無葉無榮。道非如卉木而有根莖花葉也。萬物以生，萬物以成，命之曰道。無根莖而能生，無花葉而能成，則陰陽不測者也，故命之曰道。天主正，平分四時，天之正也。地主平，均生萬物，地之平也。人主安靜。無爲而無不爲，人之安靜也。春秋冬夏，天之時也；山陵川谷，地之枝也；爲地之枝條也。喜怒取予，人之謀也。四者，謀之用也。是故聖人與時變而不化，時自變耳，聖本不化。③ 從物而不移。物遷而從之，聖本不移。能正能靜，然後能定。必正靜，然後定也。定心在中，耳目聰明，四肢堅固，心苟定於中，則耳目自聰明，四肢自堅固者也。④ 可以爲精舍。心者，精之所舍。精也者，氣之精者也，氣之尤精者，爲之精。氣道乃生，氣得道，能有生。生乃思，生則有心，故思也。思乃知，思則知生也。⑤ 知乃止矣。誠知則理足，⑥故止也。凡心之形，過知失生。安心之法，智過其度，則失其生。

一物能化謂之神，一事能變謂之智。一，謂無也，謂無心於物事，而物事自化變，以爲神智。化不易氣，變不易智，惟執一之

① "彼"，宋楊忱本作"被"。
② "故"，宋楊忱本、花齋本無。
③ "本"，原作"奉"，據宋楊忱本、花齋本、四庫本改。
④ "肢"，宋楊忱本、花齋本作"枝"。
⑤ "則"，原作"乃"，據宋楊忱本、花齋本、四庫本改。
⑥ "誠知"，宋楊忱本、花齋本、四庫本作"成智"。

君子能爲此乎！苟執一，故能不易其氣智也。執一不失，能君萬物。無心爲有心者主也。君子使物，不爲物使，無心，故能使物，而物不能使也。得一之理。治心在於中，苟得中，則心自治矣。治言出於口，治事加於人，則無狂事。然則天下治矣。一言得而天下服，一言定而天下聽，公之謂也。理心之謂。

形不正，德不來；中不盡，①心不治。績按："盡"，前《心術》作"中不精"。② 正形攝德，天仁地義，則淫然而自至。言欲正形攝德，但能則天之仁，法地之義，則德淫然自至。淫，進貌也。神明之極，昭乎知昭智者，神明之極理。萬物，③中義守不忒。④ 若常守中，則無差忒。績按：前《心術》作"昭知天下，通於四極"，則"萬物"爲句。不以物亂官，貪物則官亂。不以官亂心，貪官則心亂也。是謂中得。能忘官貨，則中心自得也。

有神自在身，中得，則神自在身也。一往一來，莫之能思。神不測者也，故往來不能思也。失之必亂，得之必治。謂神也。敬除其舍，精將自來。精想思之，除，謂有則想思之。寧念治之，寧靜思念，則心自治。嚴容畏敬，精將至定。但能嚴敬，則精至而定也。得之而勿舍，耳目不淫，心無他圖。既得精，守之而勿舍，則耳目不聞，⑤心無他慮也。正心在中，萬物得度。心在中，而正則無過舉，故萬物得度也。道滿天下，普在民所，民不能知也。言人皆有道，但不能自知耳。一言之解，上察於天，下極於地，蟠滿九州。言人若能解道之一言，⑥則能察天極地而中滿於九州。蟠，委地也。

---

① "盡"，宋楊忱本、花齋本作"靜"。
② "盡前"，四庫本作"當依"。
③ "昭"，宋楊忱本作"照"，注文之"昭"同。
④ "義"，王念孫以爲衍文當删。
⑤ "聞"，宋楊忱本、花齋本、四庫本作"淫"。
⑥ "言人"，宋楊忱本、花齋本、四庫本無。

何謂解之？在於心安。解道者，在於心安。我心治，官乃治，我心安，官乃安。言官之治安，皆從心主也。① 治之者心也，安之者心也。治之與安，無不由心。心以藏心，言心亦藏於心也。心心之中又有心焉。② 以心藏心，故心中又有心。彼心之心，謂心中所藏之心。音以先言。言從音生，故音先言。績按：前《心術》作"意以先言"，此乃字之誤，下音同。③ 音然後形，有音然後見也。形然後言，有形則是言也。言然後使，有言則出命，故有所使令。使然後治。不治必亂，使而違理，故亂。亂乃死。亂則凶禍至，故死也。

精存自生，其外安榮，精存於中，則自然長生，至於外形，靜而榮茂也。内藏以爲泉原，内藏於精，則無窮竭，若水之泉。浩然和平，以爲氣淵。言精既浩然和平，則能生氣，故爲氣淵。淵之不涸，四體乃固；生氣之淵，不有竭涸，故四體固也。泉之不竭，九竅遂通。藏精之泉不竭，故九竅通也。乃能窮天地，被四海。體固竅通，故能壽畢天地，德被四海。中無惑意，外無邪災，邪災生於惑意，故内無惑意，則邪災自銷也。心全於中，形全於外，中全則外完。不逢天災，不遇人害，天災人害，能禍不全者也。謂之聖人。人能正靜，皮膚裕寬，耳目聰明，筋信而骨強。但能正靜，則皮膚自裕寬，耳目自聰明，筋骨自申強。④ 績按："信"前《心術》作"韌"。乃能戴大圜，天也。而履大方，地也。⑤ 鑑於大清，道也。視於大明。日月也。敬慎無忒，前《心術》作"正靜不失"。⑥ 日新其德，遍知天下，窮於四極。敬發其充，充，謂道也。是謂内得。發行於道，故内得也。

① "主"，宋楊忱本、花齋本作"生"。
② 宋楊忱本、花齋本、四庫本不重"心"字。
③ "下"，原作"爾"，據四庫本改。
④ "申"，宋楊忱本、花齋本作"中"。
⑤ "也"，原作"方"，據宋楊忱本、花齋本、四庫本改。
⑥ 此注文宋楊忱本、花齋本均無，疑爲劉績注，然無"績按"二字。

然而不反，此生之忒。忒，差也。若不反守於道，則生有差謬也。

凡道，必周必密，周密，則慎不泄。必寬必舒，寬舒，則博而密。必堅必固，堅固，則精不解。守善勿舍，勿舍，則善有成。① 逐淫澤薄，兢逐淫邪，②津澤浮薄。績按："澤"乃"釋"字。既知其極，反於道德。知極反德，則常道自隆。全心在中，不可蔽匿，有諸内，必形於外也。和於形容，心和者，容睟也。績按："和"乃"知"字誤也。前《心術》作"外見於形容，可知於顔色"是也。見於膚色。内暢者，體澤也。善氣迎人，親於兄弟；③惡氣迎人，害於戎兵。不言之聲，疾於雷鼓；謂全心以德感物者也。德者不疾而速，不崇朝而遍天下，故疾於雷鼓也。心氣之形，明於日月，察於父母。全心之氣，發形於外，則無不耀，無不知，若明於日月，察於父母也。賞不足以勸善，慕賞乃善，非本爲善。刑不足以懲過，畏刑懲過，非本無過。氣意得而天下服，若不慕賞、不畏刑，意氣内得善者，此誠善也，故天下服也。心意定而天下聽。心意定則理明，故天下聽也。

摶氣如神，萬物備存。摶，謂結聚也。結聚純氣，則無所不變化，故如神而物備存矣。績按：前《心術》作"專於意，一於心，耳目端，知遠之證"。下"摶"亦作"專"。能摶乎？能一乎？摶結，則自一也。能無卜筮而知吉凶乎？吉凶在於逆順，故不須卜筮而知也。能止乎？能已乎？④ 謂正而求諸已也。⑤ 能勿求諸人而得之己乎？⑥ 求人者惑，自得者明。思之，思之，又重思之。求己者，必須再三思之也。思之而不通，鬼神將通之。若再三思之而不通，則或致鬼神

① "有"，宋楊忱本、花齋本、四庫本作"自"。
② "兢"，宋楊忱本作"竟"，花齋本作"競"。
③ "兄弟"，宋楊忱本、花齋本作"弟兄"。
④ "能止乎能已乎"，原脱，據宋楊忱本、花齋本、四庫本補。
⑤ 此注文原脱，據宋楊忱本、花齋本、四庫本補。
⑥ "得"，宋楊忱本脱。

爲通之也。非鬼神之力也，精氣之極也。言今能致鬼神者，非鬼神自見其力，蓋由思之不已，精氣之極也。

四體既正，血氣既静，一意搏心，①耳目不淫，雖遠必近。② 言既體正、氣静、意一、心搏、③耳目之用不有淫過，事雖遠大，可以近速而成也。思索生知，近而遇思索，其知自生。慢易生憂，疏慢輕易，必致凶禍，故生憂也。暴傲生怨，殘暴傲虐，傷害必多，故生怨也。憂鬱生疾，憂恚鬱塞，懷不通暢，故生疾也。疾困乃死。既疾而困，可謂彌留而死。思之而不舍，内困外薄。思欲不舍，則五藏困於内，形骸薄於外也。不蚤爲圖，生將巽舍。既已内困外薄，尚不圖之，如此，則生將巽遁其舍，而近於死期也。④ 食莫若無飽，飽食者，善閉塞。思莫若勿致。致思者，多困竭。節適之齊，彼將自至。齊，中也。言能節食適思，常莫過中，則生將自至。

凡人之生也，天出其精，言稟精於天也。地出其形，地出衣食，以養成其形。績按：形，謂賦質於地也。合此以爲人。言合天地精氣以成人。和乃生，二氣和，乃成其生也。不和不生。察和之道，其精不見，其徵不醜。醜，類也。言欲察和，則精不可見，⑤至於徵驗，又不知其類也。平正擅匈，論治在心，此以長壽。和之精類，雖可知見，但能平而正，則和氣獨擅於匈中，論其適理又不離心，如此，則可以益筭而長壽也。忿怒之失度，乃爲之圖。若忿怒過度，則當圖而去之。⑥ 節其五欲，去其二凶，喜怒過度，皆能爲害，故曰二凶。不喜不怒，平正擅匈。不喜不怒，可謂和也，故能既平且正，獨

① “搏”，宋楊忱本、花齋本作“摶”。
② “必”，宋楊忱本、花齋本、四庫本作“若”。
③ “搏”，四庫本作“專”。
④ “近”，宋楊忱本、花齋本、四庫本作“至”。
⑤ “精”，宋楊忱本作“其”。
⑥ “當”，宋楊忱本作“常”。

擅於匈中也。

凡人之生也，必以平正。所以失之，必以喜怒憂患。是故止怒莫若詩，詩有清風之慰，故能止怒。去憂莫若樂，節樂莫若禮，守禮莫若敬，守敬莫若靜。内靜外敬，能反其性，性將大定。

凡食之道：大充，傷而形不臧；[1]大充，謂過於飽。大攝，骨枯而血沍。大攝，謂過於饑。[2] 血沍，謂血銷減而凝沍。[3] 充攝之間，此謂和成，間，猶中也。充攝得中，則和暢而有所成也。精之所舍，而知之所生。言精智生舍於和成。[4] 饑飽之失度，乃爲之圖。圖之，令合於度。飽則疾動，飽而疾動，則食氣銷。饑則廣思，饑而廣思，則忘其飢。老則長慮。老而長慮，則遺其老。飽不疾動，氣不通於四末；四末，四支。饑不廣思，飽而不廢；廢，止也。老不長慮，困乃遬竭。令老則益困而速竭。大心而敢，心既浩大，又能勇敢。寬氣而廣。當寬舒其氣，而廣有所容。其形安而不移，形安則志固，故不移。能守一而棄萬苛。守一則惡煩，故能棄萬苛也。見利不誘，見害不懼，寬舒而仁，獨樂其身，是謂雲氣，意行似天。能調其氣，故比於雲，意之行氣，似天之布雲也。

凡人之生也，必以其歡。歡則志氣和，故生也。憂則失紀，怒則失端。憂怒過常，則失其端紀。憂悲喜怒，道乃無處。憂怒則害道，故道無所處。愛欲靜之，遇亂正之。謂若愛欲，則當靜之；若遇廢亂，則當正之。勿引勿推，福將自歸。去而勿引，來而勿推，

---

① “臧”，原作“藏”，花齋本同，據宋楊忱本、四庫本改。
② “饑”，宋楊忱本作“飽”。
③ “血沍謂”，宋楊忱本作“酒胃”。
④ “精”，原作“積”，據宋楊忱本、花齋本、四庫本改。

但任平而往，福則自歸也。彼道自來，可藉與謀。藉者，①因也。因其自來而與之謀，則意動而理盡。靜則得之，躁則失之。靈氣在心，一來一逝。靜則來，躁則逝。其細無内，其大無外。所以失之，以躁爲害。心能執靜，道將自定。得道之人，理丞而屯泄，中匈無敗。② 謂腠理丞達，屯聚泄散，故匈中無敗。節欲之道，萬物不害。能節欲，則物無害也。

封禪第五十 元篇亡，今以司馬遷《封禪書》所載管子言以補之。

雜篇一

桓公既霸，會諸侯於葵丘，而欲封禪。管仲曰："古者封泰山、禪梁父者七十二家，而夷吾所記者，十有二焉。昔無懷氏古之王者，在伏羲前。封泰山，禪云云；云云山在梁父東。虙羲封泰山，禪云云；神農封泰山，禪云云；炎帝封泰山，禪云云；黄帝封泰山，禪亭亭；亭亭山在牟陰。③ 顓頊封泰山，禪云云；帝嚳封泰山，④禪云云；堯封泰山，禪云云；舜封泰山，禪云云；禹封泰山，禪會稽；湯封泰山，禪云云；周成王封泰山，禪社首。山名，在博縣，或云在鉅平南十五里。⑤ 皆受命然後得封禪。"桓公曰："寡人北伐山戎，過孤竹；西伐大夏，涉流沙，束馬懸車，上卑耳之山；將上山纏束其馬，懸釣其車也。⑥"卑耳"即《齊語》所

---

① "者"，宋楊忱本、花齋本、四庫本無。
② "中匈"，宋楊忱本、花齋本、四庫本作"匈中"。
③ "年"，宋楊忱本、花齋本作"牟"。
④ "嚳"，宋楊忱本作"俈"。
⑤ "五"，宋楊忱本、花齋本作"三"。
⑥ "釣"，宋楊忱本、花齋本作"鉤"。

謂“辟耳”。南伐至召陵，登熊耳山以望江漢。兵車之會三，而乘車之會六，九合諸侯，一匡天下，諸侯莫違我者。[①] 三代受命，亦何以異乎？”於是管仲睹桓公不可窮以辭，因設之以事，曰：“古之封禪，鄗上之黍，北里之禾，鄗上，山也。績按：[②]“鄗”音“臛”。鄗上、北里，皆地名。所以爲盛；江淮之間，一茅三脊，所謂靈茅。所以爲藉也；東海致比目之魚，各有一目，不比不行，其名曰鰈。西海致比翼之鳥，各有一翼，不比不飛，其名曰鶼。[③] 然后物有不召而自至者十有五焉。今鳳凰麒麟不來，[④]嘉穀不生，而蓬蒿藜莠茂，鴟梟數至，而欲封禪，毋乃不可乎？”於是桓公乃止。

小問第五十一

雜篇二

桓公問管子曰：“治而不亂，明而不蔽，若何？”管子對曰：“明分任職，則治而不亂，明而不蔽矣。”公曰：“請問富國奈何？”管子對曰：“力地而動於時，則國必富矣。”謂勤力於地利，其所動作，必合於天時。公又問曰：“吾欲行廣仁大義，以利天下，奚爲而可？”管子對曰：“誅暴禁非，此大義也。存亡繼絶，而赦無罪，此廣仁也。則仁廣而義大矣。”公曰：“吾聞之也，夫

---

① “者”，宋楊忱本、花齋本、四庫本作“昔”。

② 四庫本亦有“績按”二字，以爲此下爲劉績補注，宋楊忱本、花齋本皆爲原注。

③ “鶼”，宋楊忱本、花齋本、四庫本作“鶼鶼”。

④ “凰”，宋楊忱本作“皇”。

誅暴禁非，而赦無罪者，必有戰勝之器、攻取之數，而後能誅暴禁非，而赦無罪。”公曰：[1]“請問戰勝之器？”管子對曰：“選天下之豪傑，致天下之精材，來天下之良工，則有戰勝之器矣。”公曰：“攻取之數，何如？”管子對曰：“毀其備，散其積，奪之食，則無固城矣。”毀備奪食，則無以守，故其城不固，此謂攻也。公曰：“然則取之若何？”謂取其土。管子對曰：“假而禮之，假，謂假借之恩。厚而勿欺，厚，謂重之以德。則天下之士至矣。”公曰：“致天下之精材，若何？”精材，謂美材，可爲軍之器用也。管子對曰：“五而六之，九而十之，不可爲數。”欲致精材者，必當貴其價，故他處直五我酬之六，他處直九我酬之十，常令貴其一分，不可爲之定數，[2]如此，則天下精材可致也。公曰：“來工，若何？”管子對曰：“三倍，不遠千里。”酬工匠之庸直常三倍他處，則工人不以千里爲遠，皆至矣。桓公曰：“吾已知戰勝之器、攻取之數矣。請問行軍襲邑，舉錯而知先後，不失地利，若何？”管子對曰：“用貨，察圖。”用貨爲反間，則知其先後，察彼國圖，則不失地利也。公曰：“野戰必勝，若何？”管子對曰：“以奇。”奇，謂權譎以勝敵也。公曰：“吾欲遍知天下，若何？”管子對曰：“小以吾不識，則天下不足識也。”若能博聞多見，齊其所不識，則知天下遍矣，吾之所識，天下亦無人能識之也。公曰：“守戰，遠見，有患。爲國者必入守出戰，今吾於此二者預見其患矣。夫民不必死，則不可與出乎守戰之難；守戰之難必致死，然後可出也。不必信，則不可恃而外知。人必誠信，然後爲君視聽，故知外事也。夫恃不死之民，而求以守戰，恃不信之人，而求以外知，此兵之三闇也。苟不死、不信，則守闇、

① 原“曰”上有“衍”字，乃校文誤入，據宋楊忱本、花齋本、四庫本刪。
② “之”，宋楊忱本、花齋本無。

戰闈、外闈，故曰三闈。使民必死必信，若何？”管子對曰：“明三本。”公曰：“何謂三本？”管子對曰：“三本者，一曰固，二曰尊，三曰質。”公曰：“何謂也？”管子對曰：“故國，父母墳墓之所在，固也；人既戀本而哀墳墓，則其心固。田宅爵禄，尊也；妻子，質也。三者備，然後大其威，厲其意，則民必死而不我欺也。”不我欺，則信也。

桓公問治民於管子。管子對曰：“凡牧民者，必知其疾，疾，謂患苦也。而憂之以德，勿懼以罪，勿止以力。煩力役，則止而不來。慎此四者，足以治民也。”桓公曰：“寡人睹其善也，①何爲其寡也？”②謂四言雖善，然以之理國，恐其太少。管仲對曰：“夫寡，非有國者之患也。患在不能行，不在寡少也。昔者天子中立，地方千里，四言者該焉，何爲其寡也？該，備也。謂四言足以備千里之化，不爲少。夫牧民，不知其疾則民疾，疾，謂憎嫌之也。不憂以德則民多怨，懼之以罪則民多詐，設詐以避罪也。止之以力則往者不反，創其力役之苦。來者鷙距。鷙，疑也。距，止也。聞其役煩，則疑而止。故聖王之牧民也，不在其多也。”桓公曰：“善，勿已，如是又何以行之？”其事既善，雖然，不但如是而已，更有何事以行此四言也。管仲對曰：“質信極忠，質，主也。謂主能得信，又極忠也。嚴以有禮，慎此四者，所以行之也。”桓公曰：“請問其説。③”管仲對曰：“信也者，民信之；忠也者，民懷之；嚴也者，民畏之；禮也者，民美之。語曰，澤命不渝，信也；謂恩澤之命，不有渝變，如此者，信也。《詩》“舍命不渝”。蓋“澤”乃“釋”

① “睹”，原作“賭”，據宋楊忱本、花齋本、四庫本改。
② “何爲其”，宋楊忱本作“何以爲”。
③ “問”，宋楊忱本、花齋本作“聞”。

字,釋,同舍。[①] 非其所欲,勿施於人,仁也;仁者,忠於人也。堅中外正,嚴也;質信以讓,禮也。"主行於信,又能遜讓,如此者,禮也。桓公曰:"善哉! 牧民何先?"管仲對曰:[②]"有時先事,有時先政,有時先德,有時先恕。飄風暴雨不爲人害,涸旱不爲民患,百川道,百川之流,皆從故道。年穀熟,糴貸賤,禽獸與人聚食民食,年穀熟,則禽獸食人之食。民不疾疫。當此時也,民富且驕。牧民者,厚收善歲,以充倉廩,善歲謂有年。禁藪澤,此謂先之以事,隨之以刑,敬之以禮樂,以振其淫,振,止也。[③]禮樂者,所以止人淫放。此謂先之以政。飄風暴雨爲民害,涸旱爲民患,年穀不熟,歲饑,糴貸貴,民疾疫。當此時也,民貧且罷。牧民者,發倉廩、山林、藪澤,以共其財,後之以事,先之以恕,以振其罷。此謂先之以德。其收之也,不奪民財;謂善歲也。其施之也,不失有德。謂凶年也。富上而足下,此聖王之至事也。"桓公曰:"善。"

桓公問管仲曰:"寡人欲霸,以二三子之功,既得霸矣。今吾有欲王,其可乎。"管仲對曰:"公當召叔牙而問焉。[④]"管仲知桓公不可王,難以實對,故推令問叔牙。鮑叔至,公又問焉。鮑叔對曰:"公當召賓胥無而問焉。"賓胥無趨而進,公又問焉。賓胥無對曰:"古之王者,其君豐,其臣教,君豐臣教,則君能制臣,故可以王也。今君之臣豐。"言德豐於君也。公遵遁,繆然遠。二三子遂徐行而進。言公之所遵行者,皆流遁繆妄之事,無

---

① "詩舍"以下注文,當爲劉績補注,蓋脱"績按"二字,與原注混而爲一。
② "仲",花齋本作"子"。
③ "止",宋楊忱本、花齋本、四庫本作"正"。
④ "當",原作"嘗","叔牙",原作"易牙",宋楊忱本同,據花齋本、四庫本改。注文之"叔牙"同。

所比可，謂遠於二三子，但當塗而漸以取進耳，若欲王天下，恐未可。①公曰："昔者大王賢，王季賢，文王賢，武王賢；武王伐殷克之，七年而崩，周公旦輔成王而治天下，僅能制於四海之内矣。今寡人之子不若寡人，寡人不若二三子。以此觀之，則吾不王必矣。"

桓公曰："我欲勝民，言欲勝服於民。爲之奈何？"管仲對曰："此非人君之言也。人君之言，當仁以化之，不可直用刑勝也。勝民爲易。夫勝民之爲道，非天下之大道也。君欲勝民，則使有司疏獄，而謁有罪者償，謂疏録獄囚，謁告有罪者，則償之也。數省而嚴誅。數省有過，嚴其誅罪。若此，則民勝矣。雖然，勝民之爲道，非天下之大道也。使民畏公而不見親，嚴刑故也。禍亟及於身，二世嚴刑，身戮望夷。雖能不久，雖能勝人，不可久安。則持莫之弑也。②危哉，持，謂見劫執也。弑，謂殺親也。君之國岌乎！"

桓公觀於厩，問厩吏曰："厩何事最難？"厩吏未對。管仲對曰："夷吾嘗爲圉人矣，圉，養馬也。③傅馬棧最難。謂編次之。棧，馬所立木也。先傅曲木，曲木又求曲木，編棧者，先附曲木，其次還須曲木，求其類。曲木已傅，直木無所施矣。既用曲木，又施直木，則失其類而棧敗矣。喻小人用，則君子退也。④先傅直木，直木又求直木，直木已傅，曲木亦無所施矣。"喻君子用則小人退。

桓公謂管仲曰："吾欲伐大國之不服者，奈何？"管仲對曰："先愛四封之内，然後可以惡竟外之不善者；四封之内見愛，

① "若"，宋楊忱本、花齋本、四庫本無。"恐未可"，宋楊忱本誤作"於米何"。
② 宋楊忱本、花齋本、四庫本"則"下有"人"字。
③ "也"，宋楊忱本、花齋本作"者"。
④ "則"，宋楊忱本作"即"。

則人致死，可以惡竟外之不善者。先定卿大夫之家，然後可以危鄰之敵國。卿大夫之家既定，則國强，故可以危鄰國。是故先王必有置也，然後有廢也；己國有置，然後廢他國也。必有利也，然後有害也。”能利己國，然後可以害他國也。

桓公踐位，令釁社塞禱。殺牲以血澆落於社，曰釁社。① 祝鳧已疵獻胙，祝，祝史。鳧已疵，②其名也。胙，祭肉也。祝曰：“除君苛疾祝今除君煩苛之疾。③ 與若之多虚而少實。④”若，似也。謂君之材能多似有而非實，如此者亦祝去之也。桓公不説，瞋目而視祝鳧已疵。祝鳧已疵受酒而祭之，⑤曰：“又與君之若賢。”謂君似賢亦當去之。桓公怒，將誅之，而未也，以復管仲，復，猶告也。管仲於是知桓公之可以霸也。祝史誣君之惡，君怒而將誅之，是心務善也，故知可與霸也。

桓公乘馬，虎望見之而伏。桓公問管仲曰：“今者寡人乘馬，虎望見寡人而不敢行，其故何也？”管仲對曰：“意者君乘駮馬而洀桓，⑥迎日而馳乎？”洀，古盤字。公曰：“然。”管仲對曰：“此駮象也。駮食虎豹，故虎疑焉。”

楚伐莒，莒君使人求救於齊。桓公將救之，管仲曰：“君勿救也。”公曰：“其故何也？”管仲對曰：“臣與其使者言，三辱其君，顔色不變。辱其君而色不變，則無羞恥也。臣使官無滿其禮三，三加其禮，皆不滿足。强其使者，爭之以死。不識不滿之意，纔激强之，則爭之以死，是不智。莒君，小人也，君勿救。”其使不賢，

---

① “牲”，宋楊忱本、花齋本作“生”。

② “已”，宋楊忱本、花齋本脱。

③ “今”，宋楊忱本、花齋本、四庫本作“令”。

④ “若”，王引之以爲當爲“君”。

⑤ “受”，宋楊忱本、花齋本、四庫本作“授”。

⑥ “駮”，原作“駿”，據宋楊忱本、花齋本、四庫本改。

故知其君小人也。桓公果不救而莒亡。

桓公放春三月觀於野。春物放發，故曰放春。桓公曰："何物可比於君子之德乎？"隰朋對曰："夫粟，内甲以處，中有卷城，外有兵刃。種粟者，甲在内而處，葉居外而卷，若城，苗之纖芒在外，有兵刃。未敢自恃，自命曰粟。粟之物用雖如此，然不敢自恃，故自名曰粟。粟，則僅促之名也。① 此其可比於君子之德乎！"管仲曰："苗，始其少也，眴眴乎其孺子也！② 眴眴，柔順貌。穀苗始則柔順，③故似孺子也。至其壯也，莊莊乎何其士也！壯，謂苗轉長大。莊莊，矜直貌也。至其成也，由由乎兹免，何其君子也！由由，悦也，④實貌。兹免，謂益有謹厲。⑤ 天下得之則安，人以穀爲命。不得則危，故命之曰禾。以其和調人之性命。此其可比於君子之德矣。"桓公曰："善。"

桓公北伐孤竹，未至卑耳之谿十里，闟然止，瞠然視，闟，住立貌。瞠，驚視貌。援弓將射。引而未敢發也，謂左右曰："見是前人乎？"左右對曰：⑥"不見也。"公曰："事其不濟乎？寡人大惑。今者寡人見人長尺而人物具焉：冠，右祛衣，走馬前疾。事其不濟乎？寡人大惑。豈有人若此者乎？"管仲對曰："臣聞登山之神有俞兒者，⑦長尺而人物具焉。霸王之君興，而登山神見。且走馬前疾，道也。祛衣，示前有水也。右祛

---

① "僅"，宋楊忱本、花齋本、四庫本作"謹"。

② 宋楊忱本、花齋本"眴眴"下有"胡絹切目搖也"六字注文，"其"上有"何"字。

③ "則"，原作"眴"，據宋楊忱本、花齋本、四庫本改。

④ "悦也"，原作"悗懌"，據宋楊忱本、花齋本、四庫本改。

⑤ "厲"，宋楊忱本、四庫本作"勵"。

⑥ "曰"，原脱，據宋楊忱本、花齋本、四庫本補。

⑦ "兒"，原作"貌"，據宋楊忱本、花齋本、四庫本改。

衣，示從右方涉也。”至卑耳之谿，有贊水者，謂贊引度水者。①曰：“從左方涉，其深及冠；從右方涉，其深至膝。若右涉，其大濟。”桓公立拜管仲於馬前，曰：“仲父之聖至若此，寡人之抵罪也久矣。”抵，當也。不知仲父之聖，是寡人當有罪久矣。管仲對曰：“夷吾聞之，聖人先知無形。今已有形，而後知之，臣非聖也，善承教也。”善承古人之法。

桓公使管仲求寧戚，寧戚應之曰：“浩浩乎，育育乎。②”管仲不知，至中食而慮之。婢子曰：“公何慮？”管仲曰：“非婢子之所知也。”婢子曰：“公其毋少少，毋賤賤。昔者吳干戰，干，江邊地也。未齓不得入軍門。齓，毀齒也。國子擿其齒，遂入，爲干國多。戰功曰多，言於干戰，國子功多也。百里奚，秦國之飯牛者也，穆公舉而相之，遂霸諸侯。由是觀之，賤豈可賤，少豈可少哉？”管仲曰：“然，公使我求寧戚，寧戚應我曰：‘浩浩乎。’吾不識。”婢子曰：“詩有之：‘浩浩者水，育育者魚，水浩浩然盛大，魚育育然相與而遊其中，喻時人皆得配偶以居其室家，寧戚有伉儷之思，故陳此詩以見意。未有室家，而安召我居？’言誰當召我，授之配匹，與之爲居也。③ 寧子其欲室乎？”

桓公與管仲闔門而謀伐莒，未發也，而已聞於國矣。④桓公怒謂管仲曰：“寡人與仲父闔門而謀伐莒，未發也，而已聞於國。其故何也？”管仲曰：“國必有聖人。”桓公曰：“然。夫日之役者，⑤有執席食以視上者，必彼是邪？”桓公與管仲謀，

---

① “度”，宋楊忱本、花齋本、四庫本作“渡”。
② “育育乎”，宋楊忱本、花齋本脱。
③ “匹”，宋楊忱本作“疋”。宋楊忱本、花齋本“居”下衍“乎”字。
④ 自“矣”至下句“聞於國”正文共 27 字，宋楊忱本脱。
⑤ “日”，宋楊忱本無。

時役人於前，乃有執席而食，私目上視，①所以察君也，必是人者知吾謀也。於是乃令之復役，毋復相代。時執席而食者代人入役，因得察君，今不令相代，彼亦知君覺己必當來也。② 少焉，東郭郵至。桓公令儐者延而上，儐，謂贊相賓客者也。③ 與之分級而上。公以客禮待之，故與之分級而上，謂使之就賓階也。問焉，曰："子言伐莒者乎？"東郭郵曰："然，臣也。"桓公曰："寡人不言伐莒而子言伐莒，其故何也？"東郭郵對曰："臣聞之，君子善謀，而小人善意，善以意度之也。臣意之也。"桓公曰："子奚以意之？"東郭郵曰："夫欣然喜樂者，鍾鼓之色也；夫淵然清靜者，縗絰之色也；滲然豐滿，心在兵武，形氣盛，故其貌豐滿。而手足拇動者，中勇，外形必應，故手足拇動也。兵甲之色也。日者，臣視二君之在臺上也，口開而不闔，是言莒也；莒字兩口，故二君開口相對，④即知其言莒。舉手而指，勢當莒也。且臣觀小國諸侯之不服者，唯莒，於是。唯莒不服，於是知之。臣故曰伐莒。"桓公曰："善哉，以微射明，此之謂乎！言以形色之微，知伐國之明也。子其坐，寡人與子同之。"同伐莒之謀也。

客或欲見於齊桓公，請仕上官，授禄千鍾。公以告管仲。曰："君予之。"客聞之曰："臣不仕矣。"公曰："何故？"對曰："臣聞取人以人者，以人之言，然後取人。其去人也亦用人。吾不仕矣。"

---

① "目"，宋楊忱本作"因"。
② "君"，宋楊忱本作"若"。
③ "相"，宋楊忱本、花齋本、四庫本作"引"。
④ "口"，原作"以"，據宋楊忱本、花齋本、四庫本改。

卷之十七

七臣七主第五十二

杂篇三

或以平虚請論七主之過，謂平意虚心也，七主據下唯有六者，皆過主，能無此六者過，則爲一是主也。過主六，是主一，故曰七主也。得六過一是。以還自鏡，以知得失，得六過則爲一是，以自鑑，得失可知也。以繩七臣，得六過一是。嗚呼美哉，成事疾。疾，美也。繩，謂彈正也。言以六過繩六臣，①令臣無六過，是故爲一，君臣咸有一德，故能成美也。

申主：任勢守數以爲常，申，謂陳用法令。② 補："申"字乃"中"字之誤，蓋謂得中道之主。周聽近遠以續明。遠近之事，周而聽之，則其明不絶。皆要審則法令固，賞罰必則下服度。事皆得要而詳審，則法令固，賞罰必，則下皆服其法度也。③ 不備待而得和，則民

---

① "六"，花齋本作"七"。

② "令"，原脱，據宋楊忱本、花齋本、四庫本補。

③ "則"，宋楊忱本、花齋本作"而"。

反素也。謂以道德理世之君，至仁感物，[①]德和自此而至，[②]故人皆反於朴素。今申主不能然，[③]故以爲過也。

惠主：豐賞厚賜以竭藏，赦奸縱過以傷法。藏竭則主權衰，法傷則奸門闓。故曰泰則反敗矣。謂爲惠太過，故反成敗也。

侵主：好惡反法以自傷，越法行事謂之侵，所好所惡皆反於法，故自傷。喜決難知以塞明。決難知，則理不當，故明塞也。從狙而好小察，狙，伺也。謂既任臣有所爲，必從而伺之。事無常而法令申。不許，則國失勢。許，古伍字，謂偶合也。言雖申布法令，[④]於事不合，法既不行，所以失勢也。績按："許"，从"午"，"吾"聲，或作"悟"，[⑤]覺悟之悟也。下放此。

芒主：[⑥]目伸五色，耳常五聲，芒，謂芒然不曉識之貌。伸，謂放恣也。四鄰不計，四鄰與己爲隟，不計度而知之也。司聲不聽，司聲之官，隨君所好，不爲聽其理亂之音也。則臣下恣行而國權大傾。不許，則所惡及身。所爲既不合理，故惡還及身也。

勞主：不明分職，上下相干，言失任臣之理，勞而無功，故曰勞主。臣主同則。刑振以豐，豐振以刻。臣主同勢，則俱奮威權，故刑罰大振而且豐多。刑豐而又妄振，非刻而何也。去之而亂，臨之而殆，則後世何得？權臣振主，君欲去之，必爲亂，任而臨之，必危殆。既亂且危，敗亡必及，故後代無得也。

振主：喜怒無度，嚴誅無赦，動發威嚴，謂之振也。臣下振

---

① "仁"，原作"人"，據宋楊忱本、花齋本、四庫本改。
② "德"，宋楊忱本作"得"。
③ "今申"，宋楊忱本作"令巾"，花齋本作"令中"，四庫本作"今中"。
④ "布"，原作"而"，據宋楊忱本、花齋本改。
⑤ 原"悟"下有"同"字，據四庫本删。
⑥ "芒"，張佩綸以爲當作"荒"。

怒，不知所錯，則人反其故。故謂先君之理。不許，則法數日衰而國失固。舉錯既不合理，①故數衰而國失固。

芒主：②通人情以質疑，故臣下無信。盡自治其事則事多，既不自曉，故下通人情，以問所疑，③則臣下無所取信，皆自任胸臆，以理其事。人人生事，故事多也。多則昏，昏則緩急俱植。植，立也。既昏而不明，故緩急之事俱可立。不許，則見所不善，所爲既不合理，故其所見之事皆不善。④ 餘力自失而罰。尚有執權餘力，⑤已不自責，乃遷怒而罰之。

故主虞而安，虞，度也。主能度宜而行故安，但主能度而安，則致下數事。吏肅而嚴，民樸而親，官無邪吏，朝無奸臣，下無侵爭，世無刑民。凡此，皆主虞而安故也。故一人之治亂在其心，在其心之邪正。一國之存亡在其主。在其主之愚智。⑥ 天下得失，道一人出。道，從也。一人爲主也，明主得，闇主失。主好本，則民好墾草萊；本，謂農桑也。主好貨，則人賈市；主好宫室，則工匠巧；主好文采，則女工靡。夫楚王好小腰，而美人省食；吴王好劍，而國士輕死。死與不食者，天下之所共惡也，然而爲之者，何也？從主之所欲也。而況愉樂音聲之化乎？夫男不田，女不緇，緇，謂黑繒。工技力於無用，謂勤力於無用之器物也。而欲土地之毛，毛，謂嘉苗。倉庫滿實，不可得也。土地不毛則人不足，人不足則逆氣生，不足，則怨怒，故逆上之氣生。逆氣生則令不行。然強敵發而起，雖善者不能存。謂善爲計謀。

---

① “錯”，宋楊忱本作“措”。
② “芒”，張佩綸以爲當作“亡”。
③ “問”，原作“聞”，據宋楊忱本、花齋本、四庫本改。
④ “其所見”，原作“於難易”，據宋楊忱本、花齋本、四庫本改。
⑤ “執權”，原作“權勢”，四庫本同，據宋楊忱本、花齋本改。
⑥ “愚智”，宋楊忱本、花齋本作“智愚”。

何以效其然也？曰：昔者桀紂是也。誅賢忠，近讒賊之士而貴婦人，好殺而不勇，好富而忘貧。馳獵無窮，鼓樂無厭。瑶臺玉餔不足處，玉餔，猶玉食。馳車千駟不足乘。材女樂三千人，謂有材能之女樂也。鍾石絲竹之音不絶。百姓罷乏，君子無死，言不爲君致死。卒莫有人，人有反心。遇周武王，遂爲周氏之禽。爲周所禽獲也。此營於物而失其情者也，物，謂臺榭車馬，所以爲侈靡者。[1] 愉於淫樂而忘後患者也。故設用無度國家踣，踣，謂散亡。舉事不時，[2]必受其災。夫倉庫非虚空也，[3]必侈費無度，[4]故空。商宦非虚壞也，必棄本逐末，故壞也。法令非虚亂也，必上替下陵，故亂。國家非虚亡也。必倒道背理，[5]故亡也。彼時有春秋，歲有敗凶，政有急緩，[6]故物有輕重，政急物輕，政緩物重。歲有敗凶，故民有義不足，歲既敗凶，雖有義事，不足以行其禮。時有春秋，故穀有貴賤。春穀貴，秋穀賤。而上不調淫，故游商得以什伯其本也。淫，過也。謂穀物過於貴賤，則上當收散以調之。此之不爲，故游商得什百之嬴，[7]以棄其本也。百姓之不田，貧富之不訾，皆用此作。訾，限也。皆從不調淫而作也。城郭不守，兵士不用，皆道此始。道，從。夫亡國踣家者，非無壤土也，其所事者非其功也。夫凶歲雷旱，非無雨露也，其燥濕非其時也。亂世煩政，非無法令也，其所誅賞者非其人也。暴主迷君，非無心腹也，其所取舍非其術也。故明主

---

① “所以”，宋楊忱本作“以所”。花齋本作“所”，脱“以”字。
② “事”，宋楊忱本作“爭”。
③ “虚空”，原作“空虚”，據宋楊忱本、花齋本乙正。
④ “侈”，原作“違”，據宋楊忱本、花齋本、四庫本改。
⑤ “倒”，原作“到”，據宋楊忱本、花齋本、四庫本改。
⑥ 宋楊忱本、花齋本重“政有急緩”一句。
⑦ “嬴”，宋楊忱本同，花齋本作“贏”，四庫本作“嬴”。

有六務四禁。六務者何也？一曰節用，二曰賢佐，三曰法度，四曰必誅，五曰天時，六曰地宜。四禁者何也？春無殺伐，無割大陵，割，謂掘徙之也。裸大衍，裸，謂焚燒，令蕩然俱盡。伐大木，斬大山，行大火，誅大臣，收穀賦。凡此，春之禁也。夏無遏水達名川，謂偃塞小水合大水。塞大谷，動土功，射鳥獸。凡此，夏之禁。秋毋赦過、釋罪、緩刑。冬無賦爵賞禄，傷伐五藏。五穀之藏。故春政不禁則百長不生，夏政不禁則五穀不成，秋政不禁則奸邪不勝，冬政不禁則地氣不藏。四者俱犯，則陰陽不和，風雨不時。大水漂州流邑，漂流，謂滿溢於堤防，故漂流城邑。大風漂屋折樹，火暴焚地燋草；旱甚，則草燋。天冬雷，地冬霆，霆，①震。草木夏落而秋榮；蟄蟲不藏，宜死者生，宜蟄者鳴；苴多螣蟇，苴，謂草之翳薈。山多蟲螟；螟即蚊。六畜不蕃，民多夭死；國貧法亂，逆氣下生。故曰：臺榭相望者，亡國之廡也；馳車充國者，追寇之馬也；追，猶召也，言馳車所以召寇。羽劍珠飾者，斬生之斧也；文采纂組者，燔功之窑也。明王知其然，故遠而不近也。能去此取彼，則人主道備矣。此，謂珠飾等物。彼，謂節用愛民。夫法者，所以興功懼暴也；律者，所以定分止爭也；令者，所以令人知事也。法律政令者，使民規矩繩墨也。② 夫矩不正，不可以求方；繩不信，音申。③ 不可以求直。法令者，君臣之所共立也；權勢者，人主之所獨守也。故人主失守則危，臣吏失守則亂。罪決於吏則治，有罪者，吏必能決，決之故理。權斷於主則威，民信其法則親。是故明王審法

① "霆"，原作"雷"，據宋楊忱本、花齋本、四庫本改。
② "使"，宋楊忱本、花齋本作"吏"。
③ "音申"，原脱，四庫本同，據宋楊忱本補。

慎權，下上有分。下慎罰，上執權，各有其分也。夫凡私之所起，必生於主。主不好本，則私生。夫上好本，則端正之士在前；本，謂道德之政。上好利，則毁譽之士在側；好利則傾巧，故毁譽之士在側。上多喜善，賞而不隨其功，[①]則士不爲用；雖曰好善，及其有功則不能賞，故曰士不爲用。數出重法，[②]而不克其罪，則奸不爲止。克，謂勝伏。明王知其然，故見必然之政，立必勝之罰。故民知所必就，而知所必去，推則往，召則來，如墜重於高，如瀆水於地。以譬招來之易也。故法不煩而吏不勞，民無犯禁，故有百姓無怨於上上亦。[③]

法臣：法言亦爲臣立法。斷名決，無誹譽。依名而斷決，則理當而事愜，故無誹譽。故君法則主位安，臣法則貨賂止，而民無奸。嗚呼美哉，名斷言澤。依名而斷，則其言順而澤。

飾臣：績按：自此以下舉六臣，此其一也。克親貴以爲名，虛名求實之飾。克，勝也。謂不求親貴，以自克勝，持此爲名。[④]恬爵禄以爲高。佯棄爵禄，以自安恬，以此爲高。好名則無實，美名外彰，内實必喪。[⑤]爲高則不御。恬爵禄者，君不能御也。《故記》曰："無實則無勢，勢必自實生。[⑥]失轡則馬焉制？"制馬必以轡，制臣必以禄。

侵臣：事小察以折法令，枉法行事，謂之侵。好佼反而行私請。佼，謂佷詐也。背理爲反。績按：疑作"交友"。故私道行則法度侵，不侵法度，則無以成其私。刑法繁則奸不禁，主嚴誅則失

① "而"，宋楊忱本無。
② "出重"，原誤倒，據宋楊忱本、花齋本乙正。
③ "上亦"，何如璋以爲乃"矣"字之僞。
④ "持"，原作"特"，據宋楊忱本、花齋本改。
⑤ "彰"，宋楊忱本、花齋本、四庫本作"揚"。
⑥ "自"，宋楊忱本、花齋本作"以"。

民心。①

亂臣：②多造鍾鼓、衆飾婦女以惛上，③故上惛則隟不計，而司聲直禄。上既惛闇，雖有危亡之隟，不能計度而知之，其司聲之官，直得禄而已，不憂其職務也。是以謟臣貴而法臣賤，此之謂微孤。謟貴法賤，則危亡日至，故其君衰微而孤獨。

愚臣：深罪厚罰以爲行，深文入罪，厚致其罰，此愚臣之行。重賦斂、多兑道以爲上，兑，悦也。謂多賦斂，以悦道於君。使身見憎而主受其謗。厚罰多斂，人必憎之。《故記》稱之曰“愚忠讒賊”，此之謂也。愚臣雖有損於主，乃比之讒賊。

奸臣：痛言人情以驚主，痛，甚極之詞。④ 開罪黨以爲讎，開引罪黨，上聞於君，與之爲讎。除讎則罪不辜，彼但讎耳，未必皆有罪，今而除之，則罪不辜之人也。罪不辜則與讎居。既殺不辜，則人皆讎己，故所與居者，莫非讎也。故善言可惡以自信，而主失親。好言可惡之事以告於君，此求君之信己也，君果信之，則失其所親也。

亂臣：按前有亂臣，此亂字誤。⑤ 自爲辭功禄，明爲下請厚賞。己有功當得禄，則佯辭之以爲名，其下未必當賞，則明然爲之請，以求衆心也。居爲非母，動爲善棟。其居也與衆非者爲母，⑥其動也與佯爲善者爲棟梁。⑦ 以非買名，以是傷上，其所以買名者用非道，雖曰爲之，必傷於上。而衆人不知，之謂微攻。言爲僞善，漸攻於君。

---

① “主”，宋楊忱本作“王”。
② “亂臣”，陳奂以爲當作“謟臣”。
③ 宋楊忱本“多”下衍“則”字。
④ “詞”，宋楊忱本、花齋本作“辭”。
⑤ 此當爲劉績補注。
⑥ “非”，宋楊忱本作“犯”。
⑦ “其動也與佯爲善者爲棟梁”，宋楊忱本作“其動以佯爲善者之棟梁也”。

禁藏第五十三

雜篇四

禁藏於胸脅之内，而禍避於萬里之外。能以此制彼者，唯能以己知人者也。言度己以察彼，則無隱情，故奸謀藏於胸脅。奸藏禍息，故遠避於萬里之外，彼不能興奸生禍，則我能制之。凡此，皆以己知人故也。夫冬日之不濫，非愛冰也，①濫，謂泛冰於水以求寒，②所謂濫漿。夏日之不煬，非愛火也，爲不適於身便於體也。冬之冰，夏之火，皆於身體不適便。夫明王不美宫室，非喜小也，不聽鍾鼓，非惡樂也，爲其傷於本事而妨於教也。美宫室，聽鍾鼓，則傷事而妨教。故先慎於己而後彼，官亦慎内而後外，内則本務，外則末業，君慎之，則臣效。民亦務本而去末。官慎之，則民效也。③

居民於其所樂，居其所樂，則敦土而不遷。事之於其所利，事其所利，則不勸而自勵。賞之於其所善，賞其所善，則皆悦而立功。罰之於其所惡，罰其所惡，則忌慎而不犯。④信之於其所餘財，君人者，莫不有餘財，期賞而必，故曰信。功之於其所無誅。必勝殘息誅，然後可以爲成功。於下無誅者，必誅者也；有罪必誅，故能息，所謂以刑止刑，以殺止殺也。有誅者，不必誅者也。有罪不必誅，故誅不息也。以有刑至無刑者，其法易而民全；刑兹無赦，人不敢犯，故曰以有刑至無刑。若此者，其法簡易，而民完全。以無刑至有刑

---

① “冰”，原作“水”，據宋楊忱本、花齋本、四庫本改。
② “求寒”，原作“泛冰”，據宋楊忱本、花齋本、四庫本改。
③ “民”，宋楊忱本作“主”。
④ “不”，宋楊忱本、花齋本、四庫本作“無”。

者，其刑煩而奸多。緩誅宥死，①人則輕而犯之，故曰無刑至有刑。若此者，其刑繁漫，而奸人多。夫先易者後難，無刑至有刑，故曰先易而後難。先難而後易，有刑至無刑，故曰先難而後易。萬物盡然。皆同之於用法。明王知其然，故必誅而不赦，必賞而不遷者，非喜予而樂其殺也，所以爲人致利除害也。賞不遷非喜與，誅不赦非樂殺，然必其誅賞，則爲人致利除害故也。於以養老長幼，②完活萬民，莫明焉。言養老活人，無明於必誅賞。

夫不法法則治。③言不法者，必以法正之，故治。法者，天下之儀也，儀，謂表也。所以決疑而明是非也，百姓所縣命也。刑罰一差，人無所措手足，故曰縣命。故明王慎之，不爲親戚故貴易其法，故，謂恩舊。吏不敢以長官威嚴危其命，危，謂毁敗。民不以珠玉重寶犯其禁。所謂君無欲焉，雖賞之不竊。故主上視法嚴於親戚，不爲親戚易法，故法嚴。吏之舉令敬於師長，不爲師長危令，故令敬也。民之承教重於神寶。不爲重寶犯禁，故教重，夫寶有靈，故曰神寶。故法立而不用，刑設而不行也。無犯之人，則無所用其刑法。

夫施功而不鈞，位雖高爲用者少；施功，謂施恩於有功者，施恩不鈞，則有功者怨，故雖有高位，人不爲用。赦罪而不一，德雖厚不譽者多；赦罪不一，則毒流不辜，雖有厚德，人誰譽之。舉事而不時，力雖盡其功不成；方冬植木，④雖勤似后稷，不能成其嘉苗。⑤刑賞不當，斷斬雖多，其暴不禁。夫公之所加，罪雖重，下無

---

① "宥"，原作"有"，據宋楊忱本、花齋本、四庫本改。
② "幼"，宋楊忱本、花齋本作"弱"。
③ "不"，王念孫以爲衍文。
④ "木"，宋楊忱本、花齋本作"禾"。
⑤ "其"，宋楊忱本作"以"。

怨氣；私之所加，賞雖多，士不爲歡。刑法不道，①衆民不能順；有道之人，必順於道。舉措不當，衆民不能成；衆尚不成，況無衆乎。不攻不備，夫設備者，必防攻也。② 當今爲愚人。

故聖人之制事也，能節宫室、適車輿以實藏，不費於宫室車輿，則庫藏自實也。則國必富、位必尊；能適衣服、去玩好以奉本，本謂農桑。而用必贍、身必安矣；能移無益之事、無補之費，通幣行禮，而黨必多、交必親矣。移無益無補之費而行禮，故黨多交親也。夫衆人者，多營於物，而苦其力、勞其心，故困而不贍，③營物過分，故勞而不贍。大者以失其國，小者以危其身。

凡人之情：得所欲則樂，逢所惡則憂，此貴賤之所同有也。近之不能勿欲，謂所好之物。遠之不能勿惡，④人情皆然。而好惡不同，各行所欲，各以所欲行之。而安危異焉，適理而欲則安，背理而欲則危。然後賢不肖之形見也。夫物有多寡而情不能等，賢者欲寡，不肖者欲多也。事有成敗而意不能同，賢者意多成，不肖者意多敗也。行有進退而力不能兩也。賢者能進，不肖者唯退也。故立身於中，謂多寡成敗進退之中也。養有節：宫室足以避燥濕，食飲足以和血氣，衣服足以適寒温，禮儀足以别貴賤，游虞足以發歡欣，棺椁足以朽骨，衣衾足以朽肉，墳墓足以道記。道識其處各有記也。不作無補之功，雖曰有功，於身無補。不爲無益之事，故意定而不營氣情。氣情不營則耳目穀、穀，善也，謂聰明不虧。衣食足。耳目穀、衣食足，則侵爭不生，怨怒無有，上下相親，兵刃不用矣。故適身行義，儉約恭

① “刑”，宋楊忱本、花齋本作“行”。
② “攻”，原作“故”，據宋楊忱本、花齋本、四庫本改。
③ “困”，原作“因”，據宋楊忱本、花齋本、四庫本改。
④ “惡”，宋楊忱本、花齋本作“忘”。

敬，其唯無福，禍亦不來矣；禍福兩來，乃善之至。驕傲侈泰，離度絶理，其唯無禍，福亦不至矣。禍福兩有，乃禍之至。是故君子上觀絶理者以自恐也，觀絶理者致禍，故恐。① 下觀不及者以自隱也。隱，度也。度己有不及之事，當致之也。② 故曰：譽不虚出，必出於行善。而患不獨生，必生於爲惡。福不擇家，雖賤，家行善，福亦來矣。禍不索人，雖貴人，行惡，禍亦至矣。此之謂也。凡此，欲令修己以致福，無恃貴以招禍。

能以所聞瞻察，③則事必明矣。謂耳所聞，目所瞻，則能審察其是非，如此，則無事不明矣。故凡治亂之情，皆道上始。道，從也。事明則理，反是則亂也。故善者，圉之以害，牽之以利。有害則圉，有利則牽。能利害者，財多而過寡矣。利害由己，則避害而取利，取利則財多，④避害故過寡矣。夫凡人之情，見利莫能勿就，見惡莫能勿避。⑤ 其商人通賈，倍道兼行，夜以續日，千里而不遠者，利在前也。疾至則得利，故速行而不倦也。漁人之入海，海深萬仞，就波逆流，⑥謂海潮起，則水逆流。乘危百里，宿夜不出者，利在水也。故利之所在，雖千仞之山，無所不上，深源之下，無所不入焉。故善者，勢利之在，而民自美安。勢利在身，則人美而安之。不推而往，不引而來，不煩不擾，而民自富。凡此，皆勢利之所致。如鳥之覆卵，無形無聲，而唯見其成。夫勢利致人，若鳥之覆卵焉，雖無形聲，俄見其成也。

夫爲國之本，得天之時而爲經，經，所以本之也。得人之心

---

① “故”，原作“致”，據宋楊忱本、花齋本、四庫本改。
② “致”，宋楊忱本、花齋本作“故”，四庫本作“效”。
③ “瞻”，原作“贍”，據宋楊忱本、花齋本、四庫本改。下注文中“瞻”字同。
④ “取利”，原脱，據宋楊忱本、花齋本、四庫本補。
⑤ “惡”，宋楊忱本、花齋本作“害”。
⑥ “波”，宋楊忱本、花齋本作“彼”。

而爲紀，紀，所以總之也。① 法令爲維綱，維綱，所以張也。吏爲網罟，綱罟，所以苞也。② 什伍以爲行列，行列，所以開具之也。③ 賞誅爲文武。賞則文，誅則武。繕農具，當器械，農具既繕，則器械可修也。耕農當攻戰，耕農之不怠，若攻戰之不退也。推引銚耨，以當劍戟，用銚耨者，必推引之，若劍戟擊刺。被蓑以當鎧鑐，簑，雨衣。被，着之。所以禦雨露，④若武備之有鎧鑐。著甲周身若褐炙，故曰鑐。菹笠以當盾櫓。⑤ 取菹澤草以爲笠，若武備之有盾櫓也。故耕器具，則戰器備，具耕器則備戰用也。農事習，則功戰巧矣。習農，則當功戰。當春三月，萩室熯造，熯，謂以火乾也。三月之時，陽氣盛發，易生瘟疫，⑥萩木鬱臭，⑦以辟毒氣，故燒之於新造之室，以禳祓也。鑽隧易火，杼井易水，所以去兹毒也。四時易火，至春則取榆柳之火，春時之井又當復杼之，以易其水。凡此，皆去時滋長之毒。舉春祭，塞久禱，以魚爲牲，以蘗爲酒，⑧相召，久禱而未報者，當享塞之。相召，謂因此時召親賓。所以屬親戚也。毋殺畜生，毋拊卵，拊，謂擊剥之也。毋伐木，毋夭英，英，爲草木之初生也。⑨ 毋拊竿，竿，笋之初生也。所以息百長也。所以生息百物之長。賜鰥寡，賑孤獨，貸無種，與無賦，所以勸弱民。謂勸勉貧弱之人也。發五正，正，謂五官正也。赦薄罪，出拘民，解仇讎，仇讎者，和讎令反去。所以建時功、施生穀也。謂及時立農功，施力爲生穀。凡

① "紀"，宋楊忱本作"則"。"總"，宋楊忱本作"紀"，花齋本作"總"。
② "也"，宋楊本、花齋本作"之"。
③ "開具"，宋楊忱本作"聞其"。
④ "以禦"，原作"懼"，宋楊忱本同，據花齋本、四庫本改。
⑤ "菹"，宋楊忱本、花齋本作"葅"，注中之"菹"字同此。
⑥ "瘟"，宋楊忱本、花齋本作"温"。
⑦ "萩"，宋楊忱本、花齋本作"楸"。
⑧ "蘗"，宋楊枕本、花齋本作"蘖"。
⑨ "爲"，花齋本、四庫本作"謂"。

此，皆春令。夏賞五德，五德，謂五常之德。滿爵禄，遷官位，①禮孝弟，復賢力，所以勸功也。賢而有功，當復除之，②此皆夏令。秋行五刑，誅大罪，所以禁淫邪，止盗賊。凡此，皆秋令。冬收五藏，五穀之藏。最萬物，最，聚。所以内作民也。凡此，皆冬作。③四時事備，而民功百倍矣。④於四時事皆備，故人有百倍之功。故春仁、夏忠、秋急、冬閉。生者，仁也。長者，忠也。收，當急也。藏，當閉也。順天之時，約地之宜，忠人之和，忠，猶稱也，⑤事稱人理則和。故風雨時，五穀實，草木美多，六畜蕃息，國富兵强，民材而令行，人多材藝，而順上命，故令行也。内無煩擾之政，外無强敵之患也。

夫動静順，然後和也，不失其時，然後富，不失其法，然後治。故國不虚富，必不失時，然後富也。⑥民不虚治。必不失法，然後治。不治而昌，不亂而亡，⑦自古至今，未嘗有也。昌必國理，亡必國亂，反是者，古今所未有。故國多私勇者，其兵弱，私勇，則怯於公戰，故兵弱。吏多私智者，其法亂，私智，則營己而背公，故多亂。民多私利者，其國貧。私利，則積之於家，⑧故國貧。故德莫若博厚，使民死之；博厚則感人深，故死之也。賞罰莫若必成，使民信之。

夫善牧民者，⑨非以城郭也，輔之以什，司之以伍。謂什

① "官"，原作"宫"，四庫本同，據宋楊忱本、花齋本改。
② "當"，宋楊忱本、花齋本作"賞"。
③ "凡此皆冬作"，原脱，四庫本同，據宋楊忱本、花齋本補。
④ "四時事備而民功百倍矣"，原脱，四庫本同，據宋楊忱本、花齋本補。
⑤ "也"，宋楊忱本作"一"。
⑥ "時"，宋楊忱本、花齋本作"財"。
⑦ 宋楊忱本、花齋本"亡"下有"者"字。
⑧ "利則"，宋楊忱本作"則利"。
⑨ "善"，原脱，據宋楊忱本、花齋本、四庫本補。

長、伍長。伍無非其人，雖伍長，亦選能者爲之也。人無非其里，謂無客寄。里無非其家，言不離居他人家其非之。① 故奔亡者無所匿，遷徙者無所容。有什伍司之，不容他寄也。不求而約，不召而來，亡徙無所容匿，故不求召而自來約。② 故民無流亡之意，吏無備追之憂。人説不亡，何所備而追之。故主政可往於民，③民心可繫於主。謂繫屬於主。夫法之制民也，猶陶之於埴，冶之於金也。人之從法，若埴金之從陶冶也。故審利害之所在，民之去就，如火之於燥濕，水之於高下。火水之就燥下，猶人之就利。

夫民之所生，衣與食也；食之所生，水與土也。所以富民有要，食民有率，率三十畝而足於卒歲。歲兼美惡，畝取一石，則人有三十石；果蓏素食當十石，果蓏不以火化而食，故曰素食。糠秕六畜當十石，則人有五十石；布帛麻絲，旁入奇利，④未在其中也。⑤ 奇，餘。⑥ 言不在五十石之中也。故國有餘藏，民有餘食。每年人有五十石，故藏皆餘也。⑦ 夫錣鈞者，⑧所以多寡也；錣鈞，謂錣比其鈞平。權衡者，所以視重輕也；户籍田結者，⑨所以知貧富之不訾也；謂每户置籍，每田結其多少，則貧富不依訾限者，⑩可知也。故善者，必先知其田，乃知其人，田多則人

① “其非之”，宋楊忱本同，花齋本、四庫本脱。
② “約”，四庫本同，宋楊忱本、花齋本無。
③ “主”，原作“王”，據宋楊忱本、花齋本、四庫本改。
④ “入”，原作“人”，據宋楊忱本、花齋本、四庫本改。
⑤ “在其”，原誤倒，據宋楊忱本、花齋本、四庫本乙正。
⑥ “餘”，原作“余”，據宋楊忱本、花齋本、四庫本改。“奇”，宋楊忱本作“苛”。
⑦ “餘”，宋楊忱本作“經”。
⑧ “錣”，宋楊忱本、花齋本、四庫本作“叙”，下注文兩“錣”字同。
⑨ “籍”，宋楊忱本作“藉”。
⑩ “限”，原作“良”，據宋楊忱本、花齋本、四庫本改。

多,田少則人少。田備,然後民可足也。

凡有天下者,以情伐者帝,謂深知敵之内情而伐者,帝也。以事伐者王,見其於事有失而伐者,王。以政伐者霸。見其政有失而伐者,霸。而謀有功者五:謂計謀可以成功。一曰視其所愛,以分其威權,①令敵國之所愛者各權,②則其威分也。一人兩心,其内必衰也,威分,則每人各懷二心,心二,③則力不齊,故内衰也。臣不用,其國可危。臣既不爲君用力,故其國可危。二曰視其陰所憎,厚其貨賂,得情可深,視敵所憎者,多與賂,令以國情告己,故深得其情。身内情外,其國可知。謂所憎者,身在國内,情乃告外,其國可知也。三曰聽其淫樂,以廣其心。使之聽淫樂,心廣於嗜欲。遺以竽瑟美人,以塞其内;躭於竽瑟美女,則心惑亂,故其内閉塞也。遺以諂臣文馬,以蔽其外。耳惑於諂臣,目惑於文馬,則耳目喪矣,故其外蔽也。外内蔽塞,可以成敗。内外蔽塞,則理擁而見惑也,莫不敗。④ 四曰必深親之,如典之同生。典,常也。若常與之同生也。陰内辯士,使圖其計;私使辯士,⑤令與敵國圖計。内勇士,使高其氣。彼得勇士,則恃而氣高也。内人他國,使倍其約,絶其使,拂其意,更納人於他國,令背絶,使兩國之意相違也。是必士鬥,⑥兩國相敵,必承弊。⑦ 亦既相疑,其士必鬥,兩國敵則小傷,大國以承其弊,乃有一舉兩獲之功也。⑧ 五曰深察其謀,欲知其謀得失

① "權",宋楊忱本、花齋本無。
② "令",宋楊忱本作"今"。
③ "二",原作"一",據宋楊忱本、花齋本、四庫本改。
④ 宋楊忱本"莫"上衍"故之敗之"四字。"敗",宋楊忱本誤作"閉"。
⑤ "使",宋楊忱本、花齋本作"俠"。
⑥ "是必",原脱,據宋楊忱本、花齋本、四庫本補。
⑦ 宋楊忱本、花齋本"承"下有"其"字。
⑧ "兩",原作"而",據宋楊忱本、花齋本、四庫本改。

也。謹其忠臣，欲知其臣之用不。揆其所使，欲知其所使賢不肖。令內不信，使有離意。內既不信相疑，則使其君臣之意絶。離氣不能令，必內自賊。君臣意離别，不可使令，既不命，則自相殘殺。忠臣已死，故政可奪。人之云亡，邦國殄瘁，故其政可奪。此五者，謀功之道也。

卷之十八

入國第五十四 謂始有國，入而行化。①

雜篇五

入國，四旬五行九惠之教。旬，即巡也，謂四面五方行而施九惠之教。一曰老老，以養老之禮養老者。二曰慈幼，三曰恤孤，四曰養疾，五曰合獨，六曰問疾，七曰通窮，八曰振困，九曰接絶。

所謂老老者，凡國、都皆有掌老。謂置掌老之官。年七十已上，一子無征，不預國之征役。② 三月有饋肉；謂官饋之肉。八十已上，二子無征，月有饋肉；九十已上，盡家無征，日有酒肉。死，上共棺槨。勸子弟，精膳食，問所欲，求所嗜。問老者何所欲求，訪其所嗜，以嗜欲而供之。③ 此之謂老老。

所謂慈幼者，凡國、都皆有掌幼。士民有子，子有幼弱不

---

① "行化"，原作"化行"，據宋楊忱本、花齋本、四庫本改。

② "征役"，原作"征伐"，四庫本同，據宋楊忱本、花齋本改。

③ "訪其所嗜以嗜欲而供之"，四庫本同，宋楊忱本作"訪其所以耆欲而供也"，花齋本作"訪其所以嗜欲而供也"。

勝養爲累者，[①]勝，堪也。謂不堪自養，故爲累。有三幼者，無婦征，四幼者，盡家無征，五幼，又予之葆，葆，今之教母。受二人之食，官給二人之食。能事而后止。幼者漸長，能自管事，然后止其養。此之謂慈幼。

所謂恤孤者，凡國、都皆有掌孤。士人死，子孤幼，無父母所養，既無父母，又無所養之親也。不能自生者，屬之其鄉黨、知識、故人。養一孤者，一子無征，養二孤者，二子無征，養三孤者，盡家無征。[②] 掌孤數行問之，必知其食飲飢寒，身之瘠胜而哀憐之。瘠，瘦也。胜，肥也。此之謂恤孤。

所謂養疾者，凡國、都皆有掌養疾。聾、盲、喑、啞、跛躄、偏枯、[③]握遞，遞，著也。謂兩手相拱著而不申者，謂之握遞。不耐自生者，上收而養之疾，既食之，[④]又與療疾。官而衣食之，謂官給之衣食。殊身而後止。殊，猶離也。疾離身而后止其養。此之謂養疾。

所謂合獨者，凡國、都皆有掌媒。丈夫無妻曰鰥，婦人無夫曰寡，取鰥寡而合和之，予田宅而家室之，三年然後事之。事，謂供國之職役也。此之謂合獨。

所謂問疾者，凡國、都皆有掌病。士人有病者，掌病以上令問之。九十以上，日一問；八十以上，[⑤]二日一問；七十以上，三日一問；衆庶，五日一問。疾甚者，以告上，身問之。掌病行於國中，以問病爲事。此之謂問病。

---

① “養爲”，原二字雙行並列似注文。
② “養三孤者”之“孤”，原作“子”，據宋楊忱本、花齋本、四庫本改。
③ “偏”，宋楊忱本、花齋本作“徧”。
④ “食”，宋楊忱本、花齋本、四庫本“養”。
⑤ “以”，宋楊忱本作“已”。

所謂通窮者，凡國、都皆有通窮。若有窮夫婦無居處，窮賓客絶糧食，居其鄉黨以聞者有賞，不以聞者有罰。此之謂通窮。

所謂振困者，歲凶，庸人訾厲，訾，疾也。厲，病也。多死喪。弛刑罰，赦有罪，散倉粟以食之。此之謂振困。

所謂接絶者，士民死上事，死戰事，使其知識、故人受資於上資，謂財用。而祠之。此之謂接絶也。

九守第五十五 主位 主明 主聽 主賞 主問 主因 主周 主參 督名

雜篇六

安徐而静，人居位，當安徐而又静默。柔節先定，以和柔爲節，先能定己，然後可定人。虚心平意以待須。虚其心，平其意，以待臣之諫説。須亦待也。

右主位人主居位當如此。

目貴明，耳貴聰，心貴智。以天下之目視，則無不見也，以天下之耳聽，則無不聞也，以天下之心慮，則無不知也。輻凑並進，則明不塞矣。言聖人不自用其聰明思慮，而任之天下，故明者爲之視，①聽者爲之聽，智者爲之謀，輻凑並進，不亦宜乎！故曰明不可塞。

右主明主明在於用天下耳目視聽之。

聽之術，曰：勿望而距，勿望而許。聽言之術，必須審察，不可

① 宋楊忱本“視”下衍“聽”字。

望風即有所距、①有所許也。許之則失守，距之則閉塞。既未審察，輒有距而許之，故或失守，或閉塞。高山，仰之不可極也；深淵，度之不可測也。不審察者，常爲彼所知，故戒之當如高山、深淵，不可極而測之。神明之德，正靜其極也。既如山淵，則其德配神明而正且靜，如此者，乃其窮極矣。②

右主聽

用賞者貴誠，用刑者貴必。刑賞信必於耳目之所見，則其所不見，莫不闇化矣。誠，暢乎天地，通於神明，見奸僞也。既暢天地，通於神明，③故有奸僞，必能見之。

右主賞

一曰天之，二曰地之，三曰人之，言三才之道，幽邃深遠，必問於賢者，而後行之。四曰上下左右前後，凡此，皆有逆順之宜，故須問之。熒惑其處安在？又須知法星所在也。

右主問

心不爲九竅，九竅治；心任九竅，九竅自治。君不爲五官，五官治。君任五官，故五官自治。④ 爲善者，君予之賞；爲非者，君予之罰。君因其所以來，因而予之，則不勞矣。因來而加賞，⑤何勞之有。聖人因之，故能掌之。掌，主也。因來而賞，物皆屬己，故能主之。因

① "即"，宋楊忱本、花齋本作"則"。
② "乃其"，宋楊忱本、花齋本作"其有"。
③ "於"，宋楊忱本、花齋本無。
④ 宋楊忱本、花齋本"治"下有"之"字。
⑤ "因來而加賞"，四庫本同，宋楊忱本作"自來而又得賞"，花齋本作"自來而因得賞"。

之修理，故能長久。績按：所以來，謂爲善非，因而予之，謂賞罰。

右主因

人主不可不周，周，謂謹密也。人主不周，則群臣下亂。不周，則泄其機事，故臣下交爭而亂也。寂乎其無端也，慎密者當如是。外内不通，安知所怨？外内不通，則事不泄，故無怨。關閈不開，善否無原。既不開其關閈，故善之與不善，不得知其原矣。[①]

右主周

一曰長目，二曰飛耳，三曰樹明。明知千里之外，隱微之中曰動奸，奸動則變更矣。奸在隱微，其理將動，奸既動矣，自然變更。

右主參

修名而督實，按實而定名。名實相生，反相爲情。名實當則治，不當則亂。名生於實，實生於德，德生於理，理生於智，智生於當。[②]

右督名

桓公問第五十六

雜篇七

齊桓公問管仲曰："吾念有而勿失，得而勿忘，爲之有道

① "矣"，宋楊忱本作"哉"。
② "當"，原作"富"，據宋楊忱本、花齋本、四庫本改。

乎?”對曰:“勿創勿作,時至而隨。毋以私好惡害公正,察民所惡,以自爲戒。人有所惡,己行之,非。黄帝立明臺之議者,上觀於賢也;堯有衢室之問者,下聽於人也;舜有告善之旌,而主不蔽也;禹立建鼓於朝,而備訊唉;訊,問也。唉,驚問也。湯有總街之庭,以觀人誹也;武王有靈臺之復,而賢者進也。復,謂白也。此古聖帝明王所以有而勿失,得而勿忘者也。”桓公曰:“吾欲效而爲之,其名云何?”對曰:“名曰嘖室之議。謂議論者,言語讙嘖。曰:法簡而易行,刑審而不犯,事約而易從,求寡而易足。人有非上之所過,謂之正士,見上有過而非之,可謂正士。内於嘖室之議。納正士之言,著爲嘖室之議。有司執事者,咸以厥績按:疑作“決”。[1] 事奉職,而不忘焉。[2] 此嘖室之事也,請以東郭牙爲之,此人能以正事爭於君前者也。”桓公曰:“善。”

度地第五十七

雜篇八

昔者,桓公問管仲曰:“寡人請問度地形而爲國者,其何如而可?”管仲對曰:“夷吾之所聞,能爲霸王者,蓋天子聖人也。故聖人之處國者,必於不傾之地,言其處深厚岡原復壯者,謂之不傾。而擇地形之肥饒者,鄉山,左右經水若澤。其國都或在

① “疑”,原脱,據四庫本補。
② “焉”,宋楊忱本、花齋本作“爲”。

山左或向山右，及緣水澤然後建。① 内爲落渠之寫，因大川而注焉。謂於都内，更爲落水之渠，以注於大川。② 乃以其天材、地之所生，利養其人，以育六畜。天材，謂五穀之屬，因天時而植者也。天下之人，皆歸其德而惠其義。惠，順。乃别制斷之，乃分别其地，制之斷之也。州者謂之術，地數充爲州者，謂之術。③ 不滿術者謂之里。不成術而餘者，謂之里。故百家爲里，里十爲術，術十爲州，州十爲都，都十爲霸國。不如霸國者，國也。不成於霸國者，諸侯之國也。以奉天子，霸國率諸侯以奉天子也。天子有萬諸侯也，其中有公侯伯子男焉。天子中而處，此謂因天之固，所處之處，④自然不傾，故曰因之。歸地之利。内爲之城，城外爲之郭，郭外爲之土閬，閬，謂隍。地高則溝之，下則堤之，命之曰金城。樹以荊棘，上相穡著者，所以爲固也。穡，鈎也。謂荆棘刺條相鈎連也。歲修增而毋已，時修增而無已，福及孫子，此謂人命萬世無窮之利，人君之保守也。⑤ 謹置國都，繕修城郭，此人君所保全而守。臣服之以盡忠於君，君體有之以臨天下，故能爲天下之民先也。此宰之任，則臣之義也。宰謂執君之政者也。故善爲國者，必先除其五害，人乃終身無患害而孝慈焉。"

桓公曰："願聞五害之説。"管仲對曰："水，一害也；旱，一害也；風霧雹霜，一害也；厲，一害也；蟲，一害也。厲，疾病也。此謂五害。五害之屬，水最爲大。五害已除，人乃可治。"桓公曰，"願聞水害。"管仲對曰："水有大小，又有遠近。水之出

---

① "水"，宋楊忱本作"之"。"建"，原作"見"，據宋楊忱本、花齋本、四庫本改。

② "落"，宋楊忱本作"洛"。

③ "謂"，宋楊忱本作"爲"。

④ "處"，宋楊忱本、花齋本作"地"。

⑤ "保"，宋楊忱本、花齋本作"葆"。

於山，而流入於海者，命曰經水；言爲衆水之經。水別於他水，謂從他水分流，若江別爲沱。入於大水及海者，命曰枝水；言爲之枝。山之溝，一有水一毋水者，命曰谷水；水之出於他水溝，流於大水及海者，命曰川水；出地而不流者，命曰淵水。此五水者，因其利而往之可也，謂因地之勢，疏引以溉灌。因而扼之可也，扼，塞也。恐其泛溢而塞之，亦可也。而不久常，有危殆矣。”謂卒有暴溢，或能漂没居人，故危殆也。桓公曰：“水可扼而使東西南北及高乎？”管仲對曰：“可。夫水之性，以高走下則疾，至於漂石；①謂能漂於浮石。② 而下向高，即留而不行。故高其上，領瓴之，尺有十分之三，里滿四十九者，水可走也。上，謂水從來處，高之者，欲注下取勢也。瓴，③謂瓴甋也，言欲令水上高，必大爲瓴甋，私空其中，使前後相受，以尺爲分，每領而有十尺，即長一丈也，④分之於三里間之，每里滿此四十九，⑤如此，則水可走上矣。乃迂其道而遠之，以勢行之。迂，⑥曲也。謂下曲水道，遠張其勢，而以行之。⑦ 水之性，行至曲必留退，滿則後推前，⑧謂水至曲必流而却退，⑨其處既滿，則後水推前水令去。地下則平行，地高即控，控，謂頓也，言水頓挫而却。杜曲則搗毁。杜，猶沖也。搗，觸也。言水行至曲則沖而觸，有所毁傷。杜曲激則躍，躍則倚，倚，排也。謂前後相排也。倚則環，環則中，前後相排，則圓流生，空若環之中，所謂

① “漂”，宋楊忱本、花齋本作“溧”。
② “漂於浮石”，宋楊忱本、花齋本作“漂浮於石”。
③ “瓴”，原作“領”，據宋楊忱本、花齋本改。
④ “即”，原作“而”，據宋楊忱本、花齋本、四庫本改。
⑤ “四十”，原脱，據正文補。
⑥ “迂”，宋楊忱本、花齋本作“行”。
⑦ “之”，宋楊忱本、花齋本作“水”。
⑧ “推”，原作“堆”，據宋楊忱本、花齋本、四庫本改。
⑨ “曲”，宋楊忱本、花齋本作“處”。

齊。中則涵，圓流無所通則相涵激也。涵則塞，塞則移，移則控，控亦塞也。① 控則水妄行；②水妄行則傷人，傷人則困，困則輕法，輕法則難治，難治則不孝，不孝則不臣矣。故五害之屬，傷殺之類，禍福同矣。知備此五者，人君天地也。"③所謂"與天地合其德"。

桓公曰："請問備五害之道？"管子對曰："請除五害之説，以水爲始。請爲置水官，令習水者爲吏：大夫、大夫佐各一人，率部校長、官佐各財足。④ 財，謂其禄廩。乃取水左右各一人，使爲都水匠工。⑤ 爲水工之都匠。令之行水道、城郭、堤川、溝池、官府、寺舍及州中，當繕治者給卒財足。卒，謂所當治水者。財，其粮用也。令曰：常以秋歲末之時，閲其民，閲，謂省視。案家人比地，定什伍口數，案人比地，有十口五口之數，當受地若干。别男女大小。其不爲者輒免之，⑥謂其幼小不在役者，⑦則免之。有錮病不可作者疾之，著其名於疾之數，⑧有以賙恤之也。可省作者半事之。謂疾者雖不任役，可以省視作者，取其半功也。并行以定甲士，當被兵之數，上其都。因力役之際，並行視之，强壯者，預定之以爲甲士，而被兵之數，既而上其名籍於國都也。都以臨下，視有餘不足之處，輒下水官。水官亦以甲士當被兵之數，都既臨下，視其兵不足之處，即甲士下之於水官，水官既得甲士，還以備

① "控亦塞也"，宋楊忱本、花齋本作"塞亦控也"。
② "控"，宋楊忱本作"空"。
③ "也"，宋楊忱本、花齋本作"矣"。
④ "財"，原作"則"，據宋楊忱本、花齋本、四庫本改。注中之"財"同此。
⑤ "水匠"，宋楊忱本、花齋本作"匠水"。
⑥ 宋楊忱本、花齋本"者"上有"用"字。
⑦ "在"，宋楊忱本、四庫本作"任"。
⑧ 宋楊忱本、花齋本"疾"下有"者"字。

兵數也。與三老、里有司、伍長行里，因父母案行。閲其備水之器，①謂水官與三老、五長等行視其里，因其家之父母與之閲其備水之器。以冬無事之時。籠、②臿、板、築各什六，謂什人共貯六具，下準此。土車什一，雨輂什二；車輂所以禦雨，故曰雨輂。食器兩具，每人兩具。人有之；錮藏里中，以給喪器。謂人既有貯器，③當錮藏於里中，兼得給凶喪之用也。後常令水官吏與都匠，因三老、里有司、伍長案行之。常以朔日始，出具閲之，④取完堅，補弊久，去苦惡。其具既補弊而久，⑤有苦惡者除去之。⑥ 常以冬少事之時，令甲士以更次益薪，積之水旁。州大夫將之，唯毋後時。謂將領之，無得後時。其積薪也，以事之已；已，畢也。農事既畢，然後益薪。其作土也，以事未起。謂春事未起。天地和調，日有長久，以此觀之，其利百倍。故常以毋事具器，毋事用之，⑦水常可制，而使毋敗，此謂素有備而豫具者也。⑧"

桓公曰："當何時作之？"管子曰："春三月，天地乾燥，水糾列之時也。山川涸落，天氣下，地氣上，萬物交通。故事已，新事未起，草木荑生可食。寒暑調，日夜分，分之後，夜日益短，晝日益長。利以作土功之事，土乃益剛。令甲士作堤大水之旁，大其下，小其上，隨水而行。地有不生草者，必爲之囊。大者爲之堤，小者爲之防，夾水四道，禾稼不傷。歲埤

---

① "其"，宋楊忱本、花齋本作"具"。
② "籠"，原作"龍"，據宋楊忱本、花齋本、四庫本改。
③ "貯"，原作"財"，據宋楊忱本、花齋本、四庫本改。
④ "具閲"，宋楊忱本作"閲具"。
⑤ "具"，宋楊忱本、花齋本、四庫本作"器"。
⑥ "苦"，原作"若"，據宋楊忱本、花齋本、四庫本改。
⑦ "毋"，宋楊忱本同，花齋本、四庫本作"有"。
⑧ "具"，原作"其"，據宋楊忱本、花齋本、四庫本改。

增之，樹以荊棘，以固其地，雜之以柏楊，以備決水。民得其饒，是謂流膏。令下貧守之，往往而爲界，可以毋敗。[1] 當夏三月，天地氣壯，大暑至，萬物榮華，利以疾薅殺草薉，使令不欲擾，命曰不長。不利作土功之事，放農焉，[2]利皆耗十分之五，土功不成。當秋三月，山川百泉踊，降雨下，山水出，海路距，雨露屬，天地湊汐。利以疾作，收斂毋留。一日把，百日餔。民毋男女，皆行於野。不利作土功之事。濡濕日生，土弱難成，利耗什分之六，土工之事亦不立。當冬三月，天地閉藏，暑雨止，[3]大寒起，萬物實熟，利以填塞空隙，繕邊城，塗郭術，平度量，正權衡，虛牢獄，實廩倉，[4]君修樂，與神明相望。凡一年之事畢矣，舉有功，賞賢，罰有罪，遷有司之吏而第之。不利作土工之事，利耗什分之七，土剛不立。晝日益短，而夜日益長，利以作室，不利以作堂。四時以得，四害皆服。"

桓公曰："寡人悖，不知四害之服，奈何？"管仲對曰："冬作土功，發地藏，則夏多暴雨，秋霖不止，春不收枯骨朽脊，[5]伐枯木而去之，則夏旱至矣。[6] 夏有大露，原煙噎，下百草，人采食之，傷人。人多疾病而不止，民乃恐殆。君令五官之吏，與三老、里有司、伍長行里順之，令之家起火爲溫，其田及宮中皆蓋井，毋令毒下及食器，將飲傷人。有下蟲傷禾稼，凡

① "可"，原作"毋"，據宋楊忱本、花齋本、四庫本改。
② "放"，原作"故"，據宋楊忱本、花齋本、四庫本改。
③ "雨"，原作"氣"，據宋楊忱本、花齋本、四庫本改。
④ "廩"，宋楊忱本、花齋本作"廥"。
⑤ "脊"，原作"春"，據宋楊忱本、花齋本、四庫本改。
⑥ "至"，原作"之"，據宋楊忱本、花齋本、四庫本改。

天災害之下也，君子謹避之，故不入九死也。[1] 大寒、大暑、大風、大雨，其至不時者，此謂四刑。或遇以死，或遇以生。君子避之，是亦傷人。故吏者，所以教順也，三老、里有司、伍長者，所以爲率也。五者已具，民無怨者，[2]願其畢矣。[3] 故常以冬日順三老、里有司、伍長，以冬賞罰，使各應其賞而服其罰。五者不可害，則君之法犯矣。此示民而易見，故民不比也。"

桓公曰："凡一年之中十二月，作土功，有時則爲之，非其時而敗，將何以待之？"管仲對曰："常令水官之吏，冬時行堤防，可治者章而上之都，都以春少事作之。已作之後，常案行，堤有毁，作大雨，各葆其所，可治者趣治，以徒隸給。大雨，堤防可衣者衣之，績按：衣，謂以物覆其上，公所謂簑城之類。沖水可據者據之，終歲以毋敗爲效。[4] 此謂備之常時，禍何從來？所以然者，濁水蒙壤，自塞而行者，江河之謂也。歲高其堤，所以不没也。春冬取土於中，秋夏取土於外，濁水入之，不能爲敗。"桓公："善。仲父之語寡人畢矣，然則寡人何事乎哉？亟爲寡人教側臣。"

---

① "入"，宋楊忱本、花齋本、四庫本作"八"。
② "怨"，宋楊忱本、花齋本、四庫本作"願"。
③ "矣"，宋楊忱本、花齋本作"也"。
④ "效"，四庫本同，宋楊忱本作"故"，花齋本作"固"。

卷之十九

地員第五十八地員者，①土地高下，水泉深淺，各有其位也。②

雜篇九

夫管仲之匡天下也，③其施七尺。施者，大尺之名也，其長七尺。

瀆田悉徙，④瀆田，謂穿溝而溉田；⑤悉徙，謂其地每年皆須更易也。五種無不宜。其立后而手實，謂立君以主之，手常握此地之實數也。⑥ 其木宜蚖蓄與杜、松，蚖、蓄，二木名也。績按："蚖"恐作"杬"，出豫章，煎汁藏果及卵不壞。蓄，律春切，恐作"櫄"。杜，木名。《詩》"有杕之杜"。其草宜楚棘。見是土也，命之曰五施，五七三十五尺而至於泉。⑦ 謂其地深五施，每施七尺，故五七三十五而至於泉也。呼音中角。謂此地號呼之聲，其音中角。⑧ 補：言居是土

---

① "地員者"，宋楊忱本作"員地也"。

② "也"，宋楊忱本、花齋本無。

③ "匡"，原作"臣"，據宋楊忱本、花齋本、四庫本改。

④ "悉徙"，夏緯英以爲當作"息土"。

⑤ "穿"，原作"川"，據宋楊忱本、花齋本、四庫本改。宋楊忱本、花齋本"溝"下有"瀆"字。

⑥ "常"，原作"當"，據宋楊忱本、花齋本、四庫本改。

⑦ "至"，原作"主"，據宋楊忱本、花齋本、四庫本改。

⑧ "謂此"至"中角"，注文11字，原脱，據宋楊忱本、花齋本、四庫本補。

之民，其語音合乎角聲也。其水倉，其民強。①

赤壚，歷強肥，歷，疏也。強，堅也。五種無不宜。其麻白，其布黄，其草宜白茅與雚，其木宜赤棠。② 見是土也，命之曰四施，四七二十八尺而至於泉。呼音中商。其水白而甘，其民壽。

黄唐，無宜也，唐，虚脆也。唯宜黍秫也。宜縣澤。常宜縣注而澤。行廧音牆。③ 落，土既虚脆，不堪版築，故爲行廧及籬落也。地潤數毁，難以立邑置廧。其地遇潤則數頽毁，④故不可立邑置廧也。其草宜黍秫與茅，其木宜櫄、擾桑。櫄，木名。擾，柔，又曰柔桑也。見是土也，命之曰三施，三七二十一尺而至於泉。呼音中宫。其泉黄而糗，流徙。謂水糗糒之氣，其泉居地中而流，故曰流徙也。

斥埴，宜大菽與麥。其草宜萯、雚，其木宜杞。杞，木名也。見是土也，命之曰再施，二七一十四尺而至於泉。⑤ 呼音中羽。其泉鹹，水流徙。

黑埴，宜稻麥。其草宜苹、蓨，苹、蓨，草名也。其木宜白棠。見是土也，命之曰一施，七尺而至於泉。呼音中徵。其水黑而苦。

凡聽徵，如負猪豕覺而駭。凡聽羽，如鳴馬在野。凡聽宫，如牛鳴窌中。凡聽商，如離群羊。凡聽角，如雉登木以鳴，音疾以清。續按：此言呼以聽土地之音，非謂他音皆然也。補：言五土之民，語音合乎五音，所謂中乎五音之聲，嚮又似乎豬馬牛羊雉之鳴，各有不同也。今以五音想像，合之良然，可見古人譬物之精妙處。

---

① “其水倉其民強”，原脱，據宋楊忱本、花齋本、四庫本補。
② “棠”，原作“裳”，據宋楊忱本、花齋本、四庫本改。
③ “音牆”，原脱，四庫本同，據宋楊忱本、花齋本補。
④ “頽”，原作“類”，四庫本同，據宋楊忱本、花齋本改。
⑤ “一”，宋楊忱本、花齋本、四庫本無。

凡將起五音凡首，凡首，謂音之總先也。先主一而三之，四開以合九九，一而三之，即四也，以是四開，合於五者九也，①又九九之爲八十一也。②以是生黄鍾小素之首，以成宫。素，本宫。八十一數生黄鍾之宫，而爲五音之本。三分而益之以一，爲百有八，③爲徵。黄鍾之數本八十一，益以三分之一，④二十七，通前爲百有八，是爲徵之數。不無有三分而去其乘，⑤適足，以是生商。不無有，即有也，乘亦三分之一也，三分百八而去一，餘七十二，是商之數也。有三分，⑥而復於其所，以是成羽。三分七十二而益其一分，二十四，⑦合爲九十六，是羽之數。有三分，去其乘，適足，以是成角。⑧三分九十六去其一分，餘六十四，是角之數。

墳延者，六施，六七四十二尺而至於泉。墳延，地名，下皆此類。陝之芳七施，七七四十九尺而至於泉。祀陝八施，七八五十六尺而至於泉。⑨杜陵九施，七九六十三尺而至於泉。延陵十施，七十尺而至於泉。環陵十一施，七十七尺而至於泉。蔓山十二施，八十四尺而至於泉。付山十三施，九十一尺而至於泉。付山白徒十四施，九十八尺而至於泉。中陵十五施，百五尺而至於泉。青山十六施，百一十二尺而至於泉，青龍之所居，庚泥，不可得泉。庚，續。其處既有青龍居，又沙泥相

---

① “者”，宋楊忱本、花齋本作“音”。
② “九九”，宋楊忱本作“凡九”。
③ “百”，原作“有”，據宋楊忱本、花齋本、四庫本改。
④ “一”，原作“益”，據宋楊忱本、花齋本、四庫本改。
⑤ “不無”，丁士涵以爲衍文。“有”，同“又”。
⑥ “三”，原脱，據宋楊忱本、花齋本、四庫本補。
⑦ “二十四”，原作“三十四”，據宋楊忱本、花齋本、四庫本改。
⑧ “成”，原脱，據宋楊忱本、花齋本、四庫本補。
⑨ “七八”，原作“八七”，據宋楊忱本、花齋本改。

續，故不可得泉也。赤壤𡵉山十七施，績按：𡵉，①吾高切，《廣韻》"俊健也"。百一十九尺而至於泉，其下青商，青商，神怪之名。不可得泉。陛山白壤十八施，百二十六尺而至於泉，其下騈石，不可得泉。言有石騈密，故不可得泉。徒山十九施，百三十三尺而至於泉，其下有灰壤，不可得泉。高陵土山二十施，百四十尺而至於泉。

山之上，命之曰縣泉，其地不乾，其草如茅與走，如茅、走，皆草名。其木乃樠，樠，木名。鑿之二尺，乃至於泉。山之上，命曰復呂，其草魚腸與蕕，其木乃柳，鑿之三尺而至於泉。山之上，命之曰泉英，②其草蘄、白昌，其木乃楊，鑿之五尺而至於泉。山之材，材，猶旁也。其草兢與薔，音嗇，草名。③其木乃格，鑿之二七十四尺而至於泉。山之側，其草葍與蔞，其木乃品榆，鑿之三七二十一尺而至於泉。

凡草土之道，各有穀造。謂此地生某草，宜某穀。造，成也。或高或下，各有草木。④葉下於𧄍，葉，亦草名，唯生葉無莖，在𧄍之下，𧄍即鬱也，莊周所謂鬱西也。𧄍下於莧，莧下於蒲，蒲下於葦，葦下於雚，雚下於蔞，蔞下於荓，荓下於蕭，蕭下於薜，薜下於萑，"萑"音"追"，芫蔚草也，一作"蓷"。⑤萑下於茅。凡彼草物，有十二衰，衰，謂草上下相重次也。各有所歸。謂短者生於高者之下。

九州之土，爲九十物。每州有常，而物有次。

---

① "𡵉"，原作"施"，據四庫本改。
② "曰"，原脱，據宋楊忱本、花齋本、四庫本補。
③ "音嗇草名"，原脱，據宋楊忱本、花齋本補。
④ "木"，宋楊忱本、花齋本作"土"。
⑤ 宋楊忱本無此注，花齋本、四庫本均有，但無"績按"，疑爲劉績補注。

群土之長,是爲五粟。[①] 五粟之物,或赤或青或白或黑或黄,五粟五章。五粟之狀,淖而不韌,績按:韌,如振切,堅也。剛而不觳,觳,薄。不濘車輪,濘,泥。不污手足。其種:大重、細重,白莖白秀,無不宜也。五粟之土,若在陵在山,在隫在衍,其陰其陽,盡宜桐柞,莫不秀長。其榆其柳,其檿其桑,其柘其櫟,其槐其楊,群木蕃滋數大,條直以長。其澤則多魚,牧則宜牛羊。其地其樊,俱宜竹箭、藻龜、[②] 楢、檀。五臭生之:薜荔、白芷、麋蕪、椒、連。五臭所校,校,謂馨烈之鋭。[③] 寡疾難老,士女皆好,其民工巧。其泉黄白,其人夷姤。夷,平也。姤,好也。言均善也。五粟之土,乾而不格,格,謂堅䉶也。湛而不澤,無高下,葆澤以處。言常潤也。是謂粟土。

粟土之次,曰五沃。五沃之物,或赤或青或黄或白或黑。五沃五物,各有異則。五沃之狀,剽忞橐土,[④] 蟲易全處,剽,堅也。忞,密也。橐土,謂其土多竅穴,若橐多竅,故蟲處之易全。[⑤] 忞剽不白,下乃以澤。既堅密,故常潤濕,而不乾白,此乃葆澤之地也。其種:大苗、細苗,赨音形。[⑥] 莖黑秀,箭長。赨,即赤也,[⑦] 箭長,謂若箭竹之長也。五沃之土,若在丘在山,在陵在岡,若在陬、陵之陽。其左其右,宜彼群木,桐、柞、枎、櫄,及彼白梓。其梅其杏,其桃其李,其秀生莖起。其棘其棠,其槐其楊,其榆

① "爲",宋楊忱本、花齋本作"唯"。
② "龜",原作"黽",四庫本同,據宋楊忱本改。
③ "烈",原作"列",據宋楊忱本、花齋本、四庫本改。
④ "忞",原脱,據宋楊忱本、花齋本、四庫本補。
⑤ "蟲",原作"出",據宋楊忱本、花齋本、四庫本改。
⑥ "音形",原脱,四庫本同,據宋楊忱本、花齋本補。
⑦ "即",原作"或",據宋楊忱本、花齋本、四庫本改。

其桑，其杞其枋，群木數大，條直以長。其陰則生之柱、梨，[①]其陽則安樹之五麻。若高若下，不擇疇所。其麻：大者如箭如葦，大長以美；其細者如雚如蒸，欲有與名。[②]大者不類，欲有施與，則以麻之大而類也。小者則治，揣而藏之，若衆練絲。言細麻既治，揣而藏，故若練絲。績按："類"當作"纇"，疵節也，言大麻疏美無疵節，小麻條理易治，故如練絲也。五臭疇生，疇，隴也。謂爲隴而種也。[③] 蓮、與、蘪蕪，藁本、白芷。其澤則多魚，牧則宜牛羊。其泉白青，其人堅勁，寡有疥騷，終無痟酲。痟，首疾也。[④] 酲，酒病也。五沃之土，乾而不斥，斥，舃鹵。湛而不澤，無高下，葆澤以處。是謂沃土。

沃土之次，曰五位。五位之物，五色雜英，[⑤]各有異章。五位之狀，[⑥]不塥不灰，塥，謂堅不相著。[⑦] 青忞以落音苔。[⑧] 及。謂色青而細密，和落以相及也。其種：大葦無、細葦無，秫莖白秀。五位之土，若在岡在陵，在隫在衍，在丘在山，皆宜竹箭、求黽、求黽，亦竹類也。楢、檀。其山之淺，有蘢與斥。蘢、斥，並古草名。群木安逐，條長數大。安，和易。逐，競長。數謂速長。其桑其松，其杞其茸，茸，木名。種木胥容，榆、桃、柳、楝。音煉。[⑨]群藥安生，薑與桔梗，小辛、大蒙。大蒙，藥名。其山之梟，梟，

---

① "柱梨"，宋楊忱本、花齋本作"楂棃"。四庫本作"楂梨"。
② "名"，宋楊忱本、花齋本作"各"。
③ "種"，原作"衆"，據宋楊忱本、花齋本、四庫本改。
④ "首"，原作"者"，據宋楊忱本、花齋本、四庫本改。
⑤ "英"，原作"色"，據宋楊忱本、花齋本、四庫本改。
⑥ "狀"，原作"扶"，據宋楊忱本、花齋本、四庫本改。
⑦ "不"，原作"下"，據宋楊忱本、花齋本、四庫本改。
⑧ "音苔"，原脱，據宋楊忱本、花齋本改。
⑨ "音煉"，原脱，四庫本同，據宋楊忱本、花齋本補。

猶顛也。多桔、符、榆。其山之末，有箭與苑。其山之傍，①有彼黄寅，及彼白昌，山藜、葦芒。群藥安聚，以圉民殃。②其林其漉，其槐其楝，其柞其穀，群木安逐。鳥獸安施，施，謂有以爲生。既有麋麃，又且多鹿。其泉青黑，其人輕直，省事少食。言其性廉，省事少食。無高下，葆澤以處。是謂位土。

位土之次，曰五蘟。③五蘟之狀，黑土黑菭，菭，地衣也。青怵以肥，芬然若灰。芬然，壤起貌。其種：櫑葛，秫莖黄秀，恚目，恚目，謂殼實怒開也。其葉若苑。苑，謂蘊結。績按："苑"同"鬱"。以蓄殖果木，不若三土三土謂五粟、五沃、五位。④以十分之二，言於三土十分已不如其二分，餘倣此。是謂蘟土。

蘟土之次，曰五壤。五壤之狀，芬然若澤、若屯土。言其土得澤則墳起爲堆，故曰屯土也。其種：大水腸、細水腸，秫莖黄秀以慈。忍水旱，無不宜也。忍，耐。蓄植果木，不若三土以十分之二，⑤是謂壤土。

壤土之次，曰五浮。五浮之狀，捍然如米捍，堅貌。其土屑碎如米。以葆澤，不離不坼。其種，忍蘟，忍蘟，草名。蘟，於謹切。⑥忍葉如藿葉，以長狐茸。草之狀若狐也。黄莖黑莖黑秀，其粟大，無不宜也。蓄殖果木，不如三土以十分之二。

凡上土三十物，種十二物。

---

① "傍"，宋楊忱本、花齋本作"旁"。
② "圉"，原作"圄"，據宋楊忱本、花齋本、四庫本改。
③ "蘟"，原作"隱"，四庫本同，據宋楊忱本、花齋本改。下文中"蘟"字同。
④ "沃"，原作"夭"，據宋楊忱本、花齋本、四庫本改。
⑤ "三"，宋楊忱本脱。
⑥ "蘟於謹切"，四庫本同，宋楊忱本、花齋本無。當爲劉績補注。

中土曰五态。五态之狀，廩焉如壏，①壏，猶強也。潤濕以處。其種：大稷、細稷，赨莖黄秀慈。② 忍水旱，細粟如麻。其繁美若麻也。蓄植果木，不若三土以十分之三。

态土之次，曰五纑。音盧。③ 五纑之狀，強力剛堅。其種大邯鄲、細邯鄲，草名。莖葉如扶、櫄，④扶、櫄亦草名。其粟大。言其粒大。蓄植果木，不若三土以十分之三。

纑土之次，曰五壏。⑤ 五壏之狀，芬焉若糠以肥。謂其地色黄而虚。其種：大荔、細荔，青莖黄秀。蓄植果木，不若三土以十分之三。

壏土之次，曰五剽。五剽之狀，華然如芬以脤。謂其地色青紫，若脤然也。其種：大秬、細秬，秬，黑黍。黑莖青秀。蓄植果木，不若三土以十分之四。

剽土之次，曰五沙。⑥ 五沙之狀，粟焉如屑塵厲。言其地粟碎，故若屑塵之厲。厲，踊起也。其種：大萯、細萯，萯，草名。萯，房久切，小豆，四月生。⑦ 白莖青秀以蔓。蓄植果木，不如三土以十分之四。

沙土之次，曰五塥。五塥之狀，累然如僕累，僕，附也。言其地附著而重累也。不忍水旱。其種：大樛杞、細樛杞，木名。

---

① “壏”，原作“堅”，據宋楊忱本、花齋本、四庫本改。下注文中“壏”字原作“壏”，同改。

② 張佩綸以爲“慈”上脱“以”字。

③ “音盧”，原脱，據宋楊忱本、花齋本補。

④ “櫄”，原作“穗”，據宋楊忱本、花齋本、四庫本改。下注文中“櫄”字同。

⑤ “壏”，原作“堅”，據宋楊忱本、四庫本改。下“壏”字同。

⑥ “曰”，原脱，據宋楊忱本、花齋本、四庫本補。

⑦ “萯房久切小豆四月生”，宋楊忱本、花齋本無，當爲劉績補注。

黑莖黑秀。蓄植果木，不若三土以十分之四。

凡中土三十物，種十二物。

下土曰五猶。五猶之狀，如糞。其種：大華、細華，草名。白莖黑秀。蓄植果木，不如三土以十分之五。

猶土之次，曰五弘。① 五弘之狀，如鼠肝。其種：青梁，黑莖黑秀。蓄植果木，不如三土以十分之五。

弘土之次，曰五殖。五殖之狀，甚澤以疏，離坼以臞埆。其種：雁膳草名。黑實，朱跗黄實。跗，花足也。蓄殖果木，不如三土以十分之六。

五殖之次，曰五觳。五觳之狀，婁婁然，婁婁，疏也。不忍水旱。其種：大菽、細菽，多白實。蓄植果木，不如三土以十分之六。

觳土之次，曰五鳧。五鳧之狀，堅而不骼。雖堅，不同骨之骼也。其種：陵稻、陵稻，謂六生稻。② 黑鵝、馬夫。皆草名也。蓄植果木，不如三土以十分之七。

鳧土之次，曰五桀。五桀之狀，甚鹹以苦，其物爲下。其種：白稻長狹。謂稻之形長而狹也。蓄植果木，不如三土以十分之七。

凡下土三十物，其種十二物。

凡土物九十，其種三十六。

---

① “弘”，四庫本同，宋楊忱本、花齋本作“弜”。下“弘”字同。

② “六”，四庫本同，宋楊忱本、花齋本作“陸”。

弟子職第五十九

雜篇十

先生施教，弟子是則。温恭自虚，必虚其心，然後有所容也。所受是極。極，謂盡其本原。見善從之，聞義則服。温柔孝悌，毋驕恃力。驕而恃力，則“羝羊觸藩”。① 志無虚邪，②虚，謂虚詐。③行必正直。游居有常，必就有德。顔色整齊，中心必式。式，法。夙興夜寐，衣帶必飭。朝益暮習，小心翼翼。一此不懈，④是謂學則。

少者之事，夜寐早作。⑤ 既拚盥漱，掃席前曰拚。盥，絜手。漱，滌口。執事有恪。攝衣共盥，謂供先生之盥器也。先生乃作。沃盥徹盥，謂既盥而徹盥器也。汎拚正席，汎拚，謂汎水而拚之。先生乃坐。出入恭敬，如見賓客。危坐鄉師，顔色毋怍。怍，謂變其容貌。

受業之紀，必由長始，先從長者教也。一周則然，其餘則否。謂施教一周，則從長始，⑥一周之外則不必然。⑦ 始誦必作，其次則已。績按：始誦而作，以敬事端也。至於次誦，則不必然。⑧ 凡言

---

① “羝”，原作“觝”，據宋楊忱本、花齋本改。
② “無”，宋楊忱本、花齋本作“毋”。
③ “詐”，宋楊忱本、花齋本作“僞”。
④ “懈”，宋楊忱本、花齋本作“解”。
⑤ “早”，宋楊忱本、花齋本作“蚤”。
⑥ “施”，宋楊忱本、花齋本作“始”。“從”，四庫本作“必”。
⑦ “必”，宋楊忱本、花齋本無。
⑧ 此注宋楊忱本、花齋本均有，但“不”下無“必”字。四庫本有“績按“二字，則當爲劉績補注。

與行，思中以爲紀，思合中和，以爲紀綱。①注：中者，無過不及之名，以此爲紀綱，然後可興也。② 古之將興者，必由此始。必先中和，然後可興。後至就席，狹坐則起。狹坐之人，見後至者，則當起。若有賓客，弟子駿作。迅起也。對客無讓，對客而讓，則有不足故敬心。績按：弟子供給使令，不敢亢禮也。應且遂行，趨進受命。受先生命。所求雖不得，③必以反命，求雖不得，必當反白。反坐復業。若有所疑，捧手問之，師出皆起。

至於食時，先生將食，弟子饌饋。饋，謂選具其食。攝衽盥漱，跪坐而饋。置醬醋食，④陳膳毋悖。凡置彼食：鳥獸魚鼈，必先菜羹。先菜後肉，食之次也。羹胾中別，胾，謂肉而細切。胾在醬前，遠胾近醬，食之便也。其設要方。其陳設食器，要令成方也。飯是爲卒，既飯而食，則卒也。左酒右醬。左酒右醬，陰陽也。績按：禮，三飯而食，胾而辨殽，皆畢，又用酒以酳，用漿以漱。故言飯胾而食，終乃言酒漿，明在胾外也。"醬"蓋"漿"之誤。告具而退，捧手而立。三飯二斗，⑤三飯食，必二毀斗也。左執虛豆，右執挾匕，匕者，所以載鼎實，故曰挾匕也。績按：挾，猶著也。周還而貳，貳，謂再益。唯嗛之視。食盡曰嗛。同嗛以齒，齒，類也。謂食盡者，⑥則以其所盡之類而進。績按：齒，次序也。如菜肉同盡，則先益菜，後益肉也。周則有始，柄尺不跪，是謂貳紀。豆有柄，長尺，則立而進之，

---

① "紀綱"，宋楊忱本、花齋本作"綱紀"。

② "注中"至"興也"，19字注文，四庫本同，宋楊忱本、花齋本無。當脱"績按別本"四字。

③ "得"，宋楊忱本、花齋本作"在"。

④ "醋"，宋楊忱本、花齋本作"錯"。

⑤ "斗"，花齋本作"叶"，注中之"斗"同。

⑥ "盡"，宋楊忱本、花齋本脱。

此是再益之紀綱也。①

先生已食，弟子乃徹。趨走進漱，拚前斂祭。既席畢，掃席前，並搜斂所祭也。②

先生有命，弟子乃食，以齒相要，坐必盡席。所謂食坐盡前。飯必捧擥，羹不以手。當以挾也。亦有據膝，毋有隱肘。隱乎肘，③則大伏也。既食乃飽，循咡覆手。咡，口也。覆手而循之，所以拭其不潔也。振衽掃席，謂振其底衽，以掃席之污。④已食者作，摳衣而降。旋而鄉席，各徹其餽，如於賓客。賓客食畢，亦自徹也。既徹并器，乃還而立。并，謂藏去也。

凡拚之道：實水于盤，次用泛灑。攘臂袂及肘，恐濕其袂，且不便於事也。堂上則播灑，室中握手。堂上寬，故播散而灑，室中隘，故握手爲掬以灑。執箕膺揲，厥中有帚。揲，舌也。既洒水，將掃之，故執箕以舌自當，置帚於箕中也。入户而立，其儀不忒。⑤執帚下箕，倚于户側。謂倚箕於户側也。凡拚之紀，必由奥始。西南隅也。俯仰磬折，拚毋有徹。⑥徹，動也。不得觸動他物也。拚前而退，謂從前掃而却退也。聚于户内。謂聚其所掃之穢壤于户内也。⑦坐板排之，板穢時，以手排之也。以葉適己，適己，猶向己也。實帚于箕。先生若作，乃興而辭。以拚未畢，故辭之令止也。坐執而立，坐執，謂獨坐執箕也。遂出棄之。既拚反立，是協是稽。

①“紀綱”，宋楊忱本作“綱紀”。
② “席畢”之“席”，宋楊忱本、花齋本作“食”。
③ “乎”，宋楊忱本、花齋本無。
④ “掃”，宋楊忱本、花齋本作“拂”。
⑤ “忒”，宋楊忱本作“貸”。
⑥ “拚”，原作“折”，據宋楊忱本、花齋本、四庫本改。
⑦ 宋楊忱本“其”下有“户”字。

協，合也。稽，考也。謂合考書義也。暮食復禮。謂復朝食之禮也。①昏將舉火，執燭隅坐。錯總之法，横于坐所。總，設燭之束也。别注：總，束也。古者束薪蒸以爲燭，故謂之總。其未然者，則横於坐之所也。② 櫛之遠近，乃承厥火，櫛謂燭盡。察其將盡之遠近，乃更以燭。承，取火也。居句如矩，句，謂著燭處，言居燭於句，如前燭之法。矩，法也。蒸間容蒸，然者處下，蒸，細薪者。③ 蒸之間必令容蒸，然燭者必處下以焚也。别注：④句，曲也。舊燭既盡，則更使人以新燭繼之，一横一直，其兩端相接之處，勢曲如矩，⑤則方正不邪也。蒸，細薪也。言稍寬其束，使其蒸間可以各容一蒸，以通火氣，又使已然者居下，未然者居上，則火易然也。捧碗以爲緒。⑥ 緒，然燭燼也。碗，所以貯緒也。⑦ 右手執燭，左手正櫛。有墮代燭，燒燭者有墮，即令其次代之也。交坐毋倍尊者。乃取厥櫛，遂出是去。别注：⑧先執燭者，既捧碗以貯櫛之餘緒，遂以左手正櫛，而投其緒於碗中，至其櫛漸短，有墮而不可執者，則後執燭者代之，而交坐於其處，前執燭者，乃取櫛而出棄之也。

先生將息，弟子皆起。敬奉枕席，問所何趾。俶衽則請，有常則否。俶，始也。⑨ 變其衽席，⑩則當問其所趾，若有常處，則不請也。先生既息，各就其友。相切相磋，各長其儀。周則復始，是謂弟子之紀。

---

① "食"，宋楊忱本、花齋本無。
② 此注亦當為劉績補注。"别註"上當脱"績按"二字。
③ "者"，宋楊忱本作"著"。
④ "别注"上當脱"績按"二字。
⑤ "如"，原作"加"，據四庫本改。
⑥ "捧"，原作"棒"，據宋楊忱本、花齋本、四庫本改。
⑦ "貯"，原作"緒"，據宋楊忱本、花齋本、四庫本改。
⑧ "别注"上當脱"績按"二字。
⑨ "俶始也"，宋楊忱本無。疑爲劉績補注。
⑩ "變"，宋楊忱本作"癈"。

言昭第六十亡

雜篇十一

修身第六十一亡

雜篇十二

問霸第六十二亡

雜篇十三

牧民解第六十三亡

解一

卷之二十

形勢解第六十四

解二

山者，物之高者也。惠者，主之高行也。慈者，父母之高行也。忠者，臣下之高行也。[1] 孝者，子婦之高行也。故山高而不崩則祈羊至，主惠而不解則民奉養，父母慈而不解則子婦順，臣下忠而不解則爵禄至，子婦孝而不解則美名附。故節高而不解，則所欲得矣；解，則不得。故曰："山高而不崩，則祈羊至矣。"

淵者，衆物之所生也，能深而不涸，則沈玉至。主者，人之所仰而生也，能寬裕純厚而不苛忮，則民人附。父母者，子婦之所受教也，能慈仁教訓而不失理，則子婦孝。[2] 臣下者，[3]主之所用也，能盡力事上，則當於主。子婦者，親之所以安也，能孝弟順親，則當於親。故淵涸而無水則沈玉不至，

---

① "下"，宋楊忱本、花齋本無。
② "孝"，原作"者"，據宋楊忱本、花齋本、四庫本改。
③ "臣"，原作"鴻"，據宋楊忱本、花齋本、四庫本改。

主苛而無厚則萬民不附，父母暴而無恩則子婦不親，臣下隨而不忠則卑辱困窮，[1]子婦不安親則禍憂至。故淵不涸，則所欲者至，涸則不至。[2] 故曰："淵深而不涸，則沈玉極。"

天覆萬物，制寒暑，行日月，次星辰，天之常也。治之以理，終而復始。主，牧萬民，治天下，蒞百官，主之常也。治之以法，終而復始。和子孫，屬親戚，父母之常也。治之以義，終而復治。敦敬忠信，臣下之常也。以事其主，終而復始。愛親善養，思敬奉教，子婦之常也。以事其親，終而復始。故天不失其常，[3]則寒暑得其時，日月星辰得其序。主不失其常，則群臣得其義，百官守其事。父母不失其常，則子孫和順，親戚相歡。臣下不失其常，則事無過失，而官職政治。子婦不失其常，則長幼理而親疏和。故用常者治，失常者亂。天未嘗變，其所以治也。故曰："天不變其常。"

地生養萬物，地之則也。治安百姓，主之則也。教護家事，父母之則也。正諫死節，臣下之則也。盡力供養，[4]子婦之則也。地不易其則，故萬物生焉。主不易其則，[5]故百姓安焉。父母不易其則，故家事辨焉。[6] 臣下不易其則，故主無過失。子婦不易其則，故親養備具。故用則者安，不用則者危。地未嘗易，其所以安也。故曰："地不易其則。"

春者，陽氣始上，故萬物生。夏者，陽氣畢上，故萬物長。秋者，陰氣始下，故萬物收。冬者，陰氣畢下，故萬物藏。故

---

① "隨"，宋楊忱本作"墮"。
② "不至"至"涸則"，共 10 字正文原脱，四庫本同，據宋楊忱本、花齋本補。
③ "天"，原作"大"，據宋楊忱本、花齋本、四庫本改。
④ "供"，宋楊忱本作"共"。
⑤ "則"，宋楊忱本作"利"。
⑥ "辨"，花齋本同，宋楊忱本、四庫本作"辦"。

春夏生長，秋冬收藏，四時之節也。賞賜刑罰，主之節也。四時未嘗不生殺也，主未嘗不賞罰也。故曰："春秋冬夏不更其節也。"

天，覆萬物而制之；地，載萬物而養之；四時，生長萬物而收藏之。古以至今，不更其道。故曰："古今一也。"

蛟龍，水蟲之神者也。乘於水則神立，失於水則神廢。人主，天下之有威者也。得民則威立，失民則威廢。蛟龍待得水而後立其神，人主待得民而後成其威。故曰："蛟龍得水而神可立也。"

虎豹，獸之猛者也，居深林廣澤之中，則人畏其威而載之。人主，天下之有勢者也，深居則人畏其勢。故虎豹去其幽而近於人，則人得之而易其威。人主去其門而迫於民，則民輕之而傲其勢。故曰："虎豹托幽而威可載也。"

風，漂物者也。風之所漂，不避貴賤美惡。雨，濡物者也。雨之所墮，不避小大強弱。風雨至公而無私，所行無常鄉，人雖遇漂濡而莫之怨也。故曰："風雨無鄉而怨怒不及也。"

人主之所以令則行禁則止者，必令於民之所好而禁於民之所惡也。民之情莫不欲生而惡死，莫不欲利而惡害。故上令於生、利人，則令行；禁於殺、害人，則禁止。令之所以行者，必民樂其政也，而令乃行。故曰："貴有以行令也。"

人主之所以使下盡力而親上者，必爲天下致利除害也。故德澤加於天下，惠施厚於萬物。父子得以安，群生得以育，故萬民歡盡其力而樂爲上用。入則務本疾作以實倉廩，出則盡節死敵以安社稷，雖勞苦卑辱而不敢告也。此賤人之所以亡其卑也。故曰："賤有以亡卑也。[①]"

起居時，飲食節，寒暑適，則身利而壽命益。起居不時，飲食不節，寒暑不適，則形體累而壽命損。人惰而侈則貧，力而儉則富。夫物莫虛至，必有以也。故曰："壽夭貧富，無徒歸也。"

法立而民樂之，令出而民銜之，法令之合於民心，如符節之相得，[②]則主尊顯。故曰："銜令者，君之尊也。"

人主出言，順於理，合於民情，則民受其辭。民受其辭，則名聲彰。[③] 故曰："受辭者，名之運也。"

明主之治天下也，靜其民而不擾，佚其民而不勞。不擾則民自循，不勞則民自試。故曰："上無事而民自試。"

人主立其度量，陳其分職，明其法式，以蒞其民，而不以言先之，則民脩正。[④] 所謂抱蜀者，祠器也。故曰："抱蜀不言而廟堂既脩。"

將將鴻鵠，貌之美者也。貌美，故民歌之。德義者，行之美者也。德義美，故民樂之。民之所歌樂者，美行德義也，而明主鴻鵠有之。故曰："鴻鵠將將，維民歌之。"

濟濟者，誠莊事斷也；多士者，多長者也。周文王誠莊事斷，故國治。其群臣明理以佐主，故主明。主明而國治，竟内被其利澤，殷民舉首而望文王，願爲文王臣。故曰："濟濟多士，殷民化之。"

紂之爲主也，勞民力，奪民財，危民死，冤暴之令，加於百

---

① "也"，宋楊忱本、花齋本無此字。

② 宋楊忱本、花齋本"得"下有"也"字。

③ "彰"，宋楊忱本、花齋本作"章"。

④ "脩"，宋楊忱本、花齋本、四庫本作"循"。

姓;憯毒之使,施於天下。故大臣不親,小民疾怨,天下畔之,而願爲文王臣者,紂自取之也。故曰:“紂之失也。”

無儀法程式,蜚摇而無所定,謂之蜚蓬之問。蜚蓬之問,明主不聽也。無度之言,明主不許也。故曰:“蜚蓬之問,不在所賓。”

道行則君臣親,父子安,諸生育。故明主之務,務在行道,不顧小物。燕爵,物之小者也。故曰:[①]“燕爵之集,道行不顧。”[②]

明主之動静得理義,號令順民心,誅殺當其罪,賞賜當其功,故雖不用犧牲珪璧禱於鬼神,鬼神助之,[③]天地與之,舉事而有福。亂主之動作失義理,號令逆民心,誅殺不當其罪,賞賜不當其功,故雖用犧牲珪璧禱於鬼神,鬼神不助,[④]天地不與,舉事而有禍。[⑤] 故曰:“犧牲珪璧,不足以享鬼神。[⑥]”

主之所以爲功者,富強也。故國富兵強,則諸侯服其政,鄰敵畏其威,雖不用寶幣事諸侯,諸侯不敢犯也。主之所以爲罪者,貧弱也。故國貧兵弱,戰則不勝,守則不固,雖出名器重寶以事鄰敵,不免於死亡之患。故曰:“主功有素,寶幣奚爲?”

羿,古之善射者也。調和其弓矢而堅守之。其操弓也,審其高下,有必中之道,故能多發而多中。明主猶羿也,平和其法,審其廢置而堅守之,有必治之道,故能多舉而多當。道

---

① “燕爵物之小者也故曰”,原脱,四庫本同,據宋楊忱本、花齋本補。
② “顧”,原作“雇”,據上文及宋楊忱本、花齋本、四庫本改。
③ “鬼神”,原脱,據宋楊忱本、花齋本、四庫本補。
④ “鬼神”,原脱,據宋楊忱本、花齋本、四庫本補。
⑤ “而”,原脱,四庫本同,據宋楊忱本補。
⑥ “神”,宋楊忱本、花齋本脱。

者，羿之所以必中也，主之所以必治也。射者，弓弦發矢也。[①] 故曰："羿之道，非射也。"

造父，善馭馬者也。善視其馬，節其飲食，度量馬力，審其足走，故能取遠道而馬不罷。明主猶造父也，善治其民，度量其力，審其技能，故立功而民不困傷。故術者，造父之所以取遠道也，主之所以立功名也。馭者，操轡也。故曰："造父之術，非馭也。"

奚仲之爲車器也，方圜曲直，皆中規矩鉤繩，故機旋相得，用之牢利，成器堅固。明主猶奚仲也，言辭動作，皆中術數，故衆理相當，上下相親。巧者，奚仲之所以爲器也，主之所以治也。[②] 斫削者，斤刀也。故曰："奚仲之巧，非斫削也。"

民，利之則來，害之則去。民之從利也，如水之走下，[③]於四方無擇也。故欲來民者，先起其利，雖不召而民自至。設其所惡，雖召之而民不來也。故曰："召遠者，使無爲焉。"

莅民如父母，則民親愛之。道之純厚，遇之真實，[④]雖不言曰吾親民，而民親矣。莅民如仇讎，則民疏之。道之不厚，遇之無實，詐僞並起，雖言曰吾親民，民不親也。故曰："親近者，言無事焉。"

明主之使遠者來而近者親也，爲之在心。所謂夜行者，心行也。能心行德，則天下莫能與之爭矣。故曰："唯夜行者，獨有之也。[⑤]"

---

① "弓"，原作"乃"，據宋楊忱本、花齋本、四庫本改。
② 宋楊忱本、花齋本"以"下有"爲"字。
③ "之"，原脱，據宋楊忱本、花齋本、四庫本補。
④ "真"，宋楊忱本、花齋本作"有"。
⑤ "也"，宋楊忱本、花齋本作"乎"。

爲主而賊，爲父母而暴，爲臣下而不忠，爲子婦而不孝，四者，人之大失也。大失在身，雖有小善，不得爲賢。所謂平原者，下澤也，雖有小封，不得爲高。故曰："平原之隰，奚有於高？"

爲主而惠，爲父母而慈，爲臣下而忠，爲子婦而孝，四者，人之高行也。高行在身，雖有小過，不爲不肖。所謂大山者，山之高者也，雖有小隈，不以爲深。故曰："大山之隈，奚有於深？"

毀訾賢者之謂訾，推譽不肖之謂讆。爲劌切。[①] 訾讆之人得用，則人主之明蔽，而毀譽之言起。任之大事，則事不成而禍患至。故曰："訾讆之人，勿與任大。"

明主之慮事也，爲天下計者，謂之譕臣。譕臣則海内被其澤，澤布於天下，後世享其功，久遠而利愈多。故曰："譕臣者，可與遠舉。"

聖人擇可言而後言，擇可行而後行。偷得利而後有害，偷得樂而後有憂者，聖人不爲也。故聖人擇言必顧其利，擇行必顧其憂。[②] 故曰："顧憂者，可與致道。"

小人者，枉道而取容，適主意而偷説，備利而偷得。如此者，其得之雖速，禍患之至亦急。故聖人去而不用也。故曰："其計也速，而憂在近者，往而勿召也。"

舉一而爲天下長利者，謂之舉長。舉長則被其利者衆，而德義之所見遠。故曰："舉長者，可遠見者也。[③]"

---

① "爲劌切"，原脱，花齋本、四庫本同，據宋楊忱本補。

② "利擇行必顧其"，原脱，據宋楊忱本、花齋本、四庫本補，宋楊忱本、花齋本"利"作"累"。

③ "者"，宋楊忱本、花齋本無。

天之裁大，故能兼覆萬物；地之裁大，故能兼載萬物；人主之裁大，故容物多而衆人得比焉。故曰："裁大者，衆之所比也。"

貴富尊顯，民歸樂之，人主莫不欲也。故欲民之懷樂己者，必服道德而勿厭也，則民懷樂之。[①] 故曰："美人之懷，定服而勿厭也。"

聖人之求事也，先論其理義，計其可否。故義則求之，不義則止。可則求之，不可則止。故其所得事者，常爲身寶。小人之求事也，不論其理義，不計其可否，不義亦求之，不可亦求之。故其所得事者，未嘗爲賴也。故曰："必得之事，不足賴也。"

聖人之諾已也，先論其理義，計其可否。義則諾，不義則已。可則諾，不可則已。故其諾未嘗不信也。小人不義亦諾，不可亦諾。言而必諾，故其諾未必信也。故曰："必諾之言，不足信也。"

謹於一家，則立於一家；謹於一鄉，則立於一鄉；謹於一國，則立於一國；謹於天下，則立於天下。是故其所謹者小，則其所立亦小；其所謹者大，則其所立亦大。故曰："小謹者不大立。"

海不辭水，故能成其大；山不辭土，[②]故能成其高；明主不厭人，故能成其衆；士不厭學，故能成其聖。飺音"粢"。[③]者，多所惡也。諫者，所以安主也；食者，所以肥體也。主惡諫則不安，人飺食則不肥。故曰："飺食者不肥體也。"

---

① "則"，宋楊忱本、花齋本作"而"。
② "土"下，宋楊忱本、花齋本有"石"字。
③ "音粢"，四庫本作"音粢嫌食貌"，宋楊忱本、花齋本作"疾移切嫌食貌"。

言而語道德忠信孝弟者，此言無棄者。天公平而無私，故美惡莫不覆；地公平而無私，故小大莫不載。無棄之言，公平而無私，故賢不肖莫不用。故無棄之言者，參伍於天地之無私也。故曰：“有無棄之言者，必參之於天地也。①”

明主之官物也，任其所長，不任其所短，故事無不成，而功無不立。亂主不知物之各有所長所短也，而責必備。夫慮事定物，辯明禮義，人之所長，而蝚蝯上如由切，下于元切。② 之所短也；緣高出險，蝚蝯之所長，而人之所短也。以蝚蝯之所長責人，③故其令廢而責不塞。故曰：“墜岸三仞，人之所大難也，而蝯蝚飲焉。④”

明主之舉事也，任聖人之慮，用衆人之力，而不自與焉，故事成而福生。亂主自智也，而不因聖人之慮，矜奮自功，而不因衆人之力，專用己，而不聽正諫，故事敗而禍生。故曰：“伐矜好專，舉事之禍也。”

馬者，所乘以行野也。故雖不行於野，其養食馬也，未嘗解惰也。民者，所以守戰也。故雖不守戰，其治養民也，未嘗解惰也。故曰：“不行其野，不違其馬。”

天生四時，地生萬財，以養萬物而無取焉。明主配天地者也，教民以時，勸之以耕織，以厚民養，而不伐其功，不私其利。故曰：“能予而無取者，天地之配也。”

解惰簡慢，以之事主則不忠，以之事父母則不孝，以之起

---

① “也”，宋楊忱本、花齋本作“矣”。
② 此注原脱，四庫本同，據楊忱本、花齋本補。
③ “以”，原脱，四庫本同，據宋楊忱本、花齋本補。
④ “蝯蝚”，四庫本同，宋楊忱本、花齋本作“蝚蝯”。

事則不成。故曰:"怠倦者不及也。[1]"

以規矩爲方圜則成,以尺寸量長短則得,以法數治民則安。故事不廣於理者,其成若神。故曰:"無廣者疑神。"績按:謂操其要而不泛求也。

事主而不盡力則有刑,事父母而不盡力則不親,受業問學而不加務則不成。故朝不勉力務進,夕無見功。故曰:[2]"朝忘其事,夕失其功。"

中情信誠,則名譽美矣,修行謹敬則尊顯附矣。中無情實,則名聲惡矣,修行慢易,則汚辱生矣。故曰:"邪氣襲内。正色乃衰也。"

爲人君而不明君臣之義以正其臣,則臣不知爲臣之理以事其主矣。[3] 故曰:"君不君,則臣不臣。"

爲人父而不明父子之義,以教其子而整齊之,則子不知爲人子之道,以事其父矣。故曰:"父不父,則子不子。[4]"

君臣親,上下和,萬民輯,故主有令,則民行之,上有禁,則民不犯。君臣不親,上下不和,萬民不輯,故令則不行,禁則不止。故曰:"上下不和,令乃不行。"

言辭信,動止莊,[5]衣冠正,則臣下肅。言辭慢,動作虧,衣冠惰,則臣下輕之。故曰:"衣冠不正,績按:《解》作"整"。則賓者不肅。"

儀者,萬物之程式也。法度者,萬民之儀表也。禮儀

---

① "也",原脱,據宋楊忱本、花齋本、四庫本補。
② "曰",原脱,據宋楊忱本、花齋本、四庫本補。
③ "知"下,宋楊忱本、花齋本有"於"字。
④ "則",宋楊忱本、花齋本無此字。
⑤ "止",宋楊忱本、花齋本作"作"。

者，[1]尊卑之儀表也。故動有儀則令行，無儀則令不行。故曰："進退無儀，則政令不行。"

人主者，温良寬厚，則民愛之，整齊嚴莊，則民畏之。故民愛之則親，畏之則用。夫民親而爲用，主之所急也。故曰："且懷且威，則君道備矣。"

人主能安其民，則事其主如事其父母。故主有憂則憂之，有難則死之。主視民如土，則民不爲用，主有憂則不憂，有難則不死。故曰："莫樂之則莫哀之，莫生之則莫死之。"

民之所以守戰至死而不衰者，上之所以加施於民者厚也。故上施厚，則民之報上亦厚；上施薄，則民之報上亦薄。故薄施而厚責，君不能得之於臣，父不能得之於子。故曰："往者不至，來者不極。"

道者，扶持衆物，使得生育，而各終其性命者也。故或以治鄉，或以治國，或以治天下。故曰："道之所言者一也，而用之者異。"

聞道而以治一鄉，親其父子，順其兄弟，正其習俗，使民樂其上，安其土，爲一鄉主幹者，鄉之人也。故曰："有聞道而好爲鄉者，一鄉之人也。"

民之從有道也，如飢之先食也，如寒之先衣也，如暑之先陰也。故有道則民歸之，無道則民去之。故曰："道往者其人莫來，道來者其人莫往。"

道者，所以變化身而之正理者也。故道在身則言自順，行自正，事君自忠，事父自孝，遇人自理。故曰："道之所設，身之化也。"

---

① "儀"，宋楊忱本、花齋本、四庫本作"義"。

天之道，滿而不溢，盛而不衰。明主法象天道，故貴而不驕，富而不奢，行理而不惰。故能長守貴富，久有天下而不失也。故曰："持滿者與天。"

明主救天下之禍，安天下之危者也。夫救禍安危者，必待萬民之爲用也，而後能爲之。故曰："安危者與人。"

地大國富，民衆兵強，此盛滿之國也。雖已盛滿，無德厚以安之，無度數以治之，則國非其國，而民非其民也。① 故曰："失天之度，雖滿必涸。"

臣不親其主，百姓不信其吏，上下離而不和，故雖自安，必且危之。故曰："上下不和，雖安必危。"

主有天道，以禦其民，則民一心而奉其上，故能貴富而久王天下。失天之道，則民離畔而不聽從，②故主危而不得久王天下。故曰："欲王天下而失天之道，天下不可得而王也。"

人主務學術數，務行正理，則化變日進，至於大功，而愚人不知也。亂主淫佚邪枉，日爲無道，至於滅亡，而不自知也。故曰："莫知其爲之，其功既成；莫知其釋之也，③藏之而無形。"按：④經作："莫知其釋之，藏之無形。"

古者三王五伯，皆人主之利天下者也，故身貴顯而子孫被其澤。桀，紂、幽、厲，皆人主之害天下者也，故身困傷而子孫蒙其禍。故曰："疑今者察之古，不知來者視之往。"

神農教耕生穀，以致民利。禹身決瀆，斬高橋下，以致民利。湯武征伐無道，誅殺暴亂，以致民利。故明王之動作雖

① "非"，四庫本同，宋楊忱本、花齋本作"無"。
② "畔"，花齋本作"叛"。
③ "釋"，宋楊忱本、花齋本作"舍"。
④ "按"，四庫本同，當作"績按"，脱一"績"字。

異，其利民同也。故曰："萬事之任也，異趣而同歸，[①]古今一也。"

棟生橈，不勝任則屋覆，而人不怨者，其理然也。弱子，慈母之所愛也，不以其理動者，[②]下瓦則慈母笞之。[③] 故以其理動者，雖覆屋不爲怨；不以其理動者，下瓦必笞。故曰："生棟覆屋，怨怒不及；弱子下瓦，慈母操棰。"

行天道，出公理，則遠者自親；廢天道，行私爲，則子母相怨。故曰："天道之極，遠者自親；人事之起，近親造怨。"

古者，武王地方不過百里，戰卒之衆不過萬人，然能戰勝攻取，[④]立爲天子，而世謂之聖王者，知爲之之術也。桀、紂貴爲天子，富有海内，地方甚大，戰卒甚衆，而身死國亡，爲天下僇者，不知爲之之術也。故能爲之，則小可爲大，賤可爲貴。不能爲之，則雖爲天子，人猶奪之也。故曰："巧者有餘，而拙者不足也。"

明主上不逆天，下不壙地，故天予之時，地生之財。亂主上逆天道，下絶地理，故天不予時，地不生財。故曰："其功順天者，天助之；其功逆天者，天違之。"

古者，武王，天之所助也。故雖地小而民少，猶之爲天子也。桀、紂，天之所違也，故雖地大民衆，猶之困辱而死亡也。故曰："天之所助，雖小必大；天之所違，雖成必敗。[⑤]"

與人交，多詐僞，無情實，偷取一切，謂之烏集之交。烏

---

① "趣"，宋楊忱本、花齋本作"起"。

② "不以其理動者"，四庫本、花齋本同，宋楊忱本作"不以其理衍"。

③ "慈"，四庫本、花齋本同，宋楊忱本作"必"。

④ "勝"，原作"能"，據宋楊忱本、花齋本、四庫本改。

⑤ "雖成必敗"，四庫本同，宋楊忱本、花齋本作"雖大必削"。

集之交，初雖相歡，後必相咄。故曰："烏集之交，雖善不親。"

聖人之與人約結也，上觀其事君也，内觀其事親也，必有可知之理，然後約結。約結而不襲於理，後必相倍。故曰："不重之結，雖固必解。道之用也，貴其重也。"

明主與聖人謀，故其謀得；與之舉事，故其事成。亂主與不肖者謀，故其計失；與之舉事，故其事敗。夫計失而事敗，此與不可之罪。故曰："毋與不可。"

明主度量人力之所能爲，而後使焉。故令於人之所能爲，則令行；使於人之所能爲，則事成。亂主不量人力，令於人之所不能爲，故其令廢；使於人之所不能爲，故其事敗。夫令出而廢，舉事而敗，此強不能之罪也。故曰："毋強不能。"

狂惑之人，告之以君臣之義、父子之理、貴賤之分，不信聖人之言也，而反害傷之，故聖人不告也。故曰："毋告不知。"

與不肖者舉事，則事敗；使於人之所不能爲，則令廢；告狂惑之人，則身害。故曰："與不可，強不能，告不知，謂之勞而無功。"

常以言翹明，其與人也，其愛人也，其有德於人也，以此爲友則不親，以此爲交則不結，以此有德於人則不報。故曰："見與之友，幾於不親；見愛之交，幾於不結；見施之德，幾於不報。四方之所歸，心行者也。"

明主不用其智，而任聖人之智；不用其力，而任衆人之力。故以聖人之智思慮者，無不知也；以衆人之力起事者，無不成也。能自去而因天下之智力，①則身逸而福多。亂主獨

① 宋楊忱本、花齋本"力"下有"起"字。

用其智，而不任聖人之智；獨用其力，而不任衆人之力，故其身勞而禍多。故曰："獨任之國，勞而多禍。"

明主内行其法度，外行其理義，故鄰國親之，與國信之，有患則鄰國憂之，有難則鄰國救之。亂主内失其百姓，外不信於鄰國，故有患則莫之憂也，有難則莫之救也，外内皆失，孤特而無黨，故國弱而主辱。故曰："獨國之君，卑而不威。"

明主之治天下也，必用聖人，而後天下治；婦人之求夫家也，必用媒，而後家事成。故治天下而不用聖人，則天下乖亂而民不親也；求夫家而不用媒，則身醜恥而人不信也。① 故曰："自媒之女，醜而不信。"

明主者，人未之見而有親心焉者，有使民親之之道也，故其位安而民往之。② 故曰："未之見而親焉，可以往矣。"

堯舜，古之明主也。天下推之而不倦，譽之而不厭，久遠而不忘者，有使民不忘之道也，故其位安而民來之。故曰："遠而不忘焉，③可以來矣。"績按："遠"經作"久"。④

日月，昭察萬物者也，天多雲氣，蔽蓋者衆，則日月不明。人主猶日月也，群臣多奸立私，以擁蔽主，則主不得昭察其臣下，臣下之情不得上通，故奸邪日多而人主愈蔽。故曰："日月不明，天不易也。"

山，物之高者也。地險穢不平易，則山不得見。人主猶山也，左右多黨比周以壅其主，則主不得見。故曰："山高而不見，地不易也。"

---

① "身"，宋楊忱本、花齋本無。
② "民"，原脱，據宋楊忱本、花齋本、四庫本補。
③ "遠"，宋楊忱本、花齋本作"久"。
④ "遠經作久"，四庫本同，宋楊忱本、花齋本無，當爲劉績補注。

人主出言，不逆於民心，不悖於理義，其所言，足以安天下者也，人唯恐其不復言也。出言而離父子之親，疏君臣之道，害天下之衆，此言之不可復者也，故明主不言也。[①] 故曰："言而不可復者，君不言也。"

人主身行方正，使人有禮，[②]遇人有信，[③]行發於身，而爲天下法式者，人唯恐其不復行也。身行不正，使人暴虐，[④]遇人不信，行發於身，而爲天下笑者，此不可復之行，故明主不行也。故曰："行而不可再者，君不行也。"

言之不可復者，其言不信也；行之不可再者，其行賊暴也。[⑤] 故言而不信，則民不附，行而賊暴，則天下怨。民不附，[⑥]天下怨，此滅亡之所從生也，故明主禁之。故曰，"凡言之不可復，行之不可再者，有國者之大禁也。"

---

① "主不"，原雙行並列如注文。
② "禮"，宋楊忱本作"理"。
③ "信"，四庫本同，宋楊忱本作"禮"，花齋本作"理"。
④ "虐"原作"雲"，據宋楊忱本、花齋本、四庫本改。
⑤ "其"，原脱，據宋楊忱本、花齋本、四庫本補。
⑥ "附"，原作"服"，據上文及宋楊忱本、四庫本改。

卷之二十一

立政九敗解第六十五

解三

人君唯毋聽寢兵，則群臣賓客莫敢言兵。然則内之不知國之治亂，外之不知諸侯強弱。如是，則城郭毁壞，莫知築補，①甲兵弊雕，②莫知修繕。③ 如是，則守圉之備毁矣，遼遠之地謀，邊竟之士修，百姓無圉敵之心。故曰："寢兵之説勝，則險阻不守。"

人君唯毋聽兼愛之説，則視天下之民如其民，視國如吾國。如是，則無並兼攘奪之心，無覆軍敗將之事。然則射御勇力之士不厚禄，覆軍敗將之臣不貴爵。④ 如是，則射御勇力之士出在外矣。我能毋攻人可也，不能令人毋攻我。彼求地而予之，⑤非吾所欲也，不予而與戰，必不能勝也。⑥ 彼以

---

① "知"，宋楊忱本、花齋本作"之"。
② "甲兵弊雕"，宋楊忱本、花齋本作"甲弊兵雕"。
③ "知"，宋楊忱本、花齋本、四庫本作"之"。
④ "敗"，四庫本同，宋楊忱本、花齋本作"殺"。
⑤ "求"，原作"來"，據宋楊忱本、花齋本、四庫本改。
⑥ 宋楊忱本無"能"字。

教士，我以毆衆；彼以良將，我以無能，其敗必覆軍殺將。故曰：“兼愛之説勝，則士卒不戰。”

人君唯毋好全生，①則群臣皆全其生，而生又養。生養何也？曰：滋味也，聲色也，然後爲養生。然則從欲妄行，男女無别，及於禽獸。② 然則禮義廉恥不立，人君無以自守也。故曰：“全生之説勝，則廉恥不立。”

人君唯毋聽私議自貴，則民退静隱伏，窟穴就山，非世間上，輕爵禄而賤有司。然則令不行，禁不止。故曰：“私議自貴之説勝，則上令不行。”

人君唯毋好金玉貨財，③必欲得其所好，然則必有以易之。按：易，謂易金玉貨財以官爵也。④ 所以易之者何也？大官尊位，不然則尊爵重禄也。如是，則不肖者在上位矣。然則賢者不爲力，⑤智者不爲謀，信者不爲約，勇者不爲死。如是，則毆國而捐之也。故曰：“金玉貨財之説勝，則爵服下流。”

人君唯毋聽群徒比周，則群臣朋黨，蔽美揚惡。然則國之情僞不見於上。如是，則朋黨者處前，寡黨者處後。夫朋黨者處前，賢、不肖不分，則争奪之亂起，而君在危殆之中矣。故曰：“群徒比周之説勝，則賢不肖不分。”

人君唯毋聽觀樂玩好，則敗。凡觀樂者，宫室、臺池，珠玉、聲樂也。此皆費財盡力傷國之道也。而以此事君者，皆

---

① “毋”，宋楊忱本作“無”。

② “及”，宋楊忱本、花齋本、四庫本作“反”。

③ “毋”，宋楊忱本作“無”。

④ “按”至“官爵也”注文共 12 字，宋楊忱本無，花齋本、四庫本均僅有一“按”字，當爲劉績補注。

⑤ “力”，宋楊忱本、花齋本作“下”。

姧人也。而人君聽之,焉得無敗?[①] 然則府倉虚,蓄積竭,且姧人在上,則壅遏賢者而不進也。然則國適有患,則優倡侏儒起而議國事矣。是敺國而捐之也。故曰:“觀樂玩好之説勝,則姧人在上位。”

人君唯毋聽請謁任舉,[②]則群臣皆相爲請。然則請謁得于上,黨與成于鄉。如是,則貨財行於國,法制毀於官,[③]群臣務佼而求用。然則無爵而貴,無禄而富。故曰:“請謁任舉之説勝,[④]則繩墨不正。”

人君唯無聽諂諛飾過之言,則敗。奚以知其然也?夫諂臣者,常使其主不悔其過,不更其失者也。故主惑而不自知也,如是,則謀臣死而諂臣尊矣。故曰:“諂讒飾過之説勝,則巧佞者用。”

版法解第六十六

解四

版法者,法天地之位,象四時之行,以治天下。四時之行,有寒有暑,聖人法之,故有文有武。天地之位,有前有後,有左有右,聖人法之,以建經紀。春生于左,秋殺於右,夏長於前,冬藏於後。生長之事,文也;收藏之事,武也。是故文事在左,武事在右,聖人法之,以行法令,以治事理。凡法事

① “無”,宋楊忱本作“毋”。
② “舉”,宋楊忱本、花齋本作“譽”。
③ “毀”,原作“設”,據宋楊忱本、花齋本、四庫本改。
④ “舉”,宋楊忱本、花齋本作“譽”。

者，操持不可以不正。操持不正，則聽治不公；聽治不公，則治不盡理，事不盡應。治不盡理，則疏遠微賤者無所告謝；事不盡應，則功利不盡舉。功利不盡舉，則國貧；疏遠微賤者無所告謝，則下饒。① 故曰："凡將立事，正彼天植。"

天植者，心也。天植正，則不私近親，不孽疏遠。不私近親，不孽疏遠，則無遺利，無隱治。無遺利，無隱治，則事無不舉，物無遺者。欲見天心，明以風雨。故曰："風雨無違，遠近高下，各得其嗣。"

萬物尊天而貴風雨。所以尊天者，爲其莫不受命焉也；所以貴風雨者，爲其莫不待風而動，待雨而濡也。若使萬物釋天而更有所受命，釋風而更有所仰動，釋雨而更有所仰濡，則無爲尊天而貴風雨矣。今人君之所尊安者，爲其威立而令行也。其所以能立威行令者，爲其威利之操莫不在君也。若使威利之操不專在君，而有所分散，則君日益輕而威利日衰，侵暴之道也。② 故曰："三經既飭，君乃有國。"

乘夏方長，審治刑賞，必明經紀，陳義設法，斷事以理，虚氣平心，乃去怒喜。若倍法棄令，而行怒喜，禍亂乃生，上位乃殆。故曰："喜無以賞，怒無以殺。喜以賞，怒以殺，怨乃起，令乃廢。驟令而不行，民心乃外。外之有徒，禍乃始牙。衆之所忿，寡不能圖。"

冬既閉藏，百事盡止，往事畢登，來事未起。方冬無事，慎觀終始，審察事理。事有先易而後難者，有始不足見而終不可及者，此常利之所以不舉，事之所以困者也。事之先易

① "饒"，宋楊忱本作"蕘"。
② "道"，原脱，據宋楊忱本、花齋本、四庫本改。

者，人輕行之；人輕行之，則必困難成之事；始不足見者，人輕棄之；人輕棄之，則必失不可及之功。夫數困難成之事，而時失不可及之功，衰耗之道也。是故明君審察事理，慎觀終始，爲必知其所成，成必知其所用，用必知其所利害。爲而不知所成，成而不知所用，用而不知所利害，謂之妄舉。妄舉者，其事不成，其功不立。故曰："舉所美，必觀其所終；廢所惡，必計其所窮。"

凡人君者，欲民之有禮義也。夫民無禮義，則上下亂而貴賤爭。故曰："慶勉敦敬以顯之，富禄有功以勸之，爵貴有名以休之。"

凡人君者，[①]欲衆之親上鄉意也，欲其從事之勝任也。而衆者，不愛則不親，不親則不明，按：此五字疑衍。[②] 不教順則不鄉意。是故明君兼愛以親之，明教順以道之，便其勢，利其備，愛其力，而勿奪其時以利之。如此，則衆親上鄉意，從事勝任矣。故曰："兼愛無遺，是爲君心。必先順教，萬民鄉風。旦暮利之，衆乃勝任。"

治之本二：一曰人，二曰事。人欲必用，事欲必工。人有逆順，事有稱量。人心逆則人不用，事失稱量則事不工。[③]事不工則傷，人不用則怨。故曰："取人以己，成事以質。[④]"補：質，竹器，所以量物者，音質。經言作"成事以質"，此解曰用稱量也，則作"質"是。言事必較量，以求其實也。

---

① "凡人"至"殃令"，正文及注文共 368 字，原在下文"然則明君奈何"下，"明君不爲之者變更號令"句上，今據宋楊忱本、花齋本、四庫本移正於此。

② "按此五字疑衍"，花齋本、四庫本同，宋楊忱本無，當爲劉績補注。

③ "事"，花齋本、四庫本同，宋楊忱本無。

④ "質"，花齋本、四庫本同，宋楊忱本作"質"。下正文及注文中"質"字同。

成事以質者，用稱量也。取人以己者，度恕而行也。度恕者，度之於己也，己之所不安，勿施於人。故曰："審用財，慎施報，察稱量。故用財不可以嗇，用力不可以苦。用財嗇則費，用力苦則勞矣。"

奚以知其然也？用力苦則事不工，事不工而數復之，故曰勞矣。用財嗇則不當人心，不當人心則怨起。用財而生怨，故曰費。怨起而不復反，衆勞而不得息，則必有崩弛堵壞之心。[①] 故曰："民不足，令乃辱；民苦殃，令不行。施報不得，禍乃始昌。禍昌而不悟，民乃自圖。"

凡國無法，則衆不知所爲，無度，則事無機。有法不正，有度不直，則治辟。治辟則國亂。故曰："正法直度，罪殺不赦。殺僇必信，民畏而懼。武威既明，令不再行。"

凡民者，莫不惡罰而畏罪。是以人君嚴教以示之，明刑罰以致之。故曰："頓卒怠倦以辱之，[②]罰罪有過以懲之，殺僇犯禁以振之。"

治國有三器，亂國有六攻。明君能勝六攻而立三器，則國治；不肖之君不能勝六攻而立三器，故國不治。三器者何也？曰：號令也，斧鉞也，禄賞也。六攻者何也？親也，貴也，貨也，色也，巧佞也，玩好也。三器之用何也？曰：非號令無以使下，非斧鉞無以畏衆，非禄賞無以勸民。六攻之敗何也？曰：雖不聽而可以得存，雖犯禁而可以得免，雖無功而可以得富。夫國有不聽而可以得存者，則號令不足以使下；有犯禁而可以得免者，[③]則斧鉞不足以畏衆；有無功而可以得富者，

---

① "弛"，宋楊忱本作"陁"。"壞"，原作"壤"，據宋楊忱本改。

② "怠"，宋楊忱本作"台"。

③ "以"，原脱，據宋楊忱本、花齋本、四庫本補。

則禄賞不足以勸民。號令不足以使下,斧鉞不足以畏衆,禄賞不足以勸民,則人君無以自守也。然則明君奈何?明君不爲六者變更號令,不爲六者疑錯斧鉞,不爲六者益損禄賞。故曰:"植固而不動,奇邪乃恐。奇革邪化,令往民移。"

凡人君者,覆載萬民而兼有之,燭臨萬族而事使之。是故以天地、日月、四時爲主、爲質,①以治天下。天覆而無外也,其德無所不在;地載而無棄也,安固而不動,故莫不生殖。聖人法之,以覆載萬民,故莫不得其職姓,②得其職姓,③則莫不爲用。故曰:"法天合德,象地無親。"

日月之明無私,故莫不得光。聖人法之,以燭萬民,故能審察,則無遺善,無隱奸。無遺善,無隱奸,則刑賞信必。刑賞信必,則善勸而奸止。④ 故曰:"參於日月。"

四時之行,信必而著明。聖人法之,以事萬民,故不失時功。故曰:"伍於四時。"

凡衆者,愛之則親,利之則至。是故明君設利以致之,明愛以親之。徒利而不愛,則衆至而不親;徒愛而不利,則衆親而不至。愛施俱行,則説君臣、説朋友、説兄弟、説父子。愛施所施設,⑤四固不能守。故曰:"説在愛施。⑥"績按:當作"悦衆在愛施"。

凡君所以有衆者,愛施之德也。愛有所移,利有所並,則不能盡有。故曰:"有衆在廢私。"

---

① "質",花齋本同,宋楊忱本、四庫本作"貿"。
② 原"姓"上有"百"字,衍文,據宋楊忱本、花齋本、四庫本删。
③ "姓",原脱,據宋楊忱本、花齋本、四庫本補。
④ "止",原作"正",據宋楊忱本、花齋本、四庫本改。
⑤ 宋楊忱本、花齋本無下"施"字。
⑥ 宋楊忱本"説"上有"四"字。

愛施之德雖行而無私，内行不修，則不能朝遠方之君。是故正君臣上下之義，飾父子兄弟夫妻之義，飾男女之别，别疏數之差，使君德臣忠，父慈子孝，兄愛弟敬，禮義彰明。①如此，則近者親之，遠者歸之。故曰："召遠在修近。"

閉禍在除怨，非有怨乃除之，所事之地常無怨也。凡禍亂之所生，生於怨咎；怨咎所生，生於非理。是以明君之事衆也必經，使之必道，施報必當，出言必得，刑罰必理。如此，則衆無鬱怨之心，無憾恨之意，如此，則禍亂不生，上位不殆。故曰："閉禍在除怨也。"

凡人君所以尊安者，賢佐也。佐賢則君尊、國安、民治，無佐則君卑、國危、民亂。故曰："修長在乎任賢。②"

凡人者，莫不欲利而惡害，是故與天下同利者，天下持之；擅天下之利者，天下謀之。天下所謀，雖立必隳；天下所持，雖高不危。故曰："安高在乎同利。"

凡所謂能以所不利利人者，舜是也。舜耕歷山，陶河濱，漁雷澤，不取其利，以教百姓，百姓舉利之，此所謂能以所不利利人者也。所謂能以所不有予人者，武王是也。武王伐紂，士卒往者，人有書社。入殷之日，決鉅橋之粟，散鹿臺之錢，殷民大説。此所謂能以所不有予人者也。

桓公謂管子曰："今子教寡人法天合德，合德長久，合德而兼覆之，則萬物受命。象地無親，無親安固，無親而兼載之，則諸生皆殖。參於日月，無私葆光，無私而兼照之，則美惡不隱。然則君子之爲身，無好無惡然已乎？"管子對曰："不

① "彰"，宋楊忱本、花齋本作"章"。

② "修"，宋楊忱本、花齋本作"備"。"在"，宋楊忱本作"存"。"任"，宋楊忱本作"在"。

然。夫學者所以自化，所以自撫。故君子惡稱人之惡，惡不忠而怨妬，惡不公議而名常稱，①惡不位下而位上，惡不親外而内放。② 此五者，君子之所恐行，而小人之所以亡，況人君乎？"

明法解第六十七

解五

明主者，有術數而不可欺也，審於法禁而不可犯也，察於分職而不可亂也。故群臣不敢行其私，貴臣不得蔽其賤，③近者不得塞遠，孤寡老弱不失其所職，竟内明辨而不相逾越，此之謂治國。故《明法》曰："所謂治國者，主道明也。"

明主者，④上之所以一民使下也。私術者，下之所以侵上亂主也。故法廢而私行，則人主孤特而獨立，人臣群黨而成朋。如此，則主弱而臣強，此之謂亂國。故《明法》曰："所謂亂國者，臣術勝也。"

明主在上位，有必治之勢，則群臣不敢爲非。是故群臣之不敢欺主也，⑤非愛主也，以畏主之威勢也；百姓之爭用，非以愛主也，以畏主之法令也。故明主操必勝之數，以治必用之民；處必尊之勢，以制必服之臣。故令行禁止，主尊而臣

---

① "常"，宋楊忱本、花齋本作"當"。
② "而"，原脱，據宋楊忱本、花齋本、四庫本補。
③ 宋楊忱本無"其"字。
④ 王念孫以爲"明主"當爲"明法"。
⑤ "也"，宋楊忱本、花齋本作"者"。

卑。故《明法》曰:"尊君卑臣,非計親也,以勢勝也。"

明主之治也,縣爵禄以勸其民,民有利於上,故主有以使之;立刑罰以威其下,下有畏於上,故主有以牧之。故無爵禄,則主無以勸民,無刑罰,則主無以威衆。故人臣之行理奉命者,非以愛主也,且以就利而避害也;百官之奉法無奸者,①非以愛主也,欲以受爵禄而避害也。② 故《明法》曰:"百官論職,非惠也,刑罰必也。"

人主者,擅生殺,處威勢,操令行禁止之柄,以御其群臣,此主道也。人臣者,處卑賤,奉主令,守本任,治分職,此臣道也。故主行臣道則亂,臣行主道則危。故上下無分,君臣共道,亂之本也。故《明法》曰:"君臣共道則亂。"

人臣之所以畏恐而謹事主者,以欲生而惡死也。使人不欲生,不惡死,則不可得而制也。夫生殺之柄,專在大臣,而主不危者,未嘗有也。故治亂不以法斷,而決於重臣,生殺之柄不制於主,而在群下,此寄生之主也。故人主專以其威勢予人,則必有劫殺之患;專以其法制予人,則必有亂亡之禍。如此者,亡主之道也。故《明法》曰:"專授則失。"

凡爲主而不得行其令,廢法而恣群臣,威嚴已廢,權勢已奪,令不得出,群臣弗爲用,百姓弗爲使,竟内之衆不制,則國非其國,而民非其民。如此者,滅主之道也。故《明法》曰:"令求不出謂之滅。③"

明主之道,卑賤不待尊貴而見,大臣不因左右而進,百官

① "官",原作"姓",據宋楊忱本、花齋本、四庫本改。

② "受",宋楊忱本、花齋本、四庫本作"愛"。"害",宋楊忱本、花齋本、四庫本作"罰"。

③ "求",據《明法》篇補。宋楊忱本、花齋本"令"下有"本"字。

條通，群臣顯見，有罰者主見其罪，有賞者主知其功。見知不悖，賞罰不差。有不蔽之術，故無壅遏之患。亂主則不然，法令不得至于民，疏遠隔閉而不得聞。① 如此者，壅遏之道也。故《明法》曰："令出而留謂之壅。"按：經作"出而道留"。

人臣之所以乘而爲奸者，擅主也。臣有擅主者，則主令不得行，而下情不上通。人臣之力，能隔君臣之間，而使美惡之情不揚聞，禍福之事不通徹。人主迷惑而無從悟。如此者，塞主之道也。故《明法》曰："下情不上通謂之塞。"按：經作"下情求不上通"。

明主者，兼聽獨斷，多其門户。群臣之道，下得明上，賤得言貴，故奸人不敢欺。亂主則不然，聽無術數，斷事不以参伍。故無能之士上通，邪枉之臣專國，主明蔽而聰塞，忠臣之欲謀諫者不得進。如此者，侵主之道也。故《明法》曰："下情上而道止謂之侵。"

人主之治國也，莫不有法令，賞罰具，故其法令明，而賞罰之所立者當，則主尊顯而奸不生；其法令逆而賞罰之所立者不當，則群臣立私而壅塞之，朋黨而劫殺之。故《明法》曰："滅、塞、侵、壅之所生，從法之不立也。"

法度者，主之所以制天下而禁奸邪也，所以牧領海内而奉宗廟也。私意者，所以生亂長奸而害公正也，所以壅蔽失正而危亡也。故法度行則國治，私意行則國亂。明主雖心之所愛，而無功者不賞也，雖心之所憎，而無罪者弗罰也。案法式而驗得失，非法度不留意焉。故《明法》曰："先王之治國也，不淫意於法之外。"

---

① "隔"，宋楊忱本作"鬲"。下"隔"字同。

明主之治國也，案其當宜，行其正理。故其當賞者，群臣不得辭也；其當罰者，群臣不敢避也。夫賞功誅罪，所以爲天下致利除害也。草茅弗去，則害禾穀；盜賊弗誅，則傷良民。夫舍公法而行私惠，則是利奸邪而長暴亂也。行私惠而賞無功，則是使民偷幸而望於上也；行私惠而赦有罪，則是使民輕上而易爲非也。夫舍公法用私惠，①明主不爲也。故《明法》曰："不爲惠於法之内。"

凡人主，莫不欲其民之用也。使民用者，必法立而令行也。故治國使衆莫如法，禁淫止暴莫如刑。故貧者非不欲奪富者財也，然而不敢者，法不使也；強者非不能暴弱也，然而不敢者，畏法誅也。故百官之事，案之以法，則奸不生；暴慢之人，誅之以刑，則禍不起；群臣並進，策之以數，則私無所立。故《明法》曰："動無非法者，所以禁過而外私也。"

人主之所以制臣下者，威勢也。故威勢在下，則主制於臣；威勢在上，則臣制於主。夫蔽主者，非塞其門、守其户也，然而令不行、禁不止、所欲不得者，失其威勢也。故威勢獨在於主，則群臣畏敬；法政獨出於主，則天下服聽。② 故威勢分於臣，則令不行；法政出於臣，則民不聽。故明主之治天下也，威勢獨在於主，而不與臣共；法政獨制於主，而不從臣出。故《明法》曰："威不兩錯，政不二門。"

明主者，一度量，立表儀，而堅守之，故令下而民從。法者，天下之程式也，萬事之儀表也；吏者，民之所懸命也。故明主之治也，當於法者賞之，違於法者誅之。③ 故以法誅罪，

---

① "惠"，宋楊忱本作"意"。
② "聽"，宋楊忱本、花齋本作"德"
③ "賞之違於法者"，宋楊忱本脱。

則民就死而不怨；以法賞功，[①]則民受賞而無德也。此以法舉錯之功也。故《明法》曰："以法治國，則舉錯而已。"

明主者，有法度之制，故群臣皆出於方正之治，而不敢爲奸。百姓知主之從事於法也，故吏之所使者，有法則民從之，無法則止。民以法與吏相距，下以法與上從事。故詐僞之人不得欺其主，嫉妬之人不得用其賊心，讒諛之人不得施其巧，千里之外不敢擅爲非。故《明法》曰："有法度之制者，不可巧以詐僞。"

權衡者，所以起輕重之數也。然而人不事者，非心惡利也，權不能爲之多少其數，而衡不能爲之輕重其量也。人知事權衡之無益，故不事也。故明主在上位，則官不得枉法，吏不得爲私。民知事吏之無益，故財貨不行於吏，權衡平正而待物，故奸詐之人不得行其私。故《明法》曰："有權衡之稱者，[②]不可欺以輕重。"

尺寸尋丈者，所以得短長之情也。[③] 故以尺寸量短長，則萬舉而萬不失矣。是故尺寸之度，雖富貴衆強不爲益長，雖貧賤卑辱不爲損短。公平而無所偏，故奸詐之人不能誤也。故《明法》曰："有尋丈之數者，不可差以長短。"

國之所以亂者，廢事情而任非譽也。故明主之聽也，言者責之以其實，譽人者試之以其官。言而無實者，誅；吏而亂官者，誅。是故虛言不敢進，不肖者不敢受官。亂主則不然，聽言而不督其實，故群臣以虛譽進其黨；任官而不責其功，故愚污之吏在庭。如此，則群臣相推以美名，相假以功伐，務多

① "賞"，宋楊忱本、花齋本作"量"。
② "有"，原脱，據宋楊忱本、花齋本、四庫本補。"者"，宋楊忱本作"若"。
③ "短長"，花齋本作"長短"。

其交而不爲主用。[①] 故《明法》曰:"主釋法以譽進能,則臣離上而下比周矣;[②]以黨舉官,則民務交而不求用矣。"

亂主不察臣之功勞,譽衆者則賞之;不審其罪過,毀衆者則罰之。如此者,則邪臣無功而得賞,忠正無罪而有罰。故功多而無賞,則臣不務盡力;行正而有罰,則賢聖無從竭能;行貨財而得爵禄,則污辱之人在官;寄托之人不肖而位尊,則民倍公法而趨有勢。如此,則慤愿之人失其職,而廉潔之吏失其治。故《明法》曰:"官之失其治者,[③]是主以譽爲賞,而以毁爲罰也。"

平吏之治官也,行法而無私,則奸臣不得其利焉。此奸臣之所務傷也。人主不參驗其罪過,以無實之言誅之,則奸臣不能無事貴重而求推譽,以避刑罰而受禄賞焉。故《明法》曰:"喜賞惡罰之人,離公道而行私術矣。[④]"

奸臣之敗其主也,積漸積微,使主迷惑而不自知也。上則相爲候望於主,下則買譽於民,譽其黨而使主尊之,毁不譽者而使主廢之。其所利害者,主聽而行之,如此,則群臣皆忘主而趨私佼矣。故《明法》曰:"比周以相爲慝,是故忘主私佼,[⑤]以進其譽。"按:[⑥]"佼"同"交",後放此。

主無術數,則群臣易欺之;國無明法,則百姓輕爲非。是故奸邪之人用國事,則群臣仰利害也。如此,則奸人爲之視

---

① "交",宋楊忱本、花齋本作"佼"。下"交"字同。
② "下",原作"不",據宋楊忱本、花齋本、四庫本改。
③ "者",宋楊忱本、花齋本作"也"。
④ "術",原作"述",據宋楊忱本、花齋本、四庫本改。
⑤ "私",宋楊忱本、花齋本作"死"。
⑥ 此亦當爲劉績補注。

聽者多矣。雖有大義,主無從知之。故《明法》曰:[1]"佼衆譽多,外内朋黨,雖有大奸,其蔽主多矣。"

凡所謂忠臣者,務明法術,日夜佐主明於度數之理,以治天下者也。奸邪之臣,知法術明之必治也,治則奸臣困而法術之士顯,[2]是故奸邪之所務事者,[3]使法無明,主無悟,而己得所欲也。故方正之臣得用則奸邪之臣困傷矣,是方正之與奸邪不兩進之勢也。奸邪在主之側者,不能勿惡也。惟惡之,則必候主間而日夜危之。人主不察而用其言,則忠臣無罪而困死,奸臣無功而富貴。故《明法》曰:"忠臣死於非罪,而邪臣起於非功。"

富貴尊顯,久有天下,人主莫不欲也。令行禁止,海内無敵,人主莫不欲也。蔽侵欺淩,[4]人主莫不惡也。失天下,滅宗廟,人主莫不惡也。忠臣之欲明法術以致主之所欲而除主之所惡者,奸臣之擅主者,有以私危之,則忠臣無從進其公正之數矣。故《明法》曰:"所死者非罪,所起者非功,然則爲人臣者重私而輕公矣。"

亂主之行爵禄也,不以法令案功勞;其行刑罰也,不以法令案罪過。而聽重臣之所言。故臣有所欲賞,主爲賞之;臣欲有所罰,主爲罰之。廢其公法,專聽重臣。如此,故群臣皆務其黨重臣而忘其主,趨重臣之門而不庭。故《明法》曰:"十至於私人之門,不一至於庭。"

明主之治也,明於分職,而督其成事。勝其任者處官,不

---

① "明",原作"名",據宋楊忱本、花齋本、四庫本改。
② "困",原作"固",據宋楊忱本、花齋本、四庫本改。
③ "奸",宋楊忱本脱。
④ "侵欺",宋楊忱本、花齋本、四庫本作"欺侵"。

勝其任者廢免。故群臣皆竭能盡力，以治其事。亂主則不然。故群臣處官位，受厚禄，莫務治國者，期於管國之重，而擅其利，牧魚其民，①以富其家。故《明法》曰："百慮其家，不一圖其國。②"

明主在上位，則竟内之衆盡力以奉其主，百官分職致治以安國家。亂主則不然，雖有勇力之士，大臣私之，而非以奉其主也；雖有聖知之士，③大臣私之，非以治其國也。故屬數雖衆，不得進也；百官雖具，不得制也。如此者，有人主之名而無其實。故《明法》曰："屬數雖衆，非以尊君也；百官雖具，非以任國也。此之謂國無人。"

明主者，使下盡力而守法分，故群臣務尊主而不敢顧其家；臣主之分明，上下之位審，故大臣各處其位而不敢相貴。亂主則不然，法制廢而不行，故群臣得務益其家；君臣無分，上下無别，故群臣得務相貴。如此者，非朝臣少也，衆不爲用也。故《明法》曰："國無人者，非朝臣衰也，家務相益，④不務尊君也；大臣務相貴，而不任國也。"經作"家與家務于相益"。⑤

人主之張官置吏也，非徒尊其身厚奉之而已也，使之奉主之法，行主之令，以治百姓而誅盜賊也。是故其所任官者大，⑥則爵尊而禄厚；其所任官者小，則爵卑而禄薄。爵禄者，人主之所以使吏治官也。亂主之治也，處尊位，受厚

---

① "魚"，宋楊忱本、四庫本作"漁"。
② "其"，宋楊忱本脱。
③ "知"，宋楊忱本、花齋本、四庫本作"智"。
④ 宋楊忱本、花齋本"家"上有"家與"二字。
⑤ 此爲劉績補注。
⑥ "者"，原脱，據宋楊忱本、花齋本、四庫本補。

禄，[1]養所與佼，而不以官務爲。[2] 如此者，則官失其能矣。故《明法》曰："小臣持禄養佼，不以官爲事，故官失職。"按：經作"故官失其能"。[3]

明主之擇賢人也，言勇者試之以軍，言智者試之以官。試於軍而有功者則舉之，試於官而事治者則用之。故以戰功之事定勇怯，以官職之治定愚智。故勇怯愚智之見也，如白黑之分。亂主則不然，聽言而不試，故妄言者得用；任人而不官，[4]故不肖者不困。故明主以法案其言而求其實，以官任其身而課其功，專任法不自舉焉。故《明法》曰："先王之治國也，使法擇人，不自舉也。"

凡所謂功者，安主上，利萬民者也。夫破軍殺將，戰勝攻取，使主無危亡之憂，而百姓無死虜之患，此軍士之所以爲功者也。奉主法，治竟内，使強不淩弱，衆不暴寡，萬民歡盡其力而奉養其主，此吏之所以爲功也。匡主之過，救主之失，明禮義以道其主，[5]主無邪辟之行，[6]蔽欺之患，此臣之所以爲功也。故明主之治也，明分職而課功勞，有功者賞，亂治者誅，誅賞之所加，各得其宜，而主不自與焉。故《明法》曰："使法量功，不自度也。"

明主之治也，審是非，察事情，以度量案之。合於法則行，不合於法則止。功充其言則賞，不充其言則誅。故言智

---

① "厚"，宋楊忱本作"奉"。
② "務爲"，宋楊忱本、花齋本、四庫本作"爲務"。
③ 此亦爲劉績補注。
④ "官"，宋楊忱本作"言"。王念孫云，據《群書治要》所引當作"課"。
⑤ "禮"，宋楊忱本、花齋本作"理"。
⑥ "辟"，花齋本、四庫本作"僻"。

能者，必有見功而後舉之；言惡敗者，必有見過而後廢之。如此，則士上通而莫之能妬，不肖者困廢而莫之能舉。故《明法》曰："能不可蔽，而敗不可飾也。"

明主之道，立民所欲，以求其功，故爲爵禄以勸之；立民所惡，以禁其邪，故爲刑罰以畏之。故案其功而行賞，案其罪而行罰，如此，則群臣之舉無功者，不敢進也；毀無罪者，[1]不能退也。故《明法》曰："譽者不能進，而誹者不能退也。"

制群臣，擅生殺，主之分也；縣令仰制，臣之分也。威勢尊顯，主之分也；卑賤畏敬，臣之分也。令行禁止，主之分也；奉法聽從，臣之分也。故君臣相與，高下之處也，如天之與地也；其分畫之不同也，如白之與黑也。故君臣之間明别，則主尊臣卑。如此，則下之從上也，如響之應聲；臣之法主也，如影之隨形。[2] 故上令而下應，主行而臣從，以令則行，以禁則止，以求則得。此之謂易治。故《明法》曰："君臣之間明别，則易治。"按：經作"君臣之間明别，明别則易治也"。[3]

明主操術任臣下，使群臣效其智能，進其長技。故智者效其計，能者進其功。以前言督後事，所效當則賞之，不當則誅之，張官任吏治民，案法試課成功。守法而法之，身無煩勞而分職。故《明法》曰："主雖不身下爲而守法爲之可也。"

---

① "者"，原脱，據宋楊忱本、花齋本、四庫本補。

② "影"，宋楊忱本作"景"。

③ 此亦爲劉績補注。

匡乘馬第六十八①

輕重一

桓公問管子曰:“請問乘馬。”管子對曰:“國無儲在令。”桓公曰:“何謂國無儲在令?”管子對曰:“二農之量,②壤百畝也,春事二十五日之内。”桓公曰:“何謂春事二十五日之内?”管子對曰:“日至六十日而陽凍釋,七十日而陰凍釋。陰凍釋而秇稷,③百日不秇稷,故春事二十五日之内耳也。按:④陽凍,地上也;陰凍,地下也。“秇”同“蓺”,别本作“種”。言七十日陰凍釋秇稷,⑤若百日則過時不秇矣,是秇種惟在二十五日之内。補:日至六十日而陽凍釋,七十日而陰凍釋,自此七十日以後,農夫播種黍稷之時,但諸種作只在此以後一十五日之内,七十日加二十五日爲九十五日,更過五日而爲百日,則爲失時,不可以種稷矣。故曰百日不秇稷。秇,蓺也,種也。今君立扶臺,五衢之衆皆作。若過春而不止,⑥民失其二十五日,則五衢之内,阻棄之地也。起一人之繇,百畝不舉;⑦起十人之繇,千畝不舉;起百人之繇,萬畝不舉;起千人之繇,⑧十萬畝不舉。春已失二十五日,而尚有起夏作,是春失其地,夏失其苗,秋起繇而無止,此之謂穀地數亡。穀失其

① “匡”,宋楊忱本作“巨”,花齋本、四庫本作“臣”。

② “二”,宋楊忱本、花齋本、四庫本作“一”。

③ “秇”,宋楊忱本作“杌”。

④ 此爲劉績補注。

⑤ “日”,原脱,花齋本同,據四庫本補。

⑥ “若”,宋楊忱本、花齋本作“君”。

⑦ “百畝不舉”至“起百人之繇”,正文18字,原脱,據宋楊忱本、花齋本、四庫本補。

⑧ “千”,原作“十”,據宋楊忱本、花齋本、四庫本改。

時,[1]君之衡藉而無止。民食十五之穀,[2]則君已藉九矣,有衡求弊焉。此盜暴之所以起,刑罰之所以衆也。隨之以暴,[3]謂之内戰。"桓公曰:"善哉!"

"策乘馬之數,求盡也。彼王者不奪民時,故五穀興豐。五穀興豐,則士輕禄,民簡賞。彼善爲國者,使農夫寒耕暑耘,力歸於上,女勤於織微,而功歸於府者,[4]後作"緝績微織而功歸於府"。[5] 非怨民心、傷民意,高下之策,不得不然之理也。"

桓公曰:"爲之奈何?"管子曰:"虞國得策乘馬之數矣。"桓公曰:"何謂策乘馬之數?"管子曰:"百畝之夫,予之策:'率二十七日爲子之春事,資子之幣。'春秋,子穀大登,國穀之重去分。謂農夫曰:'幣之在子者,以爲穀而廩之州里。'國穀之分在上,國穀之重再十倍。謂遠近之縣、里、邑百官,皆當奉器械備。曰:'國無幣,以穀準幣。'國穀之櫎,一切什九。還穀而應穀,國器皆資,無藉於民。此有虞之策乘馬也。"

乘馬數第六十九

輕重二

桓公問管子曰:"有虞策乘馬已行矣,吾欲立策乘馬,爲

---

① "其",宋楊忱本作"於"。

② "十五",宋楊忱本作"十伍",花齋本作"什五"。

③ "之以",原誤倒,據宋楊忱本、花齋本、四庫本乙正。

④ "功",宋楊忱本、花齋本、四庫本作"織"。"者",花齋本作"若"。

⑤ 此注宋楊忱本無,當爲劉績補注,而脱"績按"两字。"績",原作"續",花齋本同,據四庫本改。

之奈何?”管子對曰:“戰國修其城池之功,故其國常失其地用,王國則以時行也。”桓公曰:“何謂以時行?”管子對曰:“出準之令,守地用人策,故開闔皆在上,①無求於民。”

“霸國守分,②上分下游於分之間而用足。王國守始,國用一不足則加一焉,國用二不足則加二焉,國用三不足則加三焉,國用四不足則加四焉,國用五不足則加五焉,國用六不足則加六焉,國用七不足則加七焉,國用八不足則加八焉,國用九不足則加九焉,國用十不足則加十焉。人君之守高下,歲藏三分,③十年則必有五年之餘。若歲凶旱水泆,民失本,則修宫室臺榭,以前無狗後無彘者爲庸。故修宫室臺榭,非麗其樂也,以平國策也。今至於其亡策乘馬之君,春秋冬夏,不知時終始,作功起衆,立宫室臺榭。民失其本事,君不知其失諸春策,又失諸夏秋之策數也。民無糧賣子,數矣。猛毅之人淫暴,貧病之民乞請,君行律度焉,則民被刑僇而不從於主上。此策乘馬之數亡也。”

“乘馬之準,與天下齊準。彼物輕則見泄,重則見射。此鬥國相泄,輕重之家相奪也。至於王國,④則持流而止矣。”桓公曰:“何謂持流?”管子對曰:“有一人耕而五人食者,有一人耕而四人食者,有一人耕而三人食者,有一人耕而二人食者。⑤ 此齊力而功地。田策相員,此國策之時守也。君不守以策,則民且守於上,此國策流已。”

---

① “開”,原脱,據宋楊忱本、花齋本、四庫本補。
② “霸”,宋楊忱本作“朝”。
③ “藏”,原脱,據宋楊忱本、花齋本、四庫本補。
④ “國”,原作“貴”,據宋楊忱本、花齋本、四庫本改。
⑤ “二人食者”之“者”,原作“之”,據宋楊忱本、花齋本、四庫本改。

桓公曰:“乘馬之數,盡于此乎?”管子對曰:“布織財物,皆立其貲。財物之貲,與幣高下。穀獨貴獨賤。”桓公曰:“何謂獨貴獨賤?”管子對曰:“穀重而萬物輕,穀輕而萬物重。”

公曰:“賤策乘馬之數,奈何?”管子對曰:“郡縣上腴之壤守之若干,①間壤守之若干,按:間,上下之間,中筭也。下壤守之若干。故相壤定籍而民不移,振貧補不足,下樂上。故以上壤之滿補下壤之衆,章四時,守諸開闔,民之不移也,如廢方於地。此之謂策乘馬之數也。”按:方則不行,故曰廢方。②

問乘馬第七十亡

輕重三

① “腴”,宋楊忱本、花齋本作“臾”。
② “按方則不行故曰廢方”,爲劉績補注。

卷之二十二

事語第七十一

輕重四

桓公問管子曰："事之至數可聞乎？"管子對曰："何謂至數？"桓公曰："秦奢教我曰：'帷蓋不修，衣服不衆，則女事不泰。俎豆之禮不致牲，諸侯太牢，大夫少牢，不若此，則六畜不育。非高其臺榭，美其宫室，則群材不散。'績按：此言上用之，則下爲之。此言何如？"管子曰："非數也。"桓公曰："何謂非數？"管子對曰："此定壤之數也。彼天子之制，壤方千里，齊諸侯方百里，負海子七十里，男五十里，若胸臂之相使也。故準徐疾、羸不足，①雖在下也，不爲君憂。彼壤狹而欲舉與大國爭者，農夫寒耕暑芸，力歸於上，女勤於緝績徽織，功歸於府者，非怨民心、傷民意也。非有積蓄，不可以用人，非有積財，無以勸下。秦奢之數，②不可用於危隘之國。"桓公曰："善。"

---

① "羸"，原作"贏"，據宋楊忱本、四庫本改。

② "秦"，宋楊忱本作"泰"。

桓公又問管子曰："佚田謂寡人曰：'善者用非其有，使非其人，何不因諸侯權以制天下？'"管子對曰："佚田之言非也。彼善爲國者，壤辟舉則民留處，倉廩實則知禮節。且無委致圍，城脆致沖。[①] 績按：委，委積也。無食，則人欲圍而取之。脆，不堅也。沖，沖車也。城不堅，則人思而毁之。夫不定内，不可以持天下。佚田之言非也。"管子曰："歲藏一，十年而十也。歲藏二，五年而十也。穀十而守五，綈素滿之，五在上。故視歲而藏，縣時積歲，國有十年之蓄。富勝貧，勇勝怯，智勝愚，微勝不微，有義勝無義，練士勝敺衆。[②] 凡十勝者盡有之，故發如風雨，動如雷霆，獨出獨入，莫之能禁止，不待權輿。[③] 故佚田之言非也。"桓公曰："善。"

海王第七十二

輕重五

桓公問於管子曰："吾欲藉於臺雉，何如？"管子對曰："此毁成也。""吾欲藉於樹木。"管子對曰："此伐生也。""吾欲藉於六畜。[④]"管子對曰："此殺生也。""吾欲藉於人，何如？"管子對曰："此隱情也。"桓公曰："然則吾何以爲國？"管子對曰："惟官山海爲可耳。"

桓公曰："何謂官山海？"管子對曰："海王之國，謹正鹽

---

① "脆"，宋楊忱本作"肥"。
② "敺"，宋楊忱本作"歐"。
③ "輿"，宋楊忱本作"與"。
④ "畜"，原作"蓄"，據宋楊忱本、四庫本改。

策。"海王，言以負海之利而王其業。桓公曰："何謂正鹽策？"正，税也。管子對曰："十口之家，十人食鹽，百口之家，百人食鹽。終月，大男食鹽五升少半，少半，猶劣薄也。大女食鹽三升少半，吾子食鹽二升少半，吾子謂少男小女也。① 此其大曆也。曆，數。鹽百升而釜。鹽十二兩七銖一黍，十分之一爲升，②當米六合四勺也，百升之鹽七十六斤十二兩十九銖。二鬴爲釜，當米六斗四升。令鹽之重升加分強，釜五十也；分強，半強也。令使鹽官税其鹽之重，每一斗加半合爲強而取之，則一釜之鹽得五十合而爲之強。升加一強，釜百也；升加二強，釜二百也。鍾二千，十釜之鹽七百六十八斤爲鍾，當米六斛四斗是也。十鍾二萬，百鍾二十萬，千鍾二百萬。萬乘之國，人數開口千萬也。舉其大數而言之也。開口，謂大男大女之所食鹽也。禺策之，商日二百萬，禺，讀爲偶，偶對也。商，計也。對其大男大女食鹽者之口數，而立策以計所税之鹽，一日計二百萬，合爲二百鍾。十日二千萬，一月六千萬。萬乘之國，③正人百萬也，④萬乘之國，大男大女食鹽者千萬人，而税之鹽一日二百鍾，十日二千鍾，一月六千鍾也，今又施其税數以千萬人，如九百萬人之數，則所税之鹽一日百八十鍾，十日千八百鍾，⑤一月五千四百鍾。月人三十錢之藉，爲錢三千萬。又變其税五千四百鍾之鹽而藉其錢，⑥計一月每人藉錢三十，凡千萬人爲錢三萬萬矣。以此藉之數而比其常藉，⑦則當一國而有三千萬人矣。今吾非藉之諸君吾子，而有

---

① "少男"，宋楊忱本、花齋本作"小男"。
② "二"，原作"三"，據宋楊忱本、花齋本、四庫本改。
③ "國"，原脱，據花齋本、四庫本補。
④ "人"，原作"九"，據王引之説改。
⑤ "八百"，原作"百八"，據宋楊忱本、花齋本、四庫本改。
⑥ "税"，宋楊忱本、花齋本無。
⑦ "此"，宋楊忱本、花齋本無。

二國之藉者六千萬。諸君，謂老男老女也。六十以上爲老男，五十以上爲老女也。[①] 既不藉於老男老女，又不藉於小男小女，乃能以千萬人而當三千萬人者，蓋鹽官之利耳。鹽官之利既然，則鐵官之利可知也。鹽官之利，當一國而三萬人，鐵官之利，當一國而三萬人焉，故能有二國之藉者六千萬人耳，其常藉人之數猶在此外。使君施令曰：吾將藉于諸君吾子，則必囂號。今此給之鹽筴，[②]則百倍歸於上，人無以避此者，數也。"

"今鐵官之數曰：一女必有一鍼一刀，若其事立；若，猶然後。耕者必有一耒一耜一銚，若其事立；大鋤，謂之銚，子昭反。[③]行服連、輂名，所以載作器人挽者。軺、羊昭反。[④] 輂居玉反。[⑤] 者大車，駕馬者也。[⑥] 必有一斤一鋸一錐一鑿，若其事立。不爾而成事者，天下無有。今鍼之重加一也，[⑦]三十鍼一人之藉也；鍼之重，每十分加一分爲強而取之，則一女之藉得三十鍼矣。[⑧] 績按：一無"也"字。刀之重加六，五六三十，五刀一人之藉也；刀之重，每十分加六分以爲強而取之，五六爲三十，則一女之籍得五刀也。耜鐵之重加七，三耜鐵一人之藉也。耜鐵之重，每十分加七分以爲強而取之，則一農之藉得三耜鐵也。其餘輕重皆準此而行。其器彌重，其加彌多。然則舉臂勝事，[⑨]無不服藉者。"

---

① "以"，宋楊忱本、花齋本、四庫本作"已"。

② "此"，宋楊忱本、花齋本、四庫本作"夫"。

③ "子"，宋楊忱本、花齋本、四庫本作"羊"。

④ "羊昭反"，原脫，四庫本同，據宋楊忱本、花齋本補。

⑤ "居玉反"，原作"居玉友"，且誤列如正文，據宋楊忱本、花齋本、四庫本改正。

⑥ "者也"，宋楊忱本、花齋本無。

⑦ "今"，宋楊忱本作"令"。

⑧ "一"，原作"二"，據宋楊忱本、花齋本、四庫本改。宋楊忱本、花齋本"矣"上有"也"字。

⑨ 宋楊忱本、花齋本"勝"字下有注文"音升"二字。

桓公曰："然則國無山海不王乎？"管子曰："因人之山海假之。名有海之國雖無海，而假名有海，則亦雖無山，而假名有山。售鹽於吾國，①彼國有鹽，而糶於吾國爲售耳。② 釜十五，吾受而官出之以百。受，取也。假令彼鹽平價，釜當十錢者，吾又加五錢而取之，所以來之也。③ 既得彼鹽，則令吾國鹽官又出而糶之，釜以百錢也。我未與其本事也，與，用也。本事，在鹽也。④ 受人之事，以重相推。以重相推者，⑤謂加五錢之類也。推，猶度也。此人用之數也。"彼人所有，而皆爲我用也。⑥

國蓄第七十三

輕重第六

國有十年之蓄，而民不足於食，是皆以其技能望君之禄也；⑦君有山海之金，而民不足於用，⑧是皆以其事業交接於君上也。故人君挾其食，守其用，據有餘而制不足，故民無不累於上也。五穀食米，民之司命也；黄金刀幣，民之通施也。故善者，執其通施，以御其司命，故民力可得而盡也。

故民者，信親而死利，⑨海内皆然。民予則喜，奪則怒，

---

① "售"，宋楊忱本、花齋本作"讎"。
② "糶"，宋楊忱本、花齋本作"糴"。"售"，宋楊忱本訛作"集"。
③ "來"，原作"求"，據宋楊忱本、花齋本、四庫本改。
④ "在"，宋楊忱本、花齋本、四庫本作"本"。
⑤ "以重相推者"，宋楊忱本、花齋本作"以重推"，四庫本無"者"字。
⑥ "也"，宋楊忱本、花齋本作"之"。
⑦ "是"，宋楊忱本、花齋本無。
⑧ "足"，宋楊忱本作"罪"。
⑨ "故"，宋楊忱本、花齋本、四庫本作"夫"。"信親"，花齋本作"親信"。

民情皆然。先王知其然，故見予之形，不見奪之理，民可使由之，①不可使知之。故民愛可洽於上也。洽，通也。租藉者，在工商曰租藉。所以強求也；②租税者，所慮而請也。在農曰租税。慮，猶計也。請，求也。③ 績按：後《輕重乙》作"租藉君之所宜得也，④正藉者君之所強求也"，此有缺誤。王伯之君，去其所以強求，⑤廢其所慮而請，故天下樂從也。

利出於一孔者，凡言利者，不必貨利，⑥慶賞威刑皆是。其國無敵；出二孔者，其兵不詘；詘，與屈同。屈，窮也。出三孔者，不可以舉兵；出四孔者，其國必亡。先王知其然，故塞民之養，養，利也，羊向反。隘其利途。故予之在君，奪之在君，貧之在君，富之在君。故民之戴上如日月，親君若父母。

凡將爲國，不通於輕重，不可爲籠以守民；不能調通民利，不可以語制爲大治。是故萬乘之國有萬金之賈，千乘之國有千金之賈。然者何也？國多失利，則臣不盡其忠，士不盡其死矣。歲有凶穰，故穀有貴賤；令有緩急，故物有輕重。别注：⑦上令急於求米則民重米，緩於求米則民輕米，所緩則賤，所急則重也。然而人君不能治，故使蓄賈游市，别注：謂賈人之多蓄積也。乘民之不給，百倍其本。别注：給，足也。以十取百。分地若一，強者能守；分財若一，智者能收。智者有十倍人之功，以

① "民"，宋楊忱本、花齋本作"與"。
② 宋楊忱本、花齋本"強"下有"其兩反"三字注文。
③ "求"，原作"故"，據宋楊忱本、花齋本、四庫本改。
④ "乙"，四庫本作"一"。
⑤ "伯"，宋楊忱本、花齋本、四庫本作"霸"。
⑥ "貨"，原作"債"，據宋楊忱本、花齋本、四庫本改。
⑦ 此當爲劉績補注所引，下"别注"同。

一取什。愚者有不賡本之事。賡，猶償也，音庚。[1] 然而人君不能調，故民有相百倍之生也。夫民富則不可以祿使也，貧則不可以罰威也。法令之不行，萬民之不治，貧富之不齊也。且君引錣錣，籌也，丁劣反。[2] 量用，耕田發草，上得其數矣；民人所食，人有若干步畝之數矣。計本量委委，積也。則足矣，然而民有飢餓不食者何也？穀有所藏也。言一國之内，耕墾之數，君悉知之。[3] 凡有計口受田家族多少足以自給，[4]而人乏於食者，謂豪富之家收藏其穀故也。人君鑄錢立幣，民庶之通施也。錢幣無補於飢寒之用，人君所立，以均制財物，通交有無，[5]使人之所求，各得其欲。人有若干百千之數矣，然而人事不及、用不足者何也？利有所並也。[6] 民事謂常費也，言人之所有多少各隨其分而自足，君上不能均調其事，則豪富并藏財貨，專擅其利，是故人常費不給，以致匱乏。績按：一本"并"字下有"藏"字。然則人君非能散積聚，[7]鈞羨餘也。不足，分并財利而調民事也，則君雖強本趣耕，本，謂務農。趣，讀爲促。[8] 而自爲鑄幣而無已，乃今使民下相役耳，惡能以爲治乎？言人君若不能權其利門，[9]制其輕重，雖鑄幣無限，極而與人，徒使豪富侵奪貧弱，[10]終不能致理也。惡，音烏。[11]

---

① "音庚"，原脱，四庫本同，據宋楊忱本、花齋本補。
② "丁劣反"，原脱，據宋楊忱本、花齋本、四庫本補。
③ "之"，宋楊忱本無。
④ "有"，宋楊忱本、花齋本作"人"。
⑤ "財"，原作"則"，據宋楊忱本、花齋本、四庫本改。
⑥ 宋楊忱本、花齋本"並"下有"藏"字。
⑦ "積"，原脱，據宋楊忱本、花齋本、四庫本補。
⑧ "趣讀爲促"，原脱，四庫本同，據宋楊忱本、花齋本補。
⑨ "若"，原脱，據宋楊忱本、花齋本、四庫本補。原"能"下衍"其"字，據宋楊忱本、花齋本、四庫本删。"門"，原作"問"，據宋楊忱本、花齋本、四庫本改。
⑩ "侵"，原脱，據宋楊忱本、花齋本、四庫本補。
⑪ "惡音烏"，原脱，據宋楊忱本補。

歲適美，則市糶無予，而狗彘食人食。歲適凶，則市糴釜十繈，而道有餓民。然則豈壤力固不足而食固不贍也哉？夫往歲之糶賤，狗彘食人食，故來歲之民不足也。物適賤，則半力而無予，民事不償其本；物適貴，則什倍而不可得，民失其用。然則豈財物固寡而本委不足也哉？夫民利之時失，而物利之不平也。故善者，委施於民之所不足，操事於民之所有餘。夫民有餘則輕之，故人君斂之以輕；民不足則重之，故人君散之以重。斂積之以輕，散行之以重，故君必有什倍之利，而財之櫎古莫反。① 可得而平也。

凡輕重之大利，以重射輕，以賤泄平。萬物之滿虚隨財，準平而不變，衡絶則重見。人君知其然，故守之以準平。使萬室之都必有萬鍾之藏，藏繈千萬；使千室之都必有千鍾之藏，藏繈百萬。春以奉耕，夏以奉芸。耒耜械器，種饟糧食，畢取贍於君。故大賈蓄家不得豪奪吾民矣。然則何？君養其本謹也。春賦以斂繒帛，夏貸以收秋實。蓋方春，蠶家闕乏，而賦與之，約收其繒帛也。方夏，農人闕乏，亦賦與之，約取其穀實也。② 是故民無廢事而國無失利也。人之所乏，君悉與之，③則豪商富人不得擅其利也。

凡五穀者，萬物之主也。穀貴則萬物必賤，穀賤則萬物必貴。兩者爲敵，則不俱平。故人君御穀物之秩相勝，而操事於其不平之間。秩，積也。食爲人天，故五穀之要，可與萬物爲敵，其價常不俱平，所以人君視兩事之委積，可彼此相勝，輕重於其間，則國利不散也。故萬民無藉而國利歸於君也。夫以室廡藉，謂之

---

① “古莫反”，原脱，四庫本同，據宋楊忱本、花齋本補。
② “實”，原作“食”，據宋楊忱本、花齋本、四庫本改。
③ “之”，原作“人”，據宋楊忱本、花齋本、四庫本改。

毁成；小曰室，大曰廡，音武。① 是使人毁壞廬室。② 以六畜藉，謂之止生；畜，許救反。③ 是使人不競牧養也。以田畝藉，謂之禁耕；是止其耕稼也。以正人藉，謂之離情；正數之人若丁壯也。離情，謂離心也。以正户藉，謂之養贏。贏，謂大賈畜家也。正數之户既避其籍，則至浮浪，爲大賈蓄家之所役屬，增其利耳。五者不可畢用，故王者遍行而不盡也。故天子籍于幣，諸侯籍于食。中歲之穀，糶石十錢。大男食四石，月有四十之籍；大女食三石，月有三十之籍；吾子食二石，月有二十之籍。歲凶穀貴，糴石二十錢。④ 則大男有八十之籍，大女有六十之籍，吾子有四十之籍。六十爲大男，五十爲大女。吾子，謂小男小女也。按：古之石，准今之三斗三升三合。⑤ 平歲每石税十錢，凶歲税二十者，非必税其人，謂於操事輕重之間，約收其利也。是人君非發號令收穡而户籍也。⑥ 彼人君守其本委謹，⑦而男女諸君吾子無不服籍者也。穡，斂也。委者謂所委積之物也。⑧ 謹，嚴也。言人君不用下令税斂於人，但嚴守利途，⑨輕重在我，則無所逃其税也。一人廩食，十人得餘；十人廩食，百人得餘；百人廩食，千人得餘。夫物多則賤，寡則貴，散則輕，聚則重。人君知其然，故視國之羡不足而御其財物。穀賤則以幣予食，布帛賤則以幣予衣。視物之輕重而御之以準，故貴賤可調而君得其利。《通典》注：穀賤則以幣與

① “音武”，原脱，據宋楊忱本、花齋本補。
② “壞廬”，原作“攘虚”，據宋楊忱本、花齋本改。
③ “畜許救反”，原脱，四庫本同，據宋楊忱本、花齋本補。
④ “糴”，原作“糶”，據宋楊忱本、花齋本、四庫本改。
⑤ “准”，原作“推”，據宋楊忱本、花齋本、四庫本改。
⑥ “穡”，原作“穭”，據宋楊忱本、花齋本、四庫本改。
⑦ “守”，原作“收”，據宋楊忱本、花齋本、四庫本改。
⑧ “者謂”，宋楊忱本、花齋本脱。
⑨ “守”，原作“收”，據宋楊忱本、花齋本、四庫本改。

食,布帛賤則以幣帛與衣者。① 與,當爲易,隨其所賤而以幣易取之,則輕重貴賤由君上也。②

前有萬乘之國,而後有千乘之國,謂之抵國。前有千乘之國,而後有萬乘之國,謂之距國。壤正方,四面受敵,謂之衢國。以百乘衢處,謂之託食之君。③ 千乘衢處,壤削少半。萬乘衢處,壤削大半。何謂百乘衢處托食之君也?夫以百乘衢處,危慴圍阻千乘萬乘之間。夫國之君不相中,舉兵而相攻,必以爲杆格蔽圉之用,有功利不得鄉。一作享。④ 大臣死於外,⑤分壤而功;列陳繫纍獲虜,分賞而禄。是壤地盡於功賞,而税藏殫於繼孤也。⑥ 是特名羅於爲君耳,無壤之有;號有百乘之守,而實無尺壤之用。故謂托食之君。然則大國内款,小國用盡,何以及此?曰:百乘之國,官賦軌符,乘四時之朝夕,御之以輕重之準,然後百乘可及也。⑦ 千乘之國,封天財之所殖,械器之所出,財物之所生,視歲之滿虚而輕重其禄,然後千乘可足也。萬乘之國,守歲之滿虛,乘民之緩急,正其號令而御其大準,然後萬乘可資也。

玉起於禺氏,績按:⑧音"虞"。金起於汝漢,珠起於赤野。東南西北距周七千八百里,⑨水絶壤斷,舟車不能通。先王爲其途之遠,其至之難,故托用於其重。以珠玉爲上幣,以黄

① "布帛"之"帛",四庫本作"幣",四庫本無"幣帛"之"帛"字。
② 此注當爲劉績補注所引。
③ "託",原作"托",據宋楊忱本、花齋本、四庫本改。
④ 此當爲劉績補注。
⑤ "死",原作"妃",據宋楊忱本、花齋本、四庫本改。
⑥ "藏殫",宋楊忱本作"臧彈",花齋本、四庫本作"臧殫"。
⑦ "及",原作"反",據宋楊忱本、花齋本、四庫本改。
⑧ "績按",四庫本同,宋楊忱本、花齋本無。
⑨ "南西",四庫本同,宋楊忱本、花齋本作"西南"。

金爲中幣,以刀布爲下幣。三幣,握之則非有補於暖也,食之則非有補於飽也,先王以守財物,以御民事,而平天下也。績按:《通典》引此"天下也"下有"是以命之曰衡。衡者,使物一高一下,不得有調也。"注:"若五穀與萬物平,則人無其利,故設上中下之幣,而行輕重之術,使一高一下,乃可權制利門,悉歸於上。"今人君籍求於民:令曰十日而具,則財物之賈什去一;令曰八日而具,則財物之賈什去二;令曰五日而具,則財物之賈什去半;朝令而夕具,則財物之賈什去九。先王知其然,故不求於萬民而籍於號令也。

山國軌第七十四

輕重七

桓公問管子曰:"請問官國軌。"管子對曰:"田有軌,人有軌,用有軌,鄉有軌,人事有軌,幣有軌,縣有軌,國有軌。不通於軌數而欲爲國,不可焉。①"

桓公曰:"行軌數,奈何?②"對曰:"某鄉田若干,人事之準若干,穀重若干,曰:某縣之人若干,③田若干,幣若干而中用,穀重若干而中幣,終歲度人食,其餘若干,曰:某鄉女勝事者終歲績,其功業若干,以功業直時而櫎古莫反。④ 之,終歲,人已衣被之後,餘衣若干,别群軌,相壤宜。"桓公曰:"何謂别

① "焉",宋楊忱本、花齋本、四庫本無。
② "奈",原脱,據宋楊忱本、花齋本、四庫本補。
③ "某",原作"槩",據宋楊忱本、花齋本、四庫本改。
④ "古莫反",原脱,據宋楊忱本、花齋本補。

群軌，相壤宜？”管子對曰：“有莞蒲之壤，有竹箭檀柘之壤，有汜下漸澤之壤，有水潦魚鱉之壤。今四壤之數，君皆善官而守之，則籍於財物，不籍於人畝。十畝之壤，①君不以軌守，則民且守之。民有過移長力，不以本爲得，此君失也”。

桓公曰：“軌意安出？”管子對曰：“不陰據其軌者，②下制其上。”桓公曰：“此若言何謂也？”管子對曰：“某鄉田若干，食者若干，某鄉之女事若干，餘衣若干，謹行州里。曰：田若干，人若干，人衆田不度食若干。曰：田若干，餘食若干。必得軌程，此調之泰軌也。然後調立環乘之幣。田軌之有餘於其人食者，謹置公幣焉。大家衆，小家寡。山田、間田，曰終歲其食不足於其人若干，則置公幣焉，以滿其準。重歲，豐年，五穀登，謂高田之萌績按：萌，田民也。曰：‘吾所寄幣於子者若干，鄉穀之櫎若干，請爲子什減三。’穀爲上，幣爲下。高田撫，③間田、山不被，穀十倍。山田以君寄幣，振其不贍，未淫決一作“失”。④ 也。⑤ 高田以時撫於主上，坐長加十也。女貢織帛，苟合於國奉者，皆置而券之。以鄉櫎市準曰：‘上無幣，有穀。以穀準幣。’環穀而應策，國奉決，穀反準。賦軌幣，穀廩重有加十。謂大家委貲家曰：‘上且修游，⑥人出若干幣。’謂鄰縣曰：‘有實者皆勿左右，不贍，則且爲人馬假其食民。’鄰縣四面皆櫎，穀坐長而十倍。上下令曰：‘貲家假幣，皆以穀準幣，直幣而庚之。’穀爲下，幣爲上。百都百縣軌

① “畝”，宋楊忱本作“鼓”。
② “者”，宋楊忱本、花齋本、四庫本作“皆”。
③ “撫”，原作“摭”，據宋楊忱本、花齋本、四庫本改。
④ 此當爲劉績補注。
⑤ “決”，四庫本同，宋楊忱本、花齋本作“失”。
⑥ “修游”，原作“隣循”，四庫本同，據宋楊忱本、花齋本改。

據，穀坐長十倍。環穀而應假幣，國幣之九在上，一在下。幣重而萬物輕，斂萬物，應之以幣。幣在下，萬物皆在上，萬物重十倍。府官以市橫出萬物，除而止。[①] 國軌，布於未形，[②]據其已成，乘令而進退，無求於民。謂之國軌。"

桓公問於管子曰："不籍而贍國，爲之有道乎？"管子對曰："軌守其時，有官天財，何求於民？"桓公曰："何謂官天財？"管子對曰："泰春，民之功繇；與招反。[③] 泰夏，民之令之所止，令之所發；謂山澤之所禁發。泰秋，民之令之所止，[④]令之所發；泰冬，民之令之所止，[⑤]令之所發。此皆民所以時守也，此物之高下之時也，此民之所以相並兼之時也。君守諸四務。"桓公曰："何謂四務？"管子對曰："泰春，民之且所用者，君已廩之矣；泰夏，民之且所用者，君已廩之矣；泰秋，民之且所用者，君已廩之矣；泰冬，民之且所用者，君已廩之矣。廩，藏也。言四時人之所要皆先備之，所謂耒耜器械種饟糧食，必取贍焉，[⑥]則豪人大賈不得擅其利。泰春功布日，春縑衣、夏單衣、捍、籠、纍、箕、勝、籯、屑、糗，[⑦]若干日之功，用人若干。無貲之家皆假之械器，勝、籯、屑、糗、公衣，功已而歸公，衣折券。故力出於民，而用出於上。春十日不害耕事，夏十日不害耘事，[⑧]秋十日不害斂實，冬二十日不害除田。此之謂時作。"桓公

① "除"，四庫本同，宋楊忱本、花齋本作"隆"。
② "未"，原作"朱"，據宋楊忱本、花齋本、四庫本改。
③ "與招反"，原脱，四庫本同，據宋楊忱本、花齋本補。
④ "民"下之"之"，宋楊忱本、花齋本無。
⑤ "民"下之"之"，宋楊忱本、花齋本無。
⑥ "贍"，宋楊忱本、花齋本作"要"。
⑦ "籠"、"籯"、"糗"，四庫本同，宋楊忱本、花齋本作"竉"、"篇"、"糉"。下同。
⑧ "耘"，宋楊忱本、花齋本作"芸"。

曰："善。吾欲立軌官，爲之奈何？"管子對曰："鹽鐵之策，足以立軌官。"桓公曰："奈何？"管子對曰："龍夏之地，布黄金九千，以幣貨金，①巨家以金，小家以幣。周岐山至於崢丘之西塞丘者，山邑之田也，布幣稱貧富而調之。周壽陵而東至少沙者，中田也，據之以幣，巨家以金，小家以幣。三壤已撫，而國穀再十倍。梁渭、陽瑣之牛馬滿齊衍，請毆之顛齒，②量其高壯。曰：'國爲師旅，戰車毆就，斂子之牛馬。上無幣，請以穀視市櫎而庚子。'牛馬爲上，粟二家。立貲散其粟，③反準，牛馬歸於上。"

管子曰："請立貲於民，有田倍之，内毋有其外，外皆爲貲壤。被鞍之馬千乘，齊之戰車之具，具於此，無求於民。此去丘邑之籍也。""國穀之朝夕在上，山林廩械器之高下在上，春秋冬夏之輕重在上。行田疇，田中有木者，謂之穀賊。宫中四榮，樹其餘曰害女功。宫室械器非山無所仰。然後君立三等之租於山，曰：握以下者爲柴楂，把以上者爲室奉，三圍以上爲棺椁之奉。柴楂之租若干，室奉之租若干，棺椁之租若干。"

管子曰："鹽鐵撫軌，穀一廩十，君常操九，民衣食而繇，下安無怨咎。去其田賦，以租其山。巨家重葬其親者服重租，小家菲葬其親者服小租；巨家美修其宫室者服重租，小家爲室廬者服小租。上立軌於國，民之貧富如加之以繩，謂之國軌。"

---

① "貨"，四庫本同，宋楊忱本作"貲"。

② "毆"，宋楊忱本作"毆"，花齋本作"歐"。

③ "立貲"，四庫本同，宋楊忱本、花齋本作"二家"。

山權數第七十五

輕重八

桓公問管子曰："請問權數。"管子對曰："天以時爲權，地以財爲權，人以力爲權，君以令爲權。失天之權，則人地之權亡。"桓公曰："何爲失天之權則人地之權亡？"管子對曰："湯七年旱，禹五年水，民之無檀賣子者。績按：檀，章延反，糜也。湯以莊山之金鑄幣，而贖民之無檀賣子者；禹以歷山之金鑄幣，而贖民之無檀賣子者。故天權失，人地之權皆失也。故王者歲守十分之參，三年與少半成歲，三十一年而藏十一年與少半。藏參之一不足以傷民，而農夫敬事力作。故天毁埊，古地字。凶旱水泆，民無入於溝壑乞請者也。此守時以待天權之道也。"桓公曰："善。吾欲行三權之數，爲之奈何？"管子對曰："梁山之陽綪、千見反。① 緌，夜石之幣，天下無有。"管子曰："以守國穀，歲守一分。以行五年，國穀之重什倍異日。"管子曰："請立幣。國銅以二年之粟顧之，立黔落。力重與天下調。彼重則見射，輕則見泄，故與天下調。泄者，失權也；見射者，失策也。不備天權，下相求備，準下陰相隸。此刑罰之所起而亂之之本也。故平則不平，民富則不如貧，委積則虚矣。此三權之失也已。"桓公曰："守三權之數奈何？"管子對曰：②"大豐則藏分，阸亦藏分。"桓公曰："阸者，所以益也，何以藏分？"管子對曰："隘則易益也，一可以爲十，十可

---

① "千見反"，原脱，四庫本同，據宋楊忱本、花齋本補。
② "對"，原脱，據宋楊忱本、花齋本、四庫本補。

以爲百。以阨守豐，阨之準數一上十，豐之策數十去九，則吾九爲餘。於數策豐，則三權皆在君，此之謂國權。”

桓公問於管子曰：“請問國制。”管子對曰：“國無制，地有量。”桓公曰：“何謂國無制，地有量？”管子對曰：“高田十石，間田五石，庸田三石，其餘皆屬諸荒田。地量百畝，一夫之力也。粟賈一，粟賈十，粟賈三十，粟賈百。其在流策者，百畝從中，千畝之策也。然則百乘從千乘也，千乘從萬乘也。故地有量，①國無策。”桓公曰：“善。今欲爲大國，大國欲爲天下，不通權策，其無能者矣。”

桓公曰：“今行權奈何？”管子對曰：“君通於廣狹之數，不以狹畏廣；通於輕重之數，不以少畏多。此國策之大者也。”桓公曰：“善。蓋天下，視海内，長譽而無止，爲之有道乎？”管子對曰：“有。曰軌守其數，準平其流，動於未形，而守事已成。物一也而十，是九爲用，徐疾之數，輕重之策也。一可以爲十，十可以爲百。引十之半而藏四，以五操事，在君之決塞。”桓公曰：“何謂決塞？”管子曰：“君不高仁，則國不相被；②君不高慈孝，則民簡其親而輕過。此亂之至也。則君請以國策十分之一者樹表置高，鄉之孝子聘之幣，孝子兄弟衆寡不與師旅之事。樹表置高而高仁慈孝，財散而輕。乘輕而守之以策，則十之五有在上。運五如行事，如日月之終復。此長有天下之道，謂之準道。”

桓公問於管子曰：“請問教數。”管子對曰：“民之能明於農事者，置之黄金一斤，直食八石。③ 民之能蕃育六畜者，置

---

① “有”，宋楊忱本、花齋本作“無”。
② “國”，原作“固”，宋楊忱本作“問”，據花齋本、四庫本改。
③ “直”，原作“宜”，據宋楊忱本、花齋本、四庫本改。

之黄金一斤,直食八石。民之能樹藝者,置之黄金一斤,直食八石。① 民之能樹瓜瓠葷菜百果使蕃育者,②置之黄金一斤,直食八石。民之能已民疾病者,置之黄金一斤,直食八石。民之知時,曰'歲且阨'、曰'某穀不登'、曰'某穀豐'者,置之黄金一斤,直食八石。民之通於蠶桑,使蠶不疾病者,皆置之黄金一斤,直食八石。謹聽其言而藏之官,使師旅之事無所與,此國策之者也。③ 國用相靡而足,相因揲而咨。④ 然後置四限高下,令之徐疾,歐屏萬物,⑤守之以策,有五官技。"桓公曰:"何謂五官技?"管子曰:"詩者所以記物也,時者所以記歲也,春秋者所以記成敗也,行者道民之利害也,易者所以守凶吉成敗也,卜者卜凶吉利害也。民之能此者,皆一馬之田,一金之衣,此使君不迷妄之數也。六家者,⑥即見:其時使豫先蚤閒之日受之,故君無失時,無失策,萬物興豐無失利;遠占得失,以爲末教;詩,記人無失辭;行,殫道無失義;易,守禍福凶吉不相亂。此謂君棅。"筆永反,《説文》與"柄"同。⑦

桓公問於管子曰:"權棅之數,吾已得聞之矣,守國之固,奈何?"曰:"能皆已官,時皆已官,得失之數,萬物之終始,君皆已官之矣。⑧ 其餘皆以數行。"桓公曰:"何謂以數行?"管子對曰:"穀者,民之司命也,智者,民之輔也。民智而君愚,

---

① "直",原作"宜",據宋楊忱本、花齋本、四庫本改。

② "育",宋楊忱本、花齋本誤作"亰"。

③ 王念孫以爲"之"下當有"大"字。

④ "因",原作"困",四庫本同,據宋楊忱本改。"咨",宋楊忱本、花齋本作"咨"。

⑤ "歐",花齋本同,宋楊忱本、四庫本作"毆"。

⑥ 張佩綸以爲當爲"五家"。

⑦ 此注原脱,四庫本同,據宋楊忱本、花齋本補。

⑧ "君皆"至"智者民",原列雙行如注文。

下富而君貧，下貧而君富，此之謂事名二。國機，徐疾而已矣。君道，度法而已矣。人心，禁繆而已矣。"桓公曰："何謂度法？何謂禁繆？"管子對曰："度法者，量人力而舉功；禁繆者，非往而戒來。故禍不萌通，而民無患咎。"桓公曰："請問心禁。①"管子對曰："晉有臣不忠於其君，慮殺其主，謂之公過。諸公過之家毋使得事君。此晉之過失也。齊之公過，坐立長差。惡惡乎來刑，善善乎來榮。戒也。此之謂國戒。"

桓公問管子曰："輕重準施之矣，策盡於此乎？"管子曰："未也，將御神用寶。"桓公曰："何謂御神用寶？"管子對曰："北郭有掘闕而得龜者，掘，穿也，求物反。② 穿地至泉曰闕，求月反。③ 此檢數百里之地也。"檢，猶比也。以此龜爲用者，其數可比百里之地。桓公曰："何謂得龜百里之地？"管子對曰："北郭之得龜者，令過之平盤之中。令，力呈反。④ 過之，猶置之也。平盤者，大盤也。君請起十乘之使，百金之提，起，發也。提，裝也。使，色吏反。⑤ 命北郭得龜之家曰：'賜若服中大夫。'若，汝也。中大夫，齊爵也。曰：'東海之子類於龜，東海之子，其狀類龜，假言此龜東海之子耳，東海之子者，海神之子也。托舍於若，托舍，猶寄居也。賜若大夫之服以終而身，而，若也。勞若以百金。'勞，賜之也。⑥ 之龜爲無貲，之，是也。是龜至寶而無貲也。無貲，無價也。而藏諸泰臺，泰臺，高臺也。一日而釁之以四牛，⑦立寶

① "問"，宋楊忱本、花齋本作"聞"。
② "求物反"，原脱，據宋楊忱本、花齋本補。
③ "求月反"，原脱，據宋楊忱本、花齋本補。
④ "令力呈反"，原脱，據宋楊忱本、花齋本補。
⑤ "使色吏反"，原脱，據宋楊忱本、花齋本補。
⑥ "之"，宋楊忱本、花齋本無此字。
⑦ "釁"，原作"亶"，宋楊忱本作"舋"，據花齋本、四庫本改。

曰無貲。立龜爲寶，號曰無貲。① 還四年，伐孤竹。還四年，後四年。丁氏之家粟，丁氏，齊之富人，所謂丁惠也。可食三軍之師行五月，食，音嗣。② 可，以意料，③行五月，經五月。召丁氏而命之曰：'吾有無貲之寶於此，吾今將有大事，請以寶爲質於子，音致，下皆同。④ 以假子之邑粟。'即家粟也。丁氏北鄉再拜，入粟，不敢受寶質。桓公命丁氏曰：'寡人老矣，爲子者不知此數，終受吾質！'丁氏歸，革築室，賦籍藏龜。革，更也。賦，敷也。籍，席也。才夜反。⑤ 還四年，伐孤竹，謂丁氏之粟中食三軍五月之食。桓公立貢數：文行中七，年龜中四千金，黑白之子當千金。凡貢制：中二齊之壤策也。用貢：國危出寶，國安行流。"桓公曰："何謂流？"管子對曰："物有豫，則君失策而民失生矣。故善爲天下者，操於二豫之外。"桓公曰："何謂二豫之外？"管子對曰："萬乘之國，不可以無萬金之蓄飾；千乘之國，不可以無千金之蓄飾；百乘之國，不可以無百金之蓄飾。以此與令進退，此之謂乘時。"

山至數第七十六

輕重九

桓公問管子曰："梁聚謂寡人曰：'古者輕賦税而肥籍斂，

① "曰"，原作"爲"，據宋楊忱本、花齋本、四庫本改。
② "食音嗣"，原脱，據宋楊忱本、花齋本補。
③ "可以意料"，四庫本同，宋楊忱本、花齋本作"下以意取"。
④ 此注原脱，據宋楊忱本、花齋本補。
⑤ "才夜反"，原脱，據宋楊忱本、花齋本補。

收下無順於此者矣。[1]’梁聚之言何如?”管子對曰:“梁聚之言非也。彼輕賦税則倉廩虚,肥籍斂則械器不奉。械器不奉而諸侯之皮幣不衣,[2]倉廩虚則倳賤無禄。外皮幣不衣於天下,内國倳賤,梁聚之言非也。君有山,山有金,以立幣,以幣準穀而授禄,故國穀斯在上,穀賈什倍,農夫夜寢蚤起,不待見使。五穀什倍,士半禄而死君,農夫夜寢蚤起,力作而無止。彼善爲國者,不曰使之,使不得不使;不曰貧之,使不得不用。故使民無有不得不使者。夫梁聚之言非也。”桓公曰:“善。”

桓公又問於管子曰,“有人教我,謂之請士。曰:‘何不官百能?’”管子對曰:“何謂百能?”桓公曰:“使智士盡其智,[3]謀士盡其謀,百工盡其巧,若此,則可以爲國乎?”管子對曰:“請士之言非也。禄肥則士不死,幣輕則士簡賞,萬物輕則士偷幸。三怠在國,何數之有?彼穀十藏於上,三游於下,謀士盡其慮,智士盡其知,勇士輕其死。請士所謂妄言也。不通於輕重,謂之妄言。”

桓公問于管子曰:“昔者周人有天下,諸侯賓服,名教通於天下,而奪於其下,何數也?”管子對曰:“君分壤而貢入,市朝同流。黄金,一策也;江陽之珠,一策也;秦之明山之曾青,一策也。此謂以寡爲多,以狹爲廣,軌出之屬也。[4]”桓公曰:“天下之數盡於軌出之屬也?”“今國穀重什倍而萬物輕,[5]大

---

① “收”,宋楊忱本、花齋本、四庫本作“取”。

② “械器”,原作“器械”,據花齋本、四庫本乙正。宋楊忱本無“械器不奉”四字。

③ “士”,宋楊忱本、花齋本作“者”。

④ “軌出”,郭沫若以爲當是“輕重”之訛誤。下“軌出”同此。

⑤ “今”,宋楊忱本作“合”。戴望以爲此上當脱“管子曰”三字。

夫謂賈之:①'子爲吾運穀而斂財。'穀之重一也,今九爲餘。穀重而萬物輕,若此,則國財九在大夫矣。國歲反一,財物之九者皆倍重而出矣。財物在下,幣之九在大夫。然則幣穀羨在大夫也。天子以客行,令以時出。熟穀之人亡,諸侯受而官之,連朋而聚與,高下萬物以合民用。内則大夫自還而不盡忠,外則諸侯連朋合與,熟穀之人則去亡,故天子失其權也。"桓公曰:"善。"

桓公又問管子曰:"終身有天下而勿失,爲之有道乎?"管子對曰:"請勿施於天下,獨施之於吾國。"桓公曰:"此若言何謂也?"管子對曰:"國之廣狹、壤之肥墝有數,終歲食,餘有數。彼守國者,守穀而已矣。曰:某縣之壤廣若干,某縣之壤狹若干,國之廣狹肥墝,人之所食多少,其數君素皆知之。則必積委幣,委,蓄也。各於縣、州、里蓄積錢幣,所謂萬室之邑必有萬鍾之藏,藏繦千萬;千室之邑必有千鍾之藏,藏繦百萬。於是縣、州、里受公錢。公錢即積委之幣。泰秋,國穀去參之一,去,減也,丘吕反。② 君下令謂郡、縣、屬大夫、里、邑皆籍粟入若干。穀重一也,以藏於上者,一其穀價,而收藏之。③ 國穀參分,則二分在上矣。言先貯幣於縣邑,當秋時下令收糴也。則魏李悝行平糴之法,上熟糴三舍一,中熟糴二舍一,下熟中分之,蓋出於此。今言去三之一者,④約中熟爲準耳。⑤ 泰春,國穀倍重,數也。泰夏,賦穀以市櫎,古莫反。⑥ 民

① "之",馬非百以爲乃"人"字之訛。
② "丘吕反",原脱,四庫本同,據宋楊忱本、花齋本補。
③ "而",宋楊忱本、花齋本作"以"。
④ "去",原作"出",據宋楊忱本、花齋本改。
⑤ "約",花齋本、四庫本同,宋楊忱本作"納"。
⑥ "古莫反",原脱,四庫本同,據宋楊忱本、花齋本補。

皆受上穀以治田土。泰秋，田：'穀之存子者若干，①今上斂穀以幣。'民曰：'無幣以穀。'則民之三有歸於上矣。言當春穀貴之時，計其價以穀賦與人，秋則斂其幣，雖設此令，本意收其穀，人既無幣，②請輸穀，故穀歸於上矣。③ 重之相因，時之化舉，無不爲國策。重之相因，若春時穀貴與穀也；時之化舉，若秋時穀賤收穀也。四時之輕重，無不以術權之。④ 君用大夫之委，以流歸於上；君用民，以時歸於君。藏輕，出輕以重，數也。則彼安有自還之大夫獨委之？彼諸侯之穀十，使吾國穀二十，則諸侯穀歸於吾國矣；⑤諸侯穀二十，吾國穀十，則吾國穀歸於諸侯矣。故善爲天下者，謹守重流，重流，謂嚴守穀價不使流散。而天下不吾洩矣。洩，散也。吾穀不散出。彼重之相歸，如水之就下。吾國歲非凶也，以幣藏之，故國穀倍重，故諸侯之穀至也。是藏一分以致諸侯之一分也。利不奪於天下，大夫不得以富侈。以重藏輕，國常有十國之策也。故諸侯服而無止，臣横從而以忠。此以輕重御天下之道也，謂之數應。"

桓公問於管子曰：⑥"請問國會。"管子對曰："君失大夫爲無伍，失民爲失下。故守大夫以一縣之策，⑦守一縣以一鄉之策，守一鄉以一家之策，守一家以一人之策。⑧"桓公曰："其會數奈何？"管子對曰："幣準之數，一縣必有一縣中田之

---

① "子"，原作"予"，四庫本、花齋本同，據宋楊忱本改。
② "人"，宋楊忱本、花齋本、四庫本作"入"。
③ "穀"、"矣"，宋楊忱本、花齋本脱。
④ "四"，宋楊忱本、花齋本作"因"。
⑤ "於"，宋楊忱本、花齋本無此字。
⑥ "於"，宋楊忱本、花齋本無此字。
⑦ "一"，宋楊忱本、花齋本無此字。
⑧ "一"，宋楊忱本、花齋本無此字。

策，一鄉必有一鄉中田之策，一家必有一家直人之用。故不以時守郡爲無與，不以時守鄉爲無伍。”桓公曰：“行此奈何？”管子對曰：“王者藏於民，霸者藏於大夫，殘國亡家藏於篋。”桓公曰：“何謂藏於民？”“請散棧臺之錢，散諸城陽，鹿臺之布，散諸濟陰。君下令於百姓曰：‘民富君無與貧，民貧君無與富。故賦無錢布，府無藏財，貲藏於民。’歲豐，五穀登，五穀大輕，穀賈去上歲之分。以幣據之，穀爲君，幣爲下。國幣盡在下，幣輕穀重上分。上歲之二分在下，下歲之二分在上，則二歲者四分在上，則國穀之一分在下，穀三倍重。邦布之籍，終歲十錢。人家受食，十畝加十，是一家十户也，出於國穀策而藏於幣者也。以國幣之分復布百姓，四減國穀，[1]三在上，一在下，復策也。大夫聚壤而封，[2]積實而驕上，請奪之以會。”桓公曰：“何謂奪之以會？”管子對曰：“粟之三分在上，謂民萌皆受上粟，度君藏焉。五穀相靡而重去什三，爲餘以國幣穀準反行，大夫無什於重。君以幣賦禄，什在上。君出穀，什而去七。君斂三，上賦七，散振不資者，仁義也。五穀相靡而輕，數也；以鄉重而籍國，[3]數也；出實財，散仁義，萬物輕，數也。乘時進退。故曰：王者乘時，聖人乘易。”桓公曰：“善。”

桓公問管子曰：“特命我曰：‘天子三百領泰，嗇而散大夫，準此而行。’此如何？”補：特命我者，獨教我也。三百，百音邁，勉力也。領，去也。教我如古之天子，勉力領去侈泰，嗇省其用，以散之大夫，使大夫不致取民，依此而行，爲何如也。故仲答以非法家也。管子

---

① “減”，原作“緘”，據宋楊忱本、花齋本、四庫本改。

② “聚壤”，宋楊忱本作“旅壤”。

③ “重”上，宋楊忱本、花齋本、四庫本有“完”字。

曰："非法家也。大夫高其壟，美其室，此奪農事及市庸，此非便國之道也。民不得以織爲繆綃而貍之於地。彼善爲國者，乘時徐疾而已矣。謂之國會。"

桓公問管子曰："請問爭奪之事何如？"管子曰："以戚始。"桓公曰："何謂用戚始？"管子對曰："君人之主，弟兄十人，分國爲十；兄弟五人，分國爲五。三世則昭穆同祖，①十世則爲祏。故伏尸滿衍，兵決而無止，輕重之家復游於其間。故曰：毋予人以壤，毋授人以財。財終則有始，與四時廢起。聖人理之以徐疾，守之以決塞，奪之以輕重，行之以仁義，故與天壤同數，此王者之大轡也。"

桓公問管子曰："請問幣乘馬。"管子對曰："始取夫三大夫之家，方六里而一乘，二十七人而奉一乘。幣乘馬者，方六里，田之美惡若干，②穀之多寡若干，穀之貴賤若干，凡方六里用幣若干，穀之重用幣若干。故幣乘馬者，布幣於國，幣爲一國陸地之數，謂之幣乘馬。"桓公曰："行幣乘馬之數，奈何？"即《臣乘馬》所謂"筴乘馬"者。臣猶實也。筴者，以幣爲筴，而泄重射輕。管子對曰："士受資以幣，大夫受邑以幣，人馬受食以幣，則一國之穀貲在上，幣貲在下，國穀什倍，數也。萬物財物去什二，筴也。皮革、筋角、羽毛、竹箭、器械、財物，苟合于國器君用者，皆有矩券於上。矩券，常券。君實鄉州藏焉，周制，萬二千五百家爲鄉，③二千五百家爲州。齊雖霸國，尚用周制。曰：

---

① "昭穆"，原並列如注文，據四庫本改。
② "美惡"，原作"惡美"，誤倒，宋楊忱本同，據花齋本、四庫本乙正。
③ "家"，原脱，宋楊忱本、花齋本亦脱"家爲"二字，據四庫本補。

‘某月某日，苟從責者，[1]責讀爲債。[2] 鄉決州決。故曰：就庸一日而決。國策出於穀軌，國之策貨，幣乘馬者也。貨，[3]價也。言應合受公家之所給，皆與之幣，[4]則穀之價君上權之，其幣在下，故穀倍重。其有皮革之類堪於所用者，所在鄉州有其數，若今官曹簿帳。人有負公家之債，若耒耜種糧之類者，官司如要器用，若皮革之類者，則與其準納。如要功庸者，令就役，一日除其簿書耳。此蓋君上一切權之也。詳輕重之本旨，摧抑富商兼並之家，[5]隘塞利門，則與奪貧富悉由號令，然可易爲理也。今刀布藏於官府，巧幣萬物，輕重皆在賈之。彼幣重而萬物輕，幣輕而萬物重，彼穀重而穀輕。人君操穀幣金衡，[6]而天下可定也，此守天下之數也。”

桓公問於管子曰：“準衡、輕重、國會，吾得聞之矣，請問縣數。”管子對曰：“狼牡以至於馮會之日，[7]龍夏以北至于海莊，禽獸羊牛之地也，何不以此通國策哉？”桓公曰：“何謂通國策？”管子對曰：“馮市門一吏，書贅直事，若其事。唐圉牧食之人，[8]養視不失。扞殂者，去其都秩，與其縣秩。大夫不鄉贅合游者，謂之無禮義，大夫幽其春秋，列民幽其門山之祠。馮會、龍夏牛羊犧牲月價十倍異日。此出諸禮義，[9]籍於無用之地，因捫牢策也，謂之通。”

桓公問管子曰：“請問國勢。”管子對曰：“有山處之國，有

---

① “責”，原作“貴”，據宋楊忱本、花齋本、四庫本改。
② “責讀爲債”，原脱，四庫本同，據宋楊忱本、花齋本補。
③ “貨”，宋楊忱本作“貲”，花齋本作“資”。
④ “合”、“給”，原作“自”、“鄉”，據宋楊忱本、花齋本、四庫本改。
⑤ “摧”，原作“權”，據宋楊忱本、花齋本、四庫本改。
⑥ “金”，張佩綸以爲當作“準”。
⑦ “日”，安井衡以爲當作“口”。
⑧ “圉”，原作“國”，據宋楊忱本、花齋本、四庫本改。
⑨ “諸”，原脱，據宋楊忱本、花齋本、四庫本補。

汜下多水之國，有山地分之國，有水泆之國，有漏壤之國。此國之五勢，人君之所憂也。山處之國，常藏國穀三分之一；①汜下多水之國，常操國穀三分之一；山地分之國，常操國穀十分之三；水泉之所傷、水泆之國，常操十分之二；漏壤之國，謹下諸侯之五穀，與工雕文梓器以下天下之五穀。此準時五勢之數也。”

桓公問管子曰：“今有海内，縣諸侯，則國勢不用已乎？”管子對曰：“今以諸侯爲竽，②公州之飾焉，以乘四時，行捫牢之策，以東西南北相彼，用平而準。故曰：爲諸侯，則高下萬物以應諸侯；遍有天下，則賦幣以守萬物之朝夕，調而已。利有足則行，不滿則有止。王者鄉州以時察之，故利不相傾，縣死其所。君守大奉一，謂之國簿。”③

① “國穀”之“國”，宋楊忱本、花齋本脱。
② “竽”，張佩綸以爲當爲“策”。
③ “簿”，原作“薄”，據宋楊忱本、花齋本、四庫本改。

卷之二十三

地數第七十七

輕重十

桓公曰:"地數可得聞乎?"管子對曰:"地之東西二萬八千里,南北二萬六千里。其出水者八千里,受水者八千里。出銅之山四百六十七山,出鐵之山三千六百九山。此之所以分壤樹穀也,戈矛之所發,刀幣之所起也。能者有餘,拙者不足。封於泰山,禪於梁父,封禪之王七十二家,得失之數,皆在此内。是謂國用。"桓公曰:"何謂得失之數皆在此?"管子對曰:"昔者桀霸有天下而用不足,湯有七十里之薄而用有餘。天非獨爲湯雨菽粟,而地非獨爲湯出財物也。伊尹善通移、輕重、開闔、決塞,通於高下徐疾之策,坐起之費時也。黄帝問於伯高曰:'吾欲陶天下而以爲一家,爲之有道乎?'伯高對曰:'請刈其莞而樹之,吾謹逃其蚤牙,則天下可陶而爲一家。'黄帝曰:'此若言可得聞乎?'伯高對曰:'上有丹沙者下有黄金,上有慈石者下有銅金,上有陵石者下有鉛、錫、赤銅,[1]上

① "鉛",原作"金",據宋楊忱本、花齋本、四庫本改。

有赭者下有鐵，此山之見榮者也。苟山之見其榮者，君謹封而祭之。距封十里而爲一壇，是則使乘者下行，行者趨。若犯令者，罪死不赦。然則與折取之遠矣。修教十年，而葛盧之山發而出水，金從之。蚩尤受而制之，以爲劍、鎧、矛、戟，是歲相兼者諸侯九。雍狐之山發而出水，金從之。蚩尤受而制之，以爲雍狐之戟、芮戈，是歲相兼者諸侯十二。故天下之君頓戟一怒，[①]伏尸滿野，此見戈之本也。"

桓公問於管子曰："請問天財所出，地利所在？"管子對曰："山上有赭者其下有鐵，上有鉛者其下有銀。[②] 一曰：'上有鉛者其下有鉒銀，上有丹沙者其下有鉒金，上有慈石者其下有銅金。'此山之見榮者也。苟山之見榮者，謹封而爲禁。有動封山者，罪死而不赦。有犯令者，左足入，左足斷；右足入，右足斷。然則其與犯之遠矣。此天財地利之所在也。"桓公問於管子曰："以天財地利立功成名於天下者，誰子也？"管子對曰："文武是也。"桓公曰："此若言何謂也？"管子對曰："夫玉起於牛氏邊山，金起於汝、漢之右洿，珠起於赤野之末光。此皆距周七千八百里，其塗遠而至難。故先王各用於其重，珠玉爲上幣，黄金爲中幣，刀布爲下幣。令疾則黄金重，令徐則黄金輕。先王權度其號令之徐疾，高下其中幣，而制下上之用，則文武是也。"

桓公問於管子曰："吾欲守國財而毋税於天下，而外因天下，可乎？"管子對曰："可。夫水激而流渠，令疾而物重。先王理其號令之徐疾，内守國財而外因天下矣。"桓公問於管子

---

① "一"，宋楊忱本作"壹"。

② "銀"，原作"銍"，據宋楊忱本、花齋本、四庫本改。

曰:"其行事奈何?"管子對曰:"夫昔者武王有巨橋之粟,貴糴之數。"武王既勝殷,得巨橋粟,欲使糴貴。巨橋倉,在今廣平郡曲周縣。桓公曰:"爲之奈何?"管子對曰:"武王立重泉之戍,戍名也,假設此戍名,欲人憚役而競取粟也。① 重,丈恭反。② 令曰:'民自有百鼓之粟者不行。'鼓,十二斛。③ 民舉所最粟,舉,盡也。最,聚也,子外反。④ 以避重泉之戍,而國穀二什倍,巨橋之粟亦二什倍。武王以巨橋之粟二什倍而市繒帛,軍五歲毋籍衣於民。以巨橋之粟二什倍而衡黄金百萬,衡,平也。終身無籍於民,準衡之數也。"桓公問於管子曰:"今亦可以行此乎?"管子對曰:"可。夫楚有汝、漢之金,齊有渠展之鹽,燕有遼東之煮,此三者亦可以當武王之數。十口之家,十人咶鹽,百口之家,百人咶鹽。凡食鹽之數,一月丈夫五升少半,婦人三升少半,嬰兒二升少半。鹽之重,升加分耗而釜五十,升加一耗而釜百,升加十耗而釜千。君伐菹薪煮泲水爲鹽,正而積之三萬鍾,至陽春,請籍於時。"桓公曰:"何謂籍於時?"管子曰:"陽春農事方作,令民毋得築垣牆,毋得繕冢墓;丈夫毋得治宫室,毋得立臺榭;北海之衆毋得聚庸而煮鹽。然鹽之賈必四什倍。君以四什之賈,修河、濟之流,南輸梁、趙、宋、衛、濮陽。惡食無鹽則腫,守圉之本,其用鹽獨重。君伐菹薪煮泲水以籍於天下,然則天下不減矣。"

桓公問於管子曰:"吾欲富本而豐五穀,可乎?"管子對

① "取",宋楊忱本作"收"。"也",原脱,據四庫本補。
② "重丈恭反",原脱,花齋本、四庫本同,據宋楊忱本補。
③ "鼓十二斛",花齋本作"穀十二斛"。
④ "子外反",原脱,花齋本、四庫本同,據宋楊忱本補。

曰:"不可。夫本富而財物衆,[①]不能守,則税於天下;五穀興豐,巨錢而天下貴,則税於天下,然則吾民常爲天下虜矣。夫善用本者,若以身濟於大海,觀風之所起,天下高則高,天下下則下。天高我下,[②]則財利税於天下矣。"

桓公問於管子曰:"事盡於此乎?"管子對曰:"未也。夫齊衢處之本,通達所出也,游子勝商之所道。人求本者,食吾本粟,因吾本幣,騏驥黄金然后出。令有徐疾,物有輕重,然后天下之寶一爲我用。[③] 善者用非有,使非人。"

揆度第七十八

輕重十一

齊桓公問於管子曰:"自燧人以來,其大會可得而聞乎?"管子對曰:"燧人以來,未有不以輕重爲天下也。共工之王,帝共工氏,繼女媧有天下。水處什之七,陸處什之三,乘天勢以隘制天下。至於黄帝之王,謹逃其爪牙,不利其器,藏秘鋒芒,[④]不以示人,行機權之道,使人日用而不知。燒山林,破增數,焚沛澤,沛,大澤也。[⑤] 一説,水草兼處曰沛。逐禽獸,實以益人,然後天下可得而牧也。至於堯舜之王,所以化海内者,北用禺氏之玉,禺氏,西北戎名,玉之所出。南貴江漢之珠,其勝禽獸之

---

① "夫",原作"大",據宋楊忱本、花齋本、四庫本改。
② 王念孫以爲當作"天下高"。
③ "一",宋楊忱本作"壹"。
④ "秘",原作"於",據宋楊忱本、花齋本、四庫本改。
⑤ "大",原作"火",據宋楊忱本、花齋本、四庫本改。

仇,以大夫隨之。”勝,猶益也。禽獸之仇者,使其逐禽獸如從仇讎也。以大夫隨之者,使其大夫散邑粟財物,隨山澤之人求其禽獸之皮。桓公曰:“何謂也?”管子對曰:“令:‘諸侯之子將委質者,諸國君之子,若衛公子開方、魯公子季友之類。皆以雙虎之皮,①雙虎之皮以爲裘。卿大夫豹飾,卿大夫,上大夫也。袖謂之飾。列大夫豹幨。’列大夫,中大夫也。襟謂之幨,音昌詹反。② 大夫散其邑粟與其財物以市虎豹之皮,③故山林之人刺七亦反。④ 其猛獸若從親戚之仇。此君冕服於朝,而猛獸勝於外;大夫已散其財物,萬人得受其流。此堯舜之數也。”言堯舜嘗用此數。

桓公曰:“事名二、正名五而天下治,何謂事名二?”對曰:“天策陽也,壤策陰也,此謂事名二。”“何謂正名五?”對曰:“權也,衡也,規也,矩也,準也,此謂正名五。其在色者,青黄白黑赤也;其在聲者,宫商羽徵角也;其在味者,酸辛鹹苦甘也。二五者,童山竭澤,人君以數制之人。味者,所以守民口也,聲者,所以守民耳也,色者,所以守民目也。人君失二五者亡其國,大夫失二五者亡其勢,民失二五者亡其家。此國之至機也,謂之國機。”

輕重之法曰:“自言能爲司馬,不能爲司馬者,殺其身以釁其鼓;自言能治田土,不能治田土者,殺其身以釁其社;自言能爲官,不能爲官者,劓以爲門父。”故無敢奸能誣禄至於君者矣。故相任寅爲官都,重門擊柝不能去,亦隨之以法。

桓公問於管子曰,“請問大準。”管子對曰:“大準者,天下

① “虎”,原作“武”,據宋楊忱本、花齋本、四庫本改,下注文中“虎”字同。
② “音昌詹反”,原脱,四庫本同,據宋楊忱本、花齋本補。
③ “虎”,原作“武”,宋楊忱本同,據花齋本、四庫本改。
④ 宋楊忱本此注在“獸”字下,作“刺音七亦反”。

皆制我而無我焉，此謂大準。"桓公曰："何謂也？"管子對曰："今天下起兵加我，臣之能謀厲國定名者，割壤而封；臣之能以車兵進退成功立名者，割壤而封。然則是天下盡封君之臣也，非君封之也。天下已封君之臣十里矣，天下每動，重封君之民二十里。君之民非富也，鄰國富之。鄰國每動，重富君之民，貧者重貧，富者重富。大準之數也。"桓公曰："何謂也？"管子對曰："今天下起兵加我，民棄其耒耜，出持戈於外，然則國不得耕。此非天凶也，此人凶也。君朝令而夕求具，民肆其財物與其五穀爲讎，厭分而去。[1] 賈人受而廩之，然則國財之一分在賈人。師罷，民反其事，萬物反其重。賈人出其財物，國幣之少分廩於賈人。若此則幣重三分，財物之輕重三分。賈人市於三分之間，國之財物盡在賈人，而君無策焉。民更相制，[2]君無有事焉。此輕重之大準也。"

管子曰："人君操本，民不得操末；人君操始，民不得操卒。其在涂者，籍之於衢塞；其在穀者，守之春秋；其在萬物者，立貲而行。故物動則應之。故豫奪其涂，則民無遵；君守其流，則民失其高。故守四方之高下，國無游賈，貴賤相當，此謂國衡。以利相守，則數歸於君矣。"

管子曰："善正商任者省有肆，省有肆則市朝閒，[3]市朝閒則田野充，田野充則民財足，民財足則君賦斂焉不窮。今則不然，民重而君重，重而不能輕；民輕而君輕，輕而不能重。天下善者不然，民重則君輕，民輕則君重，此乃財餘以滿不足

---

① "分"，宋楊忱本、花齋本脱。
② "更"，原作"吏"，據宋楊忱本、花齋本、四庫本改。
③ "閒"，原作"間"，據宋楊忱本、花齋本改，下句"閒"字同。

之數也。① 故凡不能調民利者,不可以爲大治。不察於終始,不可以爲至矣。動左右以重相因,二十國之策也;按:别本"二十"作"世"字,下放此。鹽鐵,二十國之策也;錫金,二十國之策也。五官之數,不籍於民。"

桓公問於管子曰:"輕重之數惡終?"管子對曰:"若四時之更舉,無所終。國有患憂,輕重五穀以調用,積餘臧羨以備賞。天下賓服,有海内,以富誠信仁義之士,故民高辭讓,無爲奇怪者。彼輕重者,諸侯不服以出戰,諸侯賓服以行仁義。"

管子曰:"一歲耕,五歲食,粟賈五倍。一歲耕,六歲食,粟賈六倍。二年耕而十一年食,夫富能奪,貧能予,乃可以爲天下。且天下者,處茲行茲,若此而天下可一也。② 夫天下者,使之不使,用之不用。故善爲天下者,毋曰使之,使不得不使;毋曰用之,用不得不用也。"

管子曰:"善爲國者,如金石之相舉,重鈞則金傾。故治權則勢重,治道則勢羸。今穀重於吾國,輕於天下,則諸侯之自泄,如原水之就下。故物重則至,輕則去。有以重至而輕處者,我動而錯之,天下即已於我矣。物藏則重,發則輕,散則多。幣重則民死利,幣輕則決而不用,故輕重調於數而止。"

"五穀者,民之司命也;刀幣者,溝瀆也;號令者,徐疾也。""令重於寶,社稷重於親戚,胡謂也?"對曰:"夫城郭拔,社稷不血食,無生臣,親没之後,無死子。此社稷之所重於親

① "財",原作"則",據宋楊忱本、花齋本、四庫本改。
② "一",宋楊忱本、花齋本作"壹"。

戚者也。故有城無人,謂之守平虚;有人而無甲兵而無食,謂之與禍居。”

桓公問管子曰:“吾聞海内玉幣有七策,可得而聞乎?”管子對曰:“陰山之礝碈,一策也;燕之紫山白金,①一策也;發、朝鮮之文皮,一策也;汝、漢水之右衢黄金,一策也;江陽之珠,一策也;秦明山之曾青,一策也;禺氏邊山之玉,一策也。此謂以寡爲多,以狹爲廣。天下之數,盡於輕重矣。”

桓公問於管子曰:“陰山之馬,具駕者千乘。馬之平賈萬也,金之平賈萬也。吾有伏金千斤,爲此奈何?”管子對曰:“君請使與正籍者,皆以幣還於金,吾至四萬,此一爲四矣。吾非埏埴摇爐橐而立黄金也,今黄金之重一爲四者,數也。珠起於赤野之末光,黄金起於汝、漢水之右衢,玉起於禺氏之邊山。此度去周七千八百里,其涂遠,其至阸。② 故先王度用其重而因之,珠玉爲上幣,黄金爲中幣,刀布爲下幣。先王高下中幣,制下上之用。③”

百乘之國,中而立市,④東西南北度五十里。一日定慮,二日定載,三日出竟,五日而反。百乘之制輕重,毋過五日。百乘爲耕田萬頃,爲户萬户,爲開口十萬人,爲分者萬人,爲輕車百乘,爲馬四百匹。千乘之國,中而立市,東西南北度百五十餘里。二日定慮,三日定載,五日出竟,十日而反。千乘之制輕重,⑤毋過一旬。千乘爲耕田十萬頃,爲户十萬户,爲

① “白”,原作“曰”,據宋楊忱本、花齋本、四庫本改。
② “阸”,宋楊忱本作“陒”。
③ “制”,宋楊忱本、花齋本作“利”。
④ “市”,宋楊忱本脱。
⑤ “之”,原作“而”,據宋楊忱本、花齋本、四庫本改。

開口百萬人，爲當分者十萬人，爲輕車千乘，爲馬四千匹。萬乘之國，中而立市，東西南北度五百里。三日定慮，五日定載，十日出竟，二十日而反。萬乘之制輕重，①毋過二旬。萬乘爲耕田百萬頃，爲户百萬户，爲開口千萬人，爲當分者百萬人，爲輕車萬乘，爲馬四萬匹。

管子曰："匹夫爲鰥，匹婦爲寡，老而無子者爲獨。君問其若有子弟師役而死者，父母爲獨，上必葬之：衣衾三領，木必三寸，鄉吏視事，葬於公壤。若産而無弟兄，上必賜之匹馬之壤。故親之殺其子以爲上用，不苦也。君終歲行邑里，其人力同而宫室美者，良萌也，力作者也，脯二束、酒一石以賜之；力足蕩游不作，老者譙之，當壯者遣之邊戍。民之無本者貸之圃強。故百事皆舉，無留力失時之民，此皆國策之數也。"

上農挾五，中農挾四，下農挾三。上女衣五，中女衣四，下女衣三。農有常業，女有常事。一農不耕，民有爲之饑者；一女不織，民有爲之寒者。饑寒凍餓，必起於糞土，故先王謹於其始。事再其本，民無檀者賣其子。三其本，若爲食。四其本，則鄉里給。五其本，則遠近通，然後死得葬矣。事不能再其本，而上之求焉無止，然則奸涂不可獨遵，貨財不安於拘。隨之以法，則中内摲民也。輕重不調，無檀之民不可責理，鬻子不可得使。君失其民，父失其子，亡國之數也。

管子曰："神農之數曰：'一穀不登，減一穀，穀之法什倍。二穀不登，減二穀，穀之法再什倍。'夷疏滿之，無食者予之陳，無種者貸之新，故無什倍之賈，無倍稱之民。"

---

① "之"，原作"而"，據宋楊忱本、花齋本、四庫本改。

國準第七十九

輕重十二

桓公問於管子曰：[1]“國準可得聞乎？[2]”管子對曰：“國準者，視時而立儀。”桓公曰：“何謂視時而立儀？”對曰：“黄帝之王，謹逃其爪牙。有虞之王，枯澤童山。夏后之王，燒增藪，焚沛澤，不益民之利。殷人之王，諸侯無牛馬之牢，不利其器。周人之王，官能以備物。五家之數殊而用一也。”

桓公曰：“然則五家之數，籍何者爲善也？”管子對曰：“燒山林，破增藪，焚沛澤，猛獸衆也。[3] 童山竭澤者，君智不足也。燒增藪，焚沛澤，不益民利。逃械器，閉智能者，輔己者也。諸侯無牛馬之牢，不利其器者，曰淫器，而壹民心者也。[4] 以人御人，逃戈刃，高仁義，乘天固以安己者也。[5] 五家之數殊而用一也。”

桓公曰：“今當時之王者立何而可？”管子對口：“請兼用五家而勿盡。”桓公曰，“何謂？”管子對曰：“立祈祥以固山澤，立械器以使萬物，天下皆利而謹操重策。童山竭澤，益利搏流。出山金立幣，[6]存菹丘，[7]立駢牢，以爲民饒。彼菹菜之壤，非五穀之所生也，麋鹿牛馬之地。春秋賦生殺老，立施以

① 宋楊忱本“桓”上衍“齊”字。
② 宋楊忱本“聞”上衍“而”字。
③ “猛”，宋楊忱本作“禽”。
④ “壹”，宋楊忱本作“一”。
⑤ “固”，宋楊忱本作“國”。“者”，宋楊忱本脱。
⑥ “山金”，宋楊忱本作“金山”。
⑦ “存”，宋楊忱本作“成”。

守五穀,此以無用之壤臧民之羸。五家之數皆用而勿盡。”

桓公曰:“五代之王以盡天下數矣,來世之王者可得而聞乎?”管子對曰:“好譏而不亂,亟變而不變,[①]時至則爲,過則去。王數不可豫致。此五家之國準也。”

輕重甲第八十

輕重十三

桓公曰:“輕重有數乎?”管子對曰:“輕重無數,物發而應之,聞聲而乘之。故爲國不能來天下之財,致天下之民,則國不可成。”桓公曰:“何謂來天下之財?”管子對曰:“昔者桀之時,女樂三萬人,晨噪於端門,[②]樂聞於三衢,是無不服文綉衣裳者。伊尹以薄之游女工文綉纂組,一純得粟百鍾於桀之國。夫桀之國者,天子之國也,桀無天下憂,飾婦女鍾鼓之樂,故伊尹得其粟而奪之流。此之謂來天下之財。”桓公曰:“何謂致天下之民?”管子對曰:“請使州有一掌,里有積五窌。民無以與正籍者,予之長假;死而不葬者,予之長度。饑者得食,寒者得衣,死者得葬,不資者得振,則天下之歸我者若流水。此之謂致天下之民。故聖人善用非其有,使非其人,動言搖辭,萬民可得而親。”桓公曰:“善。”

桓公問管子曰:“夫湯以七十里之薄,兼桀之天下,其故何也?”管子對曰:“桀者,冬不爲杠,夏不束柎,以觀凍溺。弛

---

① 後“變”字郭沫若以爲當作“孌”,通“戀”。

② “晨噪於端門”,原作“端譟晨”,據孫星衍、王念孫説改。

牝虎充市，以觀其驚駭。至湯而不然。夷競而積粟，饑者食之，寒者衣之，不資者振之，天下歸湯若流水。此桀之所以失其天下也。"桓公曰："桀使湯得爲是，①其故何也？"管子曰："女華者，桀之所愛也，湯事之以千金；曲逆者，桀之所善也，湯事之以千金。内則有女華之陰，外則有曲逆之陽，陰陽之議合，而得成其天子。此湯之陰謀也。"

桓公曰："輕重之數，國準之分，吾已得而聞之矣，請問用兵奈何？"管子對曰："五戰而至於兵。"桓公曰："此若言何謂也？"管子對曰："請戰衡，戰準，戰流，戰權，戰勢。此所謂五戰而至於兵者也。"桓公曰："善。"

桓公欲賞死事之後，曰："吾國者，衢處之國，饋食之都，虎狼之所栖也，②今每戰輿死扶傷如孤，荼首之孫，仰倳戟之寳，③吾無由與之，爲之奈何？"補：如孤，"如"字乃"之"字也，言輿死扶傷者之孤也。荼首，白首也，言白首事征戰，其子又死於難者之孫也。"寳"乃"室"字之誤，言持戟死事者之室也。室，妻也。言此三等人在所當恤，而欲予之財幣而給養之也，故云云。管子對曰："吾國之豪家，遷封、食邑而居者。君章之以物則物重，不章以物則物輕；守之以物則物重，不守以物則物輕。故遷封、食邑、富商、蓄賈、積餘、藏羨、跱蓄之家，此吾國之豪也。故君請縞素而就士室，朝功臣、世家、遷封、食邑、積餘、藏羨、跱蓄之家曰：'城脆致沖，無委致圍，天下有慮，齊獨不與其謀？子大夫有五穀菽粟者勿敢左右，④請以平賈取之子。'與之定其券契之齒，釜

---

① "使"，原作"死"，據宋楊忱本、花齋本、四庫本改。
② "栖"，原作"接"，據宋楊忱本、花齋本、四庫本改。
③ "仰"，原作"卬"，據宋楊忱本、花齋本、四庫本改。
④ "子"，原作"於"，據宋楊忱本、花齋本、四庫本改。

鏂之數，不得爲侈弇焉。困窮之民聞而糴之，釜鏂無止，遠通不推，國粟之賈坐長而四十倍。君出四十倍之粟以振孤寡，收貧病，①視獨老窮而無子者，靡得相鬻而養之，勿使赴於溝澮之中。若此，則士爭前戰爲顔，行不偷而爲用，輿死扶傷，死者過半。此何故也？士非好戰而輕死，輕重之分使然也。”

桓公曰：“皮、幹、筋、角之徵甚重。重籍於民，而貴市之，皮、幹、筋、角，非爲國之數也。”管子對曰：“請以令高杠柴池，使東西不相睹，南北不相見。”桓公曰：“諾。”行事期年，而皮、幹、筋、角之徵去分，民之籍去分。桓公召管子而問曰：“此何故也？”管子對曰：“杠池平之時，夫妻服簞，輕至百里。今高杠柴池，東西南北不相睹，天酸然雨，十人之力不能上；廣澤遇雨，十人之力不可得而恃。夫舍牛馬之力所無因。牛馬絶罷，而相繼死其所者相望，皮、幹、筋、角徒予人而莫之取，牛馬之賈必坐長而百倍。天下聞之，必離其牛馬，而歸齊若流。故高杠柴池，所以致天下之牛馬，而損民之籍也。《道若秘》云：‘物之所生，不若其所聚。’”

桓公曰：“弓弩多匡軫者，績按：軫，苦禮切，礙也。② 而重籍於民，奉繕工，而使弓弩多匡軫者，其故何也？”補：匡軫，弓弩之戾礙不能應絃以射者之名，俗謂之打調也。言重資籍民財以奉繕工，③而反作此不堪用之弓弩，其故何也？故仲云云。管子對曰：“鵝鶩之舍近，鵾雞鵠鴇音保。鴇，布老切。④ 之通遠。鵠鵾之所在，君

① “收”，宋楊忱本、花齋本、四庫本作“牧”。

② 宋楊忱本、花齋本此注作“苦禮切礙也”。

③ “籍”，原作“藉”，據正文改。

④ “音保”，原脱，據宋楊忱本、花齋本補。“鴇布老切”，宋楊忱本、花齋本無，當爲劉績補注。

請式璧而聘之"。桓公曰:"諾。"行事期年,而上無闕者,前無趨人。三月解匋,弓弩無匡軫者。召管子而問曰:"此何故也?"管子對曰:"鵠鶂之所在,君式璧而聘之。菹澤之民聞之,越平而射遠,非十鈞之弩不能中鶂雞鵠鵖。彼十鈞之弩,不得棐撒不能自正,故三月解匋而弓弩無匡軫者。此何故也?以其家習其所也。"

桓公曰:"寡人欲籍於室屋。"管子對曰:"不可,是毁成也。""欲籍於萬民。"管子曰:"不可,是隱情也。""欲藉於六畜。"管子對曰:"不可,是殺生也。""欲藉於樹木。"管子對曰:"不可,是伐生也。""然則寡人安籍而可?"管子對曰:"君請籍於鬼神。"桓公忽然作色曰:"萬民、室屋、六畜、樹木且不可得籍,鬼神乃可得而籍夫?"管子對曰:"厭宜乘勢,事之利得也;計議因權,事之囿大也。王者乘勢,聖人乘幼,與物皆宜。[1]"桓公曰:"行事奈何?"管子對曰:"昔堯之五吏五官無所食,君請立五厲之祭,祭堯之五吏。春獻蘭,秋斂落;原魚以爲脯,鯢以爲殽。若此,則澤魚之正,百倍異日,[2]則無屋粟邦布之籍。此之謂設之以祈祥,推之以禮義也。然則自足,何求於民也?"

桓公曰:"天下之國,莫強於越,今寡人欲北舉事孤竹、離枝,恐越人之至,爲此有道乎?"管子對曰:"君請遏原流,大夫立沼池,令以矩游爲樂,則越人安敢至?"桓公曰:"行事奈何?"管子對曰:"請以令隱三川,立員都,立大舟之都。大身之都,有深淵,壘十仞。令曰:'能游者賜千金。'未能用金千,

---

① "宜",宋楊忱本作"耳"。
② "百",宋楊忱本、花齋本作"伯"。

齊民之游水，不避吴越。”桓公終北舉事於孤竹、離枝。越人果至，隱曲菑以水齊。管子有扶身之士五萬人，以待戰於曲菑，大敗越人。此之謂水豫。

齊之北澤燒，火獵而行火曰燒，式照反。光照堂下。管子入賀桓公曰：“吾田野辟，農夫必有百倍之利矣。”是歲租税九月而具，粟又美。桓公召管子而問曰：“此何故也？”管子對曰：“萬乘之國、千乘之國，不能無薪而炊。今北澤燒，莫之續，則是農夫得居裝而賣其薪蕘，大曰薪，小曰蕘。一束十倍。則春有以傳耜，夏有以決芸。此租税所以九月而具也。”

桓公憂北郭民之貧，召管子而問曰：“北郭者，盡屨縷之甿也，以唐園爲本利，爲此有道乎？”管子對曰：“請以令禁：百鍾之家不得事鞽，千鍾之家不得爲唐園，去市三百步者不得樹葵菜。若此，則空閒有以相給資，①則北郭之甿有所讎。其手搔之功，唐園之利，故有十倍之利。”

管子曰：“陰王之國有三，而齊與在焉。”桓公曰：“此若言可得聞乎？”管子對曰：“楚有汝、漢之黄金，而齊有渠展之鹽，燕有遼東之煮，此陰王之國也。且楚之有黄金，中齊有菑石也。苟有操之不工，用之不善，天下倪而是耳。使夷吾得居楚之黄金，吾能令農毋耕而食，女毋織而衣。今齊有渠展之鹽，渠展，齊地，沛水所流入海之處，可煮鹽之所也，故曰渠展之鹽。請君伐菹薪，草枯曰菹，采居反。② 煮水爲鹽，③煮海水也。④ 正音

① “閒”，原作“聞”，據宋楊忱本改。
② “采居反”，原脱，據宋楊忱本、花齋本補。
③ “煮水爲鹽”，宋楊忱本、花齋本作“煮沸火爲鹽”。
④ “煮海水也”，此注宋楊忱本、花齋本無，四庫本有，當爲劉績補注。

征。[①] 而積之。"桓公曰:"諾。"十月始正,至於正月,成鹽三萬六千鍾。召管子而問曰:"安用此鹽而可?"管子對曰:"孟春既至,農事且起。大夫無得繕冢墓,理宮室,立臺榭,築牆垣。北海之衆,無得聚庸庸,功也。而煮鹽。北海之衆,謂北海煮鹽之人。本意禁人煮鹽,下令托以農事,[②]慮有妨奪,先自大夫起,欲人不知其機,斯爲權術。若此,則鹽必坐長而十倍。"桓公曰:"善。行事奈何?"管子對曰:"請以令糶之梁、趙、宋、衛、濮陽。彼盡饋食之國也,[③]本國自無,遠饋而食。[④] 無鹽則腫,守圉之國,圉,與禦同。[⑤] 用鹽獨甚。"桓公曰:"諾。"乃以令使糶之,得成金萬一千餘斤。桓公召管子而問曰:"安用金而可?"管子對曰:"請以令使賀獻、出正籍者必以金,金坐長而百倍。運金之重以衡,萬物盡歸於君。故此所謂用若挹於河海,若輸之給馬。此陰王之業。"

管子曰:"萬乘之國必有萬金之賈,千乘之國必有千金之賈,百乘之國必有百金之賈,非君之所賴也,君之所與。故爲人君而不審其號令,則中一國而二君二王也。"桓公曰:"何謂一國而二君二王也?"管子對曰:"今君之籍取以正,萬物之賈輕去其分,皆入於商賈,此中一國而二君二王。故賈人乘其弊,以守民之時。貧者失其財,是重貧也;農夫失其五穀,[⑥]是重竭也。故爲人君而不能謹守其山林、菹澤、草萊,不可以立爲天下王。"桓公曰:"此若言何謂也?"管子對曰:"山林、菹

---

① "音征",原脱,據宋楊忱本、花齋本補。
② "下令",宋楊忱本、花齋本無。
③ "國",襟楊忱本、花齋本在"也"字下。
④ 宋楊忱本、花齋本此注在"守圉之國"下,下接"圉與禦同"。
⑤ 宋楊忱本衍一"與"字。
⑥ "夫",原脱,據宋楊忱本、花齋本、四庫本補。

澤、草萊者，薪蒸之所出，犧牲之所起也。故使民求之，使民籍之，因以給之。私愛之於民，若弟之與兄，子之與父也，然後可以通財交殷也。[①] 故請取君之游財，而邑里布積之。陽春，蠶桑且至，請以給其口食篙曲之強。若此，則絓絲之籍去分而斂矣。補：謂蠶月君以游財給民之養蠶者口食篙曲之用，至蠶熟，則去分絓絲以償昔日游財也。去分，三分乃去，聲讀如名分之分，言去分其分數也。且四方之不至，六時制之：春日傳耜，次日獲麥，次日薄芋，[②]次日樹麻，次日絶菹，次日大雨且至，趣芸壅培。六時補：六時，春日傳耜以下六日之時。制之，臣給至於國都。善者鄉因其輕重，守其委廬，故事至而不妄，然後可以立爲天下王。"

管子曰："一農不耕，民或爲之饑；一女不織，民或爲之寒。故事再其本，則無賣其子者；事三其本，則衣食足；事四其本，則正籍給；事五其本，則遠近通，死得藏。今事不能再其本，而上之求焉無止，[③]是使奸涂不可獨行，遺財不可拘止。[④] 隨之以法，則是下艾民。食三升，則鄉有正食而盜；食二升，則里有正食而盜；食一升，則家有正食而盜。今操不反之事，而食四十倍之粟，而求民之毋失，不可得矣。且君朝令而求夕具，有者出其財，無有者賣其衣屨，農夫糶其五穀，三分賈而去。是君朝令一怒，布帛流越而之天下。君求焉而無止，民無以待之，走亡而栖山阜。持戈之士顧不見親，家族失而不分，民走於中而士遁於外，此不待戰而内敗。"

---

① "殷"，王念孫以爲當作"叚"，通"假"。
② "芋"，宋楊忱本作"芓"。
③ "之求"，原誤倒，據宋楊忱本、花齋本、四庫本乙正。
④ "拘"，宋楊忱本、花齋本作"包"。

管子曰："今爲國有地牧民者，務在四時，守在倉廩。國多財則遠者來，地辟舉則民留處；倉廩實則知禮節，衣食足則知榮辱。今君躬犂墾田，耕發草土，得其穀矣，民人之食，有人若干步畝之數，然而有餓餒於衢閭者何也？穀有所藏也。今君鑄錢立幣，民通移，人有百十之數，然而民有賣子者何也？財有所并也。故爲人君不能散積聚，調高下，分并財，[1]君雖強本趣耕，發草立幣而無止，民猶若不足也。"

桓公問於管子曰："今欲調高下，分并財，散積聚。不然，則世且並兼而無止，蓄餘藏羨而不息，貧賤鰥寡獨老不與得焉。散之有道，分之有數乎？"管子對曰："唯輕重之家爲能散之耳，請以令輕重之家。"桓公曰："諾。"東車五乘，[2]迎癸乙於周下原。桓公問四，因與癸乙、管子、寧戚相與四坐。桓公曰："請問輕重之數。"癸乙曰："重籍其民者失其下，數欺諸侯者無權與。"管子差肩而問曰："吾不籍吾民，何以奉車革？不籍吾民，何以待鄰國？"癸乙曰："唯好心爲可耳。夫好心則萬物通，萬物通則萬物運，萬物運則萬物賤，萬物賤則萬物可因。知萬物之可因而不因者，奪於天下。奪於天下者，國之大賊也。"桓公曰："請問好心，萬物之可因。"癸乙曰："有餘富，無餘乘者，責之卿諸侯；足其所，不賂其游者，責之令大夫。若此，則萬物通，萬物通則萬物運，萬物運則萬物賤，萬物賤則萬物可因矣。故知三準同策者，能爲天下，不知三準之同策者，不能爲天下。故申之以號令，抗之以徐疾也，民乎其歸我若流水。此輕重之數也。"

---

① "財"，原作"則"，據宋楊忱本、花齋本、四庫本改。

② 丁士涵以爲"東"當爲"束"之誤。

桓公問於管子曰："今傳戟十萬，薪菜之靡，日虚十里之衍；[①]頓戟一噪，[②]而靡幣之用，日去千金之積。久之，且何以待之？"管子對曰："粟賈平四十，則金賈四千。粟賈釜四十，則鍾四百也，十鍾四千也，二十鍾者爲八千也。金賈四千，則二金中八千也。然則一農之事，終歲耕百畝，百畝之收不過二十鍾，一農之事乃中二金之財耳。故粟重黄金輕，黄金重而粟輕，兩者不衡立，故善者重粟之賈。釜四百，則是鍾四千也，十鍾四萬，二十鍾者八萬。金賈四千，則是十金四萬也，二十金者爲八萬。故發號出令，曰一農之事有二十金之策。然則地非有廣狹，國非有貧富也，通於發號出令，審於輕重之數然。"

管子曰："湩然擊鼓，士忿怒；鎗然擊金，士帥然。策桐鼓從之，輿死扶傷，爭進而無止。口滿用，手滿錢，補：用，食用也。言人勇于攻戰死而可顧者，爲有重禄而口滿食用，有重賞而手滿錢，爲利所動也。非大父母之仇也，重禄重賞之所使也。故軒冕立於朝，爵禄不隨，臣不爲忠；中軍行戰，委予之賞不隨，士不死其列陳。然則是大臣執於朝，而列陳之士執於賞也。故使父不得子其子，兄不得弟其弟，妻不得有其夫，唯重禄重賞爲然耳。故不遠道里而能威絶域之民，不險山川而能服有恃之國，[③]發若雷霆，動若風雨，獨出獨入，莫之能圉。"

桓公曰："四夷不服，恐其逆政游於天下而傷寡人，寡人之行爲此有道乎？"管子對曰："吴、越不朝，珠象而以爲幣乎。

---

① "十"，原作"中"，據宋楊忱本、花齋本、四庫本改。
② "噪"，原作"計"，據宋楊忱本、花齋本、四庫本改。
③ "國"，宋楊忱本作"固"。

發、朝鮮不朝，請文皮、毤他卧反，①落毛也。服而以爲幣乎。禺氏不朝，②請以白璧爲幣乎。昆侖之虚不朝，請以璆琳、琅玕爲幣乎。故夫握而不見於手，含而不見於口，而辟千金者，珠也；③然后八千里之吴、越可得而朝也。一豹之皮，容金而金也；然后八千里之發、朝鮮可得而朝也。懷而不見於抱，挾而不見於掖，而辟千金者，白璧也；然后八千里之禺氏可得而朝也。簪珥而辟千金者，璆琳、琅玕也；然後八千里之昆侖之虚可得而朝也。故物無主，事無接，遠近無以相因，則四夷不得而朝矣。"

---

① "反"，宋楊忱本、花齋本作"切"。
② "禺氏"，原作"萬民"，據宋楊忱本、花齋本、四庫本改。
③ "珠"，原作"殊"，據宋楊忱本、花齋本、四庫本改。

卷之二十四

輕重乙第八十一

輕重十四[①]

桓公曰："天下之朝夕可定乎？"管子對曰："終身不定。"桓公曰："其不定之説，可得聞乎？"管子對曰："地之東西二萬八千里，南北二萬六千里。天子中而立，國之四面，面萬有餘里。民之入正籍者亦萬有餘里。故有百倍之力而不至者，有十倍之力而不至者，有倪而是者。則遠者疏，疾怨上。邊竟諸侯受君之怨民，與之爲善，缺然不朝，是天子塞其涂。熟穀者去，天下之可得而伯。[②]"桓公曰："行事奈何？"管子對曰："請與之立壤列，天下之旁，天子中立，地方千里，兼伯之壤三百有餘里，佌諸侯度百里，[③]負海子男者度七十里。若此則如胸之使臂，臂之使指也。然則小不能分於民，推徐疾羨不足，雖在下不爲君憂。夫海出泲無止，[④]山生金木無息，草木

---

① "四"，原脱，宋楊忱本作"輕重第四"，據花齋本、四庫本補。
② "伯"，宋楊忱本、花齋本、四庫本作"霸"。下"伯"字同。
③ "佌"，宋楊忱本、花齋本、四庫本作"仳"。
④ "泲"，宋楊忱本作"沸"。

以時生,器以時靡幣,沸水之鹽以日消。終則有始,與天壤争,是謂立壤列也。"

武王問於癸度曰:"賀獻不重,身不親於君;左右不足,友不善於群臣。[①] 故不欲收穡户籍,而給左右之用,爲之有道乎?"癸度對曰:"吾國者,衢處之國也,遠秸之所通,游客蓄商之所道,財物之所遵。故苟入吾國之粟,因吾國之幣,然後,載黄金而出。故君請重重而衡輕輕,運物而相因,則國策可成。故謹毋失其度,未與民,可治。"武王曰:"行事奈何?"癸度曰:"金出於汝、漢之右衢,珠出於赤野之末光,玉出於禺氏之旁山,此皆距周七千八百餘里。其涂遠,其至阸。故先王度用於其重,因以珠玉爲上幣,[②]黄金爲中幣,刀布爲下幣。故先王善高下中幣,制下上之用,而天下足矣。"

桓公曰:"衡謂寡人曰:'一農之事必有一耜、一銚、一鐮、一鎒、一椎、一銍,然後成爲農。一車必有一斤、一鋸、一釭、一鑽、一鑿、一銶、奇休反,[③]鑿也。[④] 一軻,然後成爲車。一女必有一刀、一錐、一箴、一鉥,[⑤]時橘反,[⑥]長針也。[⑦] 然後成爲女。[⑧] 請以令斷山木,鼓山鐵,是可以毋籍而用足。'"管子對曰:"不可。今發徒隸而作之,則逃亡而不守;發民,則下疾怨上,邊竟有兵,則懷宿怨而不戰。未見山鐵之利而内敗矣。

---

① "友",宋楊忱本作"支"。
② "因",原作"固",據宋楊忱本、花齋本、四庫本改。
③ "反",宋楊忱本、花齋本作"切"。
④ "也",四庫本同,宋楊忱本、花齋本作"屬"。
⑤ "鉥",原作"銶",據宋楊忱本、花齋本、四庫本改。
⑥ "反",宋楊忱本、花齋本作"切"。
⑦ "針",原作"鋟",據宋楊忱本、花齋本、四庫本改。
⑧ "成",宋楊忱本脱。

故善者不如與民，量其重，計其贏，民得其十，君得其三。有雜之以輕重，守之以高下。若此，則民疾作而爲上虜矣。”

桓公曰：“請問壤數。”管子對曰：“河淤諸侯，畝鍾之國也。嘖，側革反。① 山諸侯之國也。河淤諸侯常不勝山諸侯之國者，豫戒者也。”桓公曰：“此若言何謂也？”管子對曰：“夫河淤諸侯，畝鍾之國也，故穀衆多，而不理固不得有。至於山諸侯之國，則斂蔬藏菜，此之謂豫戒。”桓公曰：“壤數盡於此乎？”管子對曰：“未也。昔狄諸侯，畝鍾之國也，故粟十鍾而錙金。程諸侯，山諸侯之國也，故粟五釜而錙金。故狄諸侯十鍾而不得傳戟，程諸侯五釜而得傳戟。十倍而不足，或五分而有餘者，通於輕重高下之數。國有十歲之蓄，而民食不足者，皆以其事業望君之祿也。君有山海之財，而民用不足者，皆以其事業交接於上者也。故租籍，君之所宜得也；正籍者，君之所強求也。亡君廢其所宜得，而斂其所強求，故下怨上而令不行。民，奪之則怒，予之則喜，民情固然。先王知其然，故見予之所，不見奪之理。故五穀粟米者，民之司命也；黃金刀布者，民之通貨也。先王善制其通貨，以御其司命，故民力可盡也。”

管子曰：“泉雨五尺，其君必辱；食稱之國必亡，待五穀者衆也。補：泉雨五尺，以喻人君惠澤及人之淺，不足以鼓舞其民而取辱也。國之委積之食亦若是之淺少者，國必不可以戰守而亡。故樹木之勝霜露者，不受令於天，家足其所者，不從聖人。② 故奪然後予，高然後下，喜然後怒，天下可舉。”

---

① “反”，宋楊忱本、花齋本作“切”。
② “聖”，原作“望”，據宋楊忱本、花齋本、四庫本改。

桓公曰："強本節用，可以爲存乎？"管子對曰，"可以爲益愈，而未足以爲存也。昔者紀氏之國強本節用者，其五穀豐滿而不能理也，四流而歸於天下。若是，則紀氏其強本節用，適足以使其民穀盡而不能理，爲天下虜，是以其國亡而身無所處。故可以益愈，而不足以爲存。故善爲國者，天下下，我高；天下輕，我重；天下多，我寡。然後可以朝天下。"

桓公曰："寡人欲毋殺一士，①毋頓一戟，而辟方都二，爲之有道乎？"管子對曰："涇水十二空，汶、淵、洙、浩滿，②三之於。乃請以令使九月種麥，日至而穫，③則時雨未下而利農事矣。"桓公曰："諾。"令以九月種麥，日至而穫。量其艾，一收之積中方都二。故此所謂善因天時，辨於地利而辟方都之道也。④

管子入復桓公曰："終歲之租金四萬二千金，請以一朝素賞軍士。"桓公曰："諾。"以令至鼓期於泰舟之野期軍士。桓公乃即壇而立，寧戚、鮑叔、隰朋、易牙、賓須無皆差肩而立。管子執枹而揖軍士曰："誰能陷陳破衆者，賜之百金。"三問不對。有一人秉劍而前，問曰："幾何人之衆也？"管子曰："千人之衆。""千人之衆，臣能陷之。"賜之百金。管子又曰："兵接弩張，誰能得卒長者，賜之百金。"問曰："幾何人卒之長也？"管子曰："千人之長。""千人之長，臣能得之。"賜之百金。管子又曰："誰能聽旌旗之所指，而得執將首者，賜之千金。"言能得者壘千人，賜之人千金。其餘言能外斬首者，賜之人十

① "殺"，宋楊忱本作"穀"。
② "浩"，宋楊忱本作"沿"。
③ "而"，宋楊忱本作"日"。
④ "辨"，宋楊忱本、花齋本、四庫本作"辯"。

金。一朝素賞，四萬二千金廓然虛。桓公惕然太息曰："吾曷以識此?"管子對曰："君勿患，且使外爲名於其内，鄉爲功於其親，家爲德於其妻子。若此，則士必爭名報德，無北之意矣。吾舉兵而攻，破其軍，並其地，則非特四萬二千金之利也。"五子曰："善。"桓公曰："諾。"乃誡大將曰："百人之長，必爲之朝禮，千人之長，必拜而送之，降兩級；其有親戚者，必遺之酒四石，肉四鼎；其無親戚者，必遺其妻子酒三石，肉三鼎。"行教半歲，父教其子，兄教其弟，妻諫其夫，曰："見其若此其厚，而不死列陳，可以反於鄉乎?"桓公終舉兵攻萊，[1]戰於莒必市里。鼓旗未相望，衆少未相知，而萊人大遁。故遂破其軍，兼其地，而虜其將。故未列地而封，未出金而賞，破萊軍，並其地，禽其君。此素賞之計也。

桓公曰："曲防之戰，民多假貸而給上事者。寡人欲爲之出賂，爲之奈何?"管子對曰："請以令：令富商蓄賈百符而一馬，無有者取於公家。若此，則馬必坐長而百倍其本矣。是公家之馬不離其牧皁，而曲防之戰賂足矣。"

桓公問於管子曰："崇弟、蔣弟，丁、惠之功世，補：三人者，其高子、國子諸人乎？或是同姓世家，其封邑分其國之五分之一也。吾歲罔，寡人不得籍斗升焉，去。菹菜、鹹鹵、斥澤、山間堁壏不爲用之壤，寡人不得籍斗升焉，去一。列稼緣封十五里之原，強耕而自以爲落，其民寡人不得籍斗升焉。則是寡人之國，五分而不能操其二，是有萬乘之號而無千乘之用也。以是與天子提衡，爭秩於諸侯，提，持也。合衆弱以事一強者謂之衡。秩，次也。爲之有道乎?"管子對曰："唯籍於號令爲可耳。"桓公

---

① 宋楊忱本"公"下衍一"衍"字。

曰："行事奈何？"管子對曰："請以令發師置屯籍農，屯，戍也。發師置戍，人有粟者則不行。十鍾之家不行，六斛四斗爲鍾。①百鍾之家不行，千鍾之家不行。行者不能百之一，②千之十，而囷窌之數囷，丘倫反。窌，力救反。皆見於上矣。君案囷窌之數，令之曰：'國貧而用不足，③請以平價取之子，④皆案囷窌而不能挹損焉。'挹損，⑤謂減其數。君直幣之輕重以決其數，直，猶當也，謂決其積粟之數。使無券契之責，分之曰券，合之曰契。責，讀曰債，⑥使百姓皆稱貸於君，則無契券之債。則積藏囷窌之粟皆歸於君矣。故九州無敵，竟上無患。"令曰："罷師歸農，無所用之。"管子曰："天下有兵，則積藏之粟足以備其粮；天下無兵，則以賜貧甿。若此，則菹菜、鹹鹵、斥澤、⑦山間堁�之壤無不發草，此之謂籍於號令。"

管子曰："滕魯之粟釜百，則使吾國之粟釜千；滕魯之粟四流而歸我，若下深谷者。非歲凶而民飢也，辟之以號令，引之以徐疾，施乎其歸我若流水。⑧"

桓公曰："吾欲殺正商賈之利，而益農夫之事，爲此有道乎？"管子對曰："粟重而萬物輕，粟輕而萬物重，兩者不衡立。故殺正商賈之利，而益農夫之事，則請重粟之價釜三百。⑨若是，則田野大辟，而農夫勸其事矣。"桓公曰："重之有道

① "六"，原作"次"，據宋楊忱本、花齋本、四庫本改。
② "百"，原作"不"，據宋楊忱本、花齋本、四庫本改。
③ "用不"，原作"不用"，誤倒，據宋楊忱本、花齋本、四庫本乙正。
④ "子"，原作"予"，據宋楊忱本、花齋本、四庫本改。
⑤ "損"，宋楊忱本、花齋本作"猶"。
⑥ "責讀曰債"，原脱，四庫本同，據宋楊忱本、花齋本補。
⑦ "斥澤"，原誤倒，據宋楊忱本、花齋本、四庫本乙正。
⑧ "乎"，原作"平"，據宋楊忱本改。
⑨ "釜"，宋楊忱本、花齋本、四庫本作"金"。

乎?"管子對曰:"請以令與大夫城藏,使卿、諸侯藏千鍾,令大夫藏五百鍾,列大夫列大夫,中大夫。藏百鍾,富商蓄賈藏五千鍾。① 内可以爲國委,外可以益農夫之事。"桓公曰:"善。"下令卿諸侯令大夫城藏。農夫辟其五穀,三倍其賈。則正商失其事,而農夫有百倍之利矣。

桓公問於管子曰:"衡有數乎?"管子對曰:"衡無數也。衡者,使物一高一下,不得常固。"桓公曰:"然則衡數不可調耶?"管子對曰:"不可調。調則澄,澄則常,常則高下不貳,高下不貳,則萬物不可得而使固。"桓公曰:"然則何以守時?"管子對曰:"夫歲有四秋,而分有四時。故曰:農事且作,請以什伍農夫賦耜鐵,此之謂春之秋。大夏且至,絲纊之所作,此之謂夏之秋。而大秋成,五穀之所會,此之謂秋之秋。大冬營室中,女事紡織緝縷之所作也,此之謂冬之秋。故歲有四秋,而分有四時。已得四者之序,發號出令,物之輕重相什而相百。② 故物不得有常固,故曰衡無數。"

桓公曰:"皮、幹、筋、角、竹箭、羽毛、齒、革不足,爲此有道乎?"管子曰:"惟曲衡之數爲可耳。"桓公曰:"行事奈何?"管子對曰:"請以令爲諸侯之商賈立客舍,一乘者有食,三乘者有蒭菽,五乘者有伍養,天下之商賈,歸齊若流水。"

輕重丙第八十二亡

輕重十五

---

① "千",宋楊忱本、花齋本、四庫本作"十"。

② "百",宋楊忱本、花齋本作"伯"。

輕重丁第八十三

輕重十六[①]

桓公曰:“寡人欲西朝天子,而賀獻不足,爲此有數乎?”管子對曰:“請以令城陰里,城者,築城也。陰里,齊地也。使其牆三重而門九襲。襲,亦重也。欲其事密而人不知,又先托築城。因使玉人刻石而爲璧,刻石,刻其菑石。尺者萬泉,八寸者八千,七寸者七千,珪中丁仲反。[②] 四千,瑗中五百。”好倍肉曰瑗。璧之數已具,管子西見天子曰:“弊邑之君,欲率諸侯而朝先王之廟,觀於周室。請以令使天下諸侯朝先王之廟,觀於周室者,不得不以彤弓石璧。不以彤弓石璧者,彤弓,朱弓也,非齊之所出。蓋不可獨言石璧,兼以彤弓者,猶藏其機。不得入朝。”天子許之曰:“諾。”號令於天下。天下諸侯載黄金、珠玉、五穀、文采、布泉輸齊,以收石璧。石璧流而之天下,天下財物流而之齊。故國八歲而無籍,陰里之謀也。

右石璧謀

桓公曰:“天子之養不足,號令賦於天下,則不信諸侯,爲此有道乎?”管子對曰:“江淮之間有一茅而三脊毌至其本,[③] 名之曰菁茅,請使天子之吏環封而守之。夫天子則封於太山、禪於梁父。號令天下諸侯曰:‘諸從天子封於太山、禪於

---

① “管子輕重十六”,宋楊忱本此下有“右石璧謀　右菁茅謀”雙行并列小題。

② “丁仲反”,原脱,四庫本同,據宋楊忱本、花齋本補。

③ “毌”,原作“每”,據宋楊忱本、花齋本改。

梁父者,必抱菁茅一束以爲禪籍,不如令者不得從。'”天子下諸侯,載其黄金,爭秩而走。江淮之菁茅坐長而十倍,其賈一束而百金。故天子三日即位,天下之金四流而歸周若流水。故周天子七年不求賀獻者,菁茅之謀也。

右菁茅謀

桓公曰:“寡人多務,令衡籍吾國之富商蓄賈稱貸家,以利吾貧萌、農夫,不失其本事。反此有道乎?”管子對曰:“唯反之以號令爲可耳。”桓公曰:“行事奈何?”管子對曰:“請使賓胥無馳而南,隰朋馳而北,寧戚馳而東,鮑叔馳而西。四子之行定,夷吾請號令謂四子曰:‘子皆爲我君視四方稱貸之間,其受息之氓幾何千家,以報吾。'”鮑叔馳而西,反報曰:“西方之氓者,帶濟負河,菹澤之萌也,漁獵取薪蒸而爲食。其稱貸之家多者千鍾,少者六、七百鍾。其出之,鍾也一鍾。其受息之萌九百餘家。”賓胥無馳而南。反報曰:“南方之萌者,山居谷處,登降之萌也。上斷輪軸,下采杼粟,田獵而爲食。其稱貸之家多者千萬,少者六、七百萬。其出之,中伯伍也。其受息之萌八百餘家。”寧戚馳而東,反報曰:“東方之萌,帶山負海,若處,①上斷福,漁獵之萌也,治葛縷而爲食。其稱貸之家丁、惠、高、國,②多者五千鍾,少者三千鍾。其出之,中鍾五釜也。其受息之萌八、九百家。”隰朋馳而北,反報曰:“北方之萌者,③衍處負海,煮泲水爲鹽,梁濟取魚之萌也。薪食。其稱貸之家多者千萬,少者六、七百萬。其出之,

① “若”,宋楊忱本作“苦”。
② “丁”,宋楊忱本作“下”。
③ “之”,宋楊忱本脱。

中百二十也。[1] 受息之萌九百餘家。”凡稱貸之家出泉參千萬，出粟參千萬鍾，[2]受子息民三萬家。四子已報，管子曰：“不棄我君之有萌中一國而五君之正也，然欲國之無貧，兵之無弱，安可得哉？”桓公曰：“爲此有道乎？”管子曰：“惟反之以號令爲可。請以令賀獻者皆以鐻枝蘭鼓，則必坐長什倍其本矣，君之棧臺之職亦坐長什倍。請以令召稱貸之家，君因酌之酒，太宰行觴。桓公舉哀而問曰：[3]‘寡人多務，令衡籍吾國。聞子之假貸吾貧萌，使有以終其上令。寡人有鐻枝蘭鼓，其賈中純萬泉也。願以爲吾貧萌決其子息之數，使無券契之責。’稱貸之家皆齊首而稽顙曰：‘君之憂萌至於此！請再拜以獻堂下。’桓公曰：‘不可。子使吾萌春有以傳耜，夏有以決芸。寡人之德子無所寵，若此而不受，寡人不得於心。’故稱貸之家曰皆：[4]‘再拜受。’所出棧臺之職未能參千純也，而決四方子息之數，使無券契之責。四方之萌聞之，父教其子，兄教其弟，曰：‘夫墾田發務，上之所急，可以無庶乎？君之憂我至於此！’此之謂反準。”

管子曰：“昔者癸度居人之國，必四面望於天下，天下高亦高。天下高我獨下，必失其國於天下。”桓公曰：“此若言曷謂也？”管子對曰：“昔萊人善染。練茈之於萊純錙，緺綬之於萊亦純錙也，其中周十金。[5] 萊人知之，聞綦茈空。[6] 周且斂馬作見於萊人操之。萊有推馬，是自萊失綦茈而反準於馬

---

① “百”，宋楊忱本、花齋本作“伯”。
② 宋楊忱本、花齋本、四庫本“千”上有“數”字。
③ “哀”，宋楊忱本、花齋本、四庫本作“衣”。
④ “曰皆”，聞一多以爲二字當互易。
⑤ “中周”，宋楊忱本、花齋本、四庫本作“周中”。
⑥ “聞”，宋楊忱本作“閒”。“綦”，宋楊忱本作“纂”，花齋本、四庫本作“纂”。

也。故可因者因之，乘者乘之，此因天下以制天下。此之謂國準。"

桓公曰："齊西水潦而民飢，齊東豐庸而糶賤，庸，用也。謂豐稔而足用。欲以東之賤，被西之貴，爲之有道乎？"管子對曰："今齊西之粟釜五鍾爲釜。① 百泉，則鏂二十也。斗二升八合曰鏂，②烏區反。③ 泉，錢也。④ 齊東之粟釜十泉，則鏂二錢也。請以令籍人三十泉，得以五穀菽粟決其籍。若此，則齊西出三斗而決其籍，齊東出三釜而決其籍，然則釜十之粟皆實於倉廩。西之民飢者得食，寒者得衣，無食者予之陳，⑤無種者予之新。若此，則東西之相被，⑥遠近之準平矣。"君下令稅人三十錢，準以五穀，令齊西之人納三斗，東之人納三釜，以賑西之人，則東西俱平矣。管子曰：智用無窮。以區區之齊，一匡天下，本仁祖義，成其霸業，所行權術，因機而發，非爲常道，故別篇云：遍行而不盡也。⑦

桓公曰："衡數吾已得聞之矣，請問國準。"管子對曰："孟春且至，溝瀆阮而不遂，谿谷報上之水不安於藏，内毁室屋，壞牆垣，外傷田野，殘禾稼。故君謹守泉金之謝物，且爲之舉。大夏，帷蓋衣幕之奉不給，謹守泉布之謝物，且爲之舉。大秋，甲兵求繕，弓弩求弦，謹絲麻之謝物，且爲之舉。大冬，任甲兵，粮食不給，黄金之賞不足，謹守五穀黄金之謝物，且

---

① "五"，原作"三"，據宋楊忱本、花齋本、四庫本改。

② "升"，宋楊忱本、花齋本作"勝"。

③ "區"，宋楊忱本、花齋本作"侯"。

④ "泉錢"，原作"錢泉"，誤倒，據宋楊忱本、花齋本、四庫本乙正。

⑤ "食"，宋楊忱本、花齋本、四庫本作"本"。"予"，宋楊忱本作"子"。下"予"字同。

⑥ "被"，原作"彼"，據宋楊忱本、花齋本、四庫本改。

⑦ "而"，原脱，據宋楊忱本、花齋本、四庫本補。

爲之舉。已守其謝，富商蓄賈不得如故，此之謂國準。”

龍門於馬請之陽，[1]牛山之陰。管子入復於桓公曰：“天使使者臨君之郊，請使大夫初飭[2]左右玄服天之使者乎！[3]”天下聞之曰：“神哉齊桓公，天使使者臨其郊。”不待舉兵，而朝者八諸侯。此乘天威而動天下之道也。故智者役使鬼神，而愚者信之。

桓公終神，管子入復桓公曰：“地重，投之哉兆，國有慟。風重，投之哉兆。國有槍星，其君必辱；國有彗星，必有流血。浮丘之戰，彗之所出，必服天下之仇。今彗星見於齊之分，請以令朝功臣世家，號令於國中曰：‘彗星出，寡人恐服天下之仇。請有五穀收粟布帛文采者，皆勿敢左右。國且有大事，請以平價取之。[4]’功臣之家、人民百姓皆獻其穀菽粟泉金，歸其財物，以佐君之大事。此謂乘天嗇而求民鄰財之道也。”

桓公曰：“大夫多并其財而不出，腐朽五穀而不散。”管子對曰：“請以令召城陽大夫而請之。”桓公曰：“何哉？”管子對曰：“‘城陽大夫，嬖寵被絺綌，鵝鶩含餘秫，[5]齊鍾鼓之聲，吹笙篪，同姓不入，伯叔父母遠近兄弟皆寒而不得衣，飢而不得食。子欲盡忠於寡人，能乎？故子毋復見寡人。’滅其位，杜其門而不出。”功臣之家皆爭發其積藏，出其資財，以予其遠近兄弟。以爲未足，又收國中之貧病孤獨老，不能自食之萌，皆與得焉。故桓公推仁立義，功臣之家兄弟相戚，骨肉相親，

---

① “請”，宋楊忱本、花齋本、四庫本作“謂”。
② 顧廣圻疑“初”爲“衲”字誤。
③ 豬飼彥博疑“天”上脱“迎”字。
④ “價”，宋楊忱本、花齋本、四庫本作“賈”。
⑤ “秫”，宋楊忱本、花齋本、四庫本作“粖”。

國無飢民。此之謂繆數。

桓公曰:"崢丘之戰,崢丘,地名,未聞,説即葵丘。民多稱貸負子息,以給上之急,度上之求。寡人欲復業産,業産者,本業也。此何以洽?"洽,通也。言百姓爲戎事失其本業,今欲取之,何以通於此也。管子對曰:"惟繆數爲可耳。"繆讀曰謬,假此術以陳其事也。桓公曰:"諾。"令左右州曰:"表稱貸之家,旌表也。皆堊白其門而高其閭。"亦所以貴重之。州通之師,執折築曰:[①]"君且使使者。"桓公使八使者式璧而聘之,以給鹽菜之用。令使者賚石璧而與,仍存問之,謙言鹽菜之用。稱貸之家皆齊首稽顙而問曰:"何以得此也?"使者曰:"君令曰:'寡人聞之《詩》曰:愷悌君子,民之父母也。寡人有崢丘之戰,吾聞子假貸吾貧萌,使有以給寡人之急,度寡人之求,使吾萌春有以傳耜,夏有以決芸,而給上事,子之力也。是以式璧而聘子,以給鹽菜之用。故子中民之父母也。'"稱貸之家皆折其券而削其書,舊執之券,皆折毀之,所書之債,皆削除之不用。發其積藏,出其財物,以賑貧病,[②]分其故貲,故國中大給,崢丘之謀也。此之謂繆數。

桓公曰:"四郊之民貧,商賈之民富,寡人欲殺商賈之民,以益四郊之民,爲之奈何?"管子對曰:"請以令決瓁洛之水,通之杭莊之間。"桓公曰:"諾。"行令未能一歲,而郊之民殷然益富,商賈之民廓然益貧。桓公召管子而問曰:"此其故何也?"管子對曰:"決瓁洛之水,通之杭莊之間,則屠酤之汁肥

---

① "折",原作"拆",據宋楊忱本、花齋本、四庫本改。
② "賑",原作"振",據宋楊忱本、花齋本、四庫本改。

流水,則蚊氓巨雄、翡燕小鳥皆歸之,[①]宜昏飲,此水上之樂也。賈人蓄物而賣爲讎,買爲取,市未央畢,而委舍其守列,投蚊虵巨雄;新冠五尺,請挾彈懷丸游水上,彈翡燕小鳥,被於暮。故賤賣而貴買。四郊之民賣賤,[②]何爲不富哉? 商賈之人,何爲不貧乎?"桓公曰:"善。"

桓公曰:"五衢之民,衰然多衣弊而屨穿,寡人欲使帛、布、絲、纊之賈賤,爲之有道乎?"管子曰:"請以令沐途旁之樹枝,使無尺寸之陰。"桓公曰:"諾。"行令未能一歲,五衢之民皆多衣帛完屨。桓公召管子而問曰:"此其何故也?"管子對曰:"途旁之樹未沐之時,五衢之民,男女相好往來之市者,罷市相睹樹下,談語終日不歸。男女當壯,扶輦推輿,相睹樹下,戲笑超距,終日不歸。父兄相睹樹下,論議玄語,終日不歸。是以田不發,五穀不播,麻桑不種,繭縷不治。内嚴一家而三不歸,則帛、布、絲、纊之賈安得不貴?"桓公曰:"善。"

桓公曰:"糴賤,寡人恐五穀之歸於諸侯,寡人欲爲百姓萬民藏之,爲此有道乎?"管子曰:"今者夷吾過市,有新成囷京者二家,大囷曰京。君請式璧而聘之。"式,用也。璧,石璧也。聘,問也。賜之以璧,仍存問之。桓公曰:"諾。"行令半歲,萬民聞之,舍其作業,而爲囷京以藏菽粟五穀者過半。桓公問管子曰:"此其何故也?[③]"管子曰:"成囷京者二家,君式璧而聘之,名顯於國中,國中莫不聞。是民上則無功顯名於百姓也,功立而名成;下則實其囷京,上以給上爲君。壹舉而名實俱

---

① "氓",四庫本同,宋楊忱本、花齋本作"虻"。"鳥",宋楊忱本、花齋本、四庫本作"鳥"。下"翡燕小鳥"之"鳥"同。

② 王念孫以爲"賣賤"當作"買賤"。

③ "管子曰此其何故也",原脱,據宋楊忱本、花齋本、四庫本補。

在也，民何爲也？”

桓公問於管子曰：[1]“請問王數之守終始，可得聞乎？”管子曰：“正月之朝，穀始也；日至百日，黍秫之始也；九月斂實，乎麥之始也。[2]”

管子問於桓公：“敢問齊方于幾何里？”桓公曰：“方五百里。”管子曰：“陰雍長城之地，其於齊國三分之一，非穀之所生也。池龍夏，[3]其於齊國四分之一也，朝夕外之，所壖齊地者五分之一，非穀之所生也。然則吾非托食之主也？[4]”桓公遽然起曰：“然則爲之奈何？”管子對曰：“動之以言，潰之以辭，可以爲國基。且君幣籍而務，則賈人獨操國趣；君穀籍而務，則農人獨操國固。君動言操辭，左右之流君獨因之。物之始吾已見之矣，物之終吾已見之矣，物之賈吾已見之矣。”管子曰：“長城之陽，魯也；長城之陰，齊也。三敗殺君二重臣定社稷者，吾此皆以孤突之地封者也。[5] 故山地者山也，水地者澤也，薪芻之所生者斥也。”公曰：“托食之主及吾地亦有道乎？”管子對曰：“守其三原。”公曰：“何謂三原？”管子對曰：“君守布則籍于麻，十倍其賈，布五十倍其賈，此數也。君以織籍，籍於系。[6] 未爲系籍，系撫織，再十倍其價。如此，則云五穀之籍。是故籍於布則撫之系，籍於穀則撫之山，籍於六畜則撫之術。籍於物之終始而善御以言。”公曰：“善。”

管子曰：“以國一籍臣，右守布萬兩而右麻籍，四十倍其

---

① “於”，宋楊忱本、花齋本無此字。

② “乎”，宋楊忱本、花齋本、四庫本作“平”。何如璋以爲當作“牟”。

③ “池”，宋楊忱本、花齋本作“洴”。

④ “也”，宋楊忱本、花齋本作“耶”。

⑤ “孤”，宋楊忱本作“狐”。

⑥ 原脱一“籍”字，據宋楊忱本、花齋本、四庫本補。

賈，術布五十倍其賈。[①] 公以重布决諸侯賈，如此而有世齊之故。[②] 是故輕軼于賈穀制畜者，則物軼於四時之輔。善爲國者，守其國之財，湯之以高下，注之以徐疾，一可以爲百。未嘗籍求於民，而使用若河海，終則有始。此謂守物而御天下也。"公曰："然則無可以爲有乎？貧可以爲富乎？"管子對曰："物之生未有形，[③]績按："刑"作"形"是。[④] 而王霸立其功焉。是故以人求人，則人重矣；以數求物，則物重矣。"公曰："此若言何謂也？"管子對曰："舉國而一則無貲，舉國而十則有百。然則吾將以徐疾御之，若左之授右，若右之授左，是以外内不踐，終身無咎。王霸之不求於人而求之終始，四時之高下，令之徐疾而已矣。源泉有竭，鬼神有歇，守物之終始，身不竭，此謂源究。"

輕重戊第八十四

輕重十七

桓公問於管子曰："輕重安施？"管子對曰："自理國虙戲以來，未有不以輕重而能成其王者也。"公曰："何謂？"管子對曰："虙戲作，造六峜以迎陰陽，作九九之數以合天道，而天下化之。神農作，樹五穀淇山之陽，九州之民乃知穀食，而天下化之。黄帝作，鑽鐩生火，以熟葷臊，民食之無兹胃之病，而

---

① "術"，宋楊忱本作"衍"。
② "世"，宋楊忱本、花齋本作"二十"。
③ "形"，宋楊忱本、花齋本作"刑"。
④ 此注原脱，四庫本同，據花齋本補。

天下化之。黄帝之王，童山竭澤。有虞之王，燒增藪，①斬群害，以爲民利，封土爲社，置木爲閭，始民知禮也。當是其時，民無慍惡不服，而天下化之。夏人之王，外鑿二十䖟，韘十七湛，疏三江，鑿五湖，道四涇之水，以敵九州之高，②以治九藪，民乃知城郭、門閭、室屋之築，而天下化之。殷人之王，立帛牢，服牛馬，以爲民利，而天下化之。周人之王，循六㥛，合陰陽，而天下化之。"公曰："然則當世之王者何行而可？"管子對曰："并用而毋俱盡也。"公曰："何謂？"管子對曰："帝王之道備矣，不可加也，公其行義而已矣。"公曰："其行義奈何？"管子對曰："天子幼弱，諸侯亢強，聘享不上。公其弱強繼絶，率諸侯以起周室之祀。"公曰："善。"

桓公曰："魯、梁之於齊也，千穀也，蠭螫也，齒之有脣也。蠭，古蜂字。螫，音尸亦反。③ 言魯、梁二國常爲齊患也。今吾欲下魯、梁，何行而可？"管子對曰："魯、梁之民俗爲綈。徒溪反，④繒之厚者謂之綈也。公服綈，令左右服之，民從而服之。公因令齊勿敢爲，必仰於魯、梁，則是魯、梁釋其農事而作綈矣。"桓公曰："諾。"即爲服於泰山之陽，魯、梁二國在泰山之南，故爲服於此，近其境也，欲魯、梁人速知之。十日而服之。管子告魯、梁之賈人曰："子爲我致綈千匹，賜子金三百斤，什至而金三千斤。"⑤則是魯、梁不賦於民，財用足也。魯、梁之君聞之，則教其民爲綈。十三月，而管子令人之魯、梁，魯、梁郭中之民

---

① "增"，四庫本同，宋楊忱本、花齋本作"曾"。
② "敵"，宋楊忱本、花齋本作"商"。
③ "螫音尸亦反"，原脱，據宋楊忱本、花齋本補。
④ "溪"，宋楊忱本、花齋本、四庫本作"奚"。
⑤ "千"，宋楊忱本作"十"。

道路揚塵，十步不相見，絏繑而踵相隨，絏繑，謂連續也。絏，息列反。繑，立喬反。① 車轂齺，騎連伍而行。齺，工角反，②嚙也。言其車轂往來相嚙，而騎東西連而行，皆趨綈利耳。管子曰："魯、梁可下矣。"公曰："奈何？"管子對曰："公宜服帛，率民去綈，閉關，毋與魯、梁通使。"公曰："諾。"後十月，管子令人之魯、梁，魯、梁之民餓餒相及，相及，猶相繼也。應聲之正，無以給上。應聲之正，謂急速之賦。"正"音"征"。魯、梁之君即令其民去綈修農。穀不可以三月而得，魯、梁之人糴十百，穀斗千錢。齊糶十錢。③ 穀斗十錢。二十四月，魯、梁之民歸齊者十分之六；三年，魯、梁之君請服。

桓公問管子曰："民飢而無食，寒而無衣，應聲之正，無以給上，室屋漏而不居，牆垣壞而不築，爲之奈何？"管子對曰："沐涂樹之枝也。"桓公曰："諾。"令謂左右伯沐涂樹之枝。左右伯受，沐涂樹之枝闊。其年，民被白布，④清中而濁，應聲之正，有以給上，室屋漏者得居，牆垣壞者得築。公召管子問曰，"此何故也？"管子對曰："齊者，夷萊之國也。一樹而百乘息其下者，以其不削也。⑤ 衆鳥居其上，丁壯者胡丸操彈居其下，終日不歸。父老拊枝而論，終日不歸。歸市亦惰倪，終日不歸。今吾沐涂樹之枝，日中無尺寸之陰，出入者長時，行者疾走，父老歸而治生，丁壯者歸而薄業。彼臣歸其三不歸，此以鄉不資也。"

---

① "立"，宋楊忱本、花齋本作"丘"。

② "工角反"，宋楊忱本作"士角反"，且在"嚙也"下，花齋本作"上角反"。

③ "糶"，原作"糴"，據宋楊忱本、花齋本改。

④ "布"，原作"而"，據宋楊忱本、花齋本、四庫本改。

⑤ "埍"，宋楊忱本作"捎"。

桓公問於管子曰："萊、莒與柴田相並，爲之奈何？"管子對曰："萊、莒之山生柴，君其率白徒之卒鑄莊山之金以爲幣，重萊之柴賈。"萊君聞之，告左右曰："金幣者，人之所重也。柴者，吾國之奇出也。以吾國之奇出，盡齊之重寶，則齊可並也。"萊即釋其耕農而治柴。管子即令隰朋反農。① 二年，桓公止柴，萊、莒之糴三百七十，齊糶十錢，萊、莒之民降齊者十分之七。二十八月，萊、莒之君請服。

桓公問於管子曰："楚者，山東之強國也，其人民習戰鬥之道。舉兵伐之，恐力不能過。兵弊於楚，功不成於周，爲之奈何？"管子對曰："即以戰鬥之道與之矣。②"公曰："何謂也？"管子對曰："公貴買其鹿。"桓公即爲百里之城，使人之楚買生鹿。楚生鹿當一而八萬。管子即令桓公與民通輕重，藏穀什之六。令左司馬伯公將白徒而鑄錢於莊山。令中大夫王邑載錢二千萬，求生鹿於楚。楚王聞之，告其相曰："彼金錢，人之所重也，國之所以存，明主之所以賞有功。禽獸者，群害也，明主之所棄逐也。③ 今齊以其重寶貴買吾群害，則是楚之福也，天且以齊私楚也。子告吾民急求生鹿，以盡齊之寶。"楚民即釋其耕農而田鹿。管子告楚之賈人曰："子爲我致生鹿二十，賜子金百斤，什至而金千斤也。"則是楚不賦於民而財用足也。楚之男子居外，女子居涂。隰朋教民藏粟五倍，楚以生鹿藏錢五倍。管子曰："楚可下矣。"公曰："奈何？"管子對曰："楚錢五倍，其君且自得而修穀，錢五倍，是楚強也。"桓公曰："諾。"因令人閉關，不與楚通使。楚王果自得

① "反"，原作"友"，據宋楊忱本、花齋本、四庫本改。
② "鬥"，原作"國"，據宋楊忱本、花齋本、四庫本改。
③ "主"，宋楊忱本、花齋本作"王"。

而修穀，穀不可三月而得也，楚糴四百。齊因令人載粟處楚之南，①楚人降齊者十分之四。三年而楚服。

桓公問於管子曰："代國之出，何有？"管子對曰："代之出，狐白之皮，公其貴買之。"管子曰："績按：疑衍此三字。狐白應陰陽之變，六月而一見。公貴買之，代人忘其難得，喜其貴買，必相率而求之。則是齊金錢不必出，代民必去其本而出山林之中。② 離枝聞之，必侵其北。離枝侵其北，代必歸於齊。公因令齊載金錢而往。③"桓公曰："諾。"即令中大夫王師北將人徒載金錢之代谷之上，求狐白之皮。代王聞之，即告其相曰："代之所以弱於離枝者，以無金錢也。今齊乃以金錢求狐白之皮，是代之福也。子急令民求狐白之皮，以致齊之幣，寡人將以來離枝之民。"代人果去其本，處山林之中，求狐白之皮。二十四月而不得一。離枝聞之，則侵其北。代王聞之，大恐，則將其士卒葆於代谷之上。離枝遂侵其北，王即將其士卒願以下齊。齊未亡一錢幣，修使三年而代服。

桓公問於管子曰："吾欲制衡山之術，④爲之奈何？"管子對曰："公其令人貴買衡山之械器而賣之。燕、代必從公而買之，秦、趙聞之，必與公爭之，衡山之械器必倍其賈。天下爭之，衡山械器必什倍以上。"公曰："諾。"因令人之衡山求買械器，不敢辯其貴賈。齊修械器於衡山十月，燕、代聞之，果令人之衡山求買械器，燕、代修三月，秦國聞之，果令人之衡山求買械器。衡山之君告其相曰："天下爭吾械器，令其賈再什

① "楚"，宋楊忱本、花齋本作"芋"。
② "出"，宋楊忱本、花齋本、四庫本作"居"。
③ "因令"，宋楊忱本作"曰令"。
④ "欲"，宋楊忱本作"谷"。

以上。[1]”衡山之民釋其本，修械器之巧。齊即令隰朋漕粟於趙，趙糴十五，[2]隰朋取之石五十。天下聞之，載粟而之齊。齊修械器十七月，修糶五月，即閉關不與衡山通使。燕、代、秦、趙即引其使而歸。衡山械器盡，魯削衡山之南，齊削衡山之北。内自量無械器以應二敵，即奉國而歸齊矣。

輕重己第八十五

輕重十八

清神生心，心生規，規生矩，矩生方，方生正，正生曆，曆生四時，四時生萬物。聖人因而理之，道徧矣。

以冬日至始，數四十六日，冬盡而春始。天子東出其國四十六里而壇，服青而絻青，搢玉揔，[3]帶玉監，[4]朝諸侯卿大夫列士，循於百姓，號曰祭日，犧牲以魚。發號出令曰：[5]“生而勿殺，賞而勿罰，罪獄勿斷，以待期年。”教民樵室鑽鐩，墐竈泄井，所以壽民也。耜、耒、耨、懷、鉊、鉛、又、櫑、[6]權、渠、緤、緤，[7]所以御春夏之事也，績按：鉊，之姚切，鎌也。鉛，辭理切。必具。教民爲酒食，所以爲孝敬也。民生而無父母，謂之孤

① “賈”，宋楊忱本、花齋本作“買”。

② “糴”，原作“糶”，據宋楊忱本、花齋本、四庫本改。

③ “玉”，原作“王”，據四庫本改。“揔”，宋楊忱本同，花齋本、四庫本作“總”。

④ “玉”，宋楊忱本作“王”。

⑤ “號”，宋楊忱本、花齋本脱。

⑥ “櫑”，宋楊忱本、花齋本、四庫本作“擂”

⑦ “緤”，宋楊忱本、花齋本作“綜”。